D1719438

Auf STOLPERKURS ins Glück

Angela Six

Auf STOLPERKURS
ins Glück

Angela Six

WAGNER VERLAG [20]
www.wagner-verlag.de

Ein Buch aus dem WAGNER VERLAG

Lektorat: barbara.henneke@mnet-online.de
Umschlaggestaltung: info@boehm-design.de
Titelfoto: www.boehm-design.de

1. Auflage

ISBN: 978-3-86683-902-1

Bibliografische Information der Deutschen Nationalbibliothek:
Die Deutsche Nationalbibliothek verzeichnet diese Publikation in der
Deutschen Nationalbibliografie; detaillierte bibliografische Daten sind
im Internet über http://dnb.d-nb.de abrufbar.

Die Rechte für die deutsche Ausgabe liegen beim
Wagner Verlag GmbH,
Zum Wartturm 1, 63571 Gelnhausen.
© 2011, by Wagner Verlag GmbH, Gelnhausen
Schreiben Sie? Wir suchen Autoren, die gelesen werden wollen.

www.wagner-verlag.de
www.podbuch.de
www.buecher.tv
www.buch-bestellen.de
www.wagner-verlag.de/presse.php

Druck: dbusiness.de gmbh · 10409 Berlin

Alexandra saß auf dem winzigen Balkon und verfolgte mit leicht verschleiertem Blick das Farbenspektakel des Abendrotes. Während die Sonne langsam im Meer über Sri Lanka zu versinken schien, versank sie zeitgleich in der sich leerenden Flasche Rotwein. Sie füllte ihr Zahnputzglas – das einzig auffindbare Trinkgefäß – mit dem verbliebenen Rest aus der Rotweinflasche, welche sie mit viel Sportsgeist und vor allem Wut geleert hatte. Sie erhob sich schwungvoll aus dem wackligen, einst weißen Plastiksessel, wobei sie den schmuddeligen kleinen Tisch rammte und die leere Flasche darauf bedenklich schwankte. Unsicheren Schrittes wankte sie in das kleine Doppelzimmer, nicht ohne zum x-ten Mal über diese dämliche Türschwelle zu stolpern, welche die Einheimischen offensichtlich als Touristenfalle platziert hatten.

Gleich zu Beginn ihres Urlaubs stolperte sie bereits bei der Zimmerbesichtigung darüber und brach sich fast den großen Zeh. Brüllend war sie anschließend zehn Minuten durch das kleine Zimmer gehopst, wobei sie auch noch mit dem Knie gegen die Bettfront gedonnert war und unflätige Flüche zum Besten gegeben hatte. Tom war die ganze Zeit über regungslos neben der Balkontür gestanden und hatte kopfschüttelnd ihren Schmerzenstanz beobachtet.

Tom ...

Sie blickte sich im Zimmer um. Nichts deutete darauf hin, dass noch vor zwei Tagen ein ihr sehr vertrauter Mann diesen Raum und das Bett mit ihr geteilt hatte. Allein eine zerknüllte Jeanssocke lugte hinter einem Bettfuß hervor – diese würde Tom wohl schmerzlich vermissen. Er liebte seine dämlichen grauen Jeanssocken. Er hatte sie wohl übersehen, genauso wie seinen Sunblocker mit Lichtschutzfaktor 25, welchen er sich literweise auf Nase und den Rest seines Luxuskörpers schmierte, um nach den täglichen Aufenthalten in der südlichen Sonne nicht auszusehen wie ein gekochter Hummer. Sie musste allerdings zugeben, dass seine manchmal fast lachhafte Sorge betreffend seiner blässlichen Haut nicht ganz unbegründet war. So verzieh ihm diese nämlich kaum einen ungeschützten Sonnenstrahl. Effekte wie leichte Rötungen, dezentes Haselnussbraun oder gar ein attraktiver Bronzeton ließ sein skandinavischer Hauttyp – wie er ihn selbst nannte – nicht zu. Sein germknödelweißer Milchteint wich ausschließlich feuerrotem Signalrot inklusive Allergiepusteln, welche sich unvorteilhaft über den ganzen Körper ausbreiteten. Wo auch immer er im Moment steckte: Hoffentlich gab es dort Schatten!

Tom hatte vorgestern Nachmittag spontan entschieden, die wunderschöne Insel Sri Lanka, Tausende Geckos und Alexandra bereits eine Woche vor dem geplanten Ende des gemeinsamen Urlaubes zu verlassen.

Und warum? Ja, warum ...!

Sie hatten sich vor drei Tagen mit einem Einheimischen verabredet, um eine Bootstour ins Landesinnere entlang des Bendotaflusses zu machen, um die einheimische Fauna und Flora zu beäugen und vielleicht sogar einem Krokodil in das weit aufgerissene Maul zu gucken. „Hoffentlich sehen wir heute auch was – ich hab keine Lust, nur doofe Luftwurzelbäume und verdreckte Kloaken zu sehen", hatte Tom schon vorher gemotzt.

Er schlief schlecht in dem feuchtschwülen Klima, was seine Laune nicht besonders hob. Nach mühsam absolviertem Bootsausflug – Tom hatte in einem Stück nur Mücken erschlagen und sich beschwert – hatten sie den Nachmittag schweigend nebeneinanderliegend am Pool verbracht. Danach hatte er wiederum kaum geschlafen, da er den Großteil der Nacht damit verbrachte, mit einer seiner geliebten Socken fluchend den unzähligen Moskitos hinterherzuhüpfen. Dazwischen beklagte er sich über den ratternden Deckenventilator, den fehlenden Sauerstoff zum Atmen sowie die brettharte Foltermatratze.

„Mann, du Prinz auf der Erbse!", hatte Alexandra schließlich gegen 2 Uhr früh gebrüllt, nachdem sie geduldig eineinhalb Stunden Gehopse, Gebrülle und Flüche ertragen hatte. „Wir sind am Indischen Ozean, es ist Beginn der Regenzeit, und dass es zu dieser Zeit heiß ist, haben wir beide gewusst! Und dafür, dass dein sensibles Näschen den Mückenstecker nicht aushält, kann auch niemand etwas! Ist ja unerträglich deine Jammerei!"

„Ah ja, Frau Obergescheit ... eh klar! Hast ja nur Glück, dass diese verdammten Viecher dein verseuchtes Blut verschmähen! Ich finde dein Unverständnis und deinen Egoismus echt zum Kotzen!"

DAS hätte er besser nicht gesagt. Sie hatte sich aufgerichtet und ihn aus übermüdeten, roten Hasenaugen angestarrt. „Egoistisch? Ich? Da haut's mir doch die Birnen aus der Sicherung! Du gebärdest dich hier wie ein Amokläufer auf Koks, hältst das ganze Hotel wach und ICH bin egoistisch?" Sie hatte sich aus dem Bett geschwungen, dass die Federn bedrohlich ächzten, und war ins Bad gerannt. Einen Schwall lauwarmes, modrig riechendes Wasser ins Gesicht spritzend hatte sie versucht, sich zu beruhigen.

Doch Tom war auf Konfrontationskurs.

„Weißt du, manchmal bist du echt unerträglich anstrengend! ... Und dein ständiges Chaos treibt mich zum Wahnsinn!!"

„Ah ja! Für jemanden, der es gewohnt ist, nur seine eigene Meinung kundzutun und durchzusetzen, ist es selbstverständlich anstrengend, wenn da plötzlich jemand meint, ebenfalls ein Recht auf eine eigene Meinung zu haben! Diskutieren zu müssen ist ja wirklich eine Zumutung!"

Wie ein Film war plötzlich das vergangene halbe Jahr an ihr vorübergezogen – die Zeit mit Tom, die im Wonnemonat Mai auch ebenso wonnig begonnen hatte. Sie hatten sich bei einer Geburtstagsparty kennengelernt. Man war sich auf Anhieb sympathisch und gegen Ende der Party knutschten sie bereits in einer schummrigen Ecke und beschlossen, dass eine Fortsetzung dieses Abends unumgänglich war. Sie hatte allerdings sehr schnell gemerkt, dass sie an seiner Sturheit und Besserwisserei zu knabbern haben würde. Und mit zunehmender Zweisamkeit und abnehmender Verliebtheit gab es immer öfter Momente, in denen sie ihn am liebsten in eine kleine Kiste voller Motten gestopft und den Schlüssel weggeworfen hätte.

„Zicke!", hatte er gebrüllt.

„Penetranter Gelbunterhosenträger!", hatte sie gekontert, war aus dem Bad gestürmt und war gleichzeitig froh, keine Machete in der Hand zu haben. Schließlich waren sie sich gegenübergestanden und hatten sich wortlos angestarrt. Plötzlich – ihre Gedanken schienen so klar wie nie zu sein – hatte Alexandra völlig ruhig festgestellt: „Tom, wir beide passen nicht zueinander. Ich gehe davon aus, dass auch du schon zu dieser Erkenntnis gelangt bist, oder?"

Er hatte sie betrachtet wie ein kurzsichtiger Biologieprofessor seine plötzlich sprechende Laborratte und hatte tief die Luft eingesogen.

Wie viel Lungenvolumen mag ein dreiunddreißigjähriger, unsportlicher, zu Bauchansatz neigender Mann wohl haben?

Dann hatte er sich wortlos umgedreht und war aus dem Zimmer gestapft.

Am Morgen danach hatte er in aller Hektik seine Siebensachen gepackt, ein kurzes „Ich bin dann weg ..." geblafft und war mit seinem Koffer aus der Tür gepoltert.

So schnell kann ein gemeinsamer Urlaub mit einer männlichen Mimose enden ... Alexandra beschloss, den weiteren Abend nicht allein mit der nächsten Flasche Rotwein zu verbringen, sondern sich unter Menschen zu mischen und ihre neu wiedererlangte Freiheit versuchen zu genießen. *Aber was soll's! Schließlich befinde ich mich im sogenannten „besten Alter"! Zarte vierunddreißig und ein paar Zerquetschte. In heutigen Zeiten gerade mal den Kinderschuhen entwachsen! ... Oder?*

Jedenfalls war sie mit 1,74 Meter, einer sportlich schlanken Gestalt, den schulterlangen, dunklen Haaren und nicht zuletzt durch ihre ausdrucksstarken, dunkelbraunen Rehaugen eine durchaus ansprechende Person. Gesegnet mit einem umwerfenden, allerdings meist sehr lauten, strahlenden Lachen, das ihrer Persönlichkeit eine sehr einnehmende Portion Optimismus und Lebensfreude verlieh. Nur bei ihrer Partnerwahl war ihr ein nachhaltiger Glücksgriff bisher verwehrt geblieben. Eine dreijährige Lebensgemeinschaft mit einem Zahntechniker schlug als längste Beziehung in ihrer „Liebesbilanz" zu Buche, der Rest waren Kurzzeitaffären und Griffe ins Klo. *Aber was nicht ist, kann ja noch werden ... verloren derjenige, der nicht dran glaubt!*

An der Poolbar herrschte wie üblich Hochbetrieb. Hans, der biedere Münchener mit kreisrundem Haarausfall versank gerade in einem weiteren Mojito und beschwerte sich wahrscheinlich wie üblich über seine herrschsüchtige Ehefrau Hilde bei Klaus, dem goldbehängten Mittvierziger aus Wien, der seine soeben vollzogene Scheidung unter Palmen in unmittelbarer Nähe diverser Zapfhähne feierte.

Sie steuerte die beiden Schluckspechte an.

„Ah jo, do schau her! Des Madl kimmt heit alloa! Wo issn da Holde?"

„Weg", antwortete Alex knapp und beendete die drohende Fragenflut mit einem lauten „einen Plantha's Punch, aber avanti bitte!" Danach drehte sie sich demonstrativ in Richtung Meer – es war stockdunkel – und säuselte Bewunderungsopern auf Meer, Land und Leute. Klaus verstand den Wink mit dem Zaunpfahl, Hans jedoch ließ nicht locker und hakte immer wieder mit Fragen Tom betreffend nach, bis sie schließlich die Geduld verlor und ihn anblaffte: „Mann, sind deine Antennen auf Halbmast oder bist du echt so penetrant, wie du aussiehst? Ich werde definitiv nicht mit dir über mein Liebesleben diskutieren – und solltest du mich noch ein einziges Mal nach Tom fragen, muss ich dir leider den Eiswürfelkübel aufsetzen! Klar soweit?"

Hans starrte sie mit offenem Mund an und sein Glas schlingerte verdächtig in seiner Rechten. Im Geiste sah sie, wie sich auf seinem grauenhaften Hawaiihemd ein nasser Fleck bildete und ausbreite. „Na dann nicht ... da meint man es gut ... pah!" Beleidigt drehte er ihr den Rücken zu und begann sofort, eine ältere Engländerin zu überreden, mit ihm einen Salsa hinzulegen. Sie schien ihn nicht zu verstehen, denn schließlich verdrehte sie die Augen und flüchtete.

Alexandra beschloss, ebenfalls zu flüchten, denn sie erkannte, dass hier wohl nicht das geeignete Pflaster war, um gepflegt mit netten Menschen ein paar Drinks zu kippen. Der Plantha's Punch landete vor ihr auf der Bar. Sie schenkte ihm jedoch nur kurz Beachtung, denn plötzlich zog sie es vor, die Einsamkeit des dunklen Strandes zu suchen.

Währenddessen saß im weit entfernten, deutlich kühleren Salzburg Leo Sigbach vor seinem Computer. Die Zahlen und Buchstaben verschwammen vor seinen Augen. Es war 22:30 Uhr. Er rieb sich die Nase und schwang sich aus seinem extrastabilen Chefsessel – eigens für ihn angefertigt – auf der Suche nach Leben. Er verließ sein großes, einsames Epizentrum der Macht, das Büro der Chefredaktion, um das zu sehen, was er ohnehin erwartete: ein leeres Großraumbüro. Keine Menschenseele hielt sich um diese Zeit in dem 520 Quadratmeter großen Dreh- und Angelpunkt des NATURE PIONEER auf. In knapp zehn Stunden jedoch würden siebenundvierzig Menschen versuchen, die neuesten Erkenntnisse des Lebens – egal ob Mensch, Tier oder Pflanze – zu Papier zu bringen. Oder einfach nur, die Wünsche und Ideen des Chefredakteurs – seine! – zu verwirklichen. Er gähnte herzhaft und stellte dabei fest, dass sein Gaumen durchaus eine Spülung vertragen konnte. „Diese verdammte, trockene Büroluft ...", schimpfte er leise vor sich hin. Er beschloss, seine geistige Brutstätte zu verlassen und stattdessen die Brutstätte des Lasters aufzusuchen – seine Stammkneipe, das „Chili Hell".

Das Chili Hell war praktischerweise drei Gehminuten vom Büro entfernt und lag direkt auf seinem Nachhauseweg. Es wurde von zwei chilenischen Brüdern betrieben, Carlos und Pablo, die je nach Stimmung kochten oder auch nicht. Das Chili war legendär und beseitigte oder besser gesagt verbrannte nebenbei jede Form der Verstopfung – sofern man nicht vorher daran erstickte. Manchmal entkorkten sie auch einen ihrer „Augensterne", Rotweine aus ihrer Heimat Chile. Dann wurde einfach geplappert, philosophiert, gesoffen und der Abend zum letzten aller Abende erklärt.

Dort erlag Leo dann und wann seinem Lieblingsrotwein und unzähligen Marlboros und nicht selten endete der Abend damit, dass er den Entschluss fasste, ein neues Leben zu beginnen. Darin wurden Alkohol und Zigaretten durch Sport, gesunde Ernährung und viel Schlaf ersetzt. In der Theorie ganz easy! Ach ja, und vielleicht dann und wann auch einem weiblichen Wesen Zutritt in sein Leben zu gewähren!

Schließlich war er ein neununddreißigjähriger, erfolgreicher Single, der sich trotz dezentem Bauchansatz selbst aufgrund eines nicht unterentwickelten Selbstbewusstseins recht ansehnlich fand. Markant, energisch und absolut authentisch. Aufgrund seines Jobs leider mit sehr wenig Freizeit behaftet, blieb kaum Gelegenheit für langwierige Balzrituale, Sonntagsausflüge zwecks Entenfüttern am See oder ausgedehnte, langweilige Waldspaziergänge zu zweit. Eine wunderschöne, riesige gemietete Terrassenwohnung in einer der angesagtesten Villengegenden von Salzburg sowie sein nagelneuer AUDI zeugten von seiner ausgesprochen entspannten finanziellen Lage.

Leo war ein Mann der Präsenz. Dies war nicht zuletzt auf seine Körpergröße – er maß stolze 1,94 Meter – zurückzuführen, sondern auch auf seine großen, stechend blauen Augen.

Meist blickten sie interessiert in die Welt, manchmal jedoch konnten sie das Umfeld gelangweilt und unnahbar auf Distanz halten. So manch einer, der ihn nicht (gut) kannte, hielt ihn für introvertiert, eigenwillig oder einfach nur unzugänglich. Dies war fallweise durchaus beabsichtigt, denn er schätzte es nicht, die wenigen Stunden außerhalb seiner Bürowände mit „Zeitfressern" zu vergeuden.

Im Chili Hell traf er meist auf seine Freunde. Einer davon war Mike, sechsunddreißig, gelernter Gourmetkoch, der sich nun als Restaurantkritiker betätigte. Ein umgänglicher Kumpel, mit dem man(n) nächtelang die Evolution neu erfinden oder einfach nur schweigend Bier schütten konnte. Seit knapp zwei Jahren geschieden von Fanny, da diese nach vier Ehejahren beschlossen hatte, ihrem Leben mit einem schokobraunen, gepiercten, oberkörperfreien Surflehrer mit arschlangen Rastazöpfen auf Kreta neuen Schwung zu geben. Für Kinder hatte die Zeit – oder der Mut – gefehlt.

Dann war da Bernie, dreiunddreißig, selbst ernannter Fitnesspapst und Betreiber eines kleinen Fitnessstudios. Ein attraktiver, blonder, durchtrainierter Körnchenfresser mit Zornesfalte an der Nasenwurzel. Höchst anspruchsvoll, was Damen betraf – und aus diesem Grund meist mit kurzen oder gar keinen Beziehungen gesegnet. Er würde eher einen Skunk küssen als mit einer Frau auf Tuchfühlung zu gehen, die mit Speckröllchen, gespaltenen Fingernägeln oder gelben Raucherzähnen behaftet ist. Da jedoch die perfekte, ultimative Traumfrau ihrem Kokon noch nicht entschlüpft war, befand auch er sich aktuell im Status Single.

Die schillerndste Erscheinung war jedoch Carlo. Niemand wusste ganz genau, womit er seine Kohle verdiente, denn einem geregelten, biederen Beruf ging er nicht nach. Trotzdem trug er Designerklamotten, bewohnte ein Penthouse mit Parkblick, fuhr einen BMW und hortete das modernste, teuerste technische Equipment in seinem Umfeld. Allein seine neue Surroundanlage spiegelte den Gegenwert eines Motorbootes wider. Des Öfteren wurde er mit reiferen, gut betuchten Damen in namhaften – sprich sündteuren – Restaurants gesehen. Sein südländisches Flair, sein unvergleichlich schwülstiger Charme, die schwarzen Haare und seine flammenden, dunklen Augen, ließ die Damenwelt reihenweise schmachtend aufseufzen und sich geistig die Klamotten vom Leibe reißen.

Diese Männerrunde empfand Leo als äußerst unterhaltsam und interessant. Nicht selten wurden dabei neue, interessante Erkenntnisse an die Oberfläche befördert – auch wenn diese nicht selten mit dem Verlust der Muttersprache aller vier Beteiligten endeten.

Manchmal verirrte sich die eine oder andere interessante – zumindest auf den ersten Blick – Dame in die verrauchte Kneipe. Erfuhr diese jedoch längstens fünfzehn Minuten ungeteilte Aufmerksamkeit besagten Quartetts, betrat sie das Lokal meist nie mehr. Eines hatten alle vier nämlich gemeinsam: sehr hohe Ansprüche an die holde Weiblichkeit! Und so wurde jede mögliche Kandidatin einer Klausur unterzogen. Meist begann Mike mit einem Ausflug in die kulinarische Welt der Kochkunst. (Erschütterndenweise scheiterte hier bereits der Großteil!) Danach untersuchte Bernie, ob die jeweilige Dame körperlich in der Lage wäre, Bierkisten vom Kombi ohne Hilfe in den Keller zu schleppen oder eine Bergtour von drei Stunden zu überstehen. Hatte sie es – unglaublicherweise – bis hierhin geschafft, folgte die Königsdisziplin: Carlo! Er versprühte eine derartig hohe Dosis seines unwiderstehlichen Charmes, dem laut eigenen Angaben 98 Prozent aller Frauen erlagen. Die restlichen, resistenten zwei Prozent bestanden aus Lesben und Frauen im Klimakterium oder Damen mit zu hohen Testosteronwerten und Oberlippenbart. Die jeweilige Kandidatin war natürlich angehalten, dem zu widerstehen!

Abschließend sei gesagt, dass von den wenigen Finalistinnen bis dato nur zwei die Ziellinie erreicht hatten. Eine davon hatte es für heiße drei Monate an die Seite von Bernie geschafft, die andere entleerte ein volles Weißbierglas über den Köpfen von Mike und Carlo. Vermutlich lebt sie mittlerweile in einer Lesbenwohngemeinschaft oder hat sich einen Penis transplantieren lassen.

Er betrat das „Chili Hell" gegen 23 Uhr. Es war brechend voll. Rushhour. Um diese Zeit hatten so manche „After-Work"-

18

Besucher nach dem fünften Tequila gerade festgestellt, wie unglaublich viele Gemeinsamkeiten es mit dem neuen Kollegen aus der Buchhaltung gab, den sie vorher für einen humoristischen Rohrkrepierer hielten. Oder es kehrte eine gewisse Gleichgültigkeit ein gegenüber dem, was einen zu Hause erwartete: eine leere Wohnung mit hungriger Katze und verwelkenden Topfpflanzen, eine keifende hochschwangere Freundin mit Hormonschwankungen, ein bierbäuchiger Service-Techniker, der in ausgeleierter Jogginghose vor der Glotze rülpsend das dritte Bier zischte, oder eine nörgelnde hypochondrische Schwiegermutter mit ständig wechselnden, drohenden Todesursachen.

Leo sah sich um. Durch die Rauchschwaden hindurch erkannte er Carlo. An seinem Arm hing eine aufgetakelte Blondine nicht abschätzbaren Alters, die dümmlich vor sich hinkicherte. Ein Vorteil des spärlichen Schummerlichts! Offensichtlich hatte sie bereits Schwierigkeiten, ohne Hilfe das Gleichgewicht zu halten. „Je später der Abend, desto blonder die Gäste", begrüßte Leo seinen Freund.

Dieser guckte leicht genervt mit Seitenblick auf sein Anhängsel. „Das ist Eva. Ich war mit ihr heute unterwegs und sie ließ es sich nicht nehmen, noch meine Stammkneipe kennenzulernen."

Leo betrachtete sie nun genauer. Ihr Gesicht erinnerte ihn an eine dieser dämlich grinsenden, venezianischen Masken – übertrieben farbig und irgendwie verzerrt. Trotz Dämmerlicht schätzte er sie auf mindestens Ende vierzig. Sie hatte sich in einen teuren, engen Silberfummel gezwängt und ihr Dekolleté quoll ausladend aus der viel zu engen Korsage. Ihre wasserstoffblonde Hochsteckfrisur löste sich bereits auf und gab den Blick frei auf unförmige silberfarbige Miniatur-Eiffeltürme, die an ihren Ohren baumelten. Leo wunderte sich über dieses Ausmaß der Geschmacklosigkeit.

„Hi! Toller Schuppen! Und diese tollen Männer hier ...!", quietschte sie und beugte sich verdächtig in Leos Richtung. Dieser wich automatisch etwas zurück, um nicht noch mehr ihres schwer verdaulichen Parfums inhalieren zu müssen.

„Tja, ich glaube, wir sollten dann ...", meinte Carlo, der sich offensichtlich unwohl fühlte.

In diesem Moment bahnte Bernie sich den Weg durch die Massen und trällerte gut gelaunt: „Gott sei Dank stoße ich noch auf Leben heute! Da kommt doch tatsächlich irgendein „von und zu" ins Studio und meint, nur weil er mit Daddys Porsche rumkurvt ..." Er stockte und sein Blick blieb an Eva hängen. „Wer ist das?"

Carlo war das Unbehagen mittlerweile ins Gesicht geschrieben. Sein „Mitbringsel" hing wie ein nasser Sack an ihm und versuchte einen erotischen Blick zu praktizieren, was jedoch eher einer sich paaren wollenden Schmeißfliege gleichkam. „Ich bringe Eva jetzt nach Hause – wir sehen uns ...", antwortete er schnell und manövrierte seine torkelnde Begleitung durch das Lokal Richtung Ausgang. Dort stieß er auch noch mit Mike zusammen, der soeben das Lokal betrat.

„Du gehst schon?", fragte Mike überrascht.

„Ja ... äh ... wir sehen uns. Ciao!"

Mike schüttelte den Kopf und kämpfte sich zu seinen Freunden durch. Bernie schimpfte sofort drauflos. „Sagt' mal, spinnt der? Bringt diesen aufgetakelten Rumtopf mit in unsere Kneipe, obwohl es Gesetz ist, hier tussifreie Zone einzuhalten! Ist wohl eine seiner „Sugar-Mamas", wie? Der ist imstande und lässt sich von der auch noch flachlegen!"

Es waren Stunden vergangen und Alexandra saß immer noch auf dem warmen Sandstrand, obwohl es bestimmt schon weit nach Mitternacht sein musste. Sanfte Wellen des Ozeans umschmeichelten ihre Füße. Sie hatte die letzten Stunden versucht, trotz weinvernebelter Sinne zu überlegen, was sie nun tun wollte. Den verbleibenden Urlaub von knapp einer Woche fortsetzen? Der Gedanke an das übrige Hotelpublikum war allerdings nicht unbedingt rosig. Sie erhob sich und klopfte den Sand von Hose und T-Shirt. Dann watschelte sie Richtung Hotel zurück. Etwas Warmes, Glitschiges quetschte sich durch ihre linken Zehenzwischenräume. *Hundescheiße? Ein verwesender Tintenfisch?* Es war ihr egal. Sehen konnte sie sowieso nichts. Plötzlich wusste sie ganz genau, was morgen früh als Erstes zu tun war: die Reiseleitung mit ihrem dringenden Abreisewunsch konfrontieren! *Ich will hier weg! Schnellstens!*

Die Sonne warf bereits ihre ersten wärmenden Strahlen auf Salzburg, obwohl es noch nicht mal 9 Uhr war.

Bernie, frisch geduscht und in karierten Boxershorts, warf sich einen wohlwollenden Blick im Badspiegel zu. „Tja, eigentlich siehst du ja gar nicht schlecht aus, alter Junge", murmelte er in seinen nicht vorhandenen Bart. Damit hatte er wohl nicht ganz unrecht. Madame Durchschnitt würde seinen durchtrainierten Körper und sein markantes Gesicht mit den auffallend grünen Augen durchaus als äußerst attraktiv bezeichnen. Er legte sehr viel Wert darauf, kein Gramm überflüssiges Fett an sich herumzuschleppen, und dafür tat er so einiges. Eine Stunde Training pro Tag im eigenen Fitnessstudio war Pflichtprogramm, ergänzt durch regelmäßige Touren per Mountainbike im nahe gelegenen Berggebiet, oder er hetzte stundenlang zu Fuß auf irgendwelche Berggipfel. Manch einer würde ihn als Fanatiker bezeichnen.

Heute allerdings stocherte er etwas lustlos in seinem Vollkornmüsli herum. Gedankenverloren sortierte er die von der Milch aufgedunsenen Rosinen an den Tellerrand. *Na dann, auf in einen neuen, langweiligen Tag!* Er sprang auf. Zeit, das Studio zu öffnen. Praktischerweise befand sich das gepachtete Studio im selben Gebäude wie seine 70-Quadratmeter-Wohnung.

Der arbeitslose Mister Popeye pumpte wie üblich seine bereits überdimensionalen Muskelberge weiter auf und nervte dabei alle anderen Anwesenden mit seinem Gestöhne beim Stemmen. Studentin Elvira strampelte auf leichter Frequenz am Ergometer und Karl, der Schichtarbeiter, keuchte sich am Laufband die Seele aus dem Leib.

Der Vormittag schien wie immer zu verlaufen – bis sich am späten Vormittag die Tür öffnete. Er ordnete gerade seine Unterlagen an der Bar und blickte auf. Eine Walküre mit geschätzten 110 Kilogramm Kampfgewicht walzte auf ihn zu.

„Hallo. Ich bin Marion. Ich möchte einige Kilos loswerden. Kannst du mir dabei helfen?"

Bernie hatte im Laufe seiner langjährigen Trainertätigkeit gelernt, die körperliche Beschaffenheit in kürzester Zeit zu analysieren. Bei der vor ihm stehenden Rothaarigen erkannte er sofort einen sehr schwierigen Fall. Ihr aufgeschwemmtes, bleiches Gesicht mit Schokorückständen am Mundwinkel, ihr rasselnder Atem nach dem Überqueren einer Straße sowie die Schweißperlen auf ihrer Stirn ließen auf extremen Bewegungsmangel und notorisch falsche Ernährung schließen. Sie hatte sich in eine hellgraue Leggings gezwängt und versuchte, ihre ausufernde Oberkörperfülle unter einem XXL-T-Shirt zu verstecken, was nicht wirklich gelang. Er konnte nicht verstehen, wie Menschen sich so gehen lassen konnten. Andererseits sah er es als besondere Herausforderung, genau solche Menschen auf den richtigen Weg zu führen.

„Wenn du es wirklich ernst meinst, bin ich der Richtige", meinte er und sah sie prüfend an.

Marion hielt seinem Blick stand und antwortete mit fester Stimme: „So ernst war es mir noch nie. Ich will diese Fettschichten loswerden und endlich ein normales Leben führen. Möchte irgendwann schwimmen gehen, ohne wie ein rosa Nilpferd angestarrt zu werden. Klamotten kaufen, die nicht wie Zirkuszelte aussehen, oder einfach tanzen zu gehen, ohne dass die Leute rundherum denken, ich sei die Mitternachtseinlage." Sie schickte ein schüchternes Lächeln hinterher.

Bernie stellte fest, dass sie eine sehr wohlklingende Stimme hatte. Weiters diagnostizierte er, dass sie – wenn man sich die Hamsterbacken wegdachte – wohl ein ganz nettes Gesicht mit großen dunkelblauen, fast violetten Augen hatte sowie ein ansprechendes Lächeln, das eine Reihe tadelloser gepflegter Zähne freigab. *Ein Wunder bei der offensichtlichen Fehlernährung! Eine Frage der Zeit, wann diese den permanenten Schokolade- und Zuckerattacken nicht mehr standhalten würden.*

„Dann komm mal mit. Wir gehen rüber und machen mal einen kleinen Fit-Check. Das ist notwendig, damit ich das richtige Programm für dich zusammenstellen kann." Sie folgte ihm bereitwillig. „Machst du irgendeine Form von Sport oder Bewegung?", fragte er, die Antwort vorausahnend.

„Abgesehen davon, dass ich jeden Tag zehn Minuten zur Arbeit radle, gar nichts."

„Aha", meinte er lapidar und ging ihr voraus. *Sie scheint nett zu sein ... aber ansonsten? BRRRRR!* Er legte sehr viel Wert auf optische Attraktivität – bei sich selbst sowieso, bei anderen genauso. Fettpolster, Pickel, schiefe Zähne, dreckige Fingernägel oder Gammellook schlugen ihn in die Flucht. Speziell bei Damen. Daher war es auch kein Zufall, dass seine bisherigen

(Kurzzeit-)Freundinnen meist extrem schlank, attraktiv und nicht selten aus der Modelbranche waren.

Er dachte unwillkürlich an einen Abend im Chili Hell, als sich eine frühere Bekannte den Weg zu ihm bahnte. Er hatte mit ihr vor Jahren eine kurze, aber intensive sexuelle Affäre gehabt. Ansonsten relativ wenig Gemeinsamkeiten. Als er sich zu ihr umdrehte, erkannte er auf einen Blick, dass sie mindestens zehn Kilo mehr auf den Hüften hatte und ihre Hände und Fingernägel die einer Hausfrau und Mutter geworden waren, runzelig und gerillt, von Spülmitteln und Gartenarbeit zerfurcht. Er war so abgestoßen durch die optische Veränderung, dass er keine Lust hatte, sich mit ihr zu unterhalten. Unter dem Vorwand „Ich muss weg ..." war er abgedüst.

Seine Freunde (außer Carlo!) warfen ihm manchmal Oberflächlichkeit vor – oder auch den Mangel, zu wenig auf die gepriesenen „inneren Werte" zu achten. *Was für Idioten! Jeder möchte einen ansehnlichen Partner haben! JEDER! Alle anderen lügen!*

„Hallo? Ist da jemand?" Marion blickte ihn fragend an.

Bernie schob die Gedanken beiseite und sah sie an: „Na dann, gehen wir ans Werk!"

Irgendetwas krabbelte über ihr Gesicht. Schlaftrunken wischte sie mit der Hand über das „Etwas". Wahrscheinlich irgendein Ungeziefer, weswegen Tom wieder einen Kollaps erlitten hätte. Egal. Alexandra wälzte sich aus dem knarrenden Bett und streckte ihr durch die nicht mehr jüngste Matratze malträtiertes Kreuz durch. Auf dem Weg ins Bad stolperte sie über die am Boden liegende leere Rotweinflasche. Der Schädel brummte. *Selber schuld! Die Rotweinattacke hätte ich mir auch sparen können! Uuuuh, schon nach zehn Uhr vormittags!*

Sie musste sich sputen, denn um diese Zeit war der Reiseleiter im Hotel. Also beließ sie es bei einer Katzenwäsche, kramte ein frisches T-Shirt aus dem Kasten, Shorts und Badelatschen und sprintete aus dem Zimmer. In der Lobby sah sie bereits den zahnlosen, Englisch sprechenden Herrn Pepe in der Ecke sitzen und in irgendeinem Ordner kramen. „Guten Morgen", begrüßte sie ihn freundlich. Er erwiderte den Morgengruß ebenso freundlich und fragte, wie der Urlaub verliefe. „Tja, mir ist da was dazwischengekommen, das es notwendig macht, den Urlaub abzubrechen. Können Sie mir einen Flug nach Österreich organisieren? So bald wie möglich?" Alex hoffte inständig, ein klares JA zu hören.

„Sie wissen schon, dass Sie von den Hotelkosten nichts zurückbekommen?", fragte er skeptisch.

„Ist mir egal. Beschaffen Sie mir nur einen Flug – wenn möglich noch heute!", antwortete sie genervt.

Er erklärte, dass er einige Telefonate führen müsse – er würde jedoch alles Mögliche versuchen, um zu helfen. Nachdem alles geklärt war, ging sie nach draußen an die Poolbar. Erleichterung machte sich breit und Alexandra beschloss, die Wartezeit mit einem Durstlöscher zu verkürzen. Der Barkeeper, ein junger Student aus Galle, grinste sie an, wobei eine Reihe hellbrauner, ziemlich schief gewachsener Zähne im Ruinenlook freigelegt wurde. Er mixte den Drink und wollte ihr halb auf Englisch, halb irgendeine andere Sprache etwas erzählen, was dieser jedoch bald aufgab, als er merkte, dass seinem Gegenüber nicht nach Konversation war. Sie trank noch zwei weitere Giftmischungen und so ging der Vormittag vorüber und die Nervosität sank. Schließlich hielt sie es nicht mehr aus und fragte an der Rezeption nach, ob Pepe sich gemeldet hatte. So war es! Er ersuchte um Rückruf. Der Reiseleiter erklärte ihr bei diesem Telefonat, dass die einzige Möglichkeit zurückzufliegen darin bestünde, am Folgetag um 9:30 Uhr nach London zu fliegen. Am darauffolgenden Tag würde dann ein Anschlussflug nach München starten. Spontan sagte sie zu. Eine Nacht in London würde sie schon überstehen. Sie legte auf und wanderte nochmals zur Poolbar, um die Packerei erträglicher zu machen. *Na dann, auf nach London! Heimat, ich komme!!!*

Als Leo Montagmorgen das Gebäude des NATURE PIONEER betrat, herrschte bereits hektisches Treiben. Monatsende nahte und somit Abgabetermin für die Maiausgabe des NP-Magazins. Guido Westermaier, Abteilungsleiter der Rubrik Neuentdeckungen, steuerte direkt auf ihn zu. Leo hasste es, überfallen zu werden, bevor er sich seinen üblichen Frühstückssnack, einen Kinder-Pingu, einverleibt hatte. Er liebte diese Dinger.

„Chef, ich brauche Sie ganz dringend!" Guido hatte wie immer schrecklichen Mundgeruch – ein furchtbares Gemisch aus Kaffee, Restalkohol und Zigaretten – und sein schmuddeliges, kariertes Hemd inklusive verschmutztem Kragen ließ darauf schließen, dass er die Nacht großteils in irgendeiner Spelunke und anschließend nicht in einem Bett verbracht hatte. Jeder wusste, dass er nicht das beste Einvernehmen mit seiner Frau hatte. Natürlich wusste auch Leo davon. Und würde sein Mitarbeiter nicht immer wieder auf bahnbrechende Neuerscheinungen in der Tierwelt stoßen, hätte Leo ihn schon längst vor die Tür gesetzt.

„Später", grummelte er daher und schritt wortlos an ihm vorbei. Mit einem Seufzer ließ er sich auf seinen Lederstuhl fallen, der wie immer bedrohlich unter seinen knapp hundert Kilo ächzte. Er sah aus dem Fenster. Eine Wolkenbank schob sich Richtung Stadt und verdrängte immer mehr den bisher blauen Himmel. Er kramte in seiner Aktentasche und fand endlich seine Großpackung Kinder-Pingu. Genussvoll biss er in die braune Köstlichkeit und betrachtete die Wolken. Die vordere

Wolke erinnerte ihn spontan an seine erste Freundin. Üppige Oberweite, breite Hüften und eine riesige Nase. Dahinter erkannte er ein Spaceshuttle, dann ein trächtiges Nilpferd, welches vor dem Empire State Building stand. Er musste plötzlich über seine eigene Fantasie lachen. *Unglaublich, dass ich keine Märchenbücher verlege,* dachte er. Als er nochmals den Blick schweifen ließ, glaubte er eine sich vor Lachen krümmende Elefantendame zu erkennen. Gleichzeitig hörte er im Geiste ein lautes ansteckendes Lachen und er wünschte sich, diese (Menschen-) Frau würde es tatsächlich geben. *Gibt es sie? Irgendwo? Werde ich irgendwann eine solche Frau treffen? Die keine Angst davor hat, Lachen könnte Falten in ihr Gesicht graben? Die nicht ständig rumnörgelt, dass man(n) zu wenig Zeit mit ihr verbringt? Nicht ständig in der Handtasche nach Spiegel und Mascara kramt oder ständig davonrennt, um sich die Nase zu pudern? Eine Frau, die nicht gleich suizidgefährdet ist, wenn sich eine Salatgurke auf ihren Latz verirrt hat? Die gerne mal Tomaten mit Mozzarella für ihn zubereitet, ohne gleich die Emanzipation infrage gestellt zu sehen?*

Ein Klopfen an der Tür unterbrach seine Gedanken. Guido steckte seinen Kopf herein. „Bereit, Chef?"

„Meine Güte, Westermaier, was drängeln Sie denn so? Also gut, kommen Sie schon rein. Was gibt's?"

„Sie werden es nicht glauben! Ich bin da auf eine gigantische Sache gestoßen! In Rumänien ist man auf eine völlig neue Krötengattung gestoßen, die Eigenschaften aufweist, die bisher ..."

„Jaja, toll", unterbrach Leo den Redeschwall, „recherchieren Sie das lückenlos und präsentieren Sie das bei unserer Redaktionssitzung. Sonst noch was?"

Guido zupfte an seinem dreckigen Kragen und suchte verzweifelt nach dem Faden, der ihm soeben gerissen war. „... Nein ... alles klar." Er drehte sich wortlos um und verließ das

Büro. Draußen stapfte er an Leos Assistentin Sybille vorbei und schimpfte: „Hat der wieder eine Laune heute …"

Leo versuchte sich zu konzentrieren, aber irgendwie gelang ihm das heute nicht. Und plötzlich überkam ihn das dringende Bedürfnis, eine Auszeit zu nehmen. *Warum eigentlich nicht? Wann hatte ich zuletzt Urlaub?*

Vor zwei Jahren hatte sein Bruder ihn genötigt, an einem einwöchigen Kluburlaub in der Türkei teilzunehmen. Gunter meinte es gut, jedoch empfand er diesen Urlaub wie einen Straflageraufenthalt in Sibirien. Schon frühmorgens hallte die aufdringlich quiekende Stimme eines Schweizer Animateurs durch die Bungalowanlage. Dann ertönte aus einer völlig überdrehten Anlage „Gimme Hope, Joanna" in einer Lautstärke, dass er glaubte, seine Gedärme würden einen Seitenausgang suchen. Am Frühstücksbuffet drängelten sich immer dieselben, übergewichtigen Pauschaltouristen, die Berge von fetttriefenden Würsten und Speck auf die bereits überladenen Teller ihres ebenfalls übergewichtigen Nachwuchses packten. „Kostet ja nix … iss nur!" wurde dann dem neunjährigen Sohnemann erklärt, der mit seinen fünfundfünfzig Kilo dem ehrgeizigen Wunsch seiner Eltern, ein Sumoringer zu werden, immer näher kam und mit seinen Wurstfingern brav alles an Fetten und Kohlehydraten in sich hineinstopfte, was die brechend vollen Buffetanlagen hergaben. Dieses Szenario wiederholte sich tagein tagaus. Nach dem Frühstück der tägliche Kampf um eine der viel zu wenigen Liegen am Pool. Hatte man das Glück, eine solche zu ergattern, meinte der bierbäuchige Herr Maier aus Stuttgart, eine Arschbombe vom Beckenrand platzieren zu müssen, und setzte alles im Umkreis von zwanzig Metern unter Wasser – inklusive der Neuausgabe der Relativitätstheorie von Einstein und dem Badetuch. Und der frisch gepresste Orangensaft schmeckte plötzlich nach Chlor. Ansonsten konnte man sich entscheiden, wie man den Tag verbringen wollte: der siebenundzwanzigsten Aufforderung zum Boccia-Spiel nachzukommen, dem Gekreische der antiautoritär erzogenen Kinder zu lauschen, den umherfliegenden Wasserbällen auszuweichen oder an der Poolbar zuzusehen, wie Gruppen von Engländer versuchten, die eigenen Rekorde im Hineinschütten von Bier und Wodka zu brechen.

Apropos England ... England! *Das ist es! Ein Städtetrip nach London für ein paar Tage wäre eine willkommene Abwechslung!* Er beschloss, seine geniale Spontanidee umgehend mit seinen Freunden zu diskutieren. Vielleicht war der eine oder andere ja geneigt, sich anzuschließen?

Alle drei Freunde waren der dringlichen Einladung Leos ins Chili Hell gefolgt und saßen vollzählig versammelt um den runden Ecktisch. „Also, Leute, es sieht folgendermaßen aus: Ich werde morgen für drei Tage nach England fliegen. Die Frage ist nur, wie viele Tickets ich buchen soll? Wer von euch kommt mit?" Schweigen. Drei überraschte Augenpaare glotzten ihn an.

Schließlich ergriff Mike das Wort: „Wie, einfach so? Und schon morgen?"

„Männer, ihr wisst, dass ich kein Endlosplaner bin! War eine spontane Idee von mir und wer mitkommen möchte, kommt mit", erklärte Leo. „Ein paar Tage Auszeit könnte euch allen nicht schaden!"

Wieder Schweigen.

Carlo war schließlich der Erste, der Begeisterung zeigte. „Eine geniale Idee! Ich habe zufällig gerade Bares zur Verfügung und ein wenig Abstand schadet nichts ... Ich komme mit!"

Bernie sah ihn verächtlich an und sagte: „Für jemanden ohne Job und keinerlei Verpflichtungen natürlich kein Problem ...!"

Eigenartigerweise dachte er in diesem Moment an Marion, der er das Versprechen gegeben hatte, sich um sie zu kümmern. *Komisch, wieso denke ich jetzt gerade an das Elefantenmädchen?*

„Will da jemand vor ein paar Damen flüchten?", stichelte nun auch Mike in Carlos Richtung.

„Naja, diese Eva wird langsam etwas aufdringlich. Und da ist noch Magdalena ... Wie auch immer. Ich komme mit, Leo! Wie sieht's mit dir aus, Mike? Du bist doch selbstständig! Kannst du dich nicht ein paar Tage freimachen?"

Mike überlegte. „Ich habe tatsächlich momentan einen Leerlauf, der Zeitpunkt wäre gar nicht so schlecht. Ich komme mit!"

Leo sah Bernie fragend an. „Was ist nun mit dir?"

„Tut mir leid, Alter, aber so schnell finde ich jetzt keine Vertretung mehr für das Studio. Ich muss wohl passen."

„Alles klar, dann buche ich für morgen drei Tickets nach London Heathrow. Der Flug startet um 14:30 Uhr. Treffpunkt British Airways um 13 Uhr, Gentlemen!", freute sich Leo.

Der lange Flug von über neun Stunden steckte Alexandra noch in den steifen Gliedern, als sie sich mit den übrigen hundertzwanzig Mitpassagieren nach Passieren der strengen Passkontrolle zu den Bändern der Gepäckausgabe bewegte. Man hatte ihr die Wasserflasche aus Plastik aus den Händen gerissen und der Durst verwandelte ihre Zunge langsam in ein verwelkendes Rosenblatt. Während die Zeit bis zum Inbewegungsetzen des Bandes endlos erschien, überlegte sie, was sie in den nächsten Stunden wohl machen würde. Die ersten Koffer holperten daher. Ein Riesengedrängel entstand beim Kampf derer, die ihren Koffer gesichtet hatten und sich den Zugriff auf das Förderband erkämpften. Schließlich sah sie ihren knallroten Hartschalenkoffer nahen. Sie stellte ihre Handtasche auf den Boden, um so aus der dritten Reihe nach vorne zu kommen. Sie schaffte es mit Aufwartung aller Kräfte, ihn zu fassen und vom Band zu hieven. Sie kämpfte sich nun wieder nach hinten, wo sie in der Hektik ihre Tasche abgestellt hatte. Sie blickte sich mehrmals um, jedoch konnte sie sie nirgends entdecken. *Wo, zum Geier, ist sie nur?* Immer hektischer werdend wühlte sie sich durch die Menschen – in der Hoffnung, gleich auf die kleine, braune Handtasche zu stoßen. Nach zehn Minuten schließlich gab sie die Hoffnung auf. Sie war weg! *Wie kann ich nur so dämlich sein, die Tasche einfach unbeaufsichtigt irgendwo stehen zu lassen! Ich Trottel!* „Dummheit wird bestraft!", schimpfte sie leise mit sich selbst. Die Tasche war weg – samt Reisepass, Kreditkarte, Handy und dem verbliebenen Bargeld von circa dreihundert Euro! *Verdammt! Und am Verdursten bin ich außerdem!*

Gut gelaunt und einige Biere intus verließ Leo mit seinen zwei Freunden nach geglückter Landung nach einem ruhig verlaufenden Flug die Maschine und passierte die Passkontrolle in London. Leo war voller Vorfreude auf ein paar aufregende Tage in der Weltmetropole. Nachdem alle drei ihre Reisetaschen in Händen hielten, betraten sie die riesige Wartehalle, um sich einen Überblick über ihren weiteren Weg zu verschaffen. Unglaubliche Menschenmengen schoben sich durch die Hallen. Carlo fluchte vor sich hin in tiefstem Glauben, öfter als alle anderen angerempelt zu werden. Schließlich standen sie vor den Anzeigetafeln, die Auskunft über die Fahrtrouten, der „Tube" (Untergrundbahn), gaben.

„Wohin müssen wir nun?", fragte Mike, der es – genau wie Leo – kaum noch erwarten konnte, irgendwo außerhalb des öffentlichen Gebäudes eine Marlboro entzünden zu können. *Verfluchtes Rauchverbot!*

„Piccadilly", antwortete Leo. „Wir haben ein Hotel in der Nähe von Piccadilly Circus. Sehr zentral gelegen." Leo versuchte, sich näher an die Tafel heranzubewegen, den Kopf stets nach oben gereckt, um die Richtung nicht zu verlieren. „Verd…", blieb ihm das Wort im Hals stecken, als er über irgendetwas am Boden stolperte. Er ruderte mit den Armen und verhinderte gerade noch einen Sturz.

„Mann, kannst du nicht aufpassen, du Rüpel!", fauchte eine entrüstete Frauenstimme aus der Tiefe. Er blickte hinab und erkannte, dass er über die ausgestreckten Beine einer jungen Frau gestolpert war, die mit ausgestreckten Beinen am Fußboden an der Wand lehnte und ihn giftig anstarrte.

„Entschuldigung. Ist aber auch ein toller Platz zum Sitzen …"

Nun erst betrachtete er das Bündel Mensch am Boden genauer. Sie sah abgehetzt aus, ihre dunkelbraunen, langen Haare hingen zersaust ins Gesicht und fast schwarze, große Augen blitzten ihn wütend an. „Du sprichst Deutsch. Bist du etwa aus Österreich?", fragte er.

„Ja, bin ich. Nur leider werde ich mein Heimatland wohl nicht so schnell wiedersehen", antwortete sie, nun etwas milder gestimmt, resignierend.

Er ging in die Hocke, um sie in dem Trubel besser verstehen zu können. „Hast du ein Problem?" Er wusste gar nicht, warum er fragte. Eigentlich könnten ihm die Probleme dieser fremden Person ja schnurzpiepegal sein – ja, eigentlich …

„Jaaaaaaa könnte man sagen", antwortete sie gedehnt. „Nach einem Urlaubshorrortrip wurde mir nun auch noch meine Handtasche geklaut. Tja, und ohne Pass, Geld und Kreditkarte lässt sich's schwer reisen. So wie ich das sehe, sitze ich nun in einer der teuersten Städte der Welt fest ohne einen Cent. Würdest du mir zustimmen, dass ich ein Problem habe?" Ihre Stimme triefte vor Sarkasmus, jedoch stellte er trotzdem fest, dass ihre Stimme – nachdem sich ihr Tonfall von zornigem Schimpfen auf Normalkonversation umgestellt hatte – sehr wohlklingend und tief war.

„Was hast du bisher deswegen unternommen?", wollte er wissen.

„Noch gar nix. Werde wohl zunächst den Diebstahl melden und dann so eine verdammte Botschaft aufsuchen müssen. Ich frage mich bloß, wie ich überhaupt irgendwohin kommen soll ohne Kohle. In London wird es leider nicht vor Wohltätern wimmeln, die mich kostenlos rumfahren oder mir eine Gratisnacht in einer Hilton-Suite anbieten." Der Versuch eines Lächelns huschte über ihr Gesicht. Er stellte fest, dass ihm ihr Anflug von Galgenhumor gefiel.

Eine große Hand aus dem Hinterhalt landete auf seiner Schulter. „Da bist du! Was treibst du denn da?" Mike drängte sich neben Leo, gefolgt von Carlo. Beide blickten neugierig von Leo zu der jungen Frau, die sich nun aufrappelte, die linke Hand stets auf ihrem roten Hartschalenkoffer. Als Leo sich ebenfalls erhob, registrierte er, dass sie für eine Frau eine beachtliche Größe mitbrachte. Eine angenehme Nebenerscheinung in der Welt der Lilliputdamen, die meist in seinen Achselhöhlen verschwanden. Er schätzte sie auf 1,75 Meter und ihr Alter dürfte sich irgendwo um Mitte dreißig bewegen. Plötzlich störte es ihn, dass sein Hemd schlampig aus der Hose hing und er zuletzt in seiner Wohnung einen schnellen Blick in den Spiegel geworfen hatte.

„Wir haben hier eine Landsmännin mit mittelschweren Problemen vor uns, Männer", sagte er schließlich zu den beiden. „Ich sehe es als unsere patriotische Pflicht an, ihr zu helfen."

Carlo warf einen prüfenden Blick auf die etwas verwahrlost aussehende „Landsmännin". Die Haare standen wirr in alle Richtungen und auf dem knallgelben T-Shirt mit dem güldenen

Aufdruck „Princess" verteilten sich etliche Tomatensoßenflecken, was entweder für einen rüpelhaften Sitznachbarn im Flugzeug oder die für ihn völlig inakzeptable Angewohnheit sprach, sich ständig beim Essen zu bekleckern. Ihre ausgelatschten Sandalen sowie jegliches Fehlen von Mascara, Lidschatten oder Lippenstift beeindruckten ihn ebenso wenig. Für ihn stellte es ein weibliches „must" dar, sich stilvoll zu kleiden und zurechtzumachen – egal, ob frau einkaufen geht, eine Radtour macht oder in einem Ferienflieger verreist. „Ah so", meinte er wenig begeistert, fand sich aber damit ab, dass Leo die Entscheidung bereits getroffen hatte.

„Alexandra Pelzig. Freut mich, euch kennenzulernen", ging sie schließlich in die Offensive und streckte Leo als Erstem ihre Hand entgegen.

Das Taxi hielt vor einem typischen Altbaustadthotel nahe Piccadilly. Die drei Männer packten ihre Reisetaschen und begaben sich ins Foyer. Alexandra tapste hinterher – den Hartschalenkoffer hinter sich herziehend. Leo wandte sich an den Portier und konfrontierte ihn mit der Tatsache, nun eine Person mehr beherbergen zu müssen. Man einigte sich schließlich nach endlosen Diskussionen, für eine Nacht ein Zusatzbett in das Appartement zu stellen, da das Hotel ausgebucht war. Anschließend quetschten sich alle vier in einen ziemlich betagt aussehenden Lift, der bedrohlich unter der Last ächzte und quietschte. Nachdem die Zimmertür hinter dem Letzten ins Schloss fiel, ließ Alexandra ihren Koffer fallen und stöhnte: „Mein Gott, jetzt eine Dusche, drei Liter Wasser die Gurgel hinunterschütten und ich bin hoffentlich ein neuer Mensch. Alles war nur ein Albtraum und ich werde aufwachen!"

„Na dann los", antwortete Leo und schubste die Tür zum Badezimmer auf. Alexandra stürzte sofort darauf zu, hielt jedoch an der Tür inne und drehte sich zu den drei Männern um.

„Danke vielmals euch allen, dass ihr mir in dieser Scheißsituation helft. Ich weiß, ich falle euch zur Last und ich weiß nicht, wie ich das wiedergutmachen kann, aber ich werde versuchen, mich zu revanchieren, sobald ich wieder auf meinen Füßen lande." Ihr Blick ruhte auf Carlo, denn sie hatte sehr wohl bemerkt, dass er die geringste Freude an ihrer Anwesenheit zu haben schien.

„Geht schon klar, was soll's. Diese Nacht werden wir schon überstehen!", antwortete dieser schließlich notgedrungen unter den abwartenden Blicken aller Anwesenden. Die Badezimmertür schloss sich und nach wenigen Sekunden ertönte ein leises Plätschern.

Alexandra ließ sich eiskaltes Wasser übers Gesicht laufen und ihre Gedanken liefen Amok. *Meine Güte, ich kenne diese Typen gar nicht. Was, wenn einer über mich herfällt? Oder alle gemeinsam? Was, wenn auch nur einer von ihnen ein Triebtäter, Psychopath oder gar ein flüchtiger Mörder ist? Überhaupt dieser gelackte Carlo, der mich ständig so abfällig mustert, als wäre ich gerade aus einer Biotonne gekrochen! Ich bin denen völlig ausgeliefert, kann mich derzeit nicht mal ausweisen, bin namen- und staatenlos! Und ohne einen Cent! Die Alternative wäre, irgendwo unter einer Brücke zu kampieren ... nicht sehr verlockend! Mann ... wieso stolpere ich ständig in solche dämlichen Situationen? Tja, wie auch immer, ich muss davon ausgehen, dass sie nichts Böses im Sinn haben und einfach nur nett und hilfsbereit sind!*

Eigenartigerweise fiel ihr dieser Gedanke bei Leo überhaupt nicht schwer, er erschien ihr der vertrauenswürdigste der drei Fremden zu sein. Sie war immer stolz gewesen auf ihre gute Menschenkenntnis und hoffte, sich auch jetzt darauf verlassen zu können.

„So, Zeit, sich ins Getümmel zu werfen! Machen wir London unsicher!", brüllte Mike gut gelaunt und warf sich einen Pulli um die Schultern. Es war bereits nach 21 Uhr abends und alle hatten sich geduscht, umgezogen und ihre Habseligkeiten irgendwo deponiert. Das Zusatzbett war mittlerweile im Wohnraum aufgestellt worden und der Portier war instruiert, falls die Polizei, der die Hoteladresse genannt worden war, sich bezüglich der geklauten Tasche melden würde. Am Flughafen hatte sie die Anzeige aufgegeben und ihre Daten hinterlassen in der Hoffnung, die Tasche würde doch noch aufgefunden werden und ihr bliebe somit die Prozedur mit Botschaft und Behörden erspart.

„Was ist?", fragte Leo, nachdem Alexandra keine Anstalten machte, Ausgehposition einzunehmen.

„Du weißt schon, dass ich keine Kohle habe, oder? Ich möchte euch nicht auch noch dabei auf der Tasche liegen. Ich bleibe hier und schaue CNN ..."

Leo griff nach seiner Geldbörse und zog zwei Scheine heraus. Er hielt sie ihr wortlos hin. Hundertundfünfzig Euro. „Gib es mir einfach in Salzburg zurück", sagte er nur.

Sie griff zögernd danach. „Danke für dein Vertrauen. Du kannst dich darauf verlassen, dass ich es zurückzahle", nuschelte sie leise.

Leo straffte die Schultern und brüllte: „So, also los jetzt! Ich will hier nicht versauern!" Diese Worte duldeten keinen Widerstand.

Das Taxi hielt im Stadtteil Kensington vor einem der angesagtesten Pubs. Es hatte begonnen zu regnen. Im Pub „O'Malley's" war es brechend voll. Jedoch schien das Glück ihnen hold zu sein, da eine kleine Gruppe sturzbetrunkener Engländer sich gerade von einem netten Ecktisch erhoben hatte und versuchte, sich gegenseitig stützend aufrecht den Pub hinauszuschleppen. Mike erkannte sofort die Gelegenheit und stürzte auf den Tisch zu, um diesen zu sichern. Kurz darauf erschien ein tätowierter Glatzkopf mit den Worten: „Hi. What do you wanna drink?" Alle vier beschlossen, den Londonaufenthalt mit einem englischen Bier zu beginnen.

Alexandra sah sich um. Links neben ihnen schaufelte ein junger Mann mit geschätzten hundertdreißig Kilogramm allein fetttriefende Würstchen aus einem Riesenhaufen undefinierbarer Pampe in sich hinein. Ansonsten gaben sich großteils Männer aller Altersschichten verschiedenster Biersorten hin.

Plötzlich überkam sie eine tiefe Traurigkeit. Nach der ganzen Hektik der vergangenen Stunden brach nun Trostlosigkeit über sie herein. Ihr Blick verlor sich in der Menge und die Gedanken rasten. Selten war sie sich dermaßen hilflos vorgekommen. Meist war sie Herr der Lage und hatte sich selbst auferlegt, keine Schwächen zu zeigen. Dazu gehörte, niemals in der Öffentlichkeit zu weinen, keine emotionalen Ausbrüche, Gefühlsduseleien zu vermeiden. Ihre Erfahrung hatte gezeigt, dass dies vordergründig im Beruf durchaus als Vorteil zu sehen war. So war sie der festen Überzeugung, dass sie als wankelmütiges Sensibelchen in dem hauptsächlich männlich besetzten Kreativteam der namhaften Werbeagentur Blaumann & Partner wahrscheinlich keine Woche überstehen würde. Das Team bestand aus sechs Männern und lediglich zwei Frauen. Ihr sozialer Hauptpart in der täglichen Zusammenarbeit war es, mit Einsatz all ihrer diplomatischen Fähigkeiten und Zuhilfenahme sämtlichen schwarzen Humors zu verhindern, dass ihre Kollegin Ulrike nicht auf der Palme saß oder in Tränen aufgelöst auf der Damentoilette kampierte. Alexandra konnte es ignorieren, wenn die Männer wieder mal dämliche Frauenwitze zum Besten gaben, über die sexuellen Neigungen der neuen Geliebten des Chefs mutmaßten oder Rülpsen zu einem mittagsfüllenden Diskussionsthema ausgerufen wurde. Die liebe Ulrike hingegen hatte wenig bis gar keinen Humor. Oder zog sie es vor, in trauter Einsamkeit im Keller zu lachen?

Alexandra hingegen zeichnete sich durch eine gesunde Portion Selbstironie aus, was es ihr ermöglichte, über sich selbst genauso zu lachen wie über diverse komische Situationen, in die sie immer wieder stolperte. Ihr Umfeld – und auch ihre männlichen Kollegen – bezeichneten sie als äußerst positive Frohnatur, die nicht beim ersten dämlichen Witz eingeschnappt reagierte oder auf den Feminismus pochte. Silvia, ihre beste Freundin, hatte allerdings schon einige Male behauptet, ihr „kumpelhaftes" Verhalten würde zu viel ihrer Weiblichkeit auffressen. „Ein Mann will eine Frau im Bett haben – keinen Kumpel!", behauptete sie einmal. *So ein Mumpitz! Oder ist es für einen Mann wirklich ausgeschlossen, dass seine Geliebte gleichzeitig seine beste Freundin ist? Wirken Aufgeschlossenheit und Selbstbewusstsein tatsächlich verschreckend auf die männliche Spezies?*

„... und welche Meinung vertritt unsere Alex dazu?", drang Mikes Stimme an ihr Ohr.

„Wozu? Entschuldigung, ich hab ... ich war gerade ganz woanders."

Drei männliche Augenpaare waren auf sie gerichtet. Alexandra beschloss, sich zusammenzureißen und für die nächsten paar Stunden ihre momentane Situation zu vergessen, und nahm einen ordentlichen Schluck des Malzbieres. Mike gab eine Kurzfassung des zuletzt Gesprochenen von sich: „Also, wir finden es fürchterlich, wie manche Frauen sich gehen lassen, sobald sie einen Ehering am Finger haben! Mancher Unglücksvogel erkennt oft schon nach kurzer Zeit das Wesen an seiner Seite nicht mehr wieder, das er irgendwann mal geheiratet hat! Was ist das für eine Mutation, die aus einer ansehnlichen Frau eine Tonne mit zwanzig Kilo Übergewicht macht, die mit fettigen Haaren im schmuddeligen Hausanzug den ganzen Tag vor der Glotze rumhängt und Fast Food serviert, während das Heim zu einer Mülldeponie vergammelt!?"

Alexandra blickte kurz in die dunkle Brühe ihres Bierglases und sah Mike schließlich mit festem Blick in die Augen. „Vielleicht weil jeder bekommt, was er verdient? Oder weil jeder sein (Un-)Glück selbst wählt? Keine Ahnung." Sie machte eine kurze Gedankenpause und fuhr schließlich – nachdem sie einen kurzen Blick auf die anwesenden rechten Männerhände geworfen und festgestellt hatte, dass sich nirgends Anzeichen eines Eherings befanden – fort: „Allerdings legen viele Männer da offensichtlich auch auf falsche Attribute Wert und erst zu spät realisieren sie, dass sie abgezockt und schuftend auf der Verliererseite stehen! Ein gut verpackter, wackelnder Hintern, gepushte Silikontitten und ein paar schmachtende Blicke reichen wohl oft aus, um die Herren der Schöpfung für die Ehe zu begeistern!" Sie lehnte sich zurück, wohl wissend, dass das zuletzt Gesagte sehr provokativ war. Erstauntes Schweigen auf der Männerseite.

Leo ergriff das Wort. „Sie hat irgendwo schon recht – es gibt jede Menge Männer, die in den Phasen des Kennenlernens nicht mit dem Gehirn denken und so gewisse Alarmsignale übersehen. Andererseits sind manche Frauen wahre Meisterinnen der Schauspielkunst."

„Na hör mal, willst du dem beipflichten, dass Männer nur schwanzgesteuerte Idioten sind, die allesamt wie doofe Schmeißfliegen blind an einer Honigfalle kleben bleiben?", entrüstete sich Carlo.

„Tja, lieber Carlo, woran du so alles kleben bleibst, wollen wir lieber gar nicht wissen ...", warf Mike ein. Carlo funkelte ihn wütend an, enthielt sich jedoch einer Antwort.

Leo griff schließlich den Faden wieder auf und meinte: „Nein, das will ich damit nicht sagen. Meiner Meinung nach riskieren zu wenige den Blick hinter die Kulissen."

„Es gibt aber auch Männer, die ZU genau hinter die Kulissen schauen und dadurch nirgends die Frau entdecken, die ihren Anforderungen gerecht werden kann! Weil es diese Überfrau in Fleisch und Blut nämlich nicht gibt!" Mike sprach damit Leo direkt an.

Dieser lehnte sich entspannt zurück: „Es mag sein, dass ich genau hinschaue, allerdings bin ich aus diesem Grunde noch Alleinbesitzer meiner Eigentumswohnung, muss nicht irgendwohin Alimente überweisen oder muss mir nicht allabendlich irgendein dümmliches Geschnatter über meine mangelnde Freizeit, einen eingewachsenen Fußnagel, Zickenkrieg mit der Nachbarin oder den klumpenden Fingernagellack anhören!"

„Und wohin genau schaust du bei einer Frau?", wollte Alexandra wissen.

„Rasse, Klasse, Sinnlichkeit!", blaffte Carlo dazwischen.

„Darauf solltest du mal etwas mehr achten in deinem weiblichen Umgang!", sandte Mike den nächsten Pfeil in Richtung Carlo ab, der dies nun nicht mehr unkommentiert lassen wollte.

„Ihr mit euren dämlichen Wertvorstellungen! Mag ja sein, dass mein weibliches Umfeld keine Nobelpreise abräumt und die Weisheit nicht mit dem Löffel gefressen hat, aber sie sind zumindest nicht dumm wie Brot, haben Stil – und: Sie haben Kohle! Ich stehe zumindest nicht auf der Verliererseite, im Gegenteil! Ich helfe den Damen der Gesellschaft etwas, ihr Geld sinnvoll zu investieren!"

„In dich ...!", sagte Mike verächtlich.

„Na und? ICH wurde zumindest noch nie von meiner Angetrauten wegen einer surfenden Karibikwerbung abserviert!" Dies war ein direkter Stich in Mikes Achillesferse.

Alexandra erkannte, dass diese Diskussion eine unangenehme Wendung nahm. Sie stand auf und tönte: „Also Männer, ich schmeiße jetzt eine Runde – von eurer Kohle! Wer möchte was?"

Nach ein paar Minuten erschien sie mit vier vollen Gläsern Bier, welche sie mit Mühe in senkrechter Lage balancierte. Als sie jedoch das Erste davon aus der eigenen Umklammerung löste, um es auf den Tisch zu stellen, machte sich ein zweites selbstständig und rutschte unten durch – direkt in den Schoß von Carlo! „Scheiße noch mal!", fluchte er und sprang auf. An brisanter Stelle hatte sich ein riesiger Fleck breitgemacht. „Sieht aus, als ob ich in die Hose gepfeffert hätte! Außerdem wachsen jetzt vermutlich Schwämme in meiner Hose – danke schön!" Aus seinen pechschwarzen Augen funkelte er Alexandra wütend an.

„Sorry, tut mir echt leid. Manchmal bin ich ein klitzekleiner Tollpatsch!", entschuldigte sie sich.

Nachdem auch Leo und Mike auf Carlo einwirkten, dass dies ja wohl nicht einem terroristischen Attentat gleichkam, beruhigte er sich langsam und rubbelte lediglich von Zeit zu Zeit an seinen Schenkelinnenseiten.

Der Runde folgten noch etliche Runden und nach der jüngsten Vernichtung von Gebranntem beschloss man, einen Lokalwechsel vorzunehmen. Man diskutierte über Gott und die Welt – ein gewisses Thema bewusst nicht mehr aufgreifend – und lachte, bis die Tränen flossen. Alexandra fühlte sich ausgesprochen wohl in der Männergesellschaft – bis auf Carlo. Besonders wohl fühlte sie sich mit Leo. Seine Ansichten, sein Humor – seine ganze Art empfand sie als sehr ansprechend.

Sie hatten sich im Verlauf des Abends noch sehr eingehend miteinander unterhalten und der Gesprächsstoff schien nicht ausgehen zu wollen. Ihr fiel auf, dass sie etliche Gemeinsamkeiten aufwiesen, in anderen Punkten jedoch grundverschieden zu sein schienen. *Komisch, es ist doch sonst nicht meine Art, einem Fremden gleich mein halbes Leben zu verklickern ... die Geschichte mit Tom, meine Träume, mich in der Werbung selbstständig zu machen, sogar meine Schwächen ... warum binde ich dem das alles bloß auf die Nase? Andererseits sehe ich ihn wahrscheinlich ohnehin nicht mehr wieder – insofern ... carpe diem!*

Gegen 3 Uhr früh riskierte Alexandra einen Blick auf die Uhr. Sie befanden sich in einem vollgestopften Klub, wo seit einer Stunde überlaute House-Musik ihre Trommelfelle malträtierte. Alle vier hatten unzählige Biere und einige Jack Daniels intus. Alexandra bemerkte, wie die Bar, an die sie sich klammerte, zunehmend auszuweichen schien. „Scheiß Ding ...", schimpfte sie, als ihr Ellenbogen wieder einmal ins Leere sauste, anstatt ihren mittlerweile sehr schweren Kopf zu stützen.

Leo, der neben ihr lehnte, erkannte die Problematik. „Soll ich dir meinen Arm leihen?", schrie er in ihr Ohr.

„Was soll ich dir verzeihen?", schrie sie zurück. Und während sie sich hinüberbeugte, um durch den ohrenbetäubenden Bass seine Worte zu verstehen, knickte sie plötzlich mit dem linken Bein um. Das Glas – noch halb gefüllt mit Jack Daniels – entglitt ihren Fingern und landete schnurstracks – wo sonst? – auf Carlos Jackenärmel! Leo reagierte trotz mittlerweile selbst geschätzter zwei Promille überraschend geistesgegenwärtig und griff Alexandra sofort unter die Arme, um zu verhindern, dass sie wie das Whiskeyglas auf dem harten Fliesenboden aufschlug. Sie hing in seinen Armen und bewegte sich nicht. Carlo sprang vom Barhocker und hüpfte lautstark zeternd herum.

Stinksauer plärrte er: „Schon wieder ich! Kann sich die nicht mal ein anderes Opfer suchen? Jetzt hab ich schon wieder den Latz voll! Noch dazu meine neue, sauteure Lederjacke!" Trotz der dröhnenden Musik setzte sich seine Stimme durch.

„Hallo? ... Alex?" Leo schüttelte sie, um ein Lebenszeichen zu erhalten.

„Isch kann nimma ... bin voll ... mag heim ... danke ...", stammelte sie in seinen Kragen und klammerte sich noch mehr an ihn. Leo konnte zwar kaum etwas verstehen, jedoch erkannte er, dass Whiskey bei Frauen wohl doch schneller wirkte als bei Männern. Sein Blick suchte Mike und Carlo. Mikes Kopf lag auf dem Tresen und lediglich an der leichten Bewegung seiner langen Stirnfransen erahnte man regelmäßige Atemzüge. Oder eher ein regelmäßiges Schnarchen, welches durch die laute Musik gnädig übertönt wurde. Carlo daneben zeterte und schrie noch immer herum, während er immer wieder an seinem Ärmel herumfummelte und wüste Beschimpfungen ausstieß – welche hauptsächlich Alexandra galten. Leo traf die Entscheidung, dass es Zeit war, zu gehen. Es kostete keinerlei Überredungskünste – Mike war nach einem deftigen Schulterschlag wieder zurück aus dem Traumland und Carlo war es schnurzegal, wo er wegen seiner versauten, neuen Lederjacke wüten konnte. Leo packte Alexandra um die Taille und sie schlang automatisch ihre Arme um ihn, um den beschwerlichen Weg aus dem Klub zum Taxi zu schaffen. Eine lange, alkoholgeschwängerte Nacht neigte sich ihrem Ende zu und nachdem Leo es noch schaffte, dem Taxifahrer das richtige Hotel zu nennen, ertönte gegen Morgengrauen aus einem Dreibettzimmer inklusive Notbett Schnarchgetöse, wogegen das Starten einer Boeing 747 wie ein Flüstern anmutete!

Furchtbare Schläge gegen den Hinterkopf rissen Leo aus einem traumlosen kurzen Schlaf. Sein Mund war völlig ausgetrocknet und fühlte sich pelzig an. „Igitt ... Durst ...", murmelte er und wand sich aus dem für ihn viel zu kurzen Hotelbett. Neben ihm schnarchte Mike selig vor sich hin. Es war bereits hell draußen. Auf dem Weg zum Bad stieß er mit dem Schienbein gegen das Bett von Carlo, was ihm einen unterdrückten Fluch entlockte. Carlo wuchtete sich daraufhin in Rückenlage, zog die Bettdecke ans Kinn und stieß einen seligen Seufzer aus, der gleich darauf wieder in rasselndes Schnarchen überging. Nachdem er – trotz Warnung, es bleiben zu lassen – wahrscheinlich die halbe Themse über die Wasserleitung im Bad geleert hatte, wankte er unsicheren Schrittes zurück in das Schnarchinferno. Dabei fiel sein Blick auf Alexandra, die eingerollt – von einer schmuddeligen Hoteldecke umhüllt – in dem schmalen Klappbett schlummerte. Ihre dunklen Haare fielen ihr ins Gesicht und sie hielt das Kopfpolster mit beiden Händen umklammert. Er betrachtete sie einen Moment und schlich dann weiter Richtung Lärmepizentrum.

Als das Quartett nach einem gesprächsarmen Frühstück – man genoss gerne die Ruhe des Schweigens – gegen 10 Uhr aus dem Frühstücksraum kam, winkte der Portier aufgeregt mit einem Wisch in der Hand und schrie: „Lady! Hello, Lady! Good news for you!" Er setzte sein schönstes Feiertagsgrinsen auf und entblößte dabei ein Furcht einflößendes Pferdegebiss Marke Don Camillo. Von Alexandra fiel blitzartig die ganze Müdigkeit ab und wich einer großen Hoffnung. „Police called five minutes ago! It's about your handbag! You should ..." Seine restlichen Worte gingen in Alexandras Freudentaumel unter. Sie hüpfte wie eine Verrückte herum und plötzlich rannte sie hinter die Rezeption, packte den bleichen Don Camillo und drückte ihm einen Kuss auf. Dieser wurde noch eine Nuance bleicher und strich sich nervös über seine vier Haarbüschel, die sorgsam verteilt auf seinem Kopf klebten. „You're welcome

...", stammelte er und übergab ihr anschließend die Kontaktdaten zur Abholung ihrer Tasche.

„Boah ... die hat Mut ...", witzelte Mike und musste sich umdrehen, um nicht laut loszubrüllen angesichts dieser bizarren Kussszene.

„Okay, ich fahre nun raus zum Flughafen und kläre das mit der Tasche. Wenn das Ticket noch drin ist, kann ich wie geplant heute Nachmittag heimfliegen. Ich weiß es allerdings nicht, daher nehme ich den Koffer noch nicht mit. Kann ich ihn noch für eine Stunde hierlassen?"

„Eh klar, wir hauen uns sowieso noch mal kurz aufs Ohr, bevor wir losstarten", erklärte Mike bereitwillig. In derselben Sekunde war sie auch schon durch die Drehtür entschwunden.

Eine knappe Stunde später saß sie in einem Bus retour zum Hotel und konnte ihr Glück nicht fassen. Tatsächlich hatte der Dieb es lediglich auf Bargeld und die Kreditkarte abgesehen und den gesamten sonstigen Inhalt ihrer Tasche unbeachtet gelassen. Sogar ihr Handy – das war dem Dieb wohl zu veraltet – war noch da! Die Tasche war in der Herrentoilette aufgefunden und von einem ehrlichen Mitmenschen abgegeben worden. *Es gibt also auch in einer Großstadt noch gute Menschen,* dachte sie, während sie erneut freudig in ihrer Tasche kramte.

Als sie im Hotel eintraf, waren die drei Städtereisenden gerade dabei, sich für die nachmittägliche Sightseeingtour zurechtzumachen. Die Männer blickten sie fragend an. „Ich hatte wahnsinniges Glück! Alles von Bedeutung ist noch da! Nur das Bargeld und die Karte wurden gemopst. Ich werde tatsächlich heute um 16:50 Uhr im Flieger Richtung Heimat sitzen!", schilderte Alexandra strahlend die Situation. Dann wandte sie sich an Leo: „Nachdem meine Kreditkarte ja auch weg ist, kann ich dir deine Auslagen erst in Salzburg zurückerstatten. Ich hoffe, ich bekomme bis dahin noch Zahlungsaufschub?"

Leo grinste sie an: „Naja, die Zinsen sind derzeit auf einem historischen Hoch – das wird teuer!"

„Hm, wenn ich zusätzlich einen Barjob am Wochenende annehme, müsste ich es schaffen, meinen Schuldenberg abzustottern", flachste sie zurück. Danach entstand ein ausgedehnter Moment des Schweigens. „Ähm ... ja, dann werde ich jetzt also meinen Koffer schnappen und Richtung Heathrow entschwinden", japste sie schließlich.

Mike ging auf sie zu und umfasste sie an beiden Armen: „Liebe Alex, deine Anwesenheit war zwar überraschend und unvorhergesehen, aber nichtsdestotrotz war es alles andere als langweilig mit dir! Und für eine Frau kannst du alkoholtechnisch auch ganz schön mithalten. Bin immer noch beeindruckt, dass meine Lichter früher ausgingen als deine! Naja, wie auch immer, wahrscheinlich wird mir die nächsten zwei Tage irgendwas fehlen!"

Spontan umarmte sie ihn und erwiderte: „Sollten wir uns in Salzburg wiedersehen – bitte bei Wasser und Himbeersaft! War schön, dich kennenzulernen!"

Carlo trat an sie heran: „Mir wird in den nächsten Tagen definitiv nicht fehlen, von dir bekleckert und angeschüttet zu werden – aber trotzdem alles Gute!"

„Danke, Carlo! Ich weiß, ich habe dich etwas strapaziert – ich werde an Leo im Zuge meiner Darlehenstilgung einen realistischen Betrag für die Reinigung deiner neuen Lederjacke übergeben. Danke, dass du mich erduldet hast!" Sie gaben sich wortlos die Hand.

Dann wandte sie sich Leo zu. „Ganz großen Dank im Speziellen an dich! Schließlich hast du für meine Notaufnahme bei euch gesorgt! Und du warst mein Kreditinstitut, meine Notherberge, mein Helfer nach komatösem Kampftrinken ... tja, mein Retter eben ...!"

Er stand einfach nur da und sagte nichts. Intuitiv wollte sie ihn ebenfalls umarmen, jedoch war sie durch seine reservierte Haltung völlig verunsichert. Schließlich streckte sie ihm die Hand hin. Er ergriff sie sofort und hielt sie länger als notwendig fest. „Gern geschehen", sagte er nur und blickte ihr fest in die Augen.

Noch mehr verunsichert wandte sie den Blick ab und bückte sich zu ihrem Koffer hinunter. „Ach ja, ich brauche noch deine Telefonnummer oder Adresse wegen des Geldes", sagte sie, während sie sich aufrichtete. Leo ging in den anderen Raum und kam kurz darauf mit einem gefalteten Notizzettelchen zurück. Er drückte es ihr wortlos in die Hand. „Okay, also dann, macht es gut und noch schönen Aufenthalt, Jungs!" Mit diesen Worten entschwand Alexandra samt Trolli aus der Tür. Leo stand noch einen Augenblick regungslos da und blickte auf die geschlossene Tür. Da ertönte plötzlich aus dem Stiegenhaus ein furchtbares Gepolter und gleich darauf ein lautstarkes, weibliches Fluchen.

„Diese Frau ist das wandelnde Chaos, einfach unglaublich!", stellte Carlo kopfschüttelnd ein weiteres Mal fest.

Ja, einfach unglaublich ..., dachte auch Leo. Allerdings nicht nur in Hinsicht auf Chaos ...

Das Flugzeug erreichte gegen 17:20 Uhr die geplante Reisehöhe und von Alexandra fiel langsam die Anspannung der vergangenen Tage ab. *Manchmal schlägt das Leben sonderbare Wege ein!* Weiters wurde ihr bewusst, dass sie eigenartigerweise – bis auf einen kurzen Moment in dem Londoner Pub – kaum einen Gedanken an Tom verschwendet hatte. *Wie geht es ihm wohl? Wo ist er? Wahrscheinlich heult er sich gerade bei seinem fußballfanatischen*

Macho-Freund Helmut über die globale Seuche „Frau" aus, während seine Mama ihn mit Unmengen Spaghetti Bolognese tröstet. Wie auch immer, Tom gehört nicht mehr zu meinem Leben, und das ist gut so. Irgendwann hätte ich ihn vermutlich mit seiner Lieblingssocke erwürgt. Das Leben ist so spannend und ich bin bereit für Neues! Vor allem freue ich mich jetzt auf daheim! ... Hoffentlich vergisst Silvia nicht, ihre beste Freundin in München abzuholen! Nein, natürlich nicht! Doch nicht die verlässliche, ordentliche Silvia ... Sie gähnte herzhaft. Ihre letzten Gedanken galten den drei Helfern in der Not – speziell einem. Ein eigenartiges Gefühl beschlich sie bei dem Gedanken an Leo. Ein leichtes Kribbeln. *Ach was, das sind nur die Nachwehen meiner Bier- und Whiskeyexzesse, sonst nichts!* Sekunden später nickte sie ein und träumte von bierbäuchigen Bayern, die sich bei einem Schönheitswettbewerb in London einer Jury aus Whiskyflaschen stellten.

Über München hing eine dicke graue Wolkenschicht, die immer wieder sintflutliche Regenfälle auf die armen Menschen niederließ. Es war für Juni mit knappen elf Grad viel zu kalt. Alexandra ärgerte sich, keine Socken angezogen zu haben. Ihre Zehen fühlten sich in den Sandalen bereits an wie Eiswürfel. Sie zog die Jeansjacke vor der Brust noch enger zusammen auf dem Weg in die Ankunftshalle. Hunderte Leute wuselten herum, fächerten mit irgendwelchen Namensschildern oder blickten suchend auf die aus den Gates herausströmenden Ankömmlinge. Alexandra konnte Silvia nirgends entdecken. *Wird wohl am Verkehr liegen*, dachte sie und ergatterte einen freien Sitzplatz direkt vor dem Ausgang. Nach fünfzehn Minuten fing sie an, sich zu wundern.

Silvia war eine Ausgeburt an Pünktlichkeit, Verlässlichkeit und Präzision. Sie schaffte es, trotz zweier kleiner hyperaktiver Söhne mit dreieinhalb und zwei Jahren, die Ruhe zu bewahren.

Ihr werter Ehemann Johannes glänzte die meiste Zeit durch berufliche Abwesenheit, sie betreute ihre depressive und geistig umnachtete Mutter im eigenen Haushalt und „nebenbei" arbeitete sie noch an zwei Vormittagen in einer Bücherei. Alexandra blickte bei so manchem Besuch in Silvias Haus fassungslos auf die unglaubliche Ordnung und Sauberkeit, die man vorfand. Keine angebissenen Semmelreste am Boden, keine Saftflecken auf der Couch, keine Kasperlfigur, die am Badewannenrand hing. Und schaute man durch ihre Fenster in den nahe gelegenen Park, wurde der Blick nicht von Schlieren und Tappfingern am Glas abgelenkt. *Wie macht sie das bloß?* Wenn Alexandra im Vergleich an ihre eigene Wohnung dachte, überkam sie stets ein schlechtes Gewissen. Ja, natürlich, sie arbeitete mindestens fünfundvierzig Stunden die Woche, und natürlich wollte man nicht jeden Feierabend mit Putzen, Staubwischen und Wäschebügeln verbringen. Sie sah es auch nicht als zwingend an, sterile Sauberkeit und Perfektion in ihren fünfundsechzig Quadratmetern zu verbreiten. Dafür war sie gemäß gesunder Selbsteinschätzung auch viel zu chaotisch.

„Hey Alex! Alexandra!" Sie blickte in Rufrichtung und erblickte eine wie immer perfekt gestylte Silvia, die sich durch die Menge kämpfte. Modischer Zweiteiler, die blonden Haare perfekt geföhnt, das Make-up farblich ihren blauen Augen und den Klamotten angepasst. Weder ihr Aussehen noch ihre Figur ließen erahnen, dass man eine dreiunddreißigjährige, zweifache Mutter mit Vierfachbelastung vor sich hatte. Wobei Alexandra Silvias Göttergatten durchaus als eigene „Belastung" einstufte, gleich nach den Kindern und Oma Gertrud. *Naja, verdammt gute Gene eben!*

„Na endlich!", hüpfte Alexandra auf und umarmte sie.

„Meine Güte, was machst du denn für Sachen? Als du mich aus London angerufen hast, war ich völlig von den Socken!

Tom weg, Urlaub abgebrochen, dann in London auch noch beklaut werden und dann bei Wildfremden im Hotelzimmer schlafen ... Mannomann! So was kann auch nur dir passieren!"

Sie machten sich auf zum geparkten Auto und Alexandra erzählte: „Tja, ist ja soweit noch mal gut gegangen. Ich hatte ja auch Glück im Unglück. Die Tasche hab ich wieder und meine Wohltäter in London haben sich auch nicht als Triebtäter entpuppt! Im Gegenteil, er war ausgesprochen hilfsbereit und hat mir ohne Wenn und Aber auch finanziell geholfen. Welcher Fremde gibt dir ohne irgendeine Sicherheit hundertundfünfzig Euro?"

„Wer ist ER?", fragte Silvia.

„Leo. Derjenige, der über mich gestolpert ist. Er war auch derjenige, der – wohl über die Köpfe der anderen hinweg – sofort entschieden hat, mir zu helfen."

„Wie? Was gestolpert? Wo denn? Und was habt ihr dann eigentlich die ganze Nacht gemacht?" Silvia blieb stehen und blickte sie fragend an.

Alexandra musste aus vollem Halse lachen angesichts Silvias neugieriger Gesichtsakrobatik. „Das erzähle ich dir im Auto bei der Heimfahrt, okay? Aber bitte gehen wir weiter – ich muss mir dann sofort Socken aus dem Koffer holen. Bevor meine Zehen amputiert werden müssen!"

Für Leo, Mike und Carlo verflogen die verbleibenden zwei Tage in London geradezu. Tagsüber versuchten sie, zumindest die wichtigsten Sehenswürdigkeiten zu besuchen, und abends inhalierten sie das vibrierende Nachtleben der Weltstadt. An ihrem zweiten Abend entgingen sie nur knapp einer Schlägerei in einem Klub in Chelsea und einmal stürzte Carlo über eine Treppe im Tower hinab und holte sich eine Riesenbeule an der Schläfe. Ganz OHNE Alexandras Beteiligung, wie seine

Freunde sofort kommentierten. Ansonsten verlief alles reibungslos. Ein paar Mal dachte Leo an die humorvolle Chaotin aus der Heimat und fragte sich, ob wohl alles mit ihrem Rückflug gekappt hat.

Als sie schließlich selbst in der Abflughalle saßen – müde und unausgeschlafen nach der letzten Nacht – wandte Carlo sich mit roten Augen und Reibeisenstimme an Leo: „Sag mal, bist du sicher, dass du deine Kohle von dieser Alex wiedersiehst? Du hast nicht mal ihre Nummer, und ob ihr Name und ihre Geschichten stimmen, wissen wir auch nicht! Du hast ihr ja nur deine Nummer und Adresse gegeben. Ich jedenfalls gehe nicht davon aus, dass sie sich an meine versaute Lederjacke erinnert!" Mit diesen Worten lehnte er sich wieder zurück, verschränkte demonstrativ die Arme und schloss die brennenden Augen. Neben Carlo nahm ein bekanntes Sägewerk die Arbeit auf – Mike war schon wieder eingeschlummert.

Leo lümmelte entspannt mit weit ausgestreckten Beinen in seinem Sessel und antwortete nur kurz und prägnant: „Ja, ich bin sicher!"

In Salzburg regnete es zur selben Zeit unaufhörlich. Bernie schraubte an der Beinpresse herum, die nach der letzten Benützung durch einen aggressiven Mister Popeye Schaden davongetragen hatte. Da ertönte ein leises Stimmchen aus der anderen Ecke der Bar: „Hallo, kann ich bitte meinen Saft haben?"

Das Pummelchen Marion sah aus wie ein Schnellkochtopf, dessen Überdruckventil jeden Moment aus der Halterung schießen würde. Das Rot ihrer Backen überzog das ganze Gesicht, das Haar klebte schweißnass an Kopf und Nacken und ihr Brustkorb konnte die benötigte Menge Sauerstoff wohl nicht ganz aufnehmen. Es war der vierte Tag, an dem sie ihr

Programm im Studio absolvierte. Sie ging streng nach dem von Bernie erstellten Trainingsplan vor und hatte vor ebenfalls vier Tagen die letzte Tafel Milka-Vollnuss vergenusswurzelt. Bernie fragte sich insgeheim, wie lange es wohl dauern würde, bis die ersten Ausfalltage sowie Fressattacken in Erscheinung treten würden. Denn dass die kommen würden, stand für ihn außer Frage.

Zwei sportlich wirkende Mittzwanzigerinnen in topmodischen Aerobic-Dressen setzten sich an die Bar. „Zweimal wie immer!", rief die grelle Blondine ihm zu und kokettierte ganz offensichtlich mit ihrer langen, toupierten Haarmähne, in der sich offensichtlich eine ganze Palette Haarspray verteilte. Während Bernie die beiden Fruchtshakes mixte, fingen die beiden an zu tuscheln und zu kichern. Zuerst maß er dem Getuschel keine Bedeutung bei, plötzlich schnappte er jedoch ein paar Satzfetzen auf wie „... was man seinem Auge hier antun muss ... dass das die Geräte aushalten ... Rettet die Wale ...".

Er steckte die beiden Kiwischeiben auf die Glasränder und wuchtete sie vor die beiden auf die Theke. „Habt ihr ein Problem, Mädels?" Er sah die beiden fragend an. Vorher hatte er einen schnellen Blick auf Marion in der Ecke geworfen, die immer noch an ihrer Saftflasche saugte und dank der etwas lauteren Musik nichts von der Tratscherei mitbekommen haben dürfte. Denn ganz ohne Zweifel war sie das Objekt des Spottes.

Die Blondine beugte sich verschwörerisch zu ihm hinüber und lispelte mit Augenzwinkern: „Schade, dass du kein Schild „Zutritt für Nilpferde verboten" anbringen kannst! Ist ja alles andere als ästhetisch, diese Käsesahnetorte schwitzen zu sehen. Aber wie gesagt, es ist sicherlich schwierig, solche Leute nicht reinzulassen – man gilt ja gleich als Rassist oder Schlimmeres, gell?" Sie sah ihn Beifall heischend und erwartungsvoll an. Bernie schwieg.

Alexandra schloss die Wohnungstür mit klammen Fingern auf. Trotz zwei Paar Socken, der geliehenen Winterjacke von Silvia und hochgeheizten siebenundzwanzig Grad im Auto wich die Kälte nicht aus ihrem Körper. Es war mittlerweile nach 22 Uhr und sie verspürte eine bleierne Schwere in den Gliedern. Sie ließ den Koffer neben der Eingangstür fallen und betätigte den Lichtschalter. *Endlich zu Hause! Mein Bett! Meine Badewanne! Mein Kühlschrank!* Ihr erster Blick fiel auf ihre zimmerhohe Schefflera-Topfpflanze, die schwerst ums Überleben zu kämpfen schien – genauso wie sämtliche kleine Pflanzen, deren Blätter saft- und kraftlos schlaff über die Übertopfränder hingen. Offensichtlich hatte Pia, ihre esoterisch angehauchte Nachbarin, völlig vergessen, ihnen einige Wassertropfen zukommen zu lassen. Wahrscheinlich hatte sie mal wieder eine Krise und verbrachte Tage und Nächte damit, Tarotkarten zu legen, zu pendeln, Heilsteine zu sortieren und in Kaffeeresten, Handlinien, Kristallkugeln oder sonstigen Utensilien in der Zukunft zu stöbern. Sie hauchte in ihre tiefrot verfärbten Hände und ging zum Thermostat, um die Zimmertemperatur über die Gefriergrenze zu befördern. Immer noch in die Winterjacke gehüllt, ließ sie sich auf ihr Sofa fallen und genoss einfach nur die wohltuende Stille. Sie sah sich um. Auf der Schwelle vom Schlafzimmer ins Wohn-/Esszimmer lag eine braune Seidenstrumpfhose mit sichtbarer riesiger Laufmasche. Auf dem Tisch stand noch ihre Homer-Simpson-Frühstückstasse, umringt von wahrscheinlich schon versteinerten Croissantresten. Auf dem Wohnzimmertisch hatte eine vormals rote Rose von Tom in einer staubtrockenen Vase das Zeitliche gesegnet und den Hut bzw. die Rosenblätter geworfen, die sich in gedörrtem

Zustand über Tisch und Teppich verteilten. Eine feine, aber durchaus sichtbare Staubschicht lag wie ein zarter Schleier über sämtlichen Möbeln. Dank der Dunkelheit draußen blieb ihr ein Blick durch fliegenschissverunreinigte und pollenbestäubte Fenster erspart. In der Obstschale schien sich eine mittlerweile dunkelbraune Banane mit einem nicht minder unappetitlichen ehemaligen Apfel zu paaren. Bei genauerem Hinsehen erkannte sie jedoch, dass diese Anzeichen von Leben auf einen Schwarm Obstfliegen zurückzuführen waren. Sie musste schmunzeln. *Wenigstens jemand hat Freude an dem Gammelzeug!* Einen Moment noch verharrte sie in der angenehmen Ruhe, bevor sie sich ins Schlafzimmer schleppte, sich mit Mühe gerade noch aus der Winterjacke wand und vollständig bekleidet unter der Steppdecke verschwand – inklusive der zwei Paar Socken.

Zügig bog Alexandra mit ihrem schwarzen Alfa Romeo in die Einfahrt der Agentur Blaumann & Partner ein. Die letzten fünf Urlaubstage zu Hause waren ausgefüllt gewesen mit Wäsche waschen, Wohnungsputz, Post sortieren und ähnlich ungeliebten, aber notwendigen Tätigkeiten.

Verflucht! Mein Parkplatz ist besetzt! Obwohl in gewollt krakeliger Schrift in großen Lettern „Alexandra Pelzig" auf einem Parkplatzschild prangte! Schon wieder dieser freche Praktikant, Robert Windlinger, der sich wie schon einige Male zuvor dreist mit seiner kleinen Rostlaube auf ihrem Parkplatz breitmachte. *Und das an meinem ersten Arbeitstag! Montag früh und noch nicht mal acht Uhr!* Sie fuhr zum Haupteingang und beschloss, aufgrund dieses Affronts aus Protest einen der Besucherparkplätze zu blockieren. Es war zwar den Angestellten untersagt, diese zu benutzen, sie hatte allerdings keine Lust, bei diesem noch immer andauernden Sauwetter zweihundert Meter zu latschen. So weit lag der allgemeine Parkplatz nämlich entfernt. *Dieser Rotz-*

löffel! Mit seinem Zahnpastagrinsen und seinen mit Gel überfrachteten Schmalzlocken! Macht sich ständig auf anbiedernde Weise mit zweideutigen Äußerungen und verstaubten Blondinenwitzen mit Bart an mich heran und hält sich nebenbei für den größten Fraueneroberer seit Schmachtbarde Julio Iglesias! Dabei war dieses Früchtchen gerade mal Anfang zwanzig und erst seit fünf Monaten anlässlich eines Praktikums im Team der Kreativen, um dort Werbeluft zu schnuppern.

Sie packte ihre Handtasche und kämpfte sich mit Laufschritt durch Regenböen zum Eingang. „Hallo zusammen!", rief sie betont fröhlich bei Betreten des geräumigen Kreativbüros und steuerte ihren Schreibtisch an.

„'Tag, schöne Frau! Na, wie war der Inselhoneymoon?" Daniel, ihr engster Teamkollege, grinste sie über den Tisch hinweg an und rückte seine Brille zurecht, die unfassbare acht Dioptrien ausgleichen musste.

Ein Wunder, dass der Gute für den Weg von der Dusche bis zum Waschbecken keinen Blindenhund benötigt! „Jaja, ganz toll! „Moon" war großartig, mit „Honey" war dagegen weniger ...", kommentierte sie.

„Hallo Alexandra! Mensch, bin ich froh, dass du wieder da bist! Endlich wieder weibliche Verstärkung in diesem Testosteronsumpf!", jubelte Ulrike, gerade mit einer dampfenden Tasse Kaffe aus der Küche kommend. Sie blieb vor Alexandra stehen und musterte sie. „Hast eine tolle Farbe bekommen! Wie war's?"

Die übrigen Kollegen hatten sich mittlerweile auch bequemt, sie zu begrüßen, und letztendlich erzählte Alexandra in kurzen Worten die Highlights und endete schließlich mit den Worten: „... und somit trage ich meinen Anteil dazu bei, die Statistik über die rasant ansteigende Zahl alleinstehender Frauen in den Dreißigern um wiederum einen Prozentpunkt zu heben!"

Alle gackerten, nur Ulrike meinte: „Unglaublich, wie du das wegsteckst! So eine Trennung ist ja schließlich kein Pups ... also ich wäre am Boden zerstört."

Sie enthielt sich einer Antwort, denn eigentlich hatte sie kein gesteigertes Interesse, ihr Intimleben mit Ulrike oder sonst jemandem in der Agentur zu besprechen.

Alexandra informierte sich gerade über die laufenden Aufträge bei Daniel, als die Tür aufflog und Dr. Blaumann, der Chef der Agentur, ins Büro stürmte. „Guten Morgen, Herrschaften. Bitte um Ihre Aufmerksamkeit! Heute steht uns wichtiger Besuch ins Haus! Herr Kleist von den Kleist-Werken Hamburg wird persönlich in circa zwei Stunden hier eintreffen, um sich über die Fortschritte unserer Kampagne zu informieren. Er ist privat mit seiner Gattin ein paar Tage in Salzburg und hat sich vorhin gerade überraschend angemeldet. Ich muss Ihnen allen wohl nicht sagen, wie wichtig dieser Termin für diesen Riesenetat ist! Herr Schneider, – er wandte sich an Rolf Schneider, den Abteilungsleiter – Sie werden die Präsentation halten und Sie, Frau Pelzig, werden ihm zur Hand gehen! Und: Keinerlei Fehler bitte! Also, ich erwarte Sie um Punkt elf Uhr im großen Besprechungsraum! Danke!" Mit diesen Worten schickte er sich an, das Büro zu verlassen, drehte sich jedoch spontan noch mal um und sagte: „Übrigens, willkommen zurück, Frau Pelzig! Ich hoffe, Sie hatten einen schönen Urlaub!" Dann verließ er endgültig den Kreativraum.

Gegen 10:15 Uhr betrat ein stilvoll gekleidetes Paar in den Fünfzigern den Eingangsbereich. Die Frau, gekleidet in ein offensichtlich sehr teures Designerkostüm, führte einen kleinen weißen Pudel mit dunkelroter Schleife an der Leine. „Kleist meen Name. Wir werden erwartet", stellte sich der imposante

Mann in schwarzem Zwirn bei Frau Dienstl, der Empfangssekretärin, vor.

Diese erhob sich sofort und antwortete: „Selbstverständlich, Herr Kleist! Ich werde Sie sofort anmelden. Wenn Sie bitte eine Minute Platz nehmen möchten?" Sie deutete auf die gemütliche Ledersitzgruppe in der Ecke. Ihr Blick fiel auf den Pudel, der nervös an der Leine herumzerrte. „Möchte Ihr kleiner Begleiter vielleicht etwas Wasser?"

„Det wäre nett, ja bitte", antwortete die Gattin mit blasiert klingender Stimme und beugte sich zu dem weißen Vierbeiner hinunter. „Gleich, mein kleener Liebling, gleich …! Ach, ick gloobe, meine Juliet muss mal!" Sie richtete sich wieder auf und ihre unzähligen Goldarmreifen klimperten an ihrem solariumgebräunten Armgelenk. „Ick lasse sie kurz raus, sie wird nich weglaufen." Sie stöckelte mit der Pudeldame vor die Eingangstür, nahm ihr die Leine ab und gab ihr einen Schubs nach draußen.

Frau Dienstl kam mit einer Schüssel Wasser zurück und verdrehte innerlich die Augen. *Meine Güte*, dachte sie, *mit welcher Affenliebe diese reichen Damen von Welt an ihren Schoßhündchen kleben! Arme Tiere!*

„Willkommen, Herr und Frau Kleist!" Dr. Blaumann kam mit einladender Geste auf die beiden zu. Dabei fiel sein Blick durch die Glasfassade auf den Bereich der Besucherparkplätze und sein Blick verfinsterte sich für Sekundenbruchteile. Als er an Frau Dienstl vorbeiging, zischte er ihr leise zu: „Sagen Sie der Pelzig, sie soll sofort ihr Auto vom Besucherplatz wegfahren!" Überschwänglich begrüßte er das Ehepaar Kleist und führte sie in sein Büro.

Gleich darauf klingelte bei Alexandra, die hektisch noch einige Unterlagen für die Präsentation von Rolf Schneider zusammensuchte, das Telefon. „Frau Pelzig, Sie sollen bitte sofort

Ihr Auto wegfahren! Anweisung vom Chef persönlich!", fiepte Frau Dienstl.

„Was? Ausgerechnet jetzt? Haben wir jetzt nichts Wichtigeres zu tun?", fauchte Alexandra zurück.

„Ja, jetzt, Frau Pelzig!", erwiderte diese mit bestimmendem Unterton. Sie legten auf.

Alexandra wuchtete sich aus ihrem Drehsessel, sodass dieser noch ein paar Extradrehungen allein einlegte, und stürmte hinaus. „Komme gleich wieder", warf sie über die Schulter zurück und rannte – zwei Stufen gleichzeitig nehmend – die Stiege ins Foyer hinunter. Gerade als sie bei der Tür hinauslief, ergoss sich auch noch ein gigantischer Wolkenbruch über ihrem Kopf. Sie sprintete zum Auto – Gott sei Dank schloss sie nie ab! Immer noch wütend startete sie und verließ mit quietschenden Reifen den Parkplatz Richtung Hinterhof. Im Vorbeifahren warf sie einen Blick auf „ihren" immer noch von der Schrottkiste belegten Platz. *Na warte, dich krieg ich heute auch noch in die Finger, du Würstchen!* Dann raste sie mit Bleifuß um die Ecke.

Im zweiten Stock sahen drei Augenpaare gerade durch das riesige Glasfenster Richtung Hinterhof. Herr Blaumann erklärte den Kleists gerade seine Pläne, einen Umbau sowie eine flächenmäßige Vergrößerung der Agentur vornehmen zu wollen.

„... und dort drüben, wo Sie jetzt noch diesen alten Schuppen sehen, werden weitere Parkplätze entstehen."

„Ach nee, wie süß! Sieh mal, Friedrich, unsere kleine Juliet! Wie sie sich freut im Regen!", zwitscherte Frau Kleist dazwischen und deutete auf ein weißes herumspringendes Knäuel.

„Jaja, ganz allerliebst!", flötete Herr Blaumann untertänig.

Alexandra war gedanklich gerade bei besonders grausamen Foltermethoden für Schleimtüte Daniel, als sie im linken Augenwinkel irgendeine Bewegung wahrnahm. Gleich darauf spürte sie einen Ruck, als ob man über einen großen Stein fahren würde. *Was war das?* Sie bremste und blieb stehen. Sie öffnete die Tür und stieg aus. Es regnete immer noch. Sie ging langsam, nach vorne gebeugt Richtung Motorhaube und blickte in Höhe des Vorderrades unter das Auto. Der Atem stockte ihr. *Nein, oh neiiiiin!* Wie gebannt starrte sie auf ein fast nicht mehr erkennbares weißes, pelziges Häufchen, das sich zunehmend rot färbte.

Im zweiten Stock waren zwei Augenpaare im Schreck weit aufgerissen und verfolgten wie hypnotisierte Kaninchen das Geschehen auf dem Parkplatz, während aus dem dritten, vormals sorgfältig geschminkten, Augenpaar augenblicklich ein sintflutartiger Tränenstrom schoss, gefolgt von hysterischem Gekreische.

Es war kurz nach 13 Uhr und Leo brütete über dem Layout der aktuellen Ausgabe des NATURE PIONEER. Er war nicht zufrieden. Viele der Artikel befand er für langweilig oder schlecht recherchiert. Außerdem schien Steve, der Fotograf, wohl gerade eine Schaffenskrise zu haben. Viele der Bilder wirkten trist und farblos. Sogar das Foto eines normalerweise strahlend gelben Zitronenfalters, das Farbenpracht und Leben vermitteln sollte, wirkte blass und fade. Er öffnete seine Schublade, um sich mit der letzten Notration Schokolade einen positiven Kick zu verschaffen. Wehmütig dachte er an die drei Tage in London, die nun schon wieder etliche Tage zurücklagen. Das pulsierende Leben, das hektische Treiben der vielen Tausend Menschen, die wunderschönen Bauwerke, die Atemlosigkeit des Geschehens, das alles ließ einen einzelnen Menschen so klein und unwichtig erscheinen. Daher fand er es auch schön, wieder in die wohlbekannte, kleine Welt zurückzukehren. Er seufzte. Manchmal packte ihn eine unerklärliche

Sehnsucht nach einem völlig neuen Leben. Irgendwo, irgendwie, mit irgendwem. Sein großes Vorbild war Hemingway. In Kuba, am palmenbesäumten weißen Sandstrand lümmeln, Rotwein schütten bis zum Umfallen, Zigarren paffen und nebenbei einen Bestseller nach dem anderen aus der Hand schütteln! Aber da war auch ein anderes Leben, sein Leben, das er eigentlich ganz gern mochte. Seinen Job, seine Freunde, seine Heimatstadt ... das alles war er letztendlich nicht bereit aufzugeben. Gerade als er sich selbst zur Konzentration auf seine Arbeit aufrief, drängte sich noch eine brünette, chaotische Dame in seine Gedankenwelt. *Wann sie sich wohl meldet? Schon irgendwie ein komischer Zufall dieses Zusammentreffen in London. An einem der größten Flughäfen Europas, in dem Tausende Menschen durch die Gegend hetzen, stolpere ich gerade über ihre Füße!* Im Rückblick an die kurze gemeinsame Zeit kam er nicht umhin, festzustellen, dass sie sich in Anbetracht ihrer Lage, der ganzen sich überschlagenden Ereignisse, sehr souverän und gefasst benommen hatte – für eine Frau! Keine Verzweiflungstränen, keine hysterischen Anfälle, Wutausbrüche oder sonstige typisch weibliche Erscheinungsformen. Überraschend auch, dass man(n) keine Vorauswahl der Themen treffen musste, um eine halbwegs flüssige Konversation führen zu können. Sie schien sich mit sehr vielen Themen – sogar Fußball – auseinanderzusetzen und konnte daher auch mitdiskutieren, ohne sich sofort ins Abseits zu schießen. *Nicht schlecht ... für eine Frau!*

Es klopfte. Sybille, seine Assistentin, stöckelte ihm entgegen. „Na Chef, zufrieden mit dem, was du siehst?", flötete sie mit aufreizendem Augenaufschlag. Sie war eine hübsche Person, immer sexy gekleidet, perfekt geschminkt und täglich in eine Wolke Chanel Nr. 5 gehüllt. Seit ihrem Dienstantritt vor vier Jahren hatte die Neunundzwanzigjährige es sich zur persönlichen Aufgabe gemacht, den Chefredakteur an Land oder besser gesagt in ihr Bett zu ziehen. Bereits beim Einstellungsgespräch hatte sie spontan entschieden, dass sie ihren zukünftigen Versorger, Kindsvater und Ehegatten vor sich hatte. Leo stemmte sich allerdings mit aller ihm zur Verfügung stehenden Macht gegen die aufflammenden Testosteronattacken im Hinblick auf die täglichen Versuchungen der Femme fatale und wollte keinesfalls in deren Venusfalle tappen. Man schloss bereits Wetten ab, wie lange die Zielgerade wohl noch andauern würde und er angesichts dieser geballten Ladung Weiblichkeit kapitulierte. Dass die Frontalangriffe sich häuften, war jedoch nicht zuletzt seine eigene Schuld!

Er ärgerte sich permanent über einen dummen Ausrutscher während der letzten Weihnachtsfeier. Er hatte einige Gläser zu viel gekippt, danach noch einige Tequilas als Dessert, und fertig war der Depp! Sybille umschmeichelte und umgarnte ihn stundenlang in ihrem hauchdünnen Goldfummel, die Schwaden ihres Parfums brannten sich wie Salzsäure in seine Nasenschleimhäute und ihr Körper klebte wie ein siamesischer Zwilling an seiner Seite, obwohl definitiv kein Platzmangel bestand. Irgendwann schließlich, als sich die rosarote Brille alkoholbedingt dunkelrot färbte, ließ er sich hinreißen, Sybille Zugang zu seinen Lippen zu gewähren. Diese nutzte die Chance sofort und verschlang ihn wie eine Boa Constrictor mit Haut und Haaren. Er hatte das Gefühl, ersticken zu müssen – teils an Sauerstoffmangel, teils an ihrer Zunge, die ständig seine Mandeln massakrierte. Sie hatte sich auf seinen Schoß gesetzt und ihn mit geübten Klammergriffen an der Rückenlehne der Bank nahezu bewegungsunfähig gemacht. Irgendwie schaffte er es schließlich – aus purem Überlebenstrieb und Aktivierung der verbleibenden aktiven Gehirnzellen – sich mit Aufwartung aller Kräfte die Krakenarme von Madame Medusa vom Hals zu zerren. „Sybille, das ist ein Fehler ...", hatte er mit schwerer

Zunge gelallt, während er weiterhin gegen ihre Tentakel kämpfte und sie schließlich von seinem Schoß schubsen konnte. Er hatte sich gleich darauf erhoben und mit leichten Gleichgewichtsstörungen unverzüglich sein Hotelzimmer aufgesucht – um ja nicht noch einmal der Schwarzen Witwe begegnen zu müssen. Tja, und diese unerwartete Bereitschaft seinerseits war natürlich für die hoffnungsfrohe Sybille der Startschuss für ihre Offensive gewesen!

Nach dem Motto „Dieser Mann will erobert werden" legte sie all ihren Ehrgeiz in die Zielvorgabe, das Objekt ihrer Begierde früher oder später vor den Traualtar – oder wenigstens in die Nahkampfebene – zu schleppen. Leo hatte diesen Ausrutscher wohl hundertmal bereut und einmal sogar mit Sybille sehr direkte Worte gesprochen. Diese prallten an ihr jedoch genauso ab wie die von ihm aus purer Verzweiflung erfundene Pseudofreundin. Gegen eine Versetzung in eine andere Abteilung sprach, dass sie eine wirklich ausgezeichnete rechte Hand und nicht wegzudenkende Entlastung für ihn darstellte. Sie machte so gut wie keine Fehler, war schnell und schmiss in seiner Abwesenheit den Laden mit einer Selbstverständlichkeit, dass er manchmal sogar seinen Sessel wackeln sah. Außerdem verstand er sich ansonsten sehr gut mir ihr – sie war eine der wenigen, die ihn kritisieren oder mal auf die Schaufel nehmen durfte, ohne vorher eine Ablebensversicherung abschließen zu müssen. So beschloss er also, sie in seinem Umfeld zu belassen, und bemühte sich, ihre Avancen durch Aktivierung seines körpereigenen Schutzschildes abprallen zu lassen.

Nun lehnte sie lässig auf der Ecke seines Schreibtisches und meinte etwas ernster: „Deinem Gesichtsausdruck nach bist du nicht wirklich zufrieden. Was stört?"

„So ziemlich alles! Selten so eine fade Anhäufung von Betthupferl gelesen und gesehen!", grummelte er genervt.

Sybille rutschte vom Schreibtisch und setzte sich ihm gegenüber. Sie erkannte sehr wohl, wenn Ernsthaftigkeit oder die Ankündigung eines Sturms in der Luft lag. „Ich weiß, wir haben schon Besseres abgeliefert. Allerdings haben wir – wie du weißt – einige Krankenstände an maßgeblichen Stellen. Vieles ist improvisiert und in letzter Minute aus dem Hut gezaubert worden!", machte sie den Versuch einer Rechtfertigung.

„Das ist mir schnurz. Wir haben einen Ruf zu verlieren!", wetterte er und schlug demonstrativ den Entwurf zu. „So geht das Ding jedenfalls nicht in Druck! Zurück an den Start – und wenn Nachtschichten eingelegt werden müssen!", wetterte er und gab ihr zu verstehen, dass das Gespräch hiermit beendet war.

Sybille nahm das Manuskript an sich und klapperte aus dem Büro. Das Telefon klingelte. „Willkommen zurück! Heute im Chili Hell auf einen Urlaubsbericht?", tönte Bernies Stimme aus dem Lautsprecher.

„Wird wohl etwas später heute – Schadensbegrenzung ist angesagt! Gegen zehn okay?", antwortete Leo kurz und legte – ohne eine Antwort abzuwarten – auf.

Alexandra schlich wie ein geprügelter Hund in ihre Wohnung. Was für ein Tag! Nachdem der tote Kleist-Pudel vom Asphalt sowie von ihrem Radkasten gekratzt worden war, ging es drunter und drüber in der Agentur. Dr. Blaumann hatte eine geschlagene Stunde versucht, die hysterisch schluchzende Frau Kleist zu beruhigen, und Frau Dienstl hatte hektoliterweise Melissentee gebrüht.

Alexandra wagte sich nach einiger Zeit an Frau Kleist heran, um sich zu entschuldigen. „Frau Kleist, es tut mir unendlich leid wegen ihrem Hund! Es war ein tragischer Unfall! Ich habe ihn nicht gesehen ...!", begann sie stockend.

Diese riss das triefnasse Taschentuch vom Gesicht und kreischte: „Sie Mörderin! Wissen Sie, wat Sie mir anjetan haben? Mein Baby ...! Buhuuuuu...!" Ihr Kreischen endete wiederum in Schluchzen und sie vergrub ihr mittlerweile gruselclowntauglich verschmiertes Gesicht wieder im Taschentuch.

„Gehen Sie, Frau Pelzig!", sagte Dr. Blaumann mit grimmigem Blick und wandte sich wieder tröstend der Pudelwitwe zu.

Herr Kleist, offensichtlich mit weniger Herzblut an der Hundedame hängend, stand regungslos neben seiner Frau und hatte einen äußerst missmutigen Blick aufgesetzt. Alexandra tapste betreten die Stufen hinauf und trollte sich in ihr Büro. Mittlerweile hatte sich natürlich in der gesamten Agentur herumgesprochen, dass sie den tierischen Liebling des größten Potenzialkunden um die Ecke gebracht hatte. Den gesamten Nachmittag war sie diversesten Reaktionen ihrer Kollegenschaft ausgesetzt – von Lachkrämpfen bis hin zu vorwurfsvollen Blicken. *Verdammt, warum muss ich gerade heute da vorne parken, warum muss ich gerade zu dieser Zeit wegfahren, warum muss dieser Pudel gerade zu dieser Zeit Gassi machen? Warum, verdammt noch mal, muss ich genau den dämlichen Köter unseres größten Kunden über den Haufen fahren?* Diese Fragen schossen im Minutentakt durch ihr Gehirn. Sie wagte nicht, ihr Büro zu verlassen. Sie hatte Angst vor der Nachricht, dass die Kleists abgehauen waren, den Auftrag storniert und sämtliche Geschäftsbeziehungen abgebrochen hatten.

Nach endlosen Stunden – sie versuchte vergeblich, sich auf irgendeine Arbeit zu konzentrieren – kam Rolf Schneider schließlich wieder ins Büro. Alexandra schoss auf und sah in fragend an. „Und?"

Schneider setzte sich. „Sie sind gerade abgedüst. Nachdem die Kleist irgendwann mit Melissentee und Beruhigungstropfen ruhiggestellt war, konnte ich doch noch Herrn Kleist unsere Kampagne präsentieren. Er war zwar nicht ganz bei der Sache, aber ich habe kein schlechtes Gefühl. Er wird sich morgen bei uns melden. Sieht so aus, als ob wir mit einem blauen Auge davonkommen – trotz Ihres Attentates, Frau Pelzig!"

Alexandra sah in dankbar an. Die letzte halbe Stunde vermied sie, Dr. Blaumann irgendwo zu begegnen, und entschlüpfte nach Feierabend unauffällig durch die Hintertür.

Sie stapfte mit müdem Schritt die Stiege zu ihrer Wohnung im ersten Stock hinauf. Gerade als sie den Schlüssel im Schloss drehte, ging gegenüber die Tür auf und Pia, die Nachbarin, stürmte mit einem lauten „Hallihallo!" auf den Gang. „Endlich bist du wieder da! Es ist ja sooooo viel passiert!"

„Ah ja?", antwortete Alexandra und stieß die Wohnungstür auf. Sie hatte momentan überhaupt nicht den Nerv, sich nach diesem Tag von einer aufgeregten Pia die Geschichten der letzten Tage anzuhören. Außerdem war sie sauer, dass der Tod ihrer Lieblingstopfpflanze ohne Namen auf deren Konto ging. Daher ging sie sofort in die Offensive: „Es tut mir echt leid, Pia, aber ich habe jetzt keine Zeit! Wir plaudern ein andermal, ja? Ach übrigens: Könntest du mir den Zweitschlüssel zurückgeben? Hast ihn offensichtlich ja eh nicht benutzt, so verdurstet, wie meine grünen Mitbewohner waren ..."

Ein Anflug von schlechtem Gewissen zeichnete sich in Pias Sommersprossengesicht ab. „Naja, so schlimm wird's schon nicht sein. Das Grünzeug hat sich bestimmt bereits wieder erholt, oder? Du, aber ich habe ganz tolle Neuigkeiten für dich! Stell dir vor ..."

Alexandra unterbrach sie etwas ungeduldig: „Wie ich schon sagte, ich habe leider keine Zeit! Kann ich bitte den Schlüssel haben?"

Pia drehte sich daraufhin etwas säuerlich auf ihrem flachen Absatz um und schlurfte in ihre Wohnung. Gleich darauf erschien sie wieder – in ihrem Paradiesvogellook, wie immer.

Schreiend bunter Ringelpulli, brauner langer Schlabberrock mit Rüschen und braune Cowboystiefel ohne Absatz. Um ihre rote Naturlockenpracht zu bändigen, hatte sie fast immer ein Tuch um den Kopf geschlungen. Diesmal eine besonders beachtenswerte Kreation: Auf knallgelbem Hintergrund tummelten sich grüne und blaue Fische, dazwischen schwammen Bananen und Kokosnüsse herum. Alexandra betrachtete fasziniert dieses Motiv, als Pia ihr den Schlüssel in die Hand drückte und meinte: „Was machst du eigentlich heute noch?"

Spontan und ohne groß zu überlegen, antwortete sie: „Ich muss noch ins Fitnessstudio heute, habe da einen Termin!" Sie deutete einen Gruß an und verschwand schnell in ihrer Wohnung. Erst mal durchatmen, dachte sie, an der Wand lehnend. Fast hatte sie ein schlechtes Gewissen, weil sie Pia so demonstrativ abgeschmettert hatte – und sie dann auch noch anzulügen, von wegen Sportstudio ... Apropos Studio! *Warum eigentlich nicht mal wieder ins Studio?* Von Zeit zu Zeit – je nach Ehrgeiz, Wohlfühlpfunden und Freizeit – besuchte sie einen netten kleineren Fitnessklub unweit ihrer Wohnung. Seit dem letzten Besuch waren bestimmt schon zwei Monate vergangen. Am Vortag hatte sie außerdem festgestellt, dass diverse Biere, Whiskeys, Softdrinks, Pommes und Burger offensichtlich Spuren hinterlassen hatten. In ihrer Lieblingsjeans musste sie beim Anziehen einen Regentanz mit anschließendem Salsa durchs Schlafzimmer praktizieren, um den Reißverschluss zuzubekommen. Und ihr taillierter Blazer spannte beängstigend. *Ja, gute Idee!* Sie warf ihre Handtasche auf die Couch und packte ihre Trainingsklamotten in die Sporttasche. Handtuch, Duschgel, Schuhe und Pulsuhr landeten obenauf. Jetzt noch schnell unter die Dusche und dann ab zum Schwitzen. Es würde guttun, bei körperlicher Betätigung die Aufregungen dieses Tages und dieses fortwährende Gedankenkarussell zumindest für kurze Zeit auszuschalten. Als Alexandra wenig später tropfnass aus der Duschtasse stieg und sich mit einem großen Handtuch abrubbelte, stockte sie plötzlich. Sie starrte auf ihre Oberschenkelaußenseite. *Was ist das?* Sie schielte auf die Deckenleuchte, in der Hoffnung, dass es sich um einen unvorteilhaften Lichteinfall handelte. Diese erstarb jedoch sogleich. Es war definitiv eine Delle! Eine grauenhafte, unansehnliche erste Manifestation von Cellulitis! *Herrje, nun ist es also soweit! Mein Bindegewebe ergibt sich den Naturgesetzen des Alters! Mit vierunddreißig die erste Heimsuchung der weiblichen Volksseuche Orangenhaut! Naja, nun heißt es verstärkt Laufband, Radeln, Wandern oder was auch immer, um diesen Verfall der Spannkraft auszugleichen!* Sie hüpfte in irgendeine Hose, Pulli dazu, packte die Tasche und war auch schon aus der Tür. Sie beschloss aufgrund ihrer neuen Vorsätze, den geschätzten knappen Kilometer zu Fuß zu gehen. Sie hoffte, um diese Zeit nicht mehr so viele Sportbegeisterte anzutreffen, um nicht auf die Geräte warten zu müssen. Auf dem Weg stieg immer wieder das Bild eines zermalmten Kuschelhundes in ihrem Gedächtnis auf. Gegen 19:30 Uhr stieß sie schließlich die Glastür des Schweißtempels auf und steuerte die Bar an.

„Na wen sehe ich denn da? Hallo, Alex! Nett, dass du mal wieder reinschaust!", tönte es hinter dem Tresen hervor.

Sie grinste. „Hallo Bernie!"

Die Woche verflog wie im Flug. Der Juni verursachte hektisches Treiben rundherum – das letzte Aufbäumen vor dem nahenden, wirtschaftlichen Sommerloch. Alexandra verbrachte die Woche über mindestens zehn Stunden pro Tag im Büro und versuchte nach wie vor, Herrn Blaumann aus dem Weg zu gehen, um so ein spezielles Thema nicht anzusprechen zu müssen – und er tat es netterweise auch nicht. Am Freitag jedoch bat er sie in sein Büro, um eine Präsentation mit ihr zu besprechen. Nachdem sie die Fakten sehr sachlich und effektiv besprochen hatten, erhob sie sich, um das geräumige Eckbüro zu verlassen. Die Türklinke umschließend, hielt sie inne. Sie drehte sich zu Herrn Blaumann um und blickte ihm direkt in die Augen. „Herr Blaumann, ich möchte noch mal auf den Vorfall von Montag zurückkommen. Es tut mir wirklich sehr leid, das müssen Sie mir glauben!"

Herr Blaumann sah sie wortlos ein paar Sekunden an. Geistig hörte sie bereits ein entferntes Donnergrollen sich ständig nähern, sich zu einem tosenden Orkan steigernd. Umso erstaunter war sie, als er sich die Lesebrille auf seiner Cyrano-de-Bergerac-Nase zurechtrückte und plötzlich in schallendes Gelächter ausbrach. „Also, Frau Pelzig, nun nehmen Sie es mal nicht so tragisch! Zugegeben, der Vorfall hat die ganze Agentur in Panik versetzt, und ich hatte alle Hände voll zu tun, der hysterischen Kleist die Tränen zu trocknen. Letztendlich haben wir den Deal nun im Sack – ich werde allerdings einmal jährlich nach Hamburg fahren müssen zum Kongress europäischer Hundefreunde, da ich mich wegen dieses Vorfalls als tierliebender Seelenverwandter präsentiert habe. Nun, dieser eine Tag wird auch vorübergehen und die Konsequenz aus dieser ursprünglichen Katastrophe wird sein, dass Frau Kleist aufgrund unseres tiefen Verständnisses für Puffis Tod unsere Agentur diversen Tierschutzorganisationen weiterempfehlen wird! Fazit: Danke, Frau Pelzig, dass Sie den Hund unseres größten Kunden gemeuchelt haben!" Sein Körper bebte mittlerweile vor Lachen und Tränen schossen aus seinen schmalen Schlitzaugen.

Alexandra stand wortlos in der Tür und konnte dem Ausbruch ihres Chefs kaum folgen. Schlaflose Nächte hatten ihr seit dem Vorfall jegliche Energie geraubt, und schloss sie vor Erschöpfung irgendwann die Augen, wurde sie mit Albträumen geplagt, in denen blutüberströmte Bernhardiner, verkleidet als Sensenmänner, vor ihrer Haustür standen und ihr die letzte Beichte abnehmen wollten.

Als Herr Blaumann sich vor Lachen schluchzend und nach Atem ringend mit dem Kopf vornüber auf seinen Schreibtisch fallen ließ, verließ sie still den Raum und schloss leise die Tür.

Der Gastgarten des Chili Hell war gut besucht. Der beginnende Juli hatte der schrecklichen Regenperiode ein Ende gesetzt und lockte mit sommerlichen Graden. Sogar jetzt, gegen 22 Uhr, war es angenehm warm und lau.

Leo, Carlo, Bernie und Mike saßen bei einer obligatorischen Flasche Rotwein. Leo hatte gerade von der jüngsten erotischen Offensive seiner Assistentin erzählt. „Also, Leo, ich versteh' dich nicht!", warf Carlo ein. „Diese Sybille ist ja nun wirklich ein heißer Feger! Warum lässt du dich nicht ein bisschen verwöhnen von ihr? Gibt ja wohl Schlimmeres, als von einem jungen, sexy Vollweib zu einem erotischen Vier-Gänge-Menü eingeladen zu werden!"

„Jaja, der gute Carlo. Kann bei Einladungen generell nicht Nein sagen – ist ja nix Neues!", stichelte Mike.

Der übliche Hickhack zwischen den beiden entbrannte, bis Bernie die beiden unterbrach: „Sexy ist nicht alles! Ihr wisst doch, dass Leo Ansprüche auch jenseits der 60-90-60 hat, oder?"

„Und da war er wieder, der Wunsch nach der Traumfrau mit dem Gehirn von Albert Einstein, dem Herzen von Mutter Teresa und dem Körper von Pamela Anderson!", äffte Carlo verächtlich.

„Von wegen Traumfrau! Aber Sex ist nun mal nicht alles – auch wenn mir zeitweise ziemlich warm wird, wenn sie mir ihr Dekolleté fast ins Gesicht drückt. Aber nichts fürs Herz!", nahm Leo Stellung und fragte dann in Richtung Bernie: „Und was war bei dir so los in letzter Zeit?"

Bernie zuckte mit den Schultern. „Keine besonderen Vorkommnisse. Mister Popeye hat leider nicht vor, im Sommer zu pausieren, eine neue Aerobic-Trainerin hält seit letzter Woche Stunden ab und meine Putzfrau hat gekündigt."

„Irgendwelche interessanten neuen Leute?", wollte Mike wissen.

Bernie dachte kurz nach. „Naja, ich habe da einen Neuzugang, Marion heißt sie. Interessanter Fall! Kam vor einigen Wochen reingewalzt mit über hundert Kilo und Schokoresten im Gesicht. Zuerst dachte ich: Aha, wieder eine diese unglücklichen Dicken, die ein Mal im Jahr einen Proformabesuch in ein Sportstudio wagen, um sich dann ab dem dritten Tag auf Nimmerwiedersehen wieder zwischen Chipstüten auf der Couch zu verkrümeln. Mittlerweile trainiert sie allerdings tagtäglich zwei Stunden, kocht und isst nach meinem Ernährungsplan und hat schon über zehn Kilo abgenommen! Sie ist eigentlich ein sehr intelligentes Mädchen und ich habe wirklich Respekt vor ihrer Disziplin. Habe ich in dieser Form noch nicht erlebt! Ach ja, und seit zwei Tagen kommt eine Bekannte aus der Nachbarschaft wieder trainieren. Fällt vom Typ her in die Liga von Leo oder Mike, würde ich sagen! Ist eine witzige Person, ein bisschen chaotisch zwar – ich muss nach ihrem Besuch ständig die Geräte neu justieren und ihre vergessenen Trinkflaschen, Schlüssel oder Zeitungen einsammeln – aber ein Typ Frau zum Pferdestehlen! Und: Sie ist frisch gebackener Single! Ich denke, die würde euch gefallen – ausgenommen wahrscheinlich Carlo! Dir – er wandte sich direkt an Carlo – wäre sie zu wenig aufgetakelt und verströmt einen zu schwachen Geruch von Geld!"

„Pah!", schnaubte Carlo lautstark, „mein Bedarf an pechbehafteten Chaotinnen ist gedeckt! Wir hatten das zweifelhafte Vergnügen, auf ein solches Geschöpf in London zu treffen – besser gesagt ist unser lieber Leo hier über die Gute gestolpert! Diese Frau hat mir sämtliche Nerven gezogen und an den Spätfolgen leide ich immer noch! Allerdings scheinen meine zwei Mitreisenden einen Narren an ihr gefressen zu haben. Keine Ahnung, wieso!"

Alle mussten lachen. Schließlich beendete Bernie das Thema mit den Worten: „Nein, für so eine Nervensäge halte ich meine Bekannte nicht. Aber ist müßig, darüber zu diskutieren – ihr kennt sie ja nicht!"

Alexandra saß an ihrem gemütlichen Couchtisch ihrer besten Freundin gegenüber – das zweite Glas Prosecco schlürfend. Sie betrachtete durch ihr mit Fingerabdrücken übersätes Weinglas die halb tote Schefflera im Topf und stellte gerade fest: „Unglaublich. Wochen sind vergangen, seit ich in London festsaß. Wie die Zeit vergeht ..."

Silvia, deren Glas keinerlei Tappereien verunzierte, harkte ein: „Apropos London: Hast du eigentlich von deinen drei Rittern mal was gehört?"

Alexandra, gerade nach einer schwimmenden Mücke in ihrem Glas fingernd, antwortete gedankenverloren: „Nein, hab ich nicht. Und von Carlo werde ich auch garantiert nie mehr etwas hören, der war ja ... Oh Gott!" Sie starrte Silvia mit aufgerissenen Augen entsetzt an. „Ich Trottel habe in der ganzen Hektik völlig vergessen, dass ich Leo sein Geld zurückerstatte! Nein, wie peinlich! Er hat mir seine Adresse und Nummer extra noch gegeben ... nein, ich Dussel!" Mit diesen Worten sprang sie auf und rannte in Richtung Schlafzimmer. „Himmel, und ich habe die Jeansjacke mit dem Zettel in der Tasche einfach gewaschen!", schrie sie Richtung Wohnzimmer, während sie im Kleiderkasten nach besagter Jacke kramte. Da war sie! Voller Hoffnung griff sie zuerst in die linke, jedoch leere Jackentasche – dann in die rechte – und: Da war etwas! Sie hielt ein ziemlich verschrumpelt aussehendes, kleines Zettelchen in der Hand. Teilweise verwischt und unleserlich, Fragmente fehlten – wie von Mäusen angeknabbert. *Danke, Waschmaschine!* Sie trottete mit dem Wisch in der Hand wieder zurück zu Silvia, die mit einer Serviette gerade am Sektglas herumwischte. „Oje, man kann kaum was lesen. Nachname und Adresse sind völlig verwischt, und bei der Telefonnummer ist die Hälfte der Zahlen unleserlich!" Sie gab den Zettel Silvia, in der Hoffnung, sie könne mehr erkennen. Diese schüttelte den Kopf.

„Sorry, aber ich kann da auch nicht mehr erkennen. Das kannst du vergessen. Aber du weißt doch, wo er arbeitet, oder?"

„Ja, NATURE irgendwas. Aber das finde ich bestimmt raus. Soweit ich mich erinnere, ist dieser Verlag in Altstadtnähe, also nicht so weit weg. Und ich weiß, dass er dort Chefredakteur ist. Die morgige Mittagspause ist somit verplant!" Sie nahm ihr halb volles Glas und lehnte sich, einen großen Schluck nehmend, wieder etwas entspannter zurück.

Silvia sah auf ihre Markenuhr und stellte fest: „So, ich werde dann mal langsam. Johannes wird mittlerweile dem Nervenzusammenbruch nahe sein, da ich nicht annehme, dass die beiden Racker schlafen. Ich möchte mir außerdem diverse Vorwürfe seinerseits ersparen. Wenn er schon mal daheim ist ..." Mit diesen Worten leerte sie den restlichen Glasinhalt und erhob sich.

„Welche Vorwürfe denn bitte? Du bist die ganze Zeit allein für die Jungs zuständig. Da kann doch wohl mal dein Holder für ein paar Stunden Papa spielen, oder?" Alexandra musste von Zeit zu Zeit ihrem Unverständnis betreffend der Pascha-Allüren von Silvias Angetrautem Luft machen.

„Ach Alex, lass mal. Das verstehst du nicht. Warte mal, bis du Mann und Kind hast – auch du wirst dann viele Abstriche machen und Kompromisse eingehen müssen."

Alexandra sah sie eingehend an. *Glitzern da etwa Tränen in Silvias Augen?*

Diese drehte sich schnell um und sagte betont heiter: „Danke und bis bald!"

Sie umarmten sich wie üblich und weg war sie. Alex ging wieder ins Wohnzimmer und nahm die leeren Gläser mit. *Irgendetwas stimmt nicht mit Silvia!*

Am folgenden Vormittag hatte Alexandra nach sehr kurzer Recherchezeit herausgefunden, wo das Verlagshaus von NATURE PIONEER, wie sie nun auch wusste, zu finden war. Die Hundertundfünfzig Euro zuzüglich Zuschuss für Carlos Lederjackenreinigung hatte sie ebenfalls schon besorgt – letzterem Schnösel wollte sie auf keinen Fall irgendetwas schuldig bleiben! *Und nun noch ein kurzer Begleitbrief. Oder doch keiner?* Sie wollte das Geld ja schließlich persönlich übergeben – war es da notwendig, ein Dankesschreiben beizulegen? Doch, ja, es war ihr wichtig, sich bei Leo mit ein paar persönlichen Zeilen mitzuteilen. Da es nun endgültig etwas ruhiger in der Agentur zu werden schien, suchte sie ein Blatt Papier und saß überlegend am Schreibtisch.

„Was grübelst du denn so?", rief Daniel von seinem Schreibtisch herüber. „Wahrscheinlich denkt die liebe Alex darüber nach, wann sie mit mir einen Absacker in der Stadt macht!"

Robert Windlinger! Diese Rotznase! Hat sich unbemerkt herangeschlichen und versprüht schon wieder diesen spätpubertären, schwefelsäurehaltigen Charme! So schnell werde ich dieser Pflaume nicht verzeihen, dass ER

ALLEIN Schuld war an Kleist-Puffis Tod und ICH ALLEIN dafür habe büßen müssen! Frechheit! Sie drehte sich gereizt zu ihm um und antwortete mit zynischem Unterton: „Ab dem Zeitpunkt, an dem ich wirklich darüber nachdenken sollte, mit dir Schwammkopf auszugehen, lasse ich mich sofort für geistig unzurechnungsfähig erklären, erbitte Einweisung in die Geschlossene, ernähre mich von Milupa-Brei und werde jeden Morgen freudig auf meine tägliche Dosis kleiner rosafarbener Pillen warten, die das Leben so schön bunt machen! Bis dahin allerdings ziehe ich es vor, dir privat nur in meinen Albträumen zu begegnen!"

Sie drehte sich wieder um. Daniel und zwei weitere Kollegen brachen in schallendes Lachen aus. Dem kecken Robert Windlinger schien ausnahmsweise keine schlagfertige Antwort einzufallen und so meinte er nur: „Oha, da hat jemand schlecht geschlafen ...", und trollte sich.

Alexandra versuchte sich wieder auf ihren Brief zu konzentrieren. Sie begann zu überlegen. *„Lieber Leo, es tut mir leid, dass so viel Zeit vergangen ist ..."* *Nein ... Das ist Mist. Das möchte ich ihm ja persönlich sagen!* Ein weiteres Blatt wurde zusammengeknüllt – *liest sich wie ein Liebesbrief,* dachte sie. Den nächsten befand sie für zu sachlich. Ungefähr sieben beschriebene Blätter wanderten in den Papierkorb, bis sie sich zu folgendem finalen Text entschied: *„Lieber Leo, herzlichen Dank für deine Hilfe und das Vertrauen! Schön, dass es Menschen wie dich gibt!"* Dann noch ein paar allgemeine Ansichten zum Thema Hilfe gegenüber dem Nächsten und Mitgefühl und so weiter und abschließend: *Alles Liebe, Alex.* Ja, das war perfekt! Nicht zu schwülstig, nicht zu trocken – kurz und prägnant das ausdrückend, was ich sagen will! Perfekt!

Sie war stolz auf sich und steckte den Brief samt Geld in ein Kuvert und schrieb groß „LEO" drauf. Sie überlegte kurz, ob sie vorher anrufen sollte, um sich anzukündigen – vielleicht war er ja gar nicht im Haus? *Ach was, er wird schon da sein!* Zeit, zusammenzupacken und aufzubrechen!

Das Gebäude des NATURE PIONEER war sehr imposant. Alexandra stand davor und blickte die hohe Hausfassade hinauf. Es war ein Altbauhochhaus mit vielen modernen Elementen. Eine starke Nervosität überfiel sie plötzlich. *Wieso plötzlich diese Aufregung? Ich freue mich doch, ihn wiederzusehen – wieso fürchte ich mich jetzt fast? Also los jetzt, du Memme, rein da und begleiche endlich deine Schulden!* Sie schalt sich innerlich einen Feigling und stieß entschlossen die Eingangstür auf. Am Empfang saß niemand, also folgte sie dem Wegweiser „Redaktion" in das nächste Stockwerk. Auf dem Gang lief ihr ein junges Mädchen über den Weg, das sie spontan ansprach: „Entschuldigung, wo finde ich den Chefredakteur?"

„Sie wollen zum Chef? Haben Sie einen Termin?", nuschelte die Kaugummi kauende Göre lässig zurück. „Nein, ich komme in persönlicher Angelegenheit", antwortete Alexandra freundlich.

Ihr Gegenüber, kaum zwanzig, setzte ein wissendes Grinsen auf und meinte gedehnt: „Ahaa ... privat also. Tja, ich weiß nicht, ob er da ist – aber Sybille, seine Assistentin, kann Ihnen sicherlich weiterhelfen. Dritter Stock, Tür mit Aufschrift „Redaktionsleitung". Tschüss!" Mit diesen Worten rauschte die wandelnde Kaugummiblase an ihr vorbei.

Eine Minute später klopfte sie an die genannte Tür. Ein gedehntes „Hereeeeiiin" ertönte. Sie trat ein. Hinter dem großen Schreibtisch saß lässig mit überschlagenen Beinen eine auffallend attraktive Brünette. Sie war ziemlich stark geschminkt und ihr Dekolleté quoll aus der engen ärmellosen Korsage. „Ja, bitte?", fragte sie näselnd.

„Mein Name ist Alexandra Pelzig. Kann ich bitte kurz den Chefredakteur in privater Angelegenheit sprechen?" Es war ihr in diesem Moment furchtbar peinlich, seinen Nachnamen nicht zu kennen.

„Ah ja? Privat?", fragte die Assistentin deutlich unfreundlicher wie zu Beginn zurück und musterte Alexandra unverhohlen. Diese fühlte sich plötzlich gar nicht mehr wohl und ging geistig ihre heutige Garderobe durch: *schwarze Hose, schwarze Pumps, schwarzweiß gestreifter Blazer und weißes T-Shirt. Dazu der übliche Kajal um die Augen, Lipgloss und Mascara. Ja, war schon okay! Ich muss mich also keinesfalls schämen!* Sie nickte nur und ging nicht weiter ins Detail über den Grund ihres Besuches.

Sybille, wie Alexandra annahm, schien nun einzusehen, dass sie keine weiteren Informationen mehr erhielt und sagte schließlich: „Tja, tut mir leid, aber Herr Sigbach ist derzeit nicht da. Er wird erst am späten Nachmittag zurückkommen. Kann ich etwas ausrichten?" Sie erhob sich nun von ihrem Sessel und kam um den Schreibtisch herum.

Meine Güte, für diese Länge bzw. Kürze dieses Minirocks braucht die Frau einen Waffenschein! Der Rock bedeckte nur knapp das Notwendigste, genauso wie das obere Equipment dieser Femme fatale! Ihre langen Beine endeten in High Heels mit geschätzten 12-Zentimeter-Absätzen. Sie erschien daher sogar größer als sie selbst! Alexandra überlegte kurz, was sie nun tun sollte. *Ich hätte doch anrufen sollen! Was jetzt?* Schließlich entschloss sie sich, den Brief für ihn zu hinterlassen und später mal anzurufen. „Würden Sie diesen Umschlag bitte übergeben?", fragte sie höflich und übergab ihn anschließend in die perfekt manikürte entgegengestreckte Hand von Leos Assistentin.

„Natürlich, gerne!", flötete diese und marschierte mit gefährlichem Hüftschwung wieder in Richtung Sessel.

Für Sybille war das Gespräch beendet. „Danke schön und auf Wiedersehen!", rief Alexandra ihr zu und verließ das Büro. *Puh! Was für eine Venusfalle! Und direkt vor Leos Augen! Und warum hat sie eigentlich so komisch reagiert, als ihr bewusst wurde, dass der Anlass meines Besuches privat ist? Sind die beiden vielleicht ein Paar?* Diese Gedanken streiften plötzlich durch ihr Gehirn. Schließlich ermahnte sie sich wiederum selbst. *Was geht mich das an? Er kann Affären haben mit wem auch immer, geht mich einen Feuchten an!* Sie trabte die vielen Stufen wieder hinunter und war froh, das Gebäude wieder verlassen zu können.

Als Leo gegen 16 Uhr wieder das Verlagsgebäude betrat, hatte er ausgesprochen schlechte Laune. Sein Termin mit einem der beiden Gesellschafter des Verlags war nicht positiv verlaufen. Stagnierende Absatzzahlen und gleichzeitig überhöhte Erwartungen der Eigentümer an die folgenden Monate hatten zu harten Diskussionen geführt. Schließlich wurde er mit einem klaren Auftrag „entlassen" – wie er das schaffte, war seine Sache. Mit finsterer Miene stürmte er mit einem gegrummelten „Bin jetzt für niemanden zu sprechen" an Sybille vorbei in sein Büro und knallte die Tür hinter sich zu. Auf seinem Tisch häufte sich seine persönliche Post, die Sybille ihm hingelegt hatte. Gedankenverloren sichtete er oberflächlich den Stapel an Briefen, Magazinen und Umschlägen, um ihn gleich darauf zur Seite zu schieben. *Nichts Wichtiges dabei.* Nicht ahnend, dass sich irgendwo im Epizentrum des Papierberges – genaugenommen in der Mitte einer unwichtigen Werbebroschüre, wohin es sorgfältig deponiert wurde – ein kleines, dünnes Kuvert mit dem Namen „Leo" befand. Er betätigte die Lautsprechertaste seines Telefons, Direktverbindung zu Sybille. „War was?", fragte er knapp.

„Nichts von Bedeutung!", trällerte diese zurück und beide legten auf.

Alexandra versuchte an jenem Nachmittag geschlagene drei Mal, Leo zu erreichen. Jedes Mal mit derselben Auskunft seiner Assistentin: „Nicht da, nicht erreichbar, in einem Meeting ..."

Schließlich gab sie auf und bat höflich: „Würden Sie bitte Herrn Sigbach bitten, dass er mich zurückruft? Ich scheine kein Glück zu haben mit meinem Timing!"

„Ich werde es übermitteln, Frau Pelzig!", kam die kurz angebundene Antwort und klick.

Komisch, ob die wohl immer so unfreundlich ist? Na, egal. Leo wird sich bestimmt melden!

Gleichzeitig sah die Gesprächspartnerin am anderen Ende der Leitung Unheil aufsteigen. Ein komisches Gefühl in der Magengrube oder weibliche Intuition – Sybille erkannte, wenn Gefahr im Verzug war – und die Dunkelhaarige von heute mit diesem ominösen – leider zugeklebten – Brief verbreitete ganz klar den Geruch von Gefahr! Hier war äußerste Vorsicht und Taktik angesagt! Sybille lehnte sich entspannt zurück und lächelte. In puncto „Kriegstaktik" machte ihr so schnell keine(r) was vor!

Dienstagabend, 20 Uhr. Pia saß konzentriert über dem Küchentisch und starrte auf ihre Tarotkarten. „Hm ... sieht nicht schlecht aus", murmelte sie.

Alexandra saß ihr gegenüber und konnte nicht aufhören, auf Pias schreiend grünen Seidenschal zu starren. Dieser stand in direktem Konkurrenzkampf zu dem hellblauen Top mit den grellorangen Punkten. *Wie schafft diese Frau es nur, ihre Klamotten derart unharmonisch auszuwählen?*

„Also, die Gelegenheit, dich selbstständig zu machen, war noch nie besser! Worauf wartest du noch? Die Karten geben grünes Licht!" Pia sah sie auffordernd an.

Alexandra atmete tief ein und seufzte. „Jaja, ist toll. Aber lassen wir das jetzt mal beiseite! Ich bin noch nicht so weit. Zuerst muss ich noch ..."

„Blablabla!", unterbrach Pia. „Alles Blech! Du müsstest nur endlich den Arsch hochkriegen, das ist alles!"

Alexandra hatte keine Lust, mit Pia zu diskutieren, daher erhob sie sich mit den Worten: „Wein?" Pia nickte und studierte weiter ihre Karten. Alexandra kam mit zwei Gläsern Rotwein retour und gerade als sie den Tisch ansteuerte, stolperte sie über irgendetwas am Boden. Pias blöder Lederbeutel! „Verd..!" Der Fluch blieb im Ansatz stecken, während sie der Länge nach am Boden aufschlug. Die beiden Gläser suchten sich per Luftlinie eigene, verschiedene Ziele. Das eine schlug auf dem Tisch auf und der Inhalt ergoss sich über Pias Karten. Das zweite detonierte neben Alexandra am Boden und verursachte einen sich ausbreitenden, dunkelroten Fleck im Teppich, ähnlich einer Blutlache.

Pia sprang auf und eilte zu der Gestürzten. „Hast du dir wehgetan? Nein, so was!"

Alexandra richtete sich wimmernd auf und griff sich an den Kopf. „Verflucht noch mal! Nein, ist nix Schlimmes passiert. Mir wird vermutlich nur ein Mittelgebirge am Hirn wachsen! Auuuuuuuuh!" Sie rappelte sich hoch und setzte sich auf einen Stuhl, während Pia diverse Putzlappen zusammensuchte. Nach einem gemeinsamen Wischeinsatz auf Knien war abgesehen von einem Berg tiefrot gefärbter Lappen und einem unübersehbaren Fleck auf dem vormals cremeweißen Teppich keine Spur der Verwüstung mehr erkennbar. Beide standen schließlich reglos da. „Mann, sieht aus, als ob wir hier einen abgemurkst hätten! Hoffentlich wird keiner vermisst aus der Gegend!" Pias Anflug von Galgenhumor ließ beide in schallendes Gelächter ausbrechen.

„Komm, setzen wir uns wieder. Ich hole neue Gläser und du erzählst mir jetzt was über meinen Märchenprinzen, der sicherlich demnächst angeritten kommt und mir einen neuen Teppich schenkt!" Mit diesen Worten machte Alexandra sich – deutlich vorsichtiger – erneut auf den Weg. Als beide Gläser wohlbehalten auf dem Tisch standen, sagte sie grinsend: „So, Pia, nun erzähl mal was über die Liebe meines Lebens!"

Alexandra war alles andere als eine gläubige Jüngerin der Karten- und Weissagungskunst. Sie stand diesen Dingen eher skeptisch gegenüber und musste manchmal auch über den Enthusiasmus ihrer Nachbarin in diesen Dingen schmunzeln. Andererseits jedoch hatte diese auch eine extrem ausgeprägte Sensibilität, gepaart mit dem Talent – Fähigkeit wäre wohl ein zu gewagtes Wort –, fallweise Dinge wirklich im Vorhinein zu erahnen. Manche Menschen würden sagen, sie besitze das dritte Auge. Sie behauptete, die Aura eines jeden Menschen zu „spüren" – was sie sehr oft als enorme Belastung empfand. So nahm sie nicht nur positive Dinge auf, sondern sehr oft leider auch negative und böse Schwingungen. Als Schutzmaßnahme, speziell dann, wenn sie sich in Menschenmengen bewegte, dienten sogenannte Schutzsteine. Diese wurden laut ihrer Aussage bereits von den Schamanen und anderen Indianervölkern benutzt, um böse Geister fernzuhalten.

„Tippe auf fünf Karten", sagte Pia und zeigte auf die rückseitig nach oben liegende Kartenschlange. Danach schlug sie die ausgewählten auf und legte sie vor sich hin. „Hm... aha... ist ja interessant!"

„Was denn nun? Sag schon! Wo ist er, mein Prinz?" Alexandra lachte, obwohl sie nun doch etwas neugierig war.

„Tja, laut meinen Karten kennst du deinen Seelenpartner schon! Kann ein Sandkastenkumpel sein oder auch jemand, den du beim Bäcker flüchtig getroffen hast!"

„Na, sehr aufschlussreich", verdrehte Alexandra die Augen. „Also vom Postboten über den Müllmann bis hin zu meinem Versicherungsvertreter kann es wohl jeder sein!"

„Nein, so ist das nicht gemeint. Diese Begegnung war vielleicht kurz, aber dürfte nicht spurlos an dir vorübergegangen sein! Oder denkst du vielleicht nur eine Sekunde über unseren Postboten nach? Weißt du überhaupt, wie der aussieht? Also, ich nicht! Habe den wohl schon hundertmal gesehen und in diesem Moment keine Ahnung, ob er blond oder schwarz ist, mit oder ohne Pickel, ob er eine Brille oder eine Riesennase hat ... ich habe keine Ahnung! Das meine ich mit bedeutungslosen Begegnungen!"

Alexandra dachte nach. Plötzlich tauchte London in ihrem Gedächtnis auf. *London – Fiasko – Leo! Ritter Leo. Der Leo, der sich auf seinem hohen Ross nicht herabließ, sie zurückzurufen!* Am Tag nach ihrem erfolglosen Besuch hatte sie einen letzten telefonischen Versuch gewagt: Es wurde ihr mehr oder weniger durch die Blume von Sybille nahegelegt, nicht so aufdringlich zu sein. Er würde sich schon melden, wenn er Zeit hätte! So eine Frechheit!

Über eine Woche war seitdem vergangen, und er fand es nicht der Mühe wert, zurückzurufen! Er befand es wohl nicht für wichtig oder angebracht, zu ihren netten Worten Stellung zu nehmen! Sie war enttäuscht. Zum einen von ihm als Mensch und zum anderen, weil sie gerne ein paar persönliche Worte mit ihm gewechselt hätte. *Na, dann eben nicht!*

„Ist dir in letzter Zeit jemand Spezielles eingefallen?", fragte Pia.

„Nein, nicht wirklich! Die einzige nennenswerte Begegnung mit neuen Männern hatte ich in London. Von den drei Männern hätte mich der eine am liebsten auf den Mond geschossen und der andere hat meist schnarchend Schäfchen gezählt. Der Dritte, den ich eigentlich für sehr nett gehalten habe, hat sich nun leider als überheblicher Kronprinz auf der Erbse geoutet."

Es klingelte an der Wohnungstür. Alexandra blickte auf die Uhr. „Wer ist das denn noch um diese Zeit? Ist ja schon nach zehn …!" Sie erhob sich und griff sich automatisch an den Kopf, der seit ihrem Sturz unangenehme, schmerzhaft pochende Signale von sich gab. *Aha, schon die ersten Anzeichen einer Beule spürbar!* Morgen würde wahrscheinlich ein Tennisball ihr Haupt oberhalb der rechten Schläfe zieren. Sie öffnete die Tür. Der sich bietende Anblick beschleunigte nochmals die Hammerschläge in ihrem Kopf.

Silvia, in Tränen aufgelöst und in blassrosa Hausanzug, in dem sie normalerweise niemals das Haus verlassen würde, stand zitternd vor ihr. Ihr allzeit so sorgfältig geschminktes Gesicht glich nun eher der gruseligen Hauptfigur aus „Scream" – Wimperntusche und Kajal verteilten sich über die Wangen bis zum Kinn und die Augen waren rot und geschwollen.

„Meine Güte, was ist los? Komm rein …" Mit diesen Worten zog Alexandra ihre schluchzende Freundin in die Wohnung und platzierte sie mit Nachdruck auf ihrer Couch.

Pia erkannte sofort, dass der gemütliche Kartenabend hiermit beendet war, und sammelte eilig ihre weingetränkten Utensilien ein, welche sie achtlos in ihren Lederbeutel warf.

„Hallo Silvia", sagte sie leise und zu Alexandra gewandt: „Ich geh dann mal und lasse euch allein."

Alexandra bedankte sich stumm mit einem Nicken und antwortete: „Bis bald."

Als Pia hinter sich die Tür schloss und draußen im Stiegenhaus stand, schloss sie kurz die Augen. Deutlich hatte sie das gebrochene Herz einer verzweifelten Frau wahrgenommen.

Gleichzeitig lehnte die Männerrunde zum wöchentlichen „Nicht-Tratsch" – Männer tun so etwas schließlich nicht – an der Bar des Chili Hell. Ausnahmsweise war der Besitzer guter Laune und servierte gerade vier Portionen seines legendären Chilis.

„Her mit der Darmgranate, ich verhungere!", rief Bernie, der ausnahmsweise von seinem strengen Ernährungsplan abwich.

„Man gönnt sich ja sonst nix", tönte Carlo schmatzend, während er versuchte, eine Riesenbohne aufzuspießen.

„Eben, eben! Außerdem brauchen wir dringend noch eine Flasche von diesem sensationellen Roten, um das Feuer in den Gedärmen zu löschen! ... und ein paar dieser Fladenbrote!", schrie Leo dem Koch hinterher, der sich anschickte, wieder zwischen seinen Töpfen und Pfannen zu verschwinden.

Bernie unterbrach nach kurzer Zeit das wortlose Mampfen und Schlürfen mit den Worten: „Tja, ihr werdet demnächst Gelegenheit haben, eure kulinarischen Sünden wieder abzuschwitzen, Männer! Ich plane nämlich eine Zweitagesbergtour Ende August! Ich rechne mit einigen Naturbegeisterten aus dem Studio, aber zuallererst erwarte ich natürlich die Teilnahme von euch drei Hefeteigfiguren!"

Carlo sah entrüstet auf. „Na weißt du! Mich als Hefeteig zu bezeichnen ist schon etwas weit hergeholt!" Er zog sein BOSS-Hemd aus dem Bund und demonstrierte seinen sonnengebräunten, glatt rasierten, flachen Bauch. „Siehst du hier irgendwo Handlungsbedarf, hä? Abgesehen davon halte ich nicht viel vom herkömmlichen Sport – diese Schinderei ist fad, macht keinen Spaß und hört man irgendwann auf damit, sieht man aus wie ein zerstochener Luftballon. Ich halte mich mit Sex und gelegentlichen Shoppingtouren fit, das reicht! Außerdem gibt's größere Naturfreunde als mich. Das liebliche Zwitschern der Vögelein und brunftige Murmeltiere gehen mir bestenfalls auf den Keks!" Mit diesen Worten stopfte er sein Hemd wieder in die Hose.

Leo ergriff das Wort: „Eine zweitägige Bergtour halte ich niemals durch! Bist du wahnsinnig? Ich muss schon zehn Minuten im Sauerstoffzelt verbringen, wenn der Lift ausfällt und ich zu Fuß ins Büro im dritten Stock klettern muss! Ich hatte in den letzten Monaten – wie du ja weißt – keine Zeit, meinen Astralkörper zu stählen! Ich bin derzeit außerdem zu schwer, um Gämse zu spielen. Stell dir nur diese Urgewalten vor, die da auf meine Knie drücken!"

Bernie blickte fragend zu Mike. „Und? Was ist DEIN Argument dagegen?"

Mike antwortete knapp: „Ich habe Höhenangst, mich könnt ihr vergessen."

Bernie stemmte die Hände in die Hüften. „Das darf doch nicht wahr sein! Was seid ihr nur für Weicheier? Wird Zeit für euch, den Hintern mal wieder hochzukriegen, denn: Leo, es ist KEIN Sport, sich in seinem Lederdrehsessel so lange um sich selbst zu drehen, bis man kotzt!"

„Alte Petze!", konterte dieser säuerlich und sah Bernie giftig an. Er hatte ihm einmal unter Whiskeyeinfluss gestanden, dass er diese Methode manchmal anwandte, um seine Denkkraft anzukurbeln. Denkprozesse fielen ihm dann leichter. Zweifelhafte Methode zwar, aber sie funktionierte. Irgendwie schienen durch die Fliehkraft seine Gehirnzellen mehr Blitze zu produzieren.

„Außerdem, um euch das Ganze etwas schmackhafter zu machen, werden gewiss auch einige Damen mitschwitzen.

Kann ja nicht schaden, wenn ihr den Umgang mit Frauen nicht völlig verlernt! Carlo natürlich ausgenommen!"

„Das auch noch! Weibsvolk ...!" Leo verdrehte die Augen.

„Was heißt das denn nun? Bist du zum Weiberfeind mutiert?", wollte Bernie wissen.

Bin ich das? Leo dachte an London zurück. Die Menschenkenntnis, auf die er immer so stolz gewesen war, hatte ihn bei Alexandra offensichtlich im Stich gelassen. Er war völlig sicher gewesen, von ihr zu hören, was bis heute nicht erfolgt war. Es ging ihm gar nicht so sehr um den geliehenen Geldbetrag, sondern mehr darum, dass sie offensichtlich nicht den Charakter hatte, den er glaubte, in ihr erkannt zu haben. Sie hatte sein Vertrauen nicht verdient. Und das Schlimmste war, Carlo hatte recht behalten! *Aber Frauenhasser? Nein! Nur um eine Erfahrung reicher!* „Also, mir ist das schnurz! Da ich ohnehin nicht mit roten Stutzen und Knackwürsten bewaffnet im Gebirge herumkraxeln werde, ist mir egal, wer dabei ist." Hugh, Leo hatte gesprochen.

Bernie gab angesichts dieses geballten Widerstands jedoch keinesfalls auf. Er entschied sich für eine Art der Taktik, die meist bei seinen Freunden funktionierte. Alkohol! Er orderte insgesamt noch zwei Flaschen des schweren, chilenischen Rotweins und spendierte noch zwei Runden Tequila. In diesem Stadium wirkte die Zermürbetaktik am besten und nach einem endlosen Überzeugungsschwall seinerseits holte er zum endgültigen Finalschlag aus. Er bat Pablo als Ohrenzeugen dazu, als alle drei, wenn auch schwerst lallend, ihre Teilnahme an der zweitägigen Bergtour zusagten.

Gegen 23 Uhr und etliche Einheiten Baldriantropfen später kannte Alexandra den Grund für den Zustand ihrer besten Freundin. Deren musterhafte Ehegatte Johannes hatte ohne jegliche Vorankündigung das gemeinsame Haus verlassen. Er hatte Silvia offensichtlich seit geschlagenen zwei Jahren mit einer Hotelrezeptionistin betrogen, welche er im Zuge seiner dienstlichen Hotelaufenthalte in München kennengelernt hatte.

„Dieses gemeine Stück Kuhfladen hat sich wahrscheinlich im Bett dieser Tussi gewälzt, während ich an den Geburtswehen unseres Sohnes fast verreckt bin! Und ich Idiot hatte auch noch soooo viel Verständnis dafür, dass es ihm nicht möglich war, zur Geburt anwesend zu sein! Pah! Von wegen Fehlbuchung bei der Fluggesellschaft!" Silvias Verzweiflung hatte nun in unbändigen Zorn und Hass umgeschlagen. Dutzende von zerknüllten, nassen Taschentüchern verteilten sich auf und neben der Couch. Sie schnäuzte geräuschvoll und atmete tief durch. Etwas gefasster fuhr sie fort: „Sie heißt Beatrice, ist neunundzwanzig und Französin. Und dass er genötigt war, etwas mit ihr anzufangen, ist laut seiner Aussage allein meine Schuld! Unser Sexleben sei in den letzten vier Jahren völlig verkümmert und ich habe mich anscheinend in eine frigide Zicke und Glucke verwandelt! Deswegen musste er halt schauen, wie er zum Zuge kommt! Ist das zu fassen? Der Mann hat nichts, aber auch gar nichts mitbekommen von meinen täglichen Belastungen! Ich Trottel wollte ihn nicht mit meinem Scheiß belasten, wenn er mal wieder heimgekommen ist. Ich hab in den für ihn ach so beschissenen vier Jahren zwei Kinder bekommen und meine gestörte Mutter aufgenommen! Ständig so viel Schlaf wie Graf Dracula – ein Kind kotzt, das andere hat Durchfall, die Mutter scheitert am elften Suizidversuch und der Nachbar beschwert sich zum hunderstenmal über Plastikspielzeug in seinem Rasen! Und dann erwartet dieser Mann tatsächlich, dass ich mich anschließend in Dessous werfe und ihn voller Begierde in High Heels an der Haustür erwarte? In heißer Vorfreude auf drei volle Seiten des Kamasutras? Abgese-

86

hen davon war ihm meine Mutter ein ständiger Dorn im Auge. Tja, jedenfalls hat er festgestellt, dass er in mir nur mehr die Mutter seiner Kinder sieht und das ist ihm zu wenig. Dafür hat er sich nach der anfänglich rein sexuellen Beziehung nun in diese Beatrice verliebt und möchte mit ihr einen Neuanfang machen." Silvia blickte verloren zu Boden. Plötzlich überfiel sie wieder ein heftiger Weinkrampf und schluchzend stammelte sie: „Was soll ich jetzt bloß machen? Wie soll ich das schaffen mit zwei kleinen Kindern und einer siebzigjährigen Depressiven? Buhuuuu...!"

Alexandra nahm sie wieder tröstend in die Arme. „Du wirst das schaffen! Mit Sicherheit! Sieh mal, es gibt so viele alleinerziehende Mütter – die nicht so stark sind wie du! Und die schaffen das auch irgendwie! Auch wenn du jetzt noch alles schwarz siehst – es gibt immer Möglichkeiten! Sind die Kinder jetzt bei deiner Mutter?"

Silvia richtete sich wieder auf und beruhigte sich. „Ja, sind sie. Ich muss auch gleich wieder heim, denn meine Mutter ist nicht die Art Babysitter, wo man gerne seine Kinder abgibt. Aber es blieb mir keine andere Wahl. Johannes hat nach seinem Monolog den Überseekoffer mit dem Nötigsten vollgestopft und ist mit den Worten „Den Rest hole ich in den nächsten Tagen" in seinem Mercedes abgedüst. Nicht mal von den Jungs hat er sich verabschiedet ..." Wieder Schluchzen.

Alexandra zwang sie, ihr in die Augen zu sehen. „Ich fahre dich jetzt nach Hause zu deinen Kindern und bleibe noch, solange du willst, okay? Aber zum Schluss muss ich unbedingt noch zwei total bescheuerte, aber wahre Sprüche zum Besten geben: Der erste: Schicksal oder Zufall – nichts passiert ohne Grund! Und der zweite: Wenn du glaubst, es geht nicht mehr – kommt irgendwo ein Lichtlein her!"

Über Silvias Gesicht huschte tatsächlich ein Anflug von Lächeln und ihr verquollenes Gesicht glich nun dem von Rocky Balboa nach einer verlorenen fünften Runde im Ring. „Verschone mich bitte mit deinen dämlichen Sprüchen! Als ob ich für heute noch nicht genug abgekriegt hätte!"

Der August zeigte sich von seiner schönsten Seite. Die Stadt war voller Leben und abends genoss man gerne bei einem Cappuccino oder einem Glas Rotwein die laue, warme Abendluft in den unzähligen Gastgärten. Die Landregionen lockten zum einen mit idyllischen Badeseen, wo sich Einheimische und unzählige Touristen im wahrsten Sinne auf die Zehen und Badematten traten. Zum anderen wurden alle naturverbundenen Sportbegeisterten von der wunderschönen Berg- und Hügelwelt zum Wandern, Radeln, Skaten oder Klettern angeregt.

Bernie freute sich über die Meinung der Wetterfrösche, dass es keinen Abbruch des herrschenden Hochs in den kommenden Tagen zu geben schien. In fünf Tagen fand schließlich die von ihm organisierte Bergtour statt! Dem schriftlichen Aufruf an seiner Anschlagtafel waren bisher sieben Bergwütige gefolgt und hatten sich eingetragen. Unter anderem auch die hübsche Dani, die sich vor zwei Wochen für sein Studio entschieden hatte und äußerst sportlich zu sein schien. Sie war Bernie sofort aufgefallen. Knackige achtundzwanzig, tolle Figur, perfekt gekleidet, manikürte Fingernägel und ein Hauch von kühler Erotik, der sie ständig umwehte. Diese Frau weckte den Jäger und Eroberer in ihm. Einmal ließ sie gekonnt ihre weiblichen Waffen sprechen, klimperte mit den Wimpern und sprühte vor Charme, gleich darauf wechselte das Barometer von subtropisch auf arktisch und bildete eine Mauer kühler Unnahbarkeit. Er freute sich, dass sie dabei war! Wurde sicherlich interessant!

Er studierte gerade die Namen der Teilnehmer, als Marion mit ihrer Sporttasche erschien. „Hallo! Warum finde ich deinen Namen nicht auf dieser Liste?" Er wedelte mit dem Zettel.

„Ach weißt du, ich glaube nicht, dass ich besonders geländegängig bin! Ich trainiere zwar seit zwei Monaten täglich, aber bei einer Bergtour bin ich wohl eher ein Klotz am Bein", meinte sie. „Abgesehen davon bin ich wohl immer noch nicht in der Gewichtsklasse der Gämsen!" Mit diesen Worten blickte sie an sich hinunter und stellte fest, dass es wohl an der Zeit war, neue Sportklamotten zu kaufen. Diese hingen an ihrem mittlerweile sichtlich erschlankendem Körper wie zerstochene Luftballons.

„So ein Blödsinn! Du bist körperlich topfit und hast Kondition – und somit gravierende Vorteile gegenüber so manchem meiner Freunde, die sich wesentlich mehr abmühen werden!"

Oje! Auch das noch! Freunde von ihm! Ihr neu gewonnenes Selbstbewusstsein schrumpelte vor sich hin wie eine Dörrpflaume, als sie sich vorstellte, sich hinter all den wahrscheinlich muskelgestählten Körpern keuchend und schwitzend diverse Steilhänge hinaufzuschleppen ... nein, keine schöne Vorstellung! Abgesehen davon machte ihr Herz ohnehin immer so verräterische kleine Stolperer, wenn sie in die grünen Augen dieses Musterexemplares Mann gegenüber guckte.

In diesem Moment öffnete sich die Tür abermals und Alexandra hetzte herein. „Ah, du kommst genau richtig, Alex!"

Sie kam auf die beiden zu und blickte Bernie nach einem knappen „Hi" fragend an.

„Ich nehme an, du bist noch nicht dazu gekommen, deinen wunderschönen Namen hier hinzukritzeln!?"

Aufmerksam las sie sich das Programm der Bergtour durch. Warum eigentlich nicht? Die letzten Wochen hatte sie kaum Frischluft in ihre Lunge gepumpt. Sie war ihrer Freundin Silvia in den vergangenen Wochen in fast jeder freien Minute zur Seite gestanden, damit diese in ihre neue Rolle der sitzen gelassenen Alleinerziehenden (O-Ton Silvia) hineinwachsen konnte. Dabei stellte sie mehrmals fest, dass die beiden hyperaktiven, tobenden kleinen Quälgeister Balsam fürs Gemüt waren gegenüber der ihrer Meinung nach definitiv schwerst durchgeknallten Mutter!

Sie erinnerte sich an einen Vorfall im Juli. Silvia musste zu einer Versammlung zum Thema Kindergartenplatz und hatte sie gebeten, Kinder und Mutter zu hüten. So saß sie abendlich neben Oma Gertrud auf dem Sofa, während eine Rosamunde-Pilcher-Schnulze im Fernsehen lief und wahrscheinlich tausend weibliche Tränendrüsen im deutschsprachigen Raum zur Entleerung veranlasste. Auch Oma Gertrud schniefte und rotzte verdächtig in ihr zerknittertes blümchengemustertes Baumwolltaschentuch, als eine herzzerreißende Szene zweier Liebender stattfand, denen es durch böse Menschen versagt blieb, sich in die Arme zu sinken. Alexandra schaffte es allerdings nicht, sich in die unglückselige romantische Sehnsucht an der schottischen Küste – warum wählte man nicht mal die Antarktis oder Kambodscha für solchen Kitsch? – einzufühlen, und so hatte sie ihr Gehör auf Durchzug geschaltet und las den Sportteil der Tageszeitung. Die Kinder lagen bereits im Bett und schliefen. Aus heiterem Himmel fiel Oma Gertrud plötzlich über Alexandra her, brüllte und schluchzte wie am Spieß, riss sie am Arm und rannte stolpernd Richtung Küche. Alexandra erschrak so fürchterlich, dass sie glaubte, an einem Herzschlag verrecken zu müssen! Die Zeitung flog in weitem Bogen und sie rannte hinter der hysterischen Alten her. „Gertrud! Was ist los? Gertrud!" Diese riss in der Küche sämtliche Schubladen auf, weiterhin schreiend, griff sich einen Schöpflöffel, ein Reibeisen und eine Salatschleuder und warf diese wütend auf den Boden. Alexandra stellte sich todesmutig der Tobenden entgegen, um ihr den Zugriff auf diverse Messer zu verwehren. Schließlich ergatterte Gertrud einen Pfannenwender, der sich gefährlich Alexandras Kopf näherte. Sie schaffte es gerade noch, den Aufprall ebendort zu verhindern, indem sie Gertruds Arm eisern festhielt.

Plötzlich tauchte auch noch Max, der ältere Junge, auf und starrte auf das Schlachtfeld. Das Geschrei und Geschepper machte leider an der Tür zum Schlafzimmer der Kinder nicht halt. „Mama?", nuschelte er schlaftrunken.

Alexandra, die rasende Wahnsinnige immer noch in Schach haltend, versuchte ruhig zu bleiben und sagte: „Geh wieder ins Bett, ist alles in Ordnung! Die Oma und ich spielen nur ein bisschen Fangen!" Fast war ihr zum Lachen angesichts dieses Unsinns, den sie einem Dreijährigen da auftischte. Erstaunlicherweise schien dieser jedoch mit der Antwort zufrieden zu sein und torkelte wieder Richtung Kinderzimmer zurück. Omas Kräfte schienen endlich zu erlahmen und schließlich sank sie schluchzend zusammen.

„Warum! Warum nur? Wieso kann dieser böse Mensch nicht einfach Ruhe geben? Die beiden sind so ein schönes Paar ...!", wimmerte sie vor sich hin. Alexandra hatte keinen blassen Schimmer, worum es eigentlich ging. Sie nahm die betagte Frau in den Arm und saß eine Weile mit ihr zusammen auf dem Küchenboden. „Geld ist nicht alles, das müsste der Graf doch wissen, oder?" Zwei rotgeränderte, in Tränen schwimmende Augen starrten Alexandra fragend an. Endlich kapierte sie! Der Film! Gertrud war völlig in den soeben gesehenen Film abgetaucht und er war zu ihrer Realität geworden! Alexandra wollte sich gar nicht vorstellen, was erst geschehen würde, wenn die Oma zufällig „Frankenstein" oder die Duschszene aus „Psycho" sehen würde, wenn eine Romantikschnulze schon so einen Amoklauf heraufbeschwor! Sie erinnerte sich, dass Silvia ihr einmal das Arsenal an Beruhigungspillen und Antidepressiva für ihre Mutter gezeigt hatte. *Wo war das noch mal gewesen? Guter Zeitpunkt für eine Pille!* Alexandra durchsuchte einige hochgelagerte Fächer, bis sie schließlich fündig wurde. Die diversen Pillengläser waren sonderbarerweise nicht beschriftet, sondern unterschieden sich lediglich in der Farbe der Pillen. *Komisch.* Sie warf einen Blick auf das zusammengesunkene Häufchen Elend auf dem Boden und überlegte. *Silvia anrufen? Nein, das Schlimmste war ja schon vorbei! Ach was, die dienen ja wahrscheinlich alle der Beruhigung – wenn ich schon keinen Anhaltspunkt habe, entscheide ich halt nach der Farbe!* So entschied sie sich für zwei – sicher ist sicher – dunkelbraune Pillen und schob sie in Gertruds Mund. Diese schluckte brav und ließ sich anschließend ohne Gegenwehr in ihr Schlafzimmer führen. Als Alexandra die Schlafzimmertür schloss, atmete sie tief durch. *Verdammt, Silvia, du hättest mich ruhig aufklären können, dass Oma Gertrud einen Derartigen an der Waffel hat!*

Drei Tage später hatte Silvia geklagt, dass sie mit ihrer Mutter neben all dem Stress nun auch noch den Arzt aufsuchen musste, da diese aus unerklärlichen Gründen plötzlich an akuter Verstopfung litt …!?

„Keine Chance mehr, Alex! Bist schon eingetragen!" Bernie warf den Kugelschreiber von sich. Alexandra blickte zu Marion. Sie hatten sich im Laufe der letzten Monate flüchtig kennengelernt und plauderten oft von Laufband zu Ergometer, da sie dieselben Besuchszeiten bevorzugten. Alexandra fand die etwas zurückhaltende Marion sehr sympathisch und bewunderte deren Trainingsehrgeiz und Disziplin aufrichtig. „Vorschlag: Wir alle beide oder keine!", forderte Alexandra.

Marion suchte vergeblich nach einer halbwegs plausiblen Ausrede. Also gab sie letztendlich klein bei und nickte: „Wenn ihr echt nichts Besseres vorhabt, als auf mich Schneckenpost zu warten – bitte!"

„Schön", trällerte Alexandra und trat ein paar Schritte zurück, „dann werde ich jetzt mal meine Muckis aufpumpen, um dem Ruf der Berge besser folgen zu können!" Plötzlich geriet sie ins Stolpern, ruderte wild mit den Armen und versuchte, sich einige Sekunden lang irgendwie aufrecht zu halten. Schließlich verlor sie den Kampf gegen die Gravitation und landete auf allen vieren auf dem Boden. Dieser tückische Hängegurt ihrer Sporttasche war zu einem gemeingefährlichen Fangeisen mutiert!

Marion wollte sofort erschrocken Hilfe leisten, hielt jedoch inne, als Alexandra eine abwehrende Geste machte. „Lass nur! Ist nichts passiert!"

Bernie beobachtete die Szene amüsiert und musste lachen. Marion hatte dafür rein gar kein Verständnis und fragte: „Darf ich fragen, was daran so lustig ist? Sie hätte sich verletzen können!"

Bernie musste noch mehr lachen. „Alex wird es mir verzeihen, denke ich! Tatsächlich bin ich der festen Überzeugung, dass diese Frau Gummiknochen und Geleegelenke hat – so oft, wie Alex irgendwo hinunter-, drüber- oder drauffällt, müsste sie theoretisch vom Hals bis zu den Zehen in Gips feststecken. Unsere liebe Alexandra schaut halt lieber in den Himmel als auf den Boden, nicht wahr?"

„So ist es, lieber Bernie", äffte diese zurück, „mein Engagement beim chinesischen Nationalzirkus als Schlangenfrau habe ich gestern unterzeichnet!" Mit diesen Worten packte sie endgültig ihre verräterische Taschenfalle und stakste mit brennenden Knien zu den Umkleidekabinen, diesmal mit Blick auf den

Boden. Sie hielt die Türklinke bereits in der Hand, als sie sich nochmals umdrehte. „Übrigens, kann ich zu diesem Martyrium auch eine Freundin mitnehmen oder ist diese Veranstaltung nur für Mitglieder?" Spontan war ihr die Idee gekommen, dass eine kleine sportliche Auszeit in der Natur Silvia nicht schaden könnte.

„Deine Freundin ist auch unsere Freundin und natürlich herzlich willkommen, verehrte Schlangenfrau! Voraussetzung ist lediglich, dass sie willig ist und sich nichts mehr wünscht, als uns Männern als Sexsklavin untertan sein zu dürfen!", rief Bernie lachend zurück.

Nun musste Alexandra schallend lachen und antwortete: „Ich befürchte, besagte Dame hat derzeit eher das Gegenteil mit der Männerwelt vor!"

Samstag, 15. August, 6:15 Uhr. Am Parkplatz einer kleinen Ortschaft am Attersee, im Herzen des oberösterreichischen Salzkammergutes, herrschte reges Treiben. Fast alle Bergwütigen hatten sich mittlerweile eingefunden. Leo stand breitbeinig in seiner kniekurzen grauen Cargohose neben einem giftgrünen Klohäuschen und beobachtete missmutig das Gewusel. Mike neben ihm kniete am Boden und durchwühlte zum x-ten Mal seinen 60-Liter-Rucksack, der zum Bersten gefüllt war, wahrscheinlich eine halbe Tonne wog und eine Himalajabesteigung rechtfertigen könnte. *Warum, zum Kuckuck, habe ich mich bloß auf diesen Nonsens eingelassen? Verflucht seiest du, Bernie!* Zum wohl hundertsten Mal verfluchte er auch sich selbst, dem zugestimmt zu haben – aber ebenso oft eben auch Bernie angesichts dessen unlauterer „Überredungstaktiken".

Bernie flitzte zwischen den Anwesenden herum, gab hilfreiche Tipps, scherzte und war fast unerträglich gut gelaunt. Leo beförderte seine Sonnenbrille vom Haupt auf die Nase, obwohl die Sonne noch irgendwo hinter dem verdammten Bergungetüm stecken musste. Er war müde, fror und seine Stimmung glich dem Seeboden an der tiefsten Stelle des Attersees. „Mike, hör doch endlich auf, in diesem Riesending rumzuwühlen! Was könnte schon noch existieren, dass du nicht da drin hast? Dein Fernseher? Dein Sofa?", grantelte Leo seinen immer noch suchenden Freund an.

Dieser gähnte herzhaft und meinte lapidar: „Wenn ich nicht eigentlich noch schlafen würde, wäre ich stinksauer, dass du so eine Miststimmung verbreitest. Ich bin nicht sicher, ob ich auch das Abschleppseil eingepackt habe."

Zum ersten Mal an diesem jungfräulichen Tag musste Leo herzhaft lachen. „Mann, du hast ja mit den Damen schwer was vor bei dieser Tour! Ich glaube allerdings, dass sich in unserer Nächtigungshütte durchaus Abschleppmöglichkeiten ergeben könnten, wobei du kein Seil brauchst!"

„Idiot! Das brauche ich wegen meiner Höhenangst! Im schlimmsten Fall müsst ihr mich im wahrsten Sinne des Wortes „an die Leine" nehmen, damit ich einen Fuß vor den anderen setzen kann! Wenn hier also einer Grund hätte, schwarze Aura zu verbreiten, bin das wohl ich!"

Bernie, gefolgt von einer äußerst attraktiven, blonden Gazelle, kam auf sie zu und stellte sie einander überschwänglich vor: „Das ist Dani, Neuzugang in meinem Studio. Meine Freunde Leo und Mike!" Sie gaben einander die Hände. „Sorry, Dani, ich muss rüber, die Neuankömmlinge begrüßen", hektelte Bernie und steuerte das soeben geparkte Auto an, dem die blasse Studentin Elvira und Marion entstiegen. „Schön, dass ihr da seid! Eure männlichen Trainingskollegen sind schon alle anwesend." Er deutete auf die vier jungen Männer – altersmäßig alle irgendwo in den Zwanzigern – die gerade ehrfurchtsvoll den Bergrücken begutachteten.

Während alle einander begrüßten und sich bekannt machten, bog ein BMW-Cabrio mit quietschenden Reifen in den Parkplatz. Einen Arm lässig auf der Fahrertür lehnend, mit Designersonnenbrille auf seiner perfekt gestylten Gel-Steh-frisur, segnete Carlo die wartende Runde mit seinem schönsten Zahnpastalächeln. Tiziano Ferro schmetterte „Stop domentica" aus der getunten Hi-Fi-Anlage, während Carlo – einem Filmstar gleich – seinem Auto entschwebte. Lediglich der rote Teppich fehlte. Ein nagelneuer Nike-Sportdress inklusive na-gelneuer Sportschuhe rundete den gelungenen Auftritt ab. Er hievte seinen Rucksack vom Beifahrersitz und steuerte die Gruppe an.

Mittlerweile war es 6:32 Uhr und Bernie zählte geistig die Anwesenden durch, um deren Vollzähligkeit zu prüfen. „Alex und ihre Freundin fehlen noch", stellte er schließlich fest. Alle verstummten.

Leo, immer noch unterkühlt und hundemüde, wetterte: „Wenn ICH es schaffe, pünktlich zu erscheinen trotz 1,5 Pro-mille Restalkohol und vier Stunden Schlaf, bin ich echt nicht gewillt, mir wegen einer unpünktlichen Braut, die wahrschein-lich ohnehin nicht mehr erscheint, die Beine in den Bauch zu stehen! Ich bin dafür, dass wir endlich loslegen! Ich möchte nämlich lieber Blasen von drückenden Schuhen als Frostbeulen vom Rumstehen bekommen!" Mit diesen Worten marschierte er demonstrativ in irgendeine Richtung – er hatte ja keinen Dunst, wo der Aufstieg begann. Er hatte es jedoch geschafft, seinen Unmut auf viele der Umstehenden zu übertragen, denn es wurden weitere ungeduldige Stimmen laut.

Als auch Bernie davon ausging, dass die beiden Fehlenden wohl nicht mehr erscheinen würden, knatterte ein uralter, knallroter Ford Fiesta viel zu schnell um die Kurve und kam mit Müh und Not gerade noch hinter dem BMW-Cabrio zum

Stillstand. Carlo, der die Luft angehalten hatte, stieß einen erleichterten Seufzer aus. „Gott sei Dank, die Bremsen funktionieren bei diesem Rosthaufen noch", bemerkte er glücklich. Alle Augenpaare waren abwartend auf das qualmende Stück Blech auf vier Rädern gerichtet. Leo, der etwas abseitsstand und gerade seine Blase demonstrativ neben dem Klohäuschen entleerte, kniff die Augen zusammen, konnte jedoch die Personen noch nicht erkennen – sie waren etwas zu weit weg. Beifahrertür sowie die linke Hintertür wurden aufgewuchtet, zwei Rucksäcke flogen hinaus, gefolgt von einer Brünetten vorne und einer Blondine hinten. Am Steuer saß eine rothaarige Demonstration der Hippiegeneration mit irgendetwas Gewaltigem auf dem Kopf – ein Turban oder ein Zelt? Sie riefen sich noch einige Worte zu, dann rannten die beiden auf die Gruppe zu.

„Tut uns echt leid wegen der Verspätung! Daran bin ich schuld, weil ich mich blöderweise aus meiner Wohnung ausgesperrt habe und ..." Die verbleibenden Worte erstarben Alexandra im Keim, als sie inmitten der Wartenden Carlo erkannte. *Zweifellos, er ist es! Aber was ... wieso?* ... Ihr Laufschritt wich abrupt dem Tempo einer altersschwachen Gartenschnecke.

Carlo erkannte in genau demselben Moment seine höchstpersönliche Heimsuchung aus London wieder und seufzte: „Na, das kann ja lustig werden. Hoffentlich überleben wir das ...", und streckte Alexandra widerstrebend die Hand entgegen.

Mike drängte sich durch die Umstehenden und umarmte sie stürmisch. „Ja, gibt's denn so was? Was für ein Zufall! Wie kommst du denn hierher?"

Alexandra freute sich wirklich, Mike wiederzusehen, und meinte nur flachsend: „Westeuropa ist wohl zu klein für uns, wie?"

Bernie fragte erstaunt: „Woher kennt ihr denn Alex?"

„DAS ist DIE Alexandra aus deinem Studio, von der du uns erzählt hast?", riefen Mike und Carlo wie aus einem Mund.

Bernie kombinierte blitzschnell. „Das ist DIE Alexandra, über die ihr in London gestolpert seid?"

Nach einer kurzen, wortlosen Pause begannen alle vier wie auf Kommando loszuprusten, während Silvia, Marion und der Rest der Umstehenden ratlos die Szene beobachteten und nix kapierten. Plötzlich – Alexandra wischte sich gerade diverse Lachtränen aus dem Gesicht – schoss ein Gedanke direkt in ihre Magengrube. *Leo!* Der war sicherlich auch hier irgendwo in der Nähe! Just in diesem Moment stapfte ebendieser, noch an seinem Hosenschlitz nestelnd, in Richtung der Menge. „Leo! Wo bleibst du denn? Schau mal, wer da unseren Leidensweg teilen wird!", rief Mike ihm zu.

Leos zügiger Schritt verlangsamte sich etwas. Doch gleich darauf steuerte er direkt auf Alexandra zu. Schließlich stand er ihr gegenüber, die Sonnenbrille gab keinen Blick auf seine Augen preis. Die Wut und der Ärger über seine Nichtreaktion in Bezug auf ihren Brief stiegen in Alexandra wieder hoch. Sie bemühte sich trotzdem, cool zu wirken, und streckte ihm die Hand entgegen. „Hallo, Leo."

Er ergriff sie wortlos. In seinem Inneren freute sich irgendetwas, sie wiederzusehen. Doch etwas wesentlich Größeres ließ wieder das Gefühl der Enttäuschung und Wut aufsteigen. Diese Person, die es nicht für angebracht hielt, Schulden zurückzuzahlen, sich zu melden oder auch nur ein paar Dankesworte zu finden! „Das ist ja eine Überraschung ...", meinte er schließlich mit leicht sarkastischem Unterton.

„Tja, Zufall oder Schicksal! Wir werden es wohl nie ergründen", antwortete sie kühl. Die frostige Atmosphäre und Spannung war schier zum Greifen – trotzdem waren ihre Hände immer noch im Handschlag vereint und sie starrten sich wortlos an. Niemand der ahnungslosen Umstehenden schien dies mitzubekommen, ausgenommen Silvia.

Sie drängte sich schließlich beherzt zwischen die beiden und trällerte übertrieben gut gelaunt: „Hallo. Freut mich, dich kennenzulernen! Ich bin Silvia, frustrierter, alleinerziehender Neu-Single auf der Suche nach Spaß, Vergessen und Unmengen Alkohol – und nebenbei die hoffentlich beste Freundin von der da!" Sie schubste Alexandra demonstrativ in die Seite.

„Aufbruch!", schrie Bernie lauthals und bedeutete mit seinem erhobenen Trekkingstock, ihm zu folgen. Der Berg rief!

Die erste Etappe erwies sich als nicht allzu steil und die Motivation der Bergwütigen war grenzenlos. Bernie bildete die Führungsspitze, gefolgt von der ehrgeizigen Dani, deren Blick vorrangig am knackigen Po des Vordermannes hing. Aus diesem Grund wurden wohl diverse Baumwurzeln und Steine öfters zum Stolperstein. Hinter ihr trabten die vier Jungs, gefolgt von Elvira und Marion. Dahinter bedauerte Carlo, statt Marion nicht Dani als Vordermann bzw. -frau zu haben. Für ihn stellten die blässlichen, ausufernden Rundungen vor ihm keinen Anreiz dar, ihnen auch nur ansatzweise näher zu kommen. Dahinter stapfte Leo, immer noch missmutig, den Berg hinauf. Körperlich war er weit entfernt vom grünen Bereich und dazu kamen nun noch die gespaltenen Gefühle und Irritation über diese plötzlich eingetretene Situation mit Alexandra. Diese trottete hinter Silvia her, wiederum gefolgt von Mike, dem Schlusslicht. Dann und wann hörte man ein verzücktes „Ach, wie schön", „wie lieb die Vögel zwitschern", „wie ist doch die Luft gut" und so weiter. Carlo hatte dafür nicht das geringste Verständnis und steckte sich demonstrativ die Ohrknöpfe seines MP3-Players in die Ohren, um nicht länger den Huldigungen an die Natur lauschen zu müssen. Marion fühlte sich währenddessen äußerst unwohl vor ihm. *Sicher starrt mir dieses Möchtegern-Armani-Model ständig auf den Arsch und fragt sich, wie viele Torten ich im Laufe eines Jahres verdrücke!* Sie fühlte sich unförmig und angesichts der vorherrschenden Modelabels modemäßig im Nirvana. Ihre Sportkleidung stammte von Discountern und aus Versandhäusern. Dieses Kaufverhalten stammte noch aus der Zeit, da ihr Selbstbewusstsein in eine Erdnussschale gepasst hätte.

Die Sonne warf ihre ersten wärmenden Strahlen auf die Wanderer, die nun nach einer Stunde Gehzeit die erste Anhöhe erreichten und auf Bernies Kommando zu einer Trinkpause aufgefordert wurden. Alexandra ließ sich auf einen Wiesenvorsprung plumpsen und stöhnte bei dem Versuch, sich von dem schweren Rucksack zu befreien.

„Na, schon Verschleißerscheinungen?", höhnte Carlo in ihre Richtung.

„Kein Drandenken, guter Mann! Reden wir in zwei Stunden weiter, okay?", rief sie dem lässig an einen Baum gelehnten Widerling zu. Dieser grinste höhnisch und nahm einen kräftigen Schluck aus seiner Trinkflasche.

„Verdammt, ich schwitze jetzt schon wie ein Schwein", meuterte Leo und während er sich über die Augen wischte, stolperte er weiter. Neben Alexandra blieb er stehen. Seine Augen waren gerötet vom Luftzug und hineinlaufendem Schweiß. Ihre Blicke trafen sich.

„Deine Augen sind ganz rot – wie ein Albinohase!", diagnostizierte sie schließlich, um irgendetwas zu sagen. Dieser antwortete lethargisch: „Danke für die Aufmerksamkeit. Und du sitzt in einem Riesenhaufen Scheiße einer Albinohasengroßfamilie."

Alexandra sprang wie ein Blitz auf und blickte auf ihren Sitzplatz hinab, und tatsächlich: Unzählige braune Kügelchen verteilten sich großflächig über den Vorsprung – nur dort, wo sie eben saß, schienen sie etwas platt zu sein. „Mist ...", fluchte sie und rubbelte alibihalber an ihrem Hinterteil herum – wohl wissend, dass sie die vorhandenen braunen Flecken an ihrer weißen Short damit nicht beseitigen konnte. „Ach was soll's – es kommt mit Sicherheit noch der eine oder andere Fleck dazu, macht nix!", meinte sie heiter und rettete ihren Rucksack aus dem Hasenrevier.

Zum ersten Mal erhellte allgemeines Lachen die Truppe und nach weiteren zehn Minuten wurde wieder zum Marsch geblasen. Diesmal war Leo hinter Alexandra gereiht. Dann und wann blieb sein Blick unweigerlich – war ja in Augenhöhe – an ihrer Kehrseite hängen und er stellte fest, dass ihm dieser Anblick durchaus gefallen könnte. Auch ihre leicht muskulösen Beine ließen auf sportliche Betätigung schließen. *Gar nicht schlecht,* dachte er, als sich ihre vormals weiße Short beim Erklimmen eines Riesensteins bedenklich spannte und jede Kontur ihres Körpers preisgab. Die hasenbedingte bräunliche Kreation an ihrem Hinterteil erinnerte ihn an eine Achterbahn.

Unangenehme damit verbundene Erinnerungen stiegen auf. An seinem zehnten Geburtstag schleppte sein Patenonkel ihn in einen Vergnügungspark und den Höhepunkt dieses Besuches sollte eine Fahrt mit diesem Monsterding werden. Die ersten Minuten war er voller Vorfreude – bis der erste Abwärtsschwung ansetzte. Der Atem stockte und alle lebenserhaltenden körperlichen Tätigkeiten schienen sich plötzlich abzuschalten. Eiskalter Schweiß brach aus allen Poren und der Magen trat seine Reise durch den Körper an. Die Fischstäbchen inklusive Püree schienen sich vehement einen Weg in die Freiheit bahnen zu wollen. Tapfer schluckte und schluckte er immer wieder, bemüht, seinen Mageninhalt nicht über die Köpfe der Mitreisenden zu verteilen. Er hatte das Gefühl, dass sein Kopf auf die doppelte Größe anschwoll und sich kurz vor der Explosion befand. Verzweifelt rang er nach Sauerstoff, doch abgesehen von dem Gekreische der anderen erfüllte nichts die Luft. Dann krallte sich das Mädchen hinter ihm auch noch in seinen Haarschopf, sodass er meinte, skalpiert zu werden. Er hatte wohl ausgesehen wie diese Fratze des irren Mörders aus „Scream". Erstarrte, entgleiste Gesichtszüge in einem ins Grünliche übergehenden Weiß! Just bei dem Gedanken, gleich ohnmächtig zu werden beziehungsweise den Kampf gegen die Fischstäbchen zu verlieren, nahm der Horrortrip endlich ein erlösendes Ende. Er hing wie leblos in dem Wagen, bis sein Onkel ihn am Arm hinauszog. „Na, war das nicht toll?", fragte er ihn überschwänglich, um gleich darauf die schlimmste aller Fragen zu stellen: „Möchtest du noch mal?"

Er, alle Kraft aufbringend, seinem Onkel nicht vor die Füße zu kotzen, antwortete: „Ja, ganz toll! Aber könnten wir jetzt mal zu den Clowns rübergehen?"

Leo erschauderte noch heute bei dem Gedanken an diese Tortur. Er bemühte sich, seine Konzentration wieder auf den Weg und die sich abmühenden, strammen braunen Beine vor ihm zu lenken. *Tja, tolle Beine ... ABER ...!*

Die ersten Marschstunden verflogen wie im Flug und keiner der Teilnehmer wies ernsthafte Erschöpfungs- oder Verschleißerscheinungen auf. Zumindest fast keiner!

Marion mobilisierte in der letzten Stunde bis zum ersten Etappenziel ihre letzten Reserven. Akku leer. Ihre Beine schienen allmählich das Gewicht eines Kleinlasters zu entwickeln und ihre Lungenflügel produzierten beunruhigende Geräusche. Sie ärgerte sich, den Überredungskünsten von Bernie und Alexandra nicht widerstanden zu haben. Gleichzeitig war ihr aber auch bewusst, dass sie ihm und sich selbst etwas beweisen wollte. Sie wollte, sie MUSSTE es schaffen, hier nicht als Verliererin dazustehen, indem sie aufgab. Schon gar nicht im Beisein dieser Modepuppe Dani, die an Bernie klebte wie eine Bärenschnauze am Honig! Also hielt sie durch, presste mit Gewalt Atemzug für Atemzug in ihre ächzenden Bronchien und redete sich bei jedem Schritt ein, ihre Beine würden schweben wie eine Feder. Das einzig Positive war, dass dieser Carlo sich mittlerweile hinter Silvia geklemmt hatte. Elvira als Rückendeckung war ihr bedeutend lieber!

Auch Silvia stellte fest, dass die fehlende sportliche Betätigung in den letzten Jahren ihren Tribut forderte. Wie denn auch? Die Jungs forderten sie Tag und Nacht – und meinte Gott es mal gut mit ihr, indem er die beiden gleichzeitig schlafen ließ, erhoben entweder Oma Gertrud oder Johannes Anspruch auf ihre Aufmerksamkeit. Sie keuchte und schnaufte wie nach einem Langstreckenlauf und ihr linkes Knie machte sich mit leichtem Stechen bemerkbar. Trotzdem genoss sie die sich langsam einstellende Ruhe im Kopf. Noch an diesem Morgen zermarterten die ständig kreisenden Gedanken über ihre Situation und Zukunftsängste ihr Hirn. Nach Stunden nun stellte sie überrascht fest, dass ihr Kopf sich wie durch ein Wunder zu leeren schien ... überraschend! Toll! *Danke, Alex! Für diese tolle Idee! Du hast sehr viel Energie, Überredungskünste und Organisation aufgewendet, um mich für diese zwei Tage meiner persönlichen Hölle zu entreißen. Danke!*

Leo hatte fürchterlichen Gusto auf eine Marlboro. Lediglich das Wissen, dass er diese in Kürze auf einer gemütlichen Bank inklusive einem Bierchen genießen würde, hinderte ihn an diesem Naturfrevel.

Carlo hatte diesbezüglich keine Skrupel. Er qualmte bereits seine vierte Zigarette, sogar während des Aufstiegs. Nikotin und Teer schienen seine Leistungsfähigkeit nicht zukleistern zu können, auch nicht die Tatsache, dass er pausenlos Erzählungen über sämtliche angesagten Lokale an Silvia vor ihm zum Besten gab. Die Antworten ihrerseits waren zwar etwas knapp, da ihre Atemluft in anderen Körperregionen dringender benötigt wurde, das störte ihn aber kaum.

Bernie an der Spitze freute sich, dass alle Schäflein noch im Rennen waren. Er selbst hätte die zurückliegende Strecke in der Hälfte der Zeit bewältigt – dementsprechend unverschämt frisch und munter rief er schließlich seinem Gefolge zu: „Augen auf und nach rechts schauen – da könnt ihr bereits unser heutiges Domizil erkennen!"

„Aaaaah......!" Leo ließ sich auf die Bank vor der Hütte plumpsen, die Arme ausgebreitet, und ließ den Kopf nach hinten fallen. Gleich darauf suchte und fand eine Marlboro den Weg in seinen Mundwinkel. Marion visierte wankend die ihm gegenüberstehende Bank an und hoffte, dass ihre tonnenschweren Gehwerkzeuge es bis dahin noch schafften. Alle anderen standen am Rande des Abhanges neben der Hütte, wo ein stabiler Begrenzungszaun den begeisterten Gipfelstürmer vor einem Tritt ins Leere bewahrte.

„Meine Güte, wie schön!", murmelte Alexandra, das imposante Bergpanorama ehrfürchtig betrachtend. Alle umliegenden Berggipfel wurden von gleißendem Sonnenlicht bestrahlt und in der weit entfernten Dachsteinregion konnte man sogar Schnee erkennen. Türkisfarben glitzerte der See zu ihren Füßen und links und rechts schlängelten sich zwei weitere Seen zwischen diversen Bergketten.

„Also, ich weiß nicht, was ihr habt. Da rennt man irgendwelche Hügel rauf, um dann festzustellen, wie schön es doch da unten ist! Mumpitz! Alles, was ich hier sehe, sind unzählige Haufen Kuhscheiße und Millionen Fliegen!" Mit diesen Worten nahm Carlo die immer noch schnaufende Silvia bei der

Hand und sagte: „Komm Prinzessin, wir kaufen uns jetzt einen Schoppen!" Er zog die abgekämpfte Silvia Richtung Gastgarten hinter sich her. Alexandra staunte nicht schlecht, als sie ihre Freundin mit ihm so willig davontraben sah.

„Kommt alle, wir beziehen vor dem gemütlichen Teil unsere Schlafgemächer!", brüllte Bernie und ging zum Hütteneingang, das Gefolge im Schlepptau. Der Wirt, ein Urgewächs mit grauem Almöhi-Bart und geschätzt hundertjähriger Lederhose, begrüßte sie mit den kargen Worten: „Griaß enck." Dann drehte er sich wortlos um und ging voraus. Sie erklommen eine bedrohlich knarrende, enge Stiege und standen schließlich in einem etwas beengenden Dachraum mit zwölf Matratzen.

„Was? Sollen wir etwa am Boden liegen? Das ist ja das Allerletzte!", motzte Dani.

Alexandra, neben ihr stehend, meinte sarkastisch: „Tja, das Hilton hat wohl hier heroben keine Baugenehmigung bekommen. Aber vielleicht hat unser Herr Wirt ja eine Präsidentensuite oder Ähnliches für dich!"

Die zickige Dani war nicht wirklich nach ihrem Geschmack und sie konnte sich in solch schweren Fällen der Antipathie nur schwer beherrschen.

Mike, immer noch hocherfreut, die erste Passage ohne Höhenangst und Lassoeinsatz überstanden zu haben, setzte schmunzelnd noch einen drauf: „Du wusstest aber schon, dass dies eine Bergtour ist und kein Wellnesstrip in einen 5-Sterne-Schuppen?"

Dani schaute säuerlich aus der Wäsche, sagte aber nichts. Marion, im Hintergrund stehend, erfreute sich insgeheim an dieser Situation. Sah so aus, als ob Dani nicht gerade auf Erfolgskurs war, neue Freundschaften zu knüpfen. *Hoffentlich auch mit Bernie nicht – sieht aber leider nicht danach aus!?*

Ebendieser trat soeben neben Dani und meinte beschwichtigend: „Sieh mal, das da hinten sieht fast aus wie ein richtiges Bett und steht auch etwas abseits. Ich glaube, es hat niemand etwas dagegen, es dir zu überlassen. Ist das okay für dich?"

Dani entspannte sich ein wenig und antwortete mit einem koketten Augenaufschlag zuckersüß: „Aber nur, wenn du die Matratze neben mir beziehst! Könnte sein, dass ich mich fürchte!"

„Wird mir eine Ehre sein, Sie zu beschützen, Hoheit!", flachste Bernie und vollzog eine übertriebene Verbeugung. Marion freute sich nicht mehr.

Nachdem sich alle erfrischt und umgezogen hatten, fand man sich zum gemütlichen Alpenglühen vor der Hütte ein. Alexandra und Mike kamen als Letzte an den langen Tisch. Ausgerechnet neben Leo schien noch Platz zu sein. Alexandra wollte keinesfalls neben ihm sitzen und drehte sich Hilfe suchend nach Mike um. Dieser gab ihr jedoch nichts ahnend einen Schubs und sagte: „Rutsch rüber." Prompt kam ihr Hintern genau neben Leo zum Stillstand. Dieser sah sie kurz wortlos an, dann wandte er sich gleich wieder seinem Gegenüber Elvira zu, um weiter ihren stinklangweiligen Ausführungen über eine ihrer Studienreisen zu lauschen.

Die ersten Ladungen Bier und „Gespritzter" wurden von dem wortkargen Almöhi serviert. Jeder unterhielt sich mit jedem – mit einer Ausnahme: Alexandra und Leo vermieden es tunlichst, sich auch nur anzusehen. Beide wussten nicht, was sie einander zu sagen hätten – abgesehen von Vorwurf und Enttäuschung. Außerdem war es wesentlich angenehmer, in der sich ständig hebenden Stimmung zu versinken und das Gehirn auf Schongang zu schalten. Also entschied man, sich ebendieser einfach anzuschließen und versuchte, den Sitznachbarn bzw. Nachbarin einfach zu ignorieren. Helferlein Alkohol konnte dieses Unterfangen nur unterstützen.

Und so war es auch. Mit fortschreitender Zeit und zunehmendem Alkoholpegel machte sich auch bei Alexandra und Leo eine locker-entspannte Atmosphäre breit und die unangenehme Spannung wich etwas. Gegen 21 Uhr – die Sonne war gerade untergegangen und die letzten Tageswanderer befanden sich auf ihren Rückwegen – zog Alm-Öhi eine Mundharmonika aus seiner prähistorischen Lederhose und begann inbrünstig zu musizieren. Seine Backen blähten sich dabei bedenklich auf – soweit man das durch das graue Gestrüpp erkennen konnte. Drei deutsche Wandersmänner aus dem Schwabenland saßen am Nebentisch – sie waren die einzigen „externen" Nächtigungsgäste dieser Nacht. Sie saßen sichtlich schon länger. Zwischen kläglichen Versuchen an der österreichischen Volksliedkunst grölten sie immer wieder: „Ey Chef, haste noch eenen?"

Silvia fühlte sich so wohl wie schon lange nicht mehr. Sie schunkelte und klatschte begeistert zu Alm-Öhis Klängen. Als die Tochter des Wirtes mit einer Extrarunde Schnaps an den Tisch kam, johlte sie lauthals und schrie: „Her damit und ran an den Feind!" Alexandra freute sich, die Freundin seit Langem wieder einmal lauthals und aus vollem Herzen lachen zu sehen.

Besonders angetan von ihrem Lachen schien Carlo zu sein. Er nutzte eine kurze blasenbedingte Abwesenheit Marions, um sich neben ihr zu platzieren. Er schien fasziniert zu sein von der lustigen, temperamentvollen Blonden. „So, du bist also die beste Freundin von Alex, wie? Ich hoffe, du hast nicht die gleiche Anziehungskraft auf Pannen wie sie? Ich hoffe es jedenfalls ...!"

Silvia warf einen Blick zu Alexandra, die gerade an Mikes Nase herumdrückte. *Was tut sie da bloß schon wieder? Drückt sie ei-*

nen Pickel aus? Massiert sie seine Tränendrüsen? Macht sie eine Gewebe-untersuchung? Schmunzelnd wendete sie sich wieder Carlo zu und antwortete: „Alex mag einen Hang zu ungewöhnlichen Ereignissen haben, ist eine Extremistin und manchmal etwas exzessiv. Aber sie ist gleichzeitig der tollste Mensch, den ich kenne. Keiner sagt mir so unverblümt und direkt die Wahrheit, mit keinem kann ich so lachen und Blödsinn anstellen. Ja, und niemand ist in schlechten Zeiten in dieser Weise für mich da wie sie." Bei den letzten Worten wich die Heiterkeit für Sekunden aus ihrem Gesicht.

„Naja, wäre toll, wenn sie zu all den wunderbaren Eigenschaften auch noch in der Rubrik „Versprechen halten" punkten würde ...", meinte Carlo in Gedanken an die exorbitant hohe Reinigungsrechnung seiner Lederjacke sowie an die hundertundfünfzig Euro, die Leo in den Sand gesetzt hatte. Im wahrsten Sinne!

In einer kurzen Pause am Vormittag hatte er Leo kurz auf die Seite genommen und ihm nahegelegt, Alexandra auf jeden Fall wegen der Kohle zur Rechenschaft zu ziehen und diese einzufordern. Leo hatte die anstehende Diskussion mit einer kurzen abwertenden Handbewegung und den Worten „kein Drandenken" abgewürgt. „Wenn sie trotz unseres Wiedersehens nicht weiß, was sich gehört, soll sie mit der Kohle glücklich werden", hatte er gegrummelt und danach das nahe liegende Gebüsch anvisiert. Er hatte sich nochmals kurz umgedreht und gesagt: „Und du hältst auch die Klappe!" *Verdammt!* Er hätte sich so gefreut, Alexandra den Marsch zu blasen, und nun wurde ihm von Leo ein Maulkorb verpasst!

„Wie meinst du das? Welches Versprechen halten?", drang Silvias Stimme an sein Ohr.

„Jaja, wie meine ich das ... hm ... lassen wir das und schütten uns lieber dieses Feuerwasser in die Kehlen, damit uns morgen

Flügel wachsen über dieses ätzende Gebirge, oder was meinst du?"

Er legte den Arm um ihre Schultern und gemeinsam trällerten sie Minuten später „... auf da Oim, do gibt's koa Sünd ..."

Gegen Mitternacht meldete sich Marion als Erste zum Matratzenhorchdienst ab. Sie war müde und ertrug trotz Weichzeichner Alkohol das Gebalze von Bernie und Dani nicht mehr. Jedes Mal, wenn sich die beiden in die Augen schauten, spürte sie die fliegenden Funken förmlich wie Glut, die sich in ihr stechendes Herz brannte. Es tat weh. Zu weh, um es noch länger ertragen zu können.

Alexandra erhob sich ebenfalls – bereits leicht schwankend –, um das mittlerweile bekannte Freiluftklo auf der Rückseite der Hütte aufzusuchen. Es war mittlerweile stockdunkel. Das Holzhäuschen – kitschig wie in diesen alten Heimatfilmen mit einem Guck-Herz in der Mitte der Holztür – war etwas abseits, so weit konnte sie sich erinnern. *Aber sooo weit?* Sie stolperte minutenlang Schritt um Schritt über diverse Äste, Erdhaufen oder was auch immer da so herumlag. *Mist, was für eine Finsternis!* Plötzlich ging der nächste Schritt ins Leere, gefolgt von einem panischen Schrei. Sie kullerte einen steilen Abhang hinunter und kam schließlich irgendwie irgendwo zum Stillstand und klebte bewegungslos mit verdrehten Gliedmaßen – wie eine misshandelte Barbiepuppe – an einem Baumstumpf. Ächzend rappelte sie sich langsam auf, wobei sie ein stechender Schmerz in der linken Bauchseite zusammenzucken ließ. Irgendein Stein oder ein Ast hatte versucht, sich einen Weg in ihre Eingeweide zu bahnen. Wimmernd sank sie wieder auf den Boden. Sie sah sich um und lauschte. Sie hörte das Singen und Lachen der anderen, sehen konnte sie nach wie vor nichts. *Oje,* dachte sie in Anbetracht der Schallrichtung, *ich bin viel zu weit links gegangen!* Bei Tageslicht war alles so einfach gewesen!

Aber ich werde mir hier nicht die Blöße geben und schreie nach Hilfe, nur weil meine Blasenentleerung im Nirvana endet! Sie machte einen weiteren Versuch, sich aufzustützen, und spürte nun auch im Ellenbogen ein dumpfes Klopfen. *Egal, ich muss hier weg! Die Schmerzen muss ich mir einfach wegdenken. Los, Alex, benimm dich nun bloß nicht so mädchenhaft!*

Sich an den Stimmen orientierend, krabbelte sie auf allen vieren hangaufwärts in der Hoffnung, mit keinen Schlangen, Echsen oder sonstigen netten Kameraden der Nacht ein Tete-à-tete abhalten zu müssen. Die Handflächen und die Knie brannten wie Feuer bei jedem Bodenkontakt. „Himmel, Arsch und Zwirn! Hab ich jetzt auch noch in einen Scheißhaufen gegriffen?", schrie sie plötzlich entnervt in die Dunkelheit, während sie mit ihrer rechten Hand angeekelt herumfuchtelte.

„Hallo? Störst du hier diese nächtliche Idylle, Alex?", drang eine männliche Stimme durch das Nichts.

Super! Genau Leo muss hier herumstolpern! Nicht ausgerechnet DER!

Oben ertönte ein leises Klicken und gleich darauf war der bescheidene Schein eines Feuerzeugs zu erkennen. Alexandra duckte sich reflexartig, obwohl sie lediglich von einer Katze oder Eule ausgemacht hätte werden können.

„Was machst du da unten? Suchst du Edelweiß?"

Aha, nun auch noch Sarkasmus! Nun, das kann ich auch, du Schnösel! „Nein, ich studiere die Bodenbeschaffenheit hier! Ich überlege, hier für meinen neuen Freund Otto Murmeltier eine Ferienvilla zu errichten!", rief sie betont heiter zurück.

„Aha! Und? Wie ist das geologische Gutachten ausgefallen?", schallte es vom Berg herab.

„Nicht so gut! Zu weicher Untergrund für Betonlaster! Werde mich woanders umsehen müssen!"

„Ah ja ... na dann weiterhin viel Erfolg", tönte es lapidar herunter und anhand der Knackgeräusche folgerte sie, dass er im Begriff war zu gehen. *Der wird doch nicht wirklich einfach wegge-hen? Und mich hier zwischen Raubtieren und Scheißhaufen alleine lassen?*

„Leo? Leo!", brüllte sie.

„Jaaaaa?", kam gedehnt die Antwort.

Ihre Zunge war wie gelähmt und ihr Gehirn wollte partout keinen Sprachbefehl geben. Doch schließlich würgte sie doch folgende Worte aus dem Hals: „Äh ... könntest du mir mit dei-nem Flammenwerfer etwas entgegenkommen? Ich könnte et-was Licht für meinen Rückweg gebrauchen!" *Nein, diese Schmach! Nun bin ich tatsächlich schon wieder auf seine Hilfe angewiesen!*

Keine Antwort. Eine halbe Minute hörte sie gar nichts. Dann vernahm sie näher kommende Geräusche, Schritte, Astknacken und ein kleines flackerndes Lichtlein wurde deutlich sichtbar. Ein leise gesummtes „... und wenn du glaubst, es geht nicht mehr, kommt irgendwo ein Lichtlein her ..." löste beinahe ei-nen Schreikrampf in Alexandra aus. Aber hatte sie diesen däm-lichen Spruch nicht unlängst der armen Silvia zugemutet?

Schließlich stand Leo neben ihr. Alexandra hatte sich zwi-schenzeitlich aufgerappelt und stand nun endlich wieder auf-recht. Er leuchtete ihr ins Gesicht. „Wow! Hast du die Unter-suchung unterirdisch durchgeführt? Du siehst ja aus wie ein Bergarbeiter in den Fünfzigern!", stellte er fest.

„Danke für das Kompliment! Ich liebe den Natural-Look!", antwortete sie sarkastisch.

Er hakte sie unter und gemeinsam pflügten sie den Abhang hinauf. Das letzte Stück über einen felsigen Vorsprung ging Leo voraus, drehte sich um und streckte ihr seine Hand entge-gen. Alexandra griff mit ihrer Rechten danach und schrie im selben Moment leise auf. „Neiiin, die ist ja voller Sch...!" Das Wort erstarb in ihrem Mund. Leo zog sie zu sich nach und schließlich standen sie schnaufend nebeneinander in der Dun-

kelheit. Das Feuerzeug gab in diesem Moment den Geist auf –
Gott sei Dank erst jetzt.

Immer noch hielt er sie an der Hand fest. Minutenlang verharrten sie schweigend. Schließlich sagte er: „Ist das matschige
Etwas in unseren Händen das, wonach es sich anfühlt und
riecht?"

„Ich befürchte es", seufzte Alexandra in Anbetracht der nie-
derschmetternden Wahrscheinlichkeit. *Hat wohl keinen Sinn, irgendwas von Schoko-Mousse oder Lebkuchenteig zu plappern!??*

Leo stellte daraufhin kurz und prägnant fest: „Und somit habe ich wohl ein weiteres Mal in die Kacke gegriffen ..."

„Uuuuuh, na seht mal, welch illustres Pärchen aus den Bü-
schen gekrochen kommt!", schrie Bernie, der die beiden beim
Näherkommen als Erster erspähte.

„Es geht doch nichts über eine nächtliche Architekturex-
kursion", antwortete Leo verhalten und visierte schnurstracks
den Waschbrunnen an. Alexandra tapste ohne Kommentar
hinter ihm her. Nach ein paar Minuten kamen sie wortlos wieder. Leo platzierte sich wieder hinter sein halb volles Bierglas
und Alexandra setzte sich neben Elvira, ihm gegenüber.

„Aleeex, wie sieschtn du aus? Hascht du den Kuhstall ausch-
gemischtet? Und wiescho habt ihr euch gewaschen?" Silvia
starrte sie aus glasigen Riesenpupillen an. Dann kippte sie einen
weiteren von Alm-Öhi selbst angesetzten Nussschnaps, um
den optischen Schreck zu verkraften. „Alscho? Was war
jetscht?", hakte sie nach und fixierte ein dekoratives Grasbü-
schel inklusive grünem Riesenkäfer in Alexandras Haarschopf.
Komischerweise wurden plötzlich zwei daraus, dann sogar
drei! Sie schloss erschrocken ein paar Mal die Augen – und siehe da! Weg waren der zweite und dritte Käfer! Alles wieder in

Ordnung! Alexandra bemerkte Silvias Interesse an ihrem Haupt und griff sich an den Kopf.

„Waaah!", entfuhr es ihr, als etwas Bewegliches zwischen ihren Fingern knackte. Sie versuchte, das Individuum – ein Käfer? – nach hinten in die alpine Flora zu befördern, allerdings bewies der Käfer eine unliebsame Anhänglichkeit und klammerte sich an ihrem Finger fest. Wild fuchtelnd versuchte sie, ihren penetranten neuen Insektenfreund abzuschütteln, der eine beachtliche Größe vorzuweisen hatte.

„Igitt! Ist das eine Kakerlake?", schrie Dani entsetzt und sprang auf. Doch Freund Käfer hatte es nicht auf die hysterische Dani abgesehen, nein! Das war ihm offensichtlich zu anspruchslos. Genau in dem Moment, als Alexandras Hand beim Wedeln in Richtung Leo deutete, entschloss sich der kleine Hochalpinist, eine Flugreise anzutreten und ließ los. Währenddessen setzte Leo – scheinbar unberührt von der um ihn herum herrschenden Käfermania – gerade seelenruhig sein Glas an, um die neue „Halbe" Bier zu eröffnen. Er schloss die Augen voller Vorfreude auf den frischen, kalten Hefeguss. Das allerdings, was ihm da plötzlich gegen die Stirn knallte, hatte nichts mit seidigem Bierschaum zu tun!

„Was ...!?", stieß er erschrocken hervor und beugte sich nach vorne. Instinktiv griff er sich mit einer Hand an die Stirn. Mit der anderen hielt er den Bierkrug fest, dessen Inhalt sich durch diesen Zwischenfall leider nicht mehr ausschließlich im Glas befand. Teils üppige Spritzer breiteten sich auf seiner Hose und dem Hemd aus. Während Leo noch immer nicht wusste, in welchem Film er gerade die Hauptrolle spielte, brach das Umfeld in tosendes Gelächter aus. Nur Alexandra saß betreten da und wünschte sich inständig, Scotti würde sie doch endlich auf den Mars oder sonst wohin beamen. Das volle Ausmaß dieser Attacke wurde Leo bewusst, als er das „Wurfgeschoss" entdeckte: SEIN BIER wurde verunreinigt durch einen verzweifelt strampelnden, braunen Riesenkäfer! Er war nach dem Aufprall an Leos Kopf direkt in das Bierglas vor ihm katapultiert worden. Nun kämpfte er tapfer gegen Kohlensäureblubber und mangelnden Sauerstoff in der Schaumkrone, indem er zum wiederholten Male versuchte, an der glatten Glaswand emporzuklettern.

Carlo, dessen Lachtränen langsam versiegten, hatte sich wieder etwas gefasst und klatschte Leo gönnerhaft auf die Schulter: „Leo, mein Freund, willkommen im Klub! Nun gehörst offensichtlich auch du zum erlauchten Kreis der definierten Attentatsopfer unserer lieben Alexandra!"

Alle Blicke richteten sich auf sie. Alexandra beschloss, in die Offensive zu gehen. „Tja, lieber Carlo, da ich bei der IRA meiner Berufung als Starterroristin aus familiären Gründen nicht folgen konnte, kann ich es leider nur als Hobby ausleben! Allerdings versuche ich, die Schwere der Anschläge meinem Umfeld anzupassen! So beschränke ich mich meist auf Schüttattacken, Käferweitwerfen, Giftanschläge mittels Spaghetti al Olio, Biowaffen in Form von dreijährigen mutierten Salatgurken aus meinem Kühlschrank oder Ähnliches. Ansonsten – glaube mir – bin ich ein netter, umgänglicher und hilfsbereiter Mensch!"

Allgemeines Gelächter folgte ihrem spritzigen Selbstplädoyer, sogar Leo musste schmunzeln und erwiderte mit direktem Blick: „Mag schon sein, dass du hilfsbereit bist. Allerdings solltest du dir abgewöhnen, Menschen, die DIR helfen, anschließend zu attackieren oder zu vergessen!"

Alexandra sah ihn an, erwiderte aber nichts. Gut, er hatte ihr vorhin ein weiteres Mal geholfen, was sie ihm mit einer Käferattacke dankte. Das war für sie nachvollziehbar. Er hatte offensichtlich auch nicht vor, die kleine Hilfsaktion an die große

Glocke zu hängen, wofür sie ihm dankbar war. *Was aber meinte er bloß mit „vergessen"?*

Silvia machte einen lautstarken Aufruf für die nächste Runde und somit war das Thema zunächst passé. Alexandra nahm sich jedoch vor, dies bei passender Gelegenheit zu hinterfragen und sich Leo mal zur Brust zu nehmen. Doch zuerst nahm sie sich – wie alle anderen auch – den nächsten Weichselschnaps aus Alm-Öhis Arsenal zur Brust – und es sollte nicht der letzte werden!

Ohrenbetäubende Schnarchgeräusche hallten durch die gemütliche Almhütte. Alexandra wälzte sich zum siebzehnten Mal von links nach rechts auf der harten Matratze und bedauerte, ihre Ohrenstöpsel nicht eingepackt zu haben. Für eine Akustik der Sonderklasse sorgte der promillegestärkte Mike, der – kaum dass sein Kopf den Polster berührte – daranging, weite Teile des Amazonasgebietes abzuholzen. Bald darauf drehte Leo, neben ihm liegend, seinen beachtlichen Resonanzkörper voll auf und stimmte mit ein.

Zwei knutschenden Personen im hintersten Winkel des Schlafraumes kam dieser Höllenlärm nicht ungelegen, denn so vernahm niemand die sehr eindeutigen Nahkampfgeräusche. Bernie und Dani gingen wie selbstverständlich daran, aus den sprühenden Funken der vergangenen Stunden ein loderndes Sturmfeuer zu kreieren. Ein sogenannter Selbstläufer, wie Bernie zu sagen pflegte! Seit er Dani zum ersten Mal sah, stand für ihn von Anfang an fest, sie erobern zu müssen – und sie im besten Fall auf seine Matratze zu bekommen! Zum einen fand er ihre Geziertheit sehr interessant, zum anderen erfüllte ihre optische Erscheinung sämtliche „Must-have"-Punkte auf seiner Wunschliste! Und abgesehen davon war es schon eine kleine Weile her, dass er dem kleinen Bernie etwas Spaß gegönnt hatte. *Außerdem: Man(n) ist ja auch nur ein Mann!*

Die beiden sollten jedoch nicht die Einzigen sein, die von der anhaltenden – mittlerweile auch von der elfengleichen Elvira unterstützten – Lärmkulisse profitierten! Die wohl hochprozentigste Paarung dieser Nacht ging auf das Konto von Silvia und Carlo! Beide zusammen hätten es wahrscheinlich geschafft, eine fünfköpfige deutsche Kegeltruppe auf Mallorca promillemäßig zu schlagen!

Silvia, die generell – abgesehen von etwas Wein – kaum etwas trank, war von Alm-Öhis Schnäpsen regelrecht hingerichtet worden. Verlust der Muttersprache, Beine aus Plastilin und ein zweimal nach Entleerung verlangender Magen hatten Carlo veranlasst, sie die Treppen hinaufzutragen. Besser gesagt zu schleifen. Carlo, selbst schwer angeschlagen, mühte sich schwankend ab, Silvia nicht einem Genickbruch durch Sturz von der Stiege auszusetzen, und irgendwie schaffte er es, sie auf eine leere Matratze zu wuchten. Mangels Stehvermögen fiel er neben sie. Just in diesem Moment gab die einzige Lichtquelle des Raumes, eine jämmerliche kleine Kerze, den Geist auf und erlosch. Carlo blieb liegen und die beiden wetzten eine Zeit lang herum, bis sie schließlich in manierlicher Löffelchenstellung zum Stillstand kamen ... zumindest fürs Erste!

Der Duft von gebratenem Speck strömte durch die Hütte. Es war Punkt 8 Uhr morgens. Die vier Jungs und Marion, die rechtzeitig die Alkobremse gezogen hatten, machten sich bereits hungrig über das üppige Frühstück vom Alm-Öhi her. Bernie und Dani sahen ebenfalls sehr frisch aus, vielleicht auch beschwingt durch die nächtliche sportliche Betätigung. Leo, Mike und Alexandra saßen mit leicht geröteten Augen vor ihren Tellern und gähnten im Dreivierteltakt.

„Jetzt wird es aber wirklich Zeit, Silvia und Carlo von der Matratze zu werfen", murmelte Alexandra schmatzend und erhob sich.

„Ich komme mit, allein wirst du die beiden nicht hochbekommen", meinte Mike hilfsbereit und stand ebenfalls auf.

Silvia und Carlo schlummerten immer noch selig und eng umschlungen auf der gemeinsamen Matratze. Mike rüttelte Carlo so lange, bis dieser endlich ein gemurmeltes „Jaja, ist ja schon gut ..." zischte.

Und Alexandra hielt Silvia so lange die Nase zu, bis diese erschrocken, der Erstickung nahe, auffuhr: „Mensch Alex, willst du mich umbringen? Wir kommen ja schon!"

Die beiden rappelten sich in Sitzposition auf, wobei die wegrutschende Decke den Blick auf Carlos nackten Oberkörper freigab. Silvias BH war ziemlich verrutscht, besser gesagt erfüllte er momentan mehr den Zweck einer Halskette. Mike drehte sich sofort gentlemanlike weg.

„Komm Alex, ich glaube, die beiden sind wach!" Mit diesen Worten verließ er die Schlafkammer, gefolgt von einer irritierten Alexandra, die dieses Bild ebenfalls registriert hatte.

Silvia ließ sich noch mal zurückfallen und atmete tief durch. „Oje, wie konnte ich nur? Nur sterben ist schöner ... was ... Was?? Carlo, wieso bist du ... komplett nackt?" Ihre Augen weiteten sich erschrocken, als Carlo sich erhob und im Adamskostüm seine Kehrseite präsentierte. Er drehte sich um und sah sie fragend an. Entsetzt riss sie die Decke empor und sah an sich hinunter. „Nein! Wieso habe ich keine Unterhose an? Verdammt ... wo ist meine Unterhose, Carlo?" Die letzten Worte kreischte sie fast.

Carlo entwich ein Lächeln und schmunzelnd antwortete er: „Soweit ich mich erinnere, hast du dabei selbst Hand angelegt. Wie an so manch anderes auch ...!"

„WAS habe ich? Das kann nicht sein! Außerdem kann ich mich an gar nix erinnern! Oh Gott, haben wir etwa ...?" Sie schrie mittlerweile und starrte ihn aus knallroten, geschwollenen Augen an.

„Na hör mal, du tust ja, als ob ich dich vergewaltigt hätte! Dazu kann ich nur sagen: ICH war nicht der Einzige, der Spaß hatte!", rechtfertigte Carlo sich, ein T-Shirt überstreifend. Er beugte sich hinab, um ihr einen Kuss zu geben.

„Untersteh dich!", fauchte sie ihn an. „Rühr mich bloß nicht an, du Schuft! Du hast meinen Zustand schamlos ausgenützt! Ich würde doch niemals mit dir ... ich meine, ich kann mich nicht mal erinnern!" Dann holte sie reflexartig aus und eine saftige Ohrfeige detonierte auf seiner Backe. Carlo wich wortlos zurück und zog sich fertig an. Minutenlang sah sie ihm schweigend zu.

Schließlich sah er sie an und sagte leise: „Ich gehe jetzt runter. Komm nach, wenn du dich beruhigt hast."

Marion hatte sich entschlossen, angesichts des frisch verliebten knutschenden Paares ihren Masochismus nicht weiter zu pflegen und die Wanderung an diesem Punkt abzubrechen. Sie hatte sich bereits mit Elvira abgesprochen, die ebenfalls aufgrund hämmernder Kopfschmerzen und enormen Muskelkaters die Segel streichen wollte. Sie tat dies gerade den Anwesenden am Frühstückstisch kund, als Carlo herunterpolterte.

„Wieso das denn? Du hast dich doch wacker geschlagen und schaffst sicherlich auch die zweite Passage", ermutigte Bernie sie.

Sie sah ihn mit leicht wehmütigem Blick an und antwortete: „Das glaube ich nicht."

Alexandra hatte die Situation beobachtet und mittels weiblicher Intuition erkannte sie in diesem Moment eine offensichtlich unglücklich Verliebte. Sie hatte Mitleid mit Marion. Nichts war schlimmer, als einseitig verknallt zu sein und keine Aussicht auf Gegenliebe zu haben.

Dani zog Bernie in diesem Moment besitzergreifend an sich und meinte lapidar: „Reisende soll man nicht aufhalten, oder wie ging das?"

„Schade", sagte Bernie mit echtem Bedauern in der Stimme, „aber ihr wisst am besten, was ihr euch zutrauen könnt."

Elvira griff sich an die schmerzenden Waden und nickte eifrig.

„Ihr wollt wirklich aufgeben?", fragte Carlo, der soeben fetttriefenden Speck auf seinen Teller hievte.

„Unter anderem auch ich!", tönte es krächzend aus dem Hinterhalt. Silvia stolperte dem Tisch entgegen. Ihre Augen leuchteten in tiefem Dunkelrot, ähnlich einem Albinohasen auf Extacy, und ihr Out-of-bed-Look suchte seinesgleichen. Sie steuerte einen Platz an, der möglichst weit von Carlo entfernt war. „Ich glaube, mein Anblick entbehrt jeglicher Erklärung. Außerdem dröhnt mein Kopf wie ein Bienenstock und mein Magen schreit nach Erlösung!" Bei den letzten Worten registrierte sie angeekelt die beladenen, deftigen Frühstücksteller der Anwesenden.

Alexandra sah sie prüfend an. „Tja, wo du recht hast, hast du recht! Ist wahrscheinlich besser, als irgendwo in eine Schlucht zu purzeln!"

„Was ist das denn für ein Ehrgeiz? Wenn ich das schaffe, könnt ihr das auch!", mischte sich nun auch Mike mit müdem Blick ein.

„Nein, lass sie, Mike. Mir ist auch lieber, wir haben keine unangenehmen Zwischenfälle heute", gab nun auch Leo seinen Senf dazu beziehungsweise seinen Standpunkt preis.

Nachdem alle ihre hungrigen Mägen ausreichend mit Fett und Kohlehydraten gefüllt hatten, wurde zusammengepackt. Anschließend verabschiedeten sich Marion, Elvira und Silvia von den Weiterreisenden, wobei Silvia tunlichst versuchte, Carlo aus dem Weg zu gehen. Dieser trat ihr jedoch mutig entgegen und wollte sie umarmen. Sie wich zurück. Schließlich streckte er ihr die Hand hin. Sie ignorierte sie.

„Komm gut runter und ich würde mich freuen, wenn wir uns wiedersehen." Silvia blitzte ihn böse an, sagte aber nichts. Ihre Wege trennten sich nun.

„Also los dann, gehen wir's an!", brüllte Bernie motivierend und trabte voran. Gefolgt von Dani, Mike, Alexandra, Leo und den vier Jungs steuerte er den in gleißende Morgensonne getauchten nächsten Berggipfel an. Während die Wandertruppe nach Abklingen der Feierwehen schon bald wieder in eine fröhliche Unterhaltung verfiel, verlief der Abstieg des aufgebenden Drei-Mäderl-Hauses wie ein Stummfilm. Zu sehr war jede mit den eigenen Problemen beschäftigt. Elvira war bemüht, gegen ihre muskelkatergepeinigten Glieder und ihren hämmernden Kopf anzukämpfen, Marion gab sich ihrer Enttäuschung und dem brennenden Liebeskummer hin und Silvia forschte verzweifelt nach Erinnerungen in ihrem ausgelöschten Gedächtnis.

War die erste Passage zum mittäglichen Etappenziel noch relativ unbeschwerlich, so karg, unwirtlich und anspruchsvoll präsentierte sich der anschließende Marsch über das Höllengebirge. Teils unwegsam, mit Kletterpassagen versehen, forderte die immer steiler werdende Bergwelt seinen Bezwingern alles ab. Mittlerweile brannte die Sonne vom wolkenlosen Himmel und ließ den Schweiß in Strömen fließen. Gegen 13 Uhr verzog sich die Truppe unter einen Schatten spendenden Felsvorsprung zu einer ausgedehnten Ruhe- und Futterpause.

Alexandra ließ sich ächzend auf einen Stein fallen. Jeder Muskel machte sich nun auf unliebsame Weise bemerkbar. Leo riss sich sein triefend nasses T-Shirt vom Leib, um es gleich darauf durch ein frisches, sauberes zu ersetzen. „Ist das eine Scheißhitze! Bergführer, könntest du nicht mal ein paar Grade zurückdrehen? Oder bin ich vielleicht ein Tuareg, der bei vierzig Grad aufwärts über Stock und Stein durch die Wüste rennt?", jammerte er.

„Wäre es dir lieber, es würde ein Wolkenbruch niedergehen, Meister?", konterte Bernie.

„Na jedenfalls würde das bei einer Temperatur stattfinden, in der ich überlebensfähig bin!" Leo saugte in einem Zug seine halb volle Literflasche Wasser aus.

Mike kramte wieder einmal in seinem Riesenrucksack und stellte fest: „Kinder, bin ich stolz auf mich! Mitte des zweiten Tages und bis dato noch kein einziger Seileinsatz! Na sagt schon, dass ich toll bin!"

Bernie klopfte ihm ermunternd auf die Schulter. „Wir sind alle stolz auf dich! Sieht so aus, als hättest du deine Höhenangst gut im Griff!"

„Na davon kannst du ausgehen! Nun bleibt mir nur noch meine Angst vor Schlaflosigkeit als kleine Paranoia!"

Alexandra musste lauthals lachen in Anbetracht seiner lautstarken Schnarcheinsätze, an denen sie nun schon zweimal teilhaben durfte.

„Ihr habt vielleicht Probleme ...", grunzte Carlo schlecht gelaunt und steckte sich demonstrativ die MP3-Stöpsel in die Ohren und ließ sich von Linkin Park volldröhnen. Seine Stimmung war ohnehin seit der Früh in Schieflage – und daran war diese eigenartige Silvia mit ihrem Gezicke schuld! *Sie kann sich nicht erinnern ... Pah! So eine dämliche Ausrede! Keine Frau kann sich NICHT an mich erinnern! Das war wahrscheinlich der beste Sex ihres Lebens gewesen – und dies einzugestehen fällt ihr wohl verdammt schwer! So schwer übrigens, dass mir diese Irre gleich eine geknallt hat! Unverschämtheit!* Er war mit dieser These fürs Erste zufrieden und schob sich einen Müsliriegel in den Mund.

Nach einem weiteren Marsch von einer knappen Stunde blieb Bernie stehen und drehte sich zu seinem Gefolge um. „Ab hier müsst ihr wirklich vorsichtig sein! Teilweise ist der Pfad sehr schmal und wenn man abrutscht, geht's schon etliche Meter abwärts. Also aufpassen!"

„Alles klar, Papa! Für Unerfahrene wäre das vielleicht ein Problem, aber für uns Bergfexe? Niemals!", lachte Mike überheblich und drehte sich zu Alexandra um, die hinter ihm ging.

„Jaja, du Inkarnation des seligen Luis Trenker, das nächste Mal der Mount Everest, oder?", flachste sie.

Sie mühten sich die folgende halbe Stunde durch besagtes, unsicheres Gelände – teilweise ging der Abgrund mehr als geschätzte fünfzig Meter vom schmalen Pfad abwärts, während auf der anderen Seite eine steile Felsenwand keine Ausweichmöglichkeit bot. Gerade als sie sich im Gänsemarsch auf einer nicht ungefährlichen, schmalen Passage befanden, schrie Dani plötzlich: „Guckt mal, ist das da unten nicht eine Gämsenherde? Nein, wie herzig!"

Alle folgten der Richtung ihres ausgestreckten Armes und richteten den Blick nach unten – ausgenommen Carlo, der nun das Schlusslicht gab. „Ach nein, wie süß!", äffte er Dani nach. „Wegen ein paar Hörnerviechern so ein Gezeter! Hoffentlich müssen wir nicht jeden Käfer und jede Mücke bestaunen, die uns noch unterkommt! Mann, diese Weiber!" Sein Gemecker blieb wirkungslos, da alles verharrte und der durch irgendetwas aufgeschreckten Herde bei der Flucht zusah.

Auch Mike sah hinunter. Als die Gämsen verschwunden waren, setzte sich der Trupp automatisch wieder in Bewegung. Mike löste seinen Blick von unten erst, als Dani vor ihm bereits etliche Meter vorausgegangen war. Er folgte ihr. Plötzlich stieg eine eigenartige Hitze in ihm auf, sein Herz begann zu rasen und kalter Schweiß brach aus. Seine Beine fühlten sich plötzlich an wie Betonklötze und ließen sich keinen Zentimeter bewegen. Sein ganzer Körper schien sich zu versteifen. Er versuchte, Ruhe zu bewahren und Luft in die Lungen zu pumpen. Blitzartig stieg Erinnerung in ihm auf.

Er mit zwölf Jahren am elterlichen Hausdach, das neu eingedeckt wurde. Er befand sich am Rand des Daches. Herzklopfen. Lähmung. Angst. Gott sei Dank war sein Vater in der Nähe und erkannte sofort die Situation. Das Nächste, was er dann spürte, war ein unsanfter Griff im Genick und er wurde zurückgerissen. Er lag unter seinem Vater begraben, ein Bein über der Dachkante baumelnd. Aber er lebte. In Gedanken an dieses Erlebnis begann er zu zittern.

Alexandra näherte sich ihm von hinten und griff an seine Schulter. „Alles in Ordnung? Was ist los?"

Mike stand immer noch wie erstarrt. Adrenalin schoss in Unmengen durch die Blutbahnen. Das Herz pochte in seinen Schläfen. Plötzlich griff er voller Panik nach Alexandras Hand und vollzog eine ungelenke Beinbewegung, die seinen linken Fuß ins Bodenlose führte. Alexandra erkannte in Sekundenbruchteilen, dass sich hier eine Tragödie anbahnte, und brachte nurmehr ein unterdrücktes „Oh Gott ..." zustande. Mike verlor nun endgültig das Gleichgewicht und klammerte sich mit unmenschlicher Kraft nun mit beiden Händen an Alexandras Arm. Sie versuchte verzweifelt, irgendwo Halt zu finden. Mikes Finger gruben sich schmerzhaft in ihr Fleisch. Doch die Felswand war an dieser Stelle unerbittlich glatt. Sie spürte, wie Mikes Gewicht sie mehr und mehr mitzog. Sie stieß noch einen letzten, unterdrückten Schrei aus, bevor Mike sie mit sich in die Tiefe riss.

Leise gesprochene Wortfetzen drangen an Alexandras Ohr. Sie erkannte eine fremde männliche Stimme und gleich darauf eine vertraut klingende weibliche. Sie versuchte, die Augenlider zu heben, jedoch schienen diese eine Tonne zu wiegen. Sie blinzelte und versuchte es wieder und wieder. Schließlich schaffte sie es mit großer Mühe, sie oben zu halten. Als der anfängliche Nebel sich lichtete, erschienen drei Personen in ihrem Sichtfeld. Ein Fremder in weißem Kittel beugte sich über sie, dahinter eine blonde Frau, die sie bei näherer Betrachtung als ihre Freundin Silvia identifizierte. Neben Silvia stand noch ein großer Mann mit stechend blauen Augen und schwarzem T-Shirt, auf dem in großen Lettern „Too good to be real" prangte. *Ah ja, Leo! ... LEO? Wieso steht Leo neben mir und ich liege vor ihm??* Der Fremde in Weiß beugte sich über sie und leuchtete mit einer brutal hellen Funzel in die Augen. Abwehrend schob sie seine Hand mit der Leuchtrakete weg und grummelte grantig: „Mann, wollen Sie mich blenden?" Beim Sprechen bemerkte sie, dass sie ihre Zunge kaum bewegen konnte, und nahm einen ekelhaft chemischen Geschmack im Mund wahr.

„Was sagst du?", fragte Silvia nach und beugte sich nun auch über sie.

Offensichtlich hatte niemand ihr Gebrabbel verstanden. Betont langsam und bemüht um eine ordentliche Aussprache versuchte sie es erneut. „Wo bin ich hier?" Sie sah sich um. Die Nebel hatten sich nun endgültig verzogen und sie hatte ein klares Bild vor sich. Ein karger, kleiner weißer Raum, ein Monitor neben ihr, der ständig „Piep Piep" machte und ein schlichtes

Metallkruzifix an der kahlen Wand flößten ihr plötzlich Angst ein.

„Wie fühlen Sie sich? Können Sie mich erkennen?", fragte der Fremde, die grelle Attentäterwaffe noch immer in der Hand. Er trug eine dicke, stark verschmutzte Brille und roch stark nach Desinfektionsmittel.

„Ich fühle mich wie vom Bus überfahren. Und ja, ich sehe Sie. Was Sie allerdings mit „Erkennen" meinen, weiß ich nicht. Sollten wir eine gemeinsame Vergangenheit haben, so kann ich mich leider nicht erinnern und habe offensichtlich ein Problem." Ihre Stimme war nun kräftiger und das anfängliche Genuschel war wieder als Sprache erkennbar.

„Gott sei Dank, sie ist wieder die Alte!", jubelte Silvia froh und drückte fest ihre Hand.

Der Weißkittel ergriff das Wort: „Ich bin Doktor Gründorn und Ihr behandelnder Arzt. Sie befinden sich im Krankenhaus. Sie haben sich bei einem Absturz in den Bergen eine schwere Gehirnerschütterung, eine Kopfverletzung und diverse Prellungen zugezogen. Die vergangenen sechs Stunden waren Sie bewusstlos. Wir haben währenddessen sämtliche Untersuchungen durchgeführt und können davon ausgehen, dass Sie keine inneren Verletzungen oder bleibende Schäden zu befürchten haben. Das Einzige, was wir nun noch überprüfen müssen, ist Ihr Gedächtnis. Können Sie sich an den Unfall oder das Geschehen davor erinnern?"

Kopfverletzung? Alexandra griff sich an den Kopf und tastete über einen dicken Mullverband, der die Ausmaße eines Sturzhelmes zu haben schien. Oder eines von Pias sehenswerten Turbankreationen. Schneidender Kopfschmerz machte sich bemerkbar. Als sie den zweiten Arm heben wollte, durchzuckte stechender Schmerz ihren Oberarm. „Ja … ja, ich kann mich erinnern. Wir beobachteten ein Rudel Gämsen und blieben an einem schmalen Grat stehen. Dann hatte Mike offensichtlich ein Problem, Panikattacke oder so was, und krallte sich an mir fest. Dann sind wir abgerutscht ... ja, und dann ist Filmriss." Sie sah fragend zu Silvia.

Ihre Freundin deutete zu Leo und sagte: „Das kann Leo dir aus erster Hand erzählen – ich war ja nicht dabei."

Leo trat nun ebenfalls an ihr Bett. „Hallo, du Unglücksrabe! Also, ihr beide – Mike und du – seid circa fünfzehn Meter den Abhang runtergepurzelt und Gott sei Dank an einem Felsvorsprung gestoppt worden. Ansonsten wäre die nächste Passage ein Ticket für mindestens zwanzig Meter freien Fall gewesen. Carlo hat sofort die Bergrettung angerufen – wir hatten glücklicherweise Netz. Und währenddessen sind Bernie und ich zu euch runtergeklettert. Du bist direkt mit dem Kopf auf dem Stein aufgeschlagen und hattest eine riesige Platzwunde am Hinterkopf. Alles war voller Blut ..." Er machte eine Gedankenpause. Es fiel ihm sichtlich schwer, alles detailtreu wiederzugeben. Schließlich atmete er tief durch und fuhr fort: „Jedenfalls warst du bewusstlos und hast wie irre geblutet. Also hab ich meine Erste-Hilfe-Kenntnisse ausgegraben und mit meinem T-Shirt versucht, die Blutung zu stoppen, und gehofft, dass die Burschen mit dem Heli bald kommen. Bernie hat sich währenddessen um Mike gekümmert."

Alexandra sah ihn unverwandt an und fragte nach kurzem Schweigen ängstlich: „Was ist mit Mike?"

Der Arzt ergriff unaufgefordert das Wort. „Ihr Freund dürfte wohl vor Kurzem sein Zimmer bezogen haben – frisch eingegipst! Er hat sich einen Oberschenkelbruch zugezogen, welchen wir sofort operiert haben. Außerdem hat er eine Fraktur am Schlüsselbein und Rippenprellungen. Aber auch er hat Glück im Unglück gehabt und wird voraussichtlich wieder vollständig genesen."

Alexandra atmete erleichtert durch und lehnte sich erschöpft zurück.

„Ich darf Sie nun bitten, das Krankenzimmer zu verlassen", wandte sich der Doktor an Leo und Silvia. „Frau Pelzig braucht nun viel Ruhe."

Silvia drückte noch mal ihre Hand und sagte: „Gute Besserung, Kleine! Ich komme morgen wieder, okay? Übrigens hab ich vorhin deiner Mutter Bescheid gegeben, deine Eltern werden in Kürze hier sein!"

Oje, nun auch noch meine besorgten Eltern! Alexandra schloss kurz die Augen. Leo trat an ihr Bett und sagte aufmunternd: „Wird schon wieder! Unkraut vergeht nicht! Alles Gute!" Dann drehte er sich um und verließ gemeinsam mit Silvia das Zimmer. Dr. Gründorn fummelte an dem Piepgerät herum, zupfte an diversen Schläuchen und schickte sich an, ebenfalls den Raum zu verlassen.

„Wie lange werde ich hierbleiben müssen?", rief Alexandra ihm nach. Er drehte sich um und kam nochmals an ihr Bett.

„Das hängt ganz von Ihnen ab, Frau Pelzig! Aber in Anbetracht Ihrer guten Gesamtverfassung denke ich, dass Sie nicht viel länger als eine Woche bei uns bleiben müssen! Dies verdanken Sie allerdings nicht zuletzt Ihrem tollen Erstversorger, der bemerkenswert Erste Hilfe geleistet hat."

„Wie meinen Sie das?", fragte Alexandra.

„Nun, abgesehen davon, dass er mit allen Mitteln Ihre Kopfblutung im Zaum gehalten hat, so hat er Ihnen wahrscheinlich sogar das Leben gerettet. Er hat gesehen, dass Sie auch gebrochen haben. Also hat er Sie so gut wie möglich von dem Erbrochenen befreit, in Seitenlage gebracht und dafür gesorgt, dass Ihre Atemwege frei geblieben sind. Hätte er dies nicht gemacht, hätten Sie an dem Erbrochenen ersticken können." Alexandra sah ihn stumm an. Mit einem Augenzwinkern meinte er abschließend lächelnd: „Ich denke, besagter Herr hat sich mindestens ein fünfgängiges Galadiner verdient!" Die Tür schloss sich hinter ihm. Alexandra dachte noch lange über seine Worte nach, bevor sie in einen bleiernen Erschöpfungsschlaf fiel.

Lange währte der Frieden jedoch nicht. Unsanft wurde Alexandra aus dem Schlaf gerissen, als eine weinerliche, schrille Stimme an ihr Ohr drang und ihre Hand gequetscht wurde. „Gott, Kind! Was machst du für Sachen?"

Sie blickte in die verheulten Augen ihrer Mutter, dahinter stehend ihr Vater, der die Hände unbeholfen in den Hosentaschen vergraben hatte.

„Alles in Ordnung, Mama, Unkraut vergeht doch nicht!", versuchte sie die Situation zu entspannen.

„Lass doch deine blöden Scherze, Kind! Wie geht es dir?" Mit Muttern war angesichts der in Mullbinden gehüllten und mit Kratzern übersäten Leibesfrucht nicht zu spaßen. Offensichtlich erwartete sie nicht wirklich eine Antwort auf ihre Frage, denn hektisch begann sie an der Bettdecke herumzunesteln und äußerte ernste Bedenken über das leibliche Wohl, Betreuung und medizinische Versorgung. Ihr Vater äußerte sich kaum zu Wort – er war es auch gewöhnt, der Gattin das Wort zu überlassen.

Als die Mutter jedoch versuchte, eine Haarsträhne unter Alexandras Kopfverband zu stopfen, tauchte diese ungehalten ihre Hand weg und meinte genervt: „Mama, lass das endlich! Es geht mir gut! Und wenn ich etwas Ruhe bekomme, bin ich ein paar Tagen hier wieder raus! Also hindere bitte nicht meinen Heilprozess, ja?" Das saß!

Beleidigt trat Frau Mutter einen Schritt zurück und sagte schnippisch: „Ach so, ich behindere also deine Heilung! Na dann werden wir halt wieder gehen – ICH möchte nicht schuld sein, dass du leidest! Ich hoffe, es ist dir recht, dass wir morgen vorbeisehen – außer du wünscht das nicht!"

Alexandra stöhnte und verdrehte die Augen. „Meine Güte, nun leg doch nicht wieder alles auf die Goldwaage, ich möchte doch nur ..."

„Schon gut, Kind! Bis morgen dann!" Sprachs und schon stapfte sie Richtung Tür, ihren Mann hinter sich herziehend.

„Gute Besserung, Alexandra! Werde schnell wieder gesund!", warf ihr Vater noch schnell zurück.

Alexandra winkte ihm müde zu und WRUMMS, die Tür fiel ins Schloss. *Puh, geschafft! Und nun lasst mich biiiiiite schlafen!*

Am nächsten Tag fühlte sie sich schon wesentlich besser. Der Appetit kam zurück, und bekanntermaßen ist Hunger der beste Koch. So verschlang sie gierig den mittäglichen Kartoffelbrei mit undefinierbarer Soße und einem mickrigen Fleischklumpen. Gerade, als sie eine aufgespießte Fisole genauer betrachtete und sich nicht überwinden konnte, das gekrümmte, runzlige, grüne Etwas in den Mund zu stecken, öffnete sich die Tür. Ein Bett wurde von zwei Pflegern hereingerollt. Sie erkannte zwischen all den weißen Lagen einen ziemlich zerknautscht wirkenden Mike. Sein rechtes Bein war komplett eingegipst und hochgezurrt an einem Gestänge. Er zwang sich zu einem lockeren Ton und meinte lächelnd: „Hallo Alex! Wie geht's denn? Ich habe die Pfleger stundenlang angefleht, dass ich dich kurz besuchen darf. Ich hoffe, du willst mich überhaupt sehen!? Nachdem, was ich dir angetan habe, wäre es kein Wunder ..." Angstvoll sah er sie in Erwartung ihrer Reaktion an. Ihr Verband war am Morgen gewechselt worden und war einer etwas dezenteren Version gewichen. Die beiden Pfleger verabschiedeten sich mit den Worten: „Wir kommen in zehn Minuten wieder und dann geht's wieder eine Etage tiefer!"

Alexandra ließ die Gummifisole fallen und lächelte. „Mike! Schön, dass du mich besuchst!" Sie freute sich ehrlich. „Warum sollte ich dich nicht sehen wollen? Du kannst ja nichts dafür, du hattest Panik. Insofern wüsste ich nicht, wofür ich dich verantwortlich machen sollte! Du warst einfach sehr mitreißend!" Ihre Worte waren ehrlich gemeint. Sie hegte keinerlei Groll gegen Mike.

Dieser entspannte sich nun sichtlich und atmete tief durch. „Gott sei Dank! Ich konnte vor lauter schlechtem Gewissen kein Auge zutun. Du glaubst gar nicht, welche Vorwürfe ich mir minütlich mache."

„Na dann lass es einfach bleiben und werde schnell gesund!", konterte Alexandra lachend. „Wir haben es beide relativ gut überstanden – also freuen wir uns einfach, oder?"

Mike war sprachlos. *Was für eine Frau!*

Sie plauderten eine Weile angeregt und diskutierten den Hergang des Geschehens, als ein weiteres Mal die Tür aufging. Ein Fremder, bewaffnet mit einer überdimensionalen Kamera, und eine sehr klein geratene, ältere Frau, mit diversen Taschen bepackt, standen vor ihnen.

„Gestatten, Walter Truschnigg mein Name und dies ist meine Kollegin, Frau Hilde Meisner. Wir sind von der Presse und würden gerne ein kurzes Interview mit Ihnen betreffend Ihrem Unfall im Höllengebirge führen. Ist das für Sie in Ordnung?"

„Ist es das? Also ich habe kein Problem damit", meinte Mike und rückte sich in seinem Bett zurück. Alexandra blickte an sich hinunter. Der furchtbare Krankenhauskittel hing halblustig an ihren Schultern hinunter, da er viel zu groß war. Unter ihren Fingernägeln drängte sich noch die halbe Bergfauna und an ihr Haupt wollte sie überhaupt nicht denken! Andererseits, sie waren Unfallopfer – und solche sahen selten aus wie perfekt gestylte Unterwäschemodels in Pose!

„Warum nicht ...", ächzte sie und zog sich das ekelhafte Baumwolldings über die nackte Schulter.

Die nächsten Tage verliefen etwas ruhiger und bei beiden Unfallopfern schritt die Genesung gut voran. Nach vier Tagen erhielt Alexandra das Okay, endlich aufstehen zu dürfen. Die Schwestern und Ärzte hatten bereits große Mühe, die Aufmüpfige im Zaum zu halten, und mussten sie beinahe ans Bett fesseln.

Alexandra schwang gerade ihre Beine aus dem verhassten Bett, als Silvia freudestrahlend das Zimmer betrat. „Hallo, Medienstar! Du bist mit Foto in der Zeitung!", jubelte sie und wedelte mit der neuesten Ausgabe der hiesigen Lokalpresse.

„Oje ... mit Foto. Mir schwant Schlimmes!", rief Alexandra und riss Silvia die Zeitung aus der Hand. „Ich sehe ja aus wie eine auferstandene Mumie! Ich hätte das verbieten sollen!", schrie sie entsetzt und starrte auf die Fotos. Geistig überschlug sie die Anzahl von Menschen, die dieses Blatt lesen würden. *Mike sieht ja noch relativ gut aus, aber ich ... wie eine Wasserleiche im Pyjama!* Erst danach las sie die Schlagzeile:

PÄRCHEN IN GEBIRGE ABGESTÜRZT

Sie fluchte. „Verdammt, die haben ein Liebespaar aus uns gemacht, diese Zeitungsfritzen!", schimpfte sie. Silvia, die sich mittlerweile auf einem knarzenden Sessel niedergelassen hatte, meinte lapidar: „Na und? Ist das sooo schlimm?"

„Na hör mal! Fakt ist, dass es nicht so ist! Ich werde von denen eine Gegendarstellung fordern!" Alexandra wuchtete sich wütend aus dem Bett und griff sich gleich darauf wimmernd an den Kopf.

„Nun reg dich mal nicht künstlich auf! Ist doch nicht so tragisch! Schließlich ist nichts so schnell vergessen wie die Nachrichten von gestern, oder? Außerdem ist Mike doch ein netter

Kerl ... es hätte dir ja auch eine Affäre mit einer Bergziege – äh, Bock – angedichtet werden können!", lachte Silvia.

„Mal den Teufel nicht an die Wand", meinte Alexandra und verdrehte die Augen. Dann fragte sie: „Hat Mike das eigentlich schon gesehen?" Silvia nahm die Zeitung wieder an sich.

„Ja, ich habe vorhin bei ihm vorbeigesehen. Er hat wesentlich mehr Humor als du und fühlt sich geschmeichelt!"

„Na, schön für ihn ..."

Es klopfte. Nach einem lauten „Herein, mit wem auch immer" von Silvia betraten Carlo, Bernie und Dani den Raum. Als Silvias Blick auf Carlo fiel, bereute sie augenblicklich ihre einladenden Worte und ein grimmiger Ausdruck machte sich auf ihrem Gesicht breit. Die gute Laune war wie weggeblasen. Carlo trat auf sie zu und wollte ihr spontan einen Kuss auf die Wange drücken. Silvia jedoch drehte demonstrativ den Kopf weg. Keinem der Anwesenden blieb dies verborgen – auch Alexandra nicht.

Carlo verharrte kurz, räusperte sich und trat dann zu Alexandra ans Bett. Er drückte ihr einen kleinen Strauß gelber Rosen in die Hand. „Hallo Unglücksrabe! Wie steht's mit der Genesung? Keine bleibenden Schäden?"

Bernie drückte ihr ein Küsschen auf die Backe und quetschte ihre Hand. *Wenn Dani mich küssen will, spring ich aus dem Bett und sperr mich im Klo ein!* Dani verzog ihren Mund zu einem verunglückten Lächelversuch, kam aber Gott sei Dank nicht näher heran. Während die beiden Männer scherzend ihre Späße mit Alexandra machten und ihr natürlich auch das Thema „Liebespaar" nicht ersparten, standen Dani und Silvia wortlos in der Ecke – jede aus einem anderen Grund.

Silvia konnte die Anwesenheit von Carlo kaum ertragen. Schließlich fragte Alexandra: „Und ... wie geht es meinem Retter Leo?"

„Oh, den hält der tägliche Wahnsinn seines Jobs wieder gefangen. Aber er erwähnte, dass er wohl heute Abend kurz zu euch reinschaut", antwortete Bernie.

Alexandra stellte fest, dass sie sich irgendwie darauf freute.

Im Verlagsgebäude von NATURE PIONEER ging die Post ab. Hektisches Treiben überall – wie immer gegen Monatsende herrschte reges Treiben. Leo koordinierte, wählte Artikel aus, ließ sich Layouts vorlegen und bewältigte einen Zwölf-Stunden-Tag nach dem anderen. Heute allerdings hatte er sich fest vorgenommen, Mike im Krankenhaus zu besuchen. ... *und wenn ich schon dort bin, werde ich natürlich auch bei Alexandra vorbeischauen! Gehört sich doch!*

Er hatte sich seit dem Unglück öfters mit dem Thema Höhenangst und Panikattacken auseinandergesetzt. Gerade, als er sich einen Kinder-Pingu zwischen die Zähne schob, erinnerte er sich, dass ihm vor einiger Zeit doch so ein Gesundheitsmagazin mit dem Cover-Titel „Panik – was tun?" in die Augen gestochen war. Lag irgendwann auf seinem Posthaufen. Er rollte mit seinem Sessel zu dem Kasten in der Ecke, wo sich Türme von Magazinen und Zeitungen stapelten. Er hortete diese oft monatelang – immer mit dem festen Vorsatz, sie bei Gelegenheit zu lesen. Hatten die Stapel jedoch eine gewisse Höhe überschritten, erging an Sybille meist der Auftrag, den Altpapiercontainer aufzusuchen. Leo begann, den Stapel planlos nach besagter Broschüre zu durchforsten. *Verdammt, wieso behalte ich immer wieder diesen ganzen Mist? Komme ja doch nicht zum Lesen!* Er erhob sich, um besser suchen zu können.

Gerade, als er einen riesigen Stoß Magazine in den Armen hielt, betrat Sybille sein Büro. „Na Chef? Ausmisten angesagt? Kann ich helfen?", fragte sie kokett und schwebte mit wiegenden Hüften auf ihn zu.

„Ja, kannst du! Hier, diesen Stapel kannst du bitte gleich mal dem Altpapier zuführen!"

Mit diesen Worten wuchtete er ihr den Stapel in die Arme. Sybille, die ihre Frage eigentlich rhetorisch gemeint hatte, war in keinster Weise darauf vorbereitet und so glitt ihr dieser prompt aus den Händen. Die Magazine verteilten sich kreuz und quer auf dem Boden. „Oh, tut mir leid ...", stammelte sie und bückte sich hinunter.

Leo, mit aufkeimendem schlechten Gewissen, ging ebenfalls in die Hocke und brummelte: „Warte, ich helfe dir."

Während beide am Fußboden herumrobbten und die Zeitungen zusammensammelten, glitt plötzlich ein kleiner, weißer Umschlag aus einem der Magazine. Leo griff spontan danach, um ihn genauer zu betrachten. Sybille durchfuhr eisiger Schrecken. Blitzartig riss sie ihm den Brief aus der Hand und meinte hektisch: „Bestimmt so eine dämliche Lotteriebeilage oder ein Gewinnspiel ... ich entsorge das gleich mit!"

„Nein, warte", bestimmte Leo und entriss ihr den Brief wieder. „Auf solch anonymem Geschreibsel steht wohl kaum der persönliche Vorname, oder?" Mit diesen Worten deutete er auf die Rückseite des Briefes, auf dem mit schwungvoller Handschrift der Name „LEO" prangte.

Sybille sank auf die Fersen zurück. Sie erkannte, dass ihre Felle davonzuschwimmen schienen. Leo richtete sich auf und öffnete den Umschlag. Er entnahm verwundert zuerst zwei Hunderteuroscheine, zog anschließend einen Brief heraus und begann zu lesen. Sybille stand auf und wollte sich auf leisen Sohlen verdrücken – was angesichts ihrer Bleistiftabsätze auf Holzboden ohnehin fast einen Zirkusakt darstellte.

„Stopp!", rief Leo plötzlich.

„Jaaaa?", antwortete Sybille zögerlich und dreht sich auf dem Absatz um.

„Wie kommt dieser Brief in irgend so ein Käseblatt? Kannst du mir das erklären?"

Sybilles Gehirn ratterte unter Hochdruck an einer plausiblen Ausrede. *Was tun? Irgendeine plausible Erklärung muss her! Sofort! Wer könnte sich als Sündenbock anbieten? Sehr schwierig, da die gesamte Post und alles, was in sein Büro gelangt, ausschließlich über meinen Tisch geht! Es gibt nur einen Weg – die Offensive!* Sie stemmte die Hände in die Hüften und sah in direkt an. „Ich habe keine Ahnung, was das für ein Brief ist, Leo! Und noch weniger weiß ich, wie der irgendwo da reingerutscht ist. Aber schließlich ist niemand unfehlbar – und wenn mir hier etwas passiert sein sollte, so tut es mir echt leid!" Ein demütiger, um Verzeihung heischender Augenaufschlag rundete ihre Inszenierung perfekt ab.

Leo sah sie eine Weile an und meinte schließlich: „Naja, wie auch immer. Danke, ich brauche dich bis auf Weiteres nicht mehr – und ich möchte die nächste halbe Stunde nicht gestört werden."

Sybille zog sich wortlos zurück, innerlich kochend vor Wut.

Leo lehnte sich in seinem Sessel zurück und las bewusst jedes Wort des Inhaltes noch einmal, der offensichtlich sehr sorgsam und mit Bedacht verfasst worden war. Er las ihn ein zweites, ein drittes Mal. Schließlich legte er ihn auf den Tisch und sah aus dem Fenster. Schlechtes Gewissen kroch wie eine altersschwache Natter in ihm hoch. *Ich habe ihr Unrecht getan! Laut geschriebenem Datum ist der Brief drei Wochen nach der Rückkehr aus London geschrieben und wahrscheinlich auch abgegeben worden. Aber wie? Und bei wem? Adresse steht keine drauf – also muss sie ihn wohl persönlich abgegeben haben! Wann?* Er nahm ein viertes Mal das Schreiben in die Hand. Er war irgendwie berührt und erleichtert gleichzeitig. *Ich habe mich nicht in ihr getäuscht! Ha! Meine Menschenkenntnis hat ein weiteres Mal ins Schwarze getroffen!* Beschwingt und nun bestens gelaunt stand er auf und steckte Brief und

Geld in sein Sakko. Den Computer noch runterfahren und dann ab ins Krankenhaus. Es hatte nun absolute Priorität, dort zwei Menschen zu besuchen!

Warum kommt bloß keiner auf die glorreiche Idee, endlich für genügend Parkplatz zu sorgen? Stattdessen nehmen dämliche Büsche, Bäume und kitschige Blumenarrangements kostbaren Parkplatz weg! Leo zog die dritte Runde durch den vollgeparkten Krankenhausplatz – in der Hoffnung, irgendjemand würde endlich das Feld räumen. Da, endlich, eine Frau startete soeben ihre Konservendose, eine kleine, verbeulte Rostlaube! Nach endlosen Sekunden begann sich das Fahrzeug zu bewegen. Zurück, vorwärts, zurück, vorwärts, zurück ... *Meine Güte! Ein weiterer Fall des aussichtslosen Kampfes zwischen Parkplatz, Fahrzeug und Frau am Steuer! Warum bloß schafft das hochgepriesene Multitaskinggehirn der Frauen es nicht, räumliche Distanzen logisch zu erfassen und danach zu handeln?* Leo begann, nervös auf sein Lenkrad zu trommeln. Die junge Fahrerin, augenscheinlich noch keine zwanzig, wurde nun angesichts des wartenden Autos sichtlich nervös und begann hektisch am Lenkrad herumzukurbeln. Minuten vergingen. Schließlich platzte Leo der Kragen. Er stieg wutschnaubend aus und riss die Fahrertür der Sardinenbüchse auf. „Wunderschönen guten Tag, Lady! Kann ich helfen?"

Ein erschrockener Blick aus Furcht einflößend schwarz umrandeten Augen traf ihn. Ein riesengroßer Metallring baumelte an ihrer Nase und dessen kleine Brüder zierten ihre schmale Unterlippe.

„Mann, die Leute parken hier echt wie blöde!", schmetterte sie los. „Sieh mal, wie eng sich die an mich rangeschoben haben! Frechheit so was!"

Leo sah sich verduzt um. Auf beiden Seiten mindestens ein Meter frei, hinter ihrem Fahrzeug weit und breit nichts in Sicht.

„Diese Arschgeigen! Anzeigen müsste man die!", drang weiter Gekeife aus dem fahrbaren Fingerhut.

Leo war erschüttert über die immense mangelnde Selbsteinschätzung. Und gleichzeitig überrascht angesichts derartig geballten Selbstbewusstseins. Allerdings hatte er keine Lust, sich länger als unbedingt notwendig mit dieser Göre herumzuschlagen, und so versuchte er es mit einer neutralen und hoffentlich schnellen Vorgangsweise. „Hör mal, da wir die Umstände wohl nicht ändern können, werde ich nun für dich ausparken. Einverstanden?"

„Jaaaa ... gut", willigte sie ein und schwang sich aus dem Fahrersitz. Hektisch zündete sie sich eine Zigarette an und schimpfte weiter leise vor sich hin.

Leo hatte den Wagen in wenigen Sekunden aus der Parklücke bugsiert und machte nach dem Aussteigen eine einladende Geste zu dem mit laufendem Motor wartenden Auto.

„Alles Idioten ... wo haben die ihren Führerschein gewonnen, in der Lotterie oder was?", maulte sie immer noch, ließ sich hineinplumpsen und schlug die Autotür zu. Ohne ein Wort des Dankes brauste sie mit quietschenden Reifen davon. Er sah ihr mit offenem Mund nach – hatte er soeben eine Begegnung der dritten Art? Naja, wie auch immer – E.T. war in seinem UFO nun unterwegs zu einem hoffentlich weit entfernten Planeten.

Schnell einparken, bevor sich diese Mühe letztendlich nicht lohnt und irgendein anderer Glückspilz Nutznießer dieser Gelegenheit ist!
Mike freute sich riesig, als Leo sein Zimmer betrat. „Hast du nichts Wichtigeres zu tun, als einen armen Krüppel zu begaf-

fen? Versinkst du außerdem um diese Zeit nicht unter deinen Arbeitsbergen?", begrüßte er ihn schmunzelnd.

„Nein, gar nichts los. Und so dachte ich mir, ich schlage bei dir die Zeit etwas tot!", konterte Leo lachend und stellte einen Fresskorb mit ausgewählten Schmankerln auf den Nachttisch.

„Danke, gute Idee! Der Krankenhausfraß ist manchmal derart beschissen, dass ich mich am liebsten vor dem Essen ständig besaufen möchte! Ich freue mich jetzt schon auf ein ordentliches Bisonsteak im Chili Hell!"

„Na dann hatte ich ja die richtige Idee", meinte Leo zufrieden.

Mikes Blick fiel auf den Besuchersessel. „Ist der riesige Strauß Rosen für mich?", fragte Mike augenzwinkernd.

Leo drehte sich zu dem zugegebenerweise bombastischen Bündel – bestehend aus dreißig gelben Rosen – um, welche er beim Eintreten auf einen Stuhl gelegt hatte. „Tut mir leid Kumpel, aber solch Gestaude pflege ich nur bei Damen abzuliefern. Ich werde anschließend noch Alexandra besuchen."

„Ahaaa!?", sagte Mike gedehnt und lächelte wissend. „Alex hat mich vorhin gerade besucht. Sie kann schon wieder herumwirbeln und wird wohl in einigen Tagen entlassen. Gott sei Dank, ich hätte mir nie verziehen, wenn sie bleibende Schäden wegen meiner Attacke davongetragen hätte. Und sie trägt mir nicht das Geringste nach! Ich finde das einfach toll von ihr! Abgesehen davon wird dir der Rosengarten bei Alex gar nichts helfen oder hast du die Zeitung noch nicht gelesen? Wir beide sind ein Paar!"

„Natürlich habe ich den Artikel gelesen. Typisch Presse, verdrehen immer alles", meinte Leo und wechselte gleich darauf abrupt das Thema.

„Wie geht's dir denn? Noch Schmerzen?"

„Naja, hält sich in Grenzen. Ich bekomme noch jede Menge toller Pillen und Säfte, die mich wunderbar schlummern lassen. Und auch die grantige Oberschwester samt ihrem wuchernden Oberlippenbart erscheint mir dadurch nicht ganz so fürchterlich. Die Schmerzen im Bein haben sich ziemlich gelegt, dafür verlangt mir das gebrochene Schlüsselbein immer noch eine Extrapille ab. Jede Bewegung ist die Hölle. Und außerdem komme ich mir vor wie ein aufgehängter Wal auf einem Fischkutter! Tja, ich werde mich wohl auf einen längeren Urlaub hier einstellen müssen. Bis zu drei Wochen, meinen die Ärzte. So ein Mist!"

Die beiden plauderten noch eine Weile, bis besagte bärtige, schwergewichtige Oberschwester mit einer Kanüle hereinpolterte. „Zeit für einen Einlauf!"

Soeben hatte eine Abordnung von Kollegen aus der Agentur Alexandras Krankenzimmer verlassen. Luftballons, Blumen und Unmengen an Pralinen, Schokolade und Knabberzeug türmten sich ringsherum. Schon beim Anblick spürte Alexandra drei Kilo mehr auf den Hüften. Die Frage war nur, wie lange sie dem verlockenden Hüftgold hier drinnen widerstehen konnte! Frustessen war zwar nicht ihr Ding, aber was sollte man auch den ganzen Tag lang machen? Alle Kollegen hatten ihr versichert, wie sehr sie doch fehlen würde – auch in Anbetracht dessen, dass einige Großaufträge hereingeschneit waren. Lediglich der Kleist-Deal gestaltete sich anscheinend mehr als schwierig. Der Boss schien bei diesem für die Agentur immens wichtigen Etat ganz schön zu schwitzen.

Hoffentlich hat das nichts mit dem Pudelmassacker zu tun? Eigentlich wollte sie sich ja bei Frau Kleist noch mal persönlich entschuldigen – aber wie? Sie überlegte. *Eine Karte? Ein Brief? Nein, zu schwülstig. Ein Anruf? Wahrscheinlich würde Frau Kleist gleich auf-*

legen, wenn ein Würstchen wie ich, das noch dazu ihren Liebling nieder-
gemäht hatte, sie privat belästigen würde. Schließlich ist diese Frau Mil-
lionen schwer, Miteigentümerin und im Aufsichtsrat der Kleist-Werke!
Eine E-Mail? Was spricht dagegen? Nichts! Alexandra war spontan
begeistert von der Idee. Eine E-Mail war nicht zu persönlich
und trotzdem konnte sie alles hineinpacken! *Jawoll!* Sie griff
nach ihrem Handy, um Silvia anzurufen. Sie hatte ihr den
Wohnungsschlüssel anvertraut, um ihre Pflanzen am Leben zu
erhalten und gelegentlich das überquellende Postfach zu leeren.
Sie würde sie bitten, ihren Laptop beim nächsten Besuch mit-
zunehmen. Das erste Tuut-Zeichen ertönte, als sie ein Klopfen
vernahm. Nach ihrem „Herein" registrierte sie als Erstes einen
überdimensionalen Blumenstrauß. Schließlich schob dahinter
Leo seinen Kopf durch die Tür und begrüßte sie mit einem
lauten „Ta-ag".

Alexandra richtete sich in ihrem Bett auf. *Wenigstens habe ich*
mittlerweile etwas am Leibe, das man zu Recht – und ohne Sehstörungen
zu bekommen – Nachthemd nennen könnte! Danke, Silvia! Es tummelten sich zwar ein paar kitschige Häschen darauf, aber darüber sollte gefälligst jeder großzügig hinwegsehen! Das Einzige,
wonach sie in diesem Moment wirklich lechzte, waren gewaschene Haare. Ihre Kopfverletzung ließ es nach wie vor nicht
zu, dass Wasser und Shampoo an ihr malträtiertes Haupt
gelangten. Sie hätte sich gewünscht, jetzt nicht mit fettigen,
strähnigen Fransen im Bett zu sitzen.

„Oh, hallo! Schön, dass du vorbeischaust!"

Aus ihrem Handy quäkte ein ungeduldiges, weibliches „Hallo? Hallooo??", das sich jedoch in der Bettdecke verlor. Alexandra drückte, ohne zu antworten, die Beenden-Taste.

Leo kam näher und fragte: „Hast du zufällig noch irgendwo
einen Kübel, wo wir die Blümchen reinstecken können?"

„Blümchen ist gut! Danke für die wunderschönen Rosen!"
Alexandra war überwältigt. Dies war mit Abstand der schönste
Strauß, den sie je bekommen hatte. Sie deutete in die Ecke, wo
ein leerer, kleiner Plastikeimer stand. Eigentlich ein Kotzkübel
für alle Fälle, aber egal.

Nachdem er auch Wasser organisiert hatte, stellte er die Blü-
tenpracht neben ihr Bett auf den Boden – den einzigen noch
vorhandenen Platz. Sie beugte sich hinab und schnupperte daran. Gleichzeitig zählte sie die Blütenköpfe geistig durch. *Eigenartig, wieso schenkt er mir so einen riesigen Strauß? Und dann auch noch
Rosen? Als Genesungsmitbringsel etwas übertrieben, oder? So etwas
macht ein Mann doch nur anlässlich eines Heiratsantrages oder aber –
schlechtes Gewissen! Und Ersteres fällt definitiv weg!* Da Leo keine
Anstalten machte, etwas zu sagen, ergriff sie die Initiative.

„Eigentlich müsste ich dir so einen Strauß schenken. Dass
ich in ein paar Tagen hier rauskann, verdanke ich nicht zuletzt
dir. Man hat mir gesagt, welch tolle Erstversorgung du an mir
praktiziert hast – wer weiß, vielleicht würde ich ansonsten mein
Leben als sabbernder, auf fremde Hilfe angewiesener, geistiger
Idiot fristen? Oder wäre gleich verblutet? Ich weiß im Moment
auch nicht wirklich, wie man sich am besten bei einem Lebens-
retter bedankt – als Erstes versuche ich es einfach mit einem
großen DANKE!"

Leo zog sich einen Sessel heran und ließ sich neben ihr nieder. „Gern geschehen. Scheint ja meine Berufung seit unserer
Bekanntschaft zu sein, in brenzligen Situationen in deiner Nähe zu sein!" Er lachte. „Im Übrigen siehst du schon wieder
richtig gut aus!" Sie lachte ebenfalls, verzog aber augenblicklich
das Gesicht zu einer schmerzverzerrten Grimasse. „Dieses
verdammte Hammerwerfen in meinem Schädel! Wird mich
wohl noch eine Zeit lang verfolgen ..."

Mitleidig sah er auf sie hinab. Sein Blick glitt von ihrem blassen Gesicht abwärts und blieb an diversen bunten Hasen hängen. *Gibt es Kindernachthemden auch in Erwachsenengrößen? Hasen beim Picknick, Hasen beim Blumenpflücken, Hasen beim Durch-die-Wiese-Hoppeln, Hasen beim Drachenfliegen ... Wer lässt sich bloß solch dämliche Motive für Nachtwäsche einfallen? Ein Sadist?*

„Ja ... äh ... es gibt auch von meiner Seite etwas, wofür ich mich bedanken möchte ...", begann er schließlich.

„So?" Alexandra sah in erwartungsvoll an.

„Mir ist heute dein Brief in die Hände gerutscht – und natürlich auch das Geld." Er stockte.

Alexandra setzte sich überrascht auf. „Wieso erst heute? Und wieso – wie du so schön sagst – in die Hände gerutscht?" Sie sah ihn abwartend an. *Was hat dieser Kerl doch für tiefblaue Augen! Und gerade in diesem Moment werden sie noch eine Spur dunkler! Oder spinne ich jetzt schon?*

„Naja, wahrscheinlich habe ich ihn irgendwie übersehen und er ist irgendwo reingerutscht ... Jedenfalls ist er heute aufgetaucht. Wie hast du ihn eigentlich übermittelt?"

AHA! DAHER die üppigen gelben Rosen! Motiv also doch schlechtes Gewissen! „Als ich ihn geschrieben habe, bin ich noch am selben Tag zu deinem Verlag gefahren und habe ihn höchstpersönlich deiner Assistentin oder Sekretärin in die Hand gedrückt! Du warst nicht da und sie versprach mir, ihn dir verlässlich zu übermitteln!" Alexandra rief sich besagten Tag in Erinnerung und erinnerte sich an das abweisende Verhalten dieser aufgebrezelten Modepuppe.

„Was, du warst selber da? Und du hast ihn Sybille gegeben? Eigenartig ..." Leo dachte nach. *Wie konnte es dann passieren, dass der Brief derart verloren ging? Hatte Sybille ihn auf seinen Tisch gelegt? Hatte er ihn tatsächlich verschlampt? Geistige Umnachtung?* Er fand keinen Reim darauf. „Ich werde Sybille diesbezüglich fragen, sie wird sich bestimmt daran erinnern können! … Ich habe nicht damit … ich meine … na, jedenfalls danke!"

Alexandra war sprachlos. Sie hatte mit vielem gerechnet, aber dieser Verlauf traf sie völlig unvorbereitet. „Ja, nun … das war ja wohl selbstverständlich, dass ich meine Schulden begleiche, oder? Was ich aber nicht verstehe … ich meine … warum hast du mich nicht darauf angesprochen? Schließlich sind viele Wochen seit London vergangen! Du musstest ja denken …!" *Ja, was musste er denken? Dass sie eine windige Braut war, die sich durchs Leben schnorrte? Eine Abzockerin? War er deshalb im Gebirge so abweisend wie ein störrischer alter Ziegenbock?*

„Naja, ich war schon ziemlich enttäuscht. Da ich mich für einen selbst ernannten Meister der Menschenkenntnis halte, ging ich davon aus, dass du ein Mensch bist, der sein Wort hält. Und so wie die Dinge stehen, werde ich diesen Titel selbstherrlich auch weiterhin beanspruchen!"

„Alles klar, Meister Yoda!", konterte Alexandra, salutierte ehrfürchtig und beide brachen in Lachen aus, das wiederum im Gewimmer der Verletzten endete.

Die Zeit verging wie im Flug angesichts der angeregten Unterhaltung. Alexandra erzählte über diverse Ereignisse seit London, Leo gab seinerseits kleine Jugendanekdoten zum Besten. Sie wurden erst durch das Eintreten der Krankenschwester unterbrochen, die den Kontrollbesuch des Oberarztes ankündigte.

Leo erhob sich erschrocken und blickte auf die Uhr. „Was, schon halb acht? Da haben wir uns ja ordentlich verplappert, wie?"

„Es geht doch nichts über Kurzweiligkeit!", stellte Alexandra sachlich fest und schmunzelte.

„Ja … ja, stimmt schon! Also dann … ich wünsche dir weiterhin gute Besserung. Und solltest du etwas brauchen – wie zum

Beispiel ein Taxi nach Hause oder sonst etwas – lass es mich wissen!"

„Danke, mein Retter! Um dies einlösen zu können, hätte ich allerdings eine bescheidene Bitte: Könntest du mir noch mal deine Handynummer geben? Der Notizzettel aus London mit der Nummer hat sich leider in meiner Waschlauge aufgelöst und ich rufe ungern firmentlich an!"

„Klar doch" meinte er betont lässig und nestelte in seinem Sakko herum, auf der Suche nach Schreibbarem.

„Warte, ich habe hier was", sagte Alexandra und hielt ihm eine beschriebene Genesungskarte und einen Kugelschreiber hin. Er kritzelte seine Nummer auf die Rückseite und reichte sie ihr zurück. Dabei berührten sich ihre Finger für Sekunden.

Booaah! Was war das denn? Ein Blitzschlag? Starkstrom?

„Huch!", schrie Alexandra und zuckte zurück. Die Karte fiel zu Boden. „Was ... was ist denn nun los?", fragte Leo irritiert und wedelte mit seiner gestromten Hand. „Haben sie dir vielleicht neben Infusionen auch Strom in die Adern gepumpt?"

„Wer weiß?", antwortete Alexandra kokett und fingerte nach der Karte. Er überlegte. *Wie komme ich nun zu IHRER Nummer, ohne gleich wie ein Pubertierender mit Testosteronstau dazustehen?*

„Weißt du, es wäre eine gute Idee, wenn ich auch deine Nummer haben kann für den Fall, dass du mal wieder große Wäsche hast. Und wenn ich zu Hause mal Energieausfall habe, werde ich dich anrufen, damit du deine Finger einfach in die Steckdosen schiebst!"

„Natürlich, gute Idee!" Alexandra riss ein Stück der Glückwunschkarte ab und notierte ihre Handynummer. Er deponierte sie in derselben Tasche, in der sich schon ihr Brief befand.

„Gut, dann also bis zum nächsten Mal! Mach's gut, Miss Hunderttausend-Volt!"

Sie winkte ihm nach. Sie fühlte sich gut. Sollten sie sich wiedersehen, würden sie nun beide keine Veranlassung mehr haben, sich gegenseitig für unzuverlässig, oberflächlich, präpotent oder für verstockte Bergziegen halten zu müssen! Alexandra betrachtete die Rosen zu ihren Füßen. *Es gibt eigentlich keinen Grund mehr, ihn nicht zu mögen, oder?*

Am nächsten Tag erschien Silvia völlig abgehetzt, ihre beiden Jungs im Schlepptau, zur Mittagszeit. Alexandra würgte und kaute gerade an einem Stück Ledersohle, genannt Rindfleisch, und machte sich ernsthaft Sorgen um ihre Kiefer. Mit den Worten „Ich kann leider nicht lange bleiben, meine Mutter strebt gerade eine Karriere als „Darth Vader" an und wird für eine Stunde von meiner Nachbarin hoffentlich im Zaum gehalten!" wuchtete sie den Laptop auf den Esstisch neben die ausladende Schüssel matschigen Salates. „Mmmh, sieht ja lecker aus – hat das vorher schon einer gegessen?", stellte sie fest. In der Schale lieferten sich ein paar dünne Krautfäden mit einigen verblassten Karottenscheiben ein heißes Match. In dem wässrigen Dressing schwammen ein paar schwarze Punkte. Man konnte nur hoffen, dass es sich dabei um irgendein Gewürz handelte und nicht um ersoffene Obstfliegen.

Der Ältere, Max, starrte neugierig in Alexandras Teller und deutete mit dem Zeigefinger auf ein Gebilde nahe am Rand. „Tante Alex, ist das da eine Schnecke? Hab ich in meinem Bilderbuch schon mal gesehen!"

„Lass das! Verdirb Tante Alex doch nicht den Appetit! Natürlich ist das keine Schnecke", maßregelte Silvia sofort ihren Spross.

„Nun, ich hoffe, dass es sich hierbei lediglich um eine verbrannte Spiralnudel handelt ... aber wissen tu ich es auch nicht!", lachte Alexandra. Ihr ohnehin schwacher Appetit war nun völlig verebbt. „Danke für den Laptop. Ist daheim alles in Ordnung? Und was war das mit „Darth Vader?""

Silvia stöhnte. „Tja, meine Mutter ist in der Mission „Rettet die Welt" unterwegs. Sie stülpt sich jede greifbare Rührschüssel, Kübel oder großen Topf über den Kopf und versucht mit den Bambusstöcken aus meinen Kübelpflanzen die Welt gegen böse Aliens zu verteidigen. Wobei die „bösen Aliens" als Briefträger, der Nachbarin und dem armen Hund vom Paketdienst in Erscheinung treten. Vor Kurzem war doch die „Star Wars"-Trilogie im Fernsehen! Ich weiß langsam echt nicht mehr, welche Filme ihr noch zuzumuten sind! Demnächst werde ich sie auf Kinderkanalkost setzen müssen ...!"

„Oje, du Arme!", bedauerte Alexandra ihre Freundin. „Und sonst? Mal wieder was von deinem Ex gehört?" Silvia warf einen Blick auf ihre Söhne, die sich gerade vertieft an einer Packung Schokokekse in der Ecke zu schaffen machten. Als sie sicher war, dass sie dem Gespräch nicht folgten, legte sie los:

„Pah! Der vergnügt sich gerade mit seiner Flamme am Gardasee. Ich habe ihn gestern angerufen, weil ich wissen wollte, wann er die Jungs mal wieder besucht, aber der Herr ist ja soooooo beschäftigt! Ich glaube mittlerweile, der will von seinen Kindern gar nichts mehr wissen! Die vereinbarten Überweisungsbeträge trudeln auch immer später ein. Wenn das so weitergeht, werde ich einen Anwalt konsultieren müssen! Ich komme so echt nicht mehr über die Runden! Scheiß Männer!"

„Apropos scheiß Männer: Was ist eigentlich zwischen dir und dem schönen Carlo auf der Hütte genau passiert?", hakte Alexandra neugierig ein.

Silvia tobte: „Du kannst dir gar nicht vorstellen, wie froh ich wäre, das auch zu wissen! Fakt ist, ich hatte einen Filmriss! Fakt ist auch, dass wir offensichtlich ... na ja, Sex hatten! Dieser Kerl hat die Situation und meine Unzurechnungsfähigkeit einfach schamlos ausgenutzt! Und dann meinte der auch noch, dass es mir ja auch gefallen hätte! Ich solle nicht so tun, als ob er mich vergewaltigt hat – kannst du dir das vorstellen?" Allein die Erinnerung an das Gespräch ließ Silvia vor Zorn schnauben.

„Hm ... und was wäre, wenn es dir gefallen hat? Immerhin, du kannst dich nicht erinnern! Ich meine, wir waren alle ziemlich besoffen – ihr zwei aber sicher am allermeisten! Du weißt, dass ich Carlo nicht zu meinen Intimfreunden zähle, aber ich bin relativ sicher, dass er es nicht nötig hat, irgendwas zu erzwingen!", gab Alexandra zu bedenken.

Silvia sah sie entsetzt an: „Was, du verteidigst diesen Wüstling auch noch? Und das, nachdem der dich so scheiße behandelt?"

„Das eine hat mit dem anderen nichts zu tun, Silvia! Ich versuche nur, objektiv zu sein! Und ich könnte mir vorstellen, dass wir anderen in dem Matratzenlager munter geworden wären, wenn es bei euch zu tätlichen Auseinandersetzungen oder gar zum Kampf gekommen wäre! Warum stellst du dich nicht einfach der Tatsache, dass nun auch DU schlicht und ergreifend einen One-Night-Stand hattest – und gut ist's? Wann hattest du bitte das letzte Mal Sex? Ist doch natürlich! Und an deinem Blackout ist doch nun wirklich nicht Carlo schuld, oder?" Alexandra begann, etwas sauer zu werden. *Tja, Frau Sauberfrau! Ist wohl nicht so leicht zu verdauen, dem wandelnden Klon von Julio Iglesias zu erliegen!*

„Naja, vielleicht hast du ja nicht ganz unrecht ... wahrscheinlich muss ich mich einfach an den ersten „ONS" meines Lebens gewöhnen", lenkte Silvia friedfertig ein. „Ich frage mich allerdings noch heute, wieso ich mich ausgerechnet von diesem Gigolo habe einwickeln lassen! Der ist eigentlich genau der Typ Mann, zu dem ich auf zehn Meter Abstand halte! Gut, es war ganz amüsant und nett mit ihm – soweit ich mich erinnern kann – und bei seinem Charme und den schwarzen Glutaugen schmelzen die Damen bestimmt reihenweise dahin – aber doch nicht ICH!"

Aha, das ist also definitiv des Pudels Kern! Silvia fühlt sich in ihren Prinzipien erschüttert! Alexandra lächelte milde und meinte nur: „Dann vergiss es doch einfach und mach dir deswegen nicht auch noch das Leben schwer."

Silvia atmete tief durch. „Ja, du hast völlig recht – abhaken und vergessen! Jawoll! Kommt Jungs, wir müssen wieder los! Und futtert doch nicht Alexandras gesamten Süßigkeitenvorrat auf!" Sie packte die beiden Schokomünder an der Hand. „Bis bald dann! Gib Bescheid, wenn du irgendwas brauchst, okay?" Und weg waren sie. Zurückgeblieben waren nur unzählige, zerknüllte Schokoladenpapierchen am Boden.

Alexandra blickte aus dem Fenster. Der August verabschiedete sich mit einem wunderschönen Sonnentag, der sich dem Ende neigte. *Was nun?* Sie griff sich die Fernsehzeitung. *Oh nein, wie trostlos!* Unzählige Dokusoaps über Auswanderer, Pleitiers, Fettsüchtige, Drogenabhängige oder Geburten!

Sie erinnerte sich an einen Fernsehabend mit Silvia. Diese wollte sich unbedingt eine Episode der Serie „Hilfe, ich werde Mama" einverleiben. Mit Schaudern erinnerte sie sich an die detailliert wiedergegebene Geburt von Zwillingen, wobei der Kameramann sein Stativ wohl im Geburtskanal der werdenden Mutter positioniert haben dürfte. Unmengen von Blut schwappten über den Bildschirm. Die zum Platzen aufgeblähte Mama in spe brüllte wie am Spieß und bohrte ihre Fingernägel in den Oberschenkel des bleichen und schwitzenden Erzeugers ihrer Leibesfrucht, der durch den Schmerz noch mehr schwitzte. Nach endlosen Minuten – die in der Realität wohl Stunden waren – flutschte endlich ein bläulichrotes, verschrumpeltes, schreiendes Bündel in die Hände einer blutbespritzten Vermummten in Grün. *Quentin Tarantino hätte seine Freude an diesem Gemetzel gehabt! Vielleicht hat er sich gar seine Inspiration für Kill Bill von einer Geburtsdoku geholt?* Alexandra hatte keine Lust auf Horror am Abend. *Was dann?* Die zehnte Wiederholung von „Dirty Dancing"? *Nein, nur das nicht!* Der Hüftenschwinger, der mit „Gao Gao" eine Minderjährige verführte, war schon damals im Kino bei ihr gefloppt! Hätte sie damals nicht ständig die dreiundsiebzig tastenden Hände ihres Begleiters, der unsterblich in sie verknallt war, abwehren müssen, wäre sie wohl schon nach der ersten Viertelstunde eingeschlafen! *Was noch?* Ein Bericht über enteignete rumänische Obstbauern, eine Fußballübertragung, eine Sketchparade mit abgehalfterten Comedians oder ein Schwarz-Weiß-Film aus dem Jahre 1961 über irgendein Mariandl aus irgendeinem Land. *Nein!* Sie warf die Zeitung auf den überquellenden Nachttisch und kuschelte sich in ihren Polster. Da fiel ihr Blick auf ihr Notebook.

Natürlich! Die E-Mail an Frau Kleist! Ich wollte ja ein paar nette Zeilen an die Hundewitwe schreiben! Sie hievte sich aus dem Bett, holte das Gerät und fuhr die Bettlehne in Aufrechtposition. Sie dachte nach. *Wie beginnen?* Die Minuten verstrichen und ein gelungener Anfang schien sich nicht einstellen zu wollen. *Was denn, nun auch noch eine Schreibblockade?* Schließlich begann sie einfach draufloszutippen und begann mit den Worten: „Liebe Frau Kleist, es würde mir sehr viel bedeuten, wenn Sie sich Ihre wertvolle Zeit nehmen würden, die folgenden Zeilen zu lesen ..." Plötzlich schienen die Wörter nur so aus ihren Fingern zu sprudeln und bald darauf hatte sie einen Brief verfasst, der sich ihres Erachtens nach sehen lassen konnte. Alexandra las ihr Schreiben nochmals mit Bedacht durch: *Mitgefühl, Bedauern, Trauer und beste Wünsche zum Schluss – jawoll, da ist alles Nötige drin!* Sie war zufrieden. Aus der Schublade holte sie ein gelbes Post-it heraus, auf dem mit krakeliger Schrift die persönliche E-Mail-Adresse von Frau Kleist stand. Sie hatte den rotznasigen Praktikanten Robert Windlinger mit der ehrenvollen Aufgabe bedacht, ihr diese auf dem „kleinen Dienstweg" zu besorgen, was er auch brav gemacht hatte. Als sie die Adresse eingetippt hatte, überkam sie kurzfristig Muffensausen. *Soll ich das wirklich abschicken?* Der Cursor schwebte über dem „Senden"-Button. *Ach verdammt, sei kein Frosch!* Sie atmete durch. *Gesendet!*

Die beiden Verunglückten erholten sich gut und schließlich nahte der heiß ersehnte Entlassungstag von Alexandra. Es war ein Dienstagvormittag und Dr. Gründorn befreite ihren Kopf soeben von meterlangen Mullbahnen. Zufrieden betrachtete er ihr Haupt und diagnostizierte: „Ah ja, sehr schön. Frau Pelzig, ihre Wunden sind tadellos verheilt und die Prellungen abgeklungen. Abgesehen von eventuellen Kopfschmerzen in den kommenden Wochen sind Sie so gut wie neu! Noch ein paar Tage Ruhe zu Hause und Sie können wieder Bäume ausreißen!"

Die Schwester, die ihm zur Hand gegangen war, sammelte die Überreste des Verbands zusammen und meinte: „Sollen wir ein Taxi für Sie rufen? Oder holt Sie jemand ab?"

„Danke", antwortete Alexandra, „ich werde nachher meine Freundin anrufen."

Eine knappe Stunde später saß Alexandra an Mikes Bett. Sein eingegipstes Bein hing immer noch wie ein Räucherschinken an einem Gestell und er sah blass aus. Dunkle Augenringe untermalten seine dunklen Augen, was seinen Untot-Look noch mehr unterstrich.

„Die Schnarcherei von meinem Bettnachbarn macht mich wahnsinnig!", sagte er mit einem finsteren Blick auf die im Moment leere Schlafstätte neben ihm. Der von einem Gerüst gefallene Bauarbeiter Ignaz gab sich wohl momentan seinem Nikotinzwang hin, denn er war Kettenraucher.

„Naja, ich möchte nicht euren Schnarchorgien des nächtens beiwohnen müssen! Aber bald hast du's ja auch überstanden. Noch ein paar Wochen ...", meinte Alexandra aufmunternd.

„Ja, noch ein paar endlos lange Wochen", stöhnte Mike und griff nach ihrer Hand. „Ich finde es echt toll, dass du mich so oft besucht hast, Alex. Du wirst mir echt fehlen!" Mike wandte sein Gesicht ab und starrte ins Leere.

Der wird doch nicht ... nicht anfangen zu weinen? „Na na! Was soll denn das? So hast du wenigstens genügend Zeit, dir ein fulminantes Fünf-Gänge-Menü einfallen zu lassen, auf das du mich letztens eingeladen hast! Und vergiss nicht: selfmade! Ich werde die Tage zählen!", scherzte Alexandra.

„Selbstverständlich! Ich werde dich nach Strich und Faden mit meiner Kochkunst verführen! Mach dich auf was gefasst", entgegnete Mike, nun wieder ein Lächeln auf seinen ausgedörrten Lippen.

Gott sei Dank, er weint nicht!

„Ich hoffe nur, mein Geschmackssinn wurde bis dahin nicht völlig von diesem Fließbandfraß hier ruiniert!"

Alexandra drückte seine Hand. „Das schaffen die nicht!"

„Wann wirst du abgeholt?", fragte er.

Alexandra blickte auf ihr stummes Handy. „Eigentlich hätte Silvia sich schon längst melden sollen. Mein Köfferchen ist gepackt und ich habe Kopfschmerzrationen für die nächsten zehn Jahre mitbekommen. Ich hoffe, ich brauche sie nicht!"

„Und das alles wegen mir und meiner Paranoia ...", ächzte Mike zum wiederholten Male.

„Nun hör aber endlich auf mit dieser Gewissensplagerei! Ich habe es ja überlebt und außerdem: Was einen nicht umbringt, macht einen nur hart!", schimpfte Alexandra.

Mike sah sie wortlos an. Mit dem rechten Zeigefinger bedeutete er ihr näher zu kommen. Sie beugte sich über ihn und überraschenderweise drückte er ihr einen langen Kuss auf die Backe. Verlegen richtete sie sich wie von der Tarantel gestochen wieder auf. *Themenwechsel! Schnell!* „Äh ... ich rufe besser noch mal bei Silvia an – damit sie mich nicht vergisst ...“

In diesem Augenblick öffnete sich die Tür und Leo trat ein. „Oha, unser Unglückspärchen, glücklich vereint!“

Alexandra drehte sich erschrocken um. „Ja ... äh ... ich habe mich gerade von Mike verabschiedet.“ Sie hielt ihr Handy ans Ohr gepresst und lauschte dem Tuten. Wieder die Mailbox. „Verdammt, wo ist sie nur?“

„Was ist los?“, fragte Leo.

Mike wetzte sich unglücklich in seinem Bett herum. „Silvia sollte Alexandra abholen. Wenn sie nicht rangeht, könntest du sie ja heimfahren, oder?“, schlug er – an Leo gewandt – vor.

Alexandra hob abwehrend die Hand. „Nein, das ist sicher nicht notwendig. Sie wird schon mal rangehen.“ Sie drückte die Wiederwahltaste. Wieder Mailbox.

„Na komm, wir holen deine Sachen und ich fahre dich nach Hause“, sagte Leo bestimmt und hakte sie am Arm unter. Anstandslos ließ Alexandra sich von ihm mitziehen. Hatte ja wohl wirklich keinen Sinn, auf Silvia zu warten.

„Tschüss, Mike! Alles Gute und bis bald!“

Dieser hob die Hand zum Gruß. „Mach's gut, Alex“, hauchte er leise und blickte noch lange auf die geschlossene Tür.

Leo trug den Koffer in der Linken, am rechten Arm schlurfte Alexandra eingehakt neben ihm her. Sie steuerten den dunkelgrauen Audi auf dem Kurzzeit-Besucherparkplatz an. Leo verstaute den Koffer im Gepäckraum und öffnete die Beifahrertür für Alexandra. „Bitte sehr", machte er eine einladende Geste. Sie ließ sich in den weichen Ledersitz fallen.

Meine Güte, hier kann man ja von der Konsole essen! Alles blitzeblank – kein Fussel, kein Krümel oder Kaugummipapierchen verunstaltete diesen Raum der sterilen Reinlichkeit. Plötzlich überfiel sie Panik. *Meine Wohnung! Herrje, es wird aussehen wie in einer Staubhöhle! Welke Blumenblätter, tote Käfer und Spinnennetze werden sich türmen!* Und dieser Kavalier würde sie bestimmt in die Wohnung geleiten!

„Wohin?", unterbrach Leo ihre Gedanken. Sie nannte ihre Adresse und er antwortete: „Kenne ich, mein Bruder wohnt ganz in der Nähe!"

Sie fuhren los und nach knappen fünfzehn Minuten durch den vormittäglichen Stadtverkehr parkte er vor ihrem Mietshaus. Alexandra löste nervös den Sicherheitsgurt, der wie aus der Pistole geschossen gegen die Fensterscheibe knallte. Erschrocken sah sie Leo an und murmelte ein leises „Sorry". *Das fehlte noch, dass ich ihm auch noch die Fensterscheibe einschlage!* Leo warf einen kurzen Blick auf das Glas und sie vernahm sein lang gezogenes Aufatmen, als er feststellte, dass die Einrastschnalle keine sichtlichen Schäden am Fensterglas hinterlassen hatte. *Schnell raus hier! Bevor ich ihm noch mit den kaputten Fingernägeln das Leder zerschabe ...* Sie drückte die Tür auf und wuchtete sich aus dem tiefen Sitz. Dabei überschätzte sie ihre Kraft und ihre Beine sackten weg. Reflexartig klammerte sie sich an dem Seitenspiegel des daneben parkenden Autos – eine nagelneue, schwarze Limousine – fest. Dieser schien ihrem Ansturm nicht gewachsen zu sein. Er ächzte bedenklich unter der Last und begann dann langsam, sich aus der Halterung zu bewegen.

„So warte doch", rief Leo und stürmte um das Auto herum. Er hievte die an dem sich immer mehr nach unten neigenden Spiegel hängende Alexandra hoch und rief: „Lass los!" Sie hing wie eine Gummipuppe in seinen Armen und fand schließlich zu ihrer Standfestigkeit zurück.

„Danke, geht schon wieder", murmelte sie. Beide betrachteten den lädierten Spiegel. „Ich kenne diesen Wagen nicht", stellte sie lapidar fest. „Bestimmt ein Besucher."

Leo umrundete seinen Audi und holte einen kleinen Notizblock und Kuli aus der Konsole. „Schreib deinen Namen und Adresse auf. Wir klemmen den Zettel hinter die Scheibenwischer. Ansonsten bist du auch noch wegen Fahrerflucht – oder besser gesagt Gehflucht – dran!"

Alexandra kritzelte fluchend ihre Daten auf das Papier und schob es unter einen Scheibenwischerarm. „Willkommen zu Hause", grummelte sie zynisch.

Leo konnte sich plötzlich ein Grinsen nicht verkneifen. „Langweilig wird es mit dir definitiv nicht", meinte er lachend und entriegelte den Kofferraum.

Alexandra schloss mit bangem Gefühl die Wohnungstür auf. Hinter ihr stand abwartend Leo. *Lieber Gott, lass das Chaos nur halb so schlimm sein, wie ich es erwarte!* Sie stieß die Tür auf. Der Boden der Diele erstrahlte in frischem Glanz. An der Garderobe reihte sich ordentlich eine Jacke nach der anderen. Alexandra ging hindurch und öffnete die Tür in den Wohnraum. Dasselbe Bild. Auf dem blitzeblank gebohnerten Parkettboden zog ein strahlend weißer Teppich die volle Aufmerksamkeit auf sich. Den Glastisch darauf zierte eine Vase mit üppigen frischen gelben Rosen. Nirgends auch nur der Hauch einer Staubschicht – ganz zu schweigen von toten herumliegenden Insektenkadavern! In Gedanken sandte sie ein inbrünstiges *„DANKE"* an Silvia. Deren Aktivitäten hatten sich offensichtlich nicht nur auf die Lebenserhaltung der prächtig gedeihenden Topfpflanzen beschränkt.

Sie hatte Leo für einen Moment völlig vergessen, bis dieser sich mit einem Räuspern hinter ihr bemerkbar machte. „Wohin soll der Koffer?"

„Oh, am besten ins Bad damit. Morgen werde ich die Waschmaschine füttern müssen", antwortete sie und öffnete die Badtür. Sie konnte sich nicht erinnern, ihre Fliesen jemals so glänzen gesehen zu haben. Waren die schon immer weiß? Die Handtücher stapelten sich ordentlich auf dem Schrank und die sonst chaotisch verstreuten Tuben und Tiegelchen standen in Reih und Glied am Waschtisch. *Meine Güte, Silvia muss Stunden über Stunden für diese Generalüberholung aufgebracht haben!*

Leo drängte sich an ihr vorbei und stellte den Koffer vor der Waschmaschine ab. „Darf ich mir die Hände waschen?", fragte er.

„Natürlich!", antwortete Alexandra, die nun ihre Selbstsicherheit wiedererlangt hatte und sich mit Stolz geschwellter Brust lässig an den Türrahmen lehnte.

Leo drehte den Wasserhahn auf. Während er die Seife verteilte, fiel sein Blick auf die Unmengen an Tiegeln. Alexandra registrierte dies und verfluchte in diesem Moment ihre Entscheidung, diese Utensilien nicht hinter einer Schranktür deponiert zu haben. *Muss der unbedingt mitbekommen, dass ich mir Antifaltencreme unter die Augen schmiere? Und meine Oberschenkel mit hautstraffenden Lotionen gegen Cellulitis einsalbe? Und … oh Gott!* Dazwischen stand eine halb leere Packung Kondome! *Warum habe ich die bloß nie entsorgt? Das Ablaufdatum muss ohnehin schon lange überschritten sein! Was denkt Leo sich wohl? Dass ich eine vorzeitig alternde Männerfresserin bin?*

„Äh … meine Mutter hat ein paar Tage hier gewohnt, um alles in Schuss zu halten. Sie hat wohl ein paar Dinge hier vergessen …", startete sie einen Versuch der Selbstrettung.

Leo nickte kommentarlos. Und mit Seitenblick auf die Kondome meinte er: „Deine Mutter scheint ja in jeder Hinsicht sehr aktiv zu sein!"

Erwischt! Das ging klassisch in die Hose! Alexandra beschloss, das Thema zu wechseln und fragte: „Musst du gleich wieder fahren?" Und in Anbetracht der Tatsache, dass ihre Wohnung wohl niemals wieder so toll aussehen würde, fuhr sie mutig fort: „Ich würde mich gerne mit einem Gläschen Rotwein für deine Taxidienste bedanken!"

Leo überlegte kurz. Eigentlich hatte er vorgehabt, noch mal ins Büro zu fahren. Andererseits, den Stapel auf seinem Schreibtisch konnte er sich auch morgen früh vornehmen. „Gerne. Wenn du nicht zu müde bist?"

„Nein, ich bin fit wie ein Turnschuh!", lachte Alexandra übermütig und bugsierte ihn zu der fusselfreien, gesaugten Couch. „Außerdem leide ich unter schwerem Alkoholentzug und mein Magen benötigt nach dem Krankenhausfraß sowieso eine Desinfizierung!"

„Na dann betrachten wir das als medizinischen Notfall", erklärte Leo und machte es sich bequem.

Alexandra fand zu der Flasche Rotwein sogar noch ein paar Kräcker und Erdnüsse, und so stand einem gemütlichen Abend nichts im Wege. Gegen 23 Uhr verließ er ihre Wohnung – in bester Laune und jeder Menge Wein intus.

Marion betrat mit frisch geföhnter, offener Rotmähne und in einer neuen Jeans – in Größe 42 – ein paar Stunden später mit ihrer Sporttasche in der Rechten Bernies Studio. Sie hatte sich bewusst etwas zurechtgemacht und sogar Augen-Make-up aufgelegt, was ihre Augen noch violetter strahlen ließ. War zwar dämlich in Anbetracht der Tatsache, dass der demnächst strömende Schweiß ohnehin alles mit sich reißen würde, aber das war ihr schnurz. Ihr Herz tuckerte wie ein Rasenmäher vorm Absterben. Es schien nicht viel los zu sein – noch immer herrschte wegen des heißen Sommers ziemliche Flaute. Bernie, gerade seinen Tresen säubernd, sah hoch. „Oh hallo! Schön, dass du mal wieder vorbeischaust!" Er freute sich wirklich, sie zu sehen.

Sie spürte seinen musternden Blick und stemmte selbstbewusst die Arme an die Hüfte. „Hatte einiges zu erledigen", sagte sie keck und bemühte sich, seinem Blick standzuhalten.

„Ah ja! Und? Alles erledigt jetzt?", lächelte er sie an. Ihre Knie verwandelten sich in Wackelpudding.

Meine Güte, diese Augen! Schau weg, sofort! Sie klammerte sich gerade stützend an die Edelstahlstange entlang des Tresens, als eine schrille blonde Vision in Knallgelb um die Ecke bog.

„Hase, ich bin ja so was von fertig!" Sie atmete stöhnend aus. Nun erst registrierte sie Marion. „Oh, ... äh ... Marion, nicht?" Sie hängte sich demonstrativ an Bernies Arm und glotzte sie hochnäsig an.

„Hallo", antwortete diese kurz. *Diese dämliche Prinzessin auf der Erbse!*

Dani plapperte ohne Pause auf ihren „Hasen" ein, ohne Luft zu holen, und würdigte Marion keines weiteren Blickes oder Wortes. Bernie machte dazwischen einen kurzen Versuch, ein paar Worte an sie zu richten, jedoch positionierte Dani sich sofort wie eine Kinoleinwand vor ihm und nahm jede Möglichkeit eines Gespräches vorneweg. Schließlich griff Marion wortlos nach ihrer Tasche und trollte sich zu den Umkleidekabinen.

Was findet Bernie bloß an dieser oberflächlichen Nörgelliese? Abgesehen von einem ordentlichen Fahrgestell und jeder Menge Blond am Kopf? Sind wirklich alle Männer dermaßen einschlägig? Enttäuscht und mutlos schwang sie sich auf das Laufband zum Aufwärmen.

Der erste Arbeitstag! Endlich!

Alexandra hatte bereits alle Kollegen sowie den Chef begrüßt und alle auf sie einprasselnden Fragen ausführlich und geduldig beantwortet. Nach einem kurzen Update des Abteilungsleiters machte sie sich als Erstes über alle ungelesenen E-Mails her. Die letzte Woche im Krankenstand hatte sie ihren Laptop nicht mehr aktiviert. Als sie auf „Eingang" klickte, stöhnte sie: „Fünfundsiebzig ungelesene Mails!" Ihre Kollegin Ulrike warf ihr einen mitleidigen Blick zu. „Tja, in fast vier Wochen sammelt sich schon was an", meinte sie voller Weisheit in der Stimme.

Alexandra überflog die Absender und blieb schließlich an einem bestimmten hängen. *Leonore Kleist!* Voller Spannung und nervös zuckenden Fingern öffnete sie die E-Mail und begann, stumm zu lesen.

„Liebe Frau Pelzig,

ich habe mich sehr über Ihr Schreiben gefreut. Obwohl der Schmerz über den Verlust meines geliebten Hundes mich noch nicht loslässt, weiß ich doch, dass es sich bei seinem Ableben um einen tragischen Unfall gehandelt hat. Ich mache Ihnen diesbezüglich keine Vorwürfe. Ihre Anteilnahme und Ihre tröstenden Worte haben mich sehr berührt. Sie sind offensichtlich ein guter Mensch mit einem guten Herz! Abgesehen davon habe ich ein großes kreatives Potenzial anhand Ihres Briefes erkannt und möchte Ihnen aus diesem Grund ein Angebot unterbreiten:

Wie Sie vielleicht wissen, bin ich Schirmherrin einer großen Tierschutzvereinigung in Deutschland und wir sind ständig bemüht, neue Sponsoren für unsere Organisation

zu gewinnen. Aus diesem Grund planen wir für die kommenden Monate eine groß angelegte Werbekampagne in sämtlichen Medien. Ich würde mich freuen, wenn Sie, Frau Pelzig, mir hierfür zur Seite stehen könnten! Da mein Mann ohnehin mit Ihrer Agentur in Geschäftsbeziehung steht und sehr zufrieden ist, nehme ich von weiteren Anfragen bei anderen Agenturen vorerst Abstand. Bitte teilen Sie mir Ihre Entscheidung so bald wie möglich mit!

In Erwartung Ihres hoffentlich positiven Rückbescheides verbleibe ich hochachtungsvoll,

Leonore Kleist"

Die Buchstaben verschwammen vor Alexandras Augen. *Das gibt's doch nicht! Was geht denn hier ab?* Wieder und wieder las sie den Text. „Wow!!" Mit einem Jubelschrei ließ sie sich in ihren Drehstuhl zurückfallen, wodurch dieser in bedenkliche Rückenlage geriet. *Frau Kleist persönlich will mit mir, Alexandra Pelzig, eine deutschlandweite Kampagne machen!*

Dr. Blaumann beugte sich über seinen Schreibtisch und stützte den Kopf durch beide Hände. Mit ernstem Blick fixierte er durch seine mit Fingerabdrücken übersäten Brillengläser die ihm gegenüber sitzende Mitarbeiterin Pelzig. Diese fühlte sich nach endlos scheinenden Sekunden der Stille immer mehr wie das Kaninchen, das vor der Schlange kauert. „Glauben Sie, dass Sie dieser Aufgabe gewachsen sind? Soweit ich weiß, hatten Sie bis dato noch kein eigenverantwortliches Projekt!", durchbrach schließlich die polternde Stimme des Chefs die Stille.

Alexandra versuchte, eine aufrechte Sitzhaltung einzunehmen und ruckelte etwas unsicher in ihrem Sessel herum. „Das ist korrekt. Jedoch sehe ich mich mittlerweile durchaus bereit, nun auch ein eigenes Projekt zu koordinieren. Wie Sie wissen, habe ich ...“

Dr. Blaumann machte eine unterbrechende Handbewegung und sagte mit Nachdruck: „Ich weiß sehr wohl über Ihre Leistungen, Ihr Talent und Ihre Erfahrungen Bescheid. Ich möchte nur darauf hinweisen, dass es sich bei Frau Kleist um die Gattin unseres derzeit wichtigsten Potenzialkunden handelt. Ich bin ehrlich etwas unsicher, ob wir dieses Wagnis eingehen sollen!“ Wieder traf sie ein prüfender Blick.

Jetzt nur keine Selbstzweifel oder Unsicherheit zeigen, mahnte sie sich in Gedanken und hielt tapfer Kontakt mit seinen Habichtaugen.

Es klopfte. Frau Dienstl schob ehrfürchtig ihren Dauerwellenkopf hinter der leicht geöffneten Tür hervor und piepste: „Herr Doktor Blaumann, darf ich Sie an Ihren Termin mit der Wirtschaftskammer erinnern?“ Als ob mit nuklearem Niederschlag zu rechnen wäre, zog sie eiligst die Tür wieder zu.

Ein Glück, dass ihr Kopf nicht mehr drinnen war, dachte Alexandra amüsiert.

„Danke, Frau Dienstl!“, schrie Dr. Blaumann Sekunden später gegen die geschlossene Tür.

„Gern geschehen!“, fiepte es aus Richtung Vorzimmer.

Er erhob sich. Das Zeichen dafür, dass die Besprechung zu Ende war. Schwungvoll warf er sein Sakko über. Alexandra erhob sich ebenfalls. Unsicher, wie sie nun handeln sollte. *Eine Forderung stellen? Um einen neuen Termin bitten? Ein Ultimatum? Ihn auf Knien anflehen? Verdammt, nein! Rückgrat jetzt! Ich bin gut! Verdammt, ich bin gut und ich schaffe das!*

„Ähm ... Herr Direktor, wann darf ich mit Ihrer Entscheidung rechnen?“ Gedanklich machte sie einen geistigen Satz auf den Himalaja für diese tolle, direkte, höfliche, aber doch sehr bestimmte Frage.

Dr. Blaumann kramte hektisch und wortlos auf seinem Schreibtisch herum und endlich schien er mit einem erleichterten „Aah...“ gefunden zu haben, was er suchte. Er flitzte mit einer Flügelmappe unter dem Arm an Alexandra vorbei und ergriff die Türklinke. Mit ihr zugewandtem Rücken blieb er abrupt stehen und verharrte. „Enttäuschen Sie mein Vertrauen nicht!“ Automatisch hielt sie die Luft an. Er drehte sich um und ergänzte in väterlichem Tonfall: „Ich erwarte, dass Sie bei jeder Unsicherheit Ihren Teamleiter, Herrn Schneider, zurate ziehen und ihn und mich über die wesentlichen Schritte informieren. Ich schätze Ihre Kreativität, kenne jedoch auch Ihre sagen wir mal leichte Neigung zum Chaos. Also, sagen Sie Frau Kleist zu und tun Sie Ihr Bestes!“ Ohne ein weiteres Wort abzuwarten, knallte die Tür polternd ins Schloss.

Alexandra bemerkte durch ein unangenehmes Pochen in der Schläfengegend, dass es an der Zeit wäre, wieder zu atmen. Einen intensiven und langen Atemzug in jeden Winkel der Lunge später begann sie sich zu freuen und rannte strahlend aus dem Chefbüro. Vorbei an Frau Dienstl, die vor Schreck ihre Tasse Kamillentee über die Tastatur verschüttete. Sämtliche Kollegen schienen sich nach Verkündung der jüngsten Ereignisse für Alexandra zu freuen und gratulierten. Robert Windlinger, dieses unverschämte Früchtchen, meinte, die Gelegenheit nützen zu müssen, um ihr einen Schmatz auf die Backe zu drücken. Alexandra quittierte dies wenig damenhaft mit einem Boxhieb in die Magengrube. Nur Rolf Schneider stand reglos mit versteinerter Miene an der Seite und schien seinen eigenen Gedanken nachzuhängen. Niemand nahm Notiz von ihm.

Der Gastgartenbetrieb war bereits eingestellt worden. Zu kalt waren mittlerweile die Abende. Der September hatte temperaturmäßig noch mal Gas gegeben und dem heißen Sommer einen würdigen Abschied bereitet. Nun hatte der Oktober Einzug gehalten und mit ihm eine ungemütliche Kaltfront. Die Sommergarderobe wurde aus den Kästen verbannt und musste grobmaschigen Winterpullis, Jacken und Wollsocken weichen. Die Tage waren kurz geworden.

So war es auch bereits stockdunkel, als Leo an einem regnerischen kalten Dienstag um halb acht auf die Eingangstür des Chili Hell zusteuerte. Der September hatte nicht viel Raum für Freizeitaktivitäten gelassen, geschweige denn für die für ihn so wichtigen wöchentlichen Treffen mit seinen Freunden. Außer kurzen Telefonaten und gelegentlichen kurzen Treffs mit dem einen oder anderen war es zappenduster. Die Eigentümer des Verlags hatten ihn mit Terminen zugepflastert. Umso mehr freute er sich nun auf einen lustigen Abend mit seinen Freunden. Drinnen war es extrem warm und an diesem Abend wäre ein Sauerstoffgerät von großem Nutzen gewesen. Es war wie erwartet der Teufel los, da Carlos und Pablo ihre Stammgäste heute mit selbst gebrutzelten Bisonsteaks verwöhnen wollten. Leo kämpfte sich durch die wabernden Rauchschwaden zu seinem Stammtisch. Bernie, Carlo und auch der mittlerweile halbwegs genesene Mike saßen bereits vor einem Weißbier. „Endlich, Alter! Wir sterben schon vor Hunger und haben vorhin schon bestellt. Für dich übrigens auch!"

Carlo rutschte etwas zur Seite, um Leo Platz zu machen. Dieser ließ sich mit einem Seufzer fallen und riss sich die Lederjacke umständlich vom Körper. „Wie geht's, Jungs? Freut mich, dass wir mal wieder alle zusammenhocken. Nach diesem bescheidenen September echt eine Wohltat!" Er betrachtete Mike, der – erschreckend blass und eingefallen – gerade an seinem Verband unter dem Pulli herumzupfte. Dies war der erste offizielle Ausgehabend von Mike.

„Naja, diese juckende Schulterbandage treibt mich zwar langsam in den Wahnsinn, ich hinke immer noch wie Käpt'n Ahab und beim Atmen stechen tausend verdammte Nadeln im Brustkorb, aber ansonsten kämpfe ich mich gerade in mein altes Leben zurück!"

„Ab wann wirst du wieder arbeiten?", fragte Bernie.

„Wahrscheinlich nicht vor Ende Oktober – sofern ich dann wieder Autofahren kann. Und wie läuft's mit dir und Dani?"

„Ganz gut bisher. Sie beschwert sich momentan, dass ich zu wenig Zeit für sie habe. Wohl nicht ganz unberechtigt. Seit Mitte September brummt der Laden und jetzt im Oktober musste ich bereits Interessenten ablehnen. Ich denke gerade darüber nach, mir eine Unterstützung zu suchen. Dani wäre dafür prädestiniert und sie überlegt sich das Ganze gerade."

„Dani?", fragte Leo ungläubig. „Hältst du sie wirklich für geeignet?"

„Wie meinst du das? Natürlich ist sie geeignet! Sie ist sportlich, hat lange genug selber trainiert, und den Rest werde ich ihr beibringen!"

Und mehr Zeit wirst du zwangsläufig auch wieder für sie haben, dachte Leo, *denn durch ihre Zickereien und ihr überhebliches Wesen wird sie dir sämtliche Kunden vergraulen! Liebe macht doch tatsächlich blind ...*

„Vertraust du ihr nach der kurzen Zeit schon derart, dass du ihr dein Studio anvertraust?", äußerte nun auch Mike seine Bedenken. „Na, Zugang zu meinem Konto und den Safe hat sie damit ja nicht! Nur keine Sorge! ... Man könnte fast meinen, ihr mögt sie nicht besonders?"

Keine Antwort. Mike zupfte wieder an seinem Verband, Carlo blies in den Schaum seines Bierglases und Leo, eine unangezündete Marlboro im Mundwinkel hängend, suchte verzweifelt ein Feuerzeug.

Nachdem Leo endlich fündig wurde, räusperte er sich und sah Bernie direkt an. „Also, um ehrlich zu sein, Dani ist wirklich nicht der Typ Frau, mit dem ich warm werden würde. Spielt aber auch keine Rolle, da du mit ihr zusammen bist und nicht ich! Sie nicht zu mögen ist vielleicht etwas zu übertrieben, da ich sie ja kaum kenne."

Carlo, der in einem Zug das halbe Glas Weißbier durch seine Gurgel gespült hatte, meinte nur: „Ich kann zu deiner Freundin rein gar nix sagen, außer dass sie ein tolles Fahrgestell hat und gut aussieht. Punkt. Hatte ja kaum Berührungspunkte. Ich war bei der Bergtour anderweitig beschäftigt und die paar Mal, die ich sie im Studio bei dir getroffen habe, war außer „hallo" und „tschüss" nicht viel los!"

„Aha ... na ja, wie ihr beide schon sagtet: Ihr kennt sie halt nicht wirklich." Bernie lehnte sich zurück, schien von den Antworten zwar etwas irritiert zu sein, ließ es aber dabei bewenden. Er wandte sich augenzwinkernd an Carlo. „Apropos anderweitig beschäftigt: Hast du diese Silvia seitdem wiedergesehen? Oder läuft da gar was? Bitte alle schmutzigen Details!"

Carlo runzelte die Stirn und betrachtete sein leeres Glas. „Da gibt's nix zu erzählen. Diese gruselige Szene an dem Morgen danach, die ohnehin wahrscheinlich jeder mitbekommen hat, steckt mir noch heute in den Knochen. Schade eigentlich, aber ich bin eben in ihren Augen ein frauenfressender Wüstling. Naja ... Schicksal!"

„Sie hat es dir trotzdem irgendwie angetan, oder?" Leo grinste bei dem Gedanken, dass auch der Womanizer Carlo mal an seine Grenzen gestoßen sein könnte beim weiblichen Geschlecht.

Dieser holte zum Gegenschlag aus. „Na da redet ja einer! Wie steht's denn mit der Königin des allgegenwärtigen Chaos? Habe gehört, ihr habt euch einige Male in letzter Zeit getroffen?"

„Ja, das ist richtig, wir haben uns zwei, drei Mal getroffen. Sie hat jetzt einen eigenen Etat bekommen und arbeitet rund um die Uhr."

„Ja ... UND???" Bernie lehnte sich am Tisch vor.

„Nix und! Es war sehr nett, wir haben uns toll unterhalten. Ist einfach erfrischend, mal nicht beim zweiten Date unter Zugzwang zu stehen von wegen „bei dir oder bei mir?" So was interessiert mich nicht und sie scheint das auch nicht zu erwarten!"

„Sehr gut, dann wirst du ja nichts dagegen haben, wenn ich demnächst für Alex koche! Habe ich ihr ja am Krankenbett als kleine Wiedergutmachung aufs Auge gedrückt." Mike grinste Leo provokant ins Gesicht. „Und eines sage ich dir: MICH interessiert so einiges an dieser Frau!"

Carlo riss jubelnd die Arme in die Höhe. „Heureka! Unser Mike hat die Damenparanoia endlich überwunden! Welcome back im ewigen Sumpf der Geschlechterkämpfe! Dass du dich allerdings gleich an unsere liebe Katastrophenqueen heranwagst ... Respekt!"

Leo stieg in das darauf folgende Gelächter seiner Freunde nicht ein – er verspürte ein unbehagliches Gefühl.

„Silvia, wenn du nicht endlich härter mit den Buben durchgreifst, werden sie mit dir Schlittenfahren!" Oma Gertrud lehnte lässig mit dem Rücken an der Kühlschranktür und beobachtete das Schauspiel am Esstisch. Silvia kämpfte mit Max um den halb leer gegessenen Teller Gulasch.

Der bald Vierjährige meinte aus tiefster Überzeugung, die Hälfte seiner Mahlzeit einem streunenden Straßenkater, der ständig um das Haus schlich, abgeben zu müssen. Fest umklammerte er den Teller und versuchte, sich von seiner Mutter loszureißen. Dabei entwickelte er erstaunliche Kräfte. Silvia schrie schwitzend: „Verdammt noch mal! Du gehst jetzt nicht runter! Setz dich wieder hin und iss auf! Und außerdem: Katzen fressen kein Gulasch!"

„Doch, doch, Mami! Katzi verhungert!" Mit Tränen in den Augen schrie er seiner Mutter die Verzweiflung der ganzen Welt ins Ohr. Das Schreien ging schließlich in ein ohrenbetäubendes Brüllen über, sodass Silvia mit einem kurzen Blick prüfte, ob das Glasfenster noch in den Fugen saß. Silvia schüttelte ihn, versuchte zu beruhigen, schrie ihn an – nichts nützte. Währenddessen unterstützte der kleine Theo in seinem Hochstuhl mit gulaschverschmiertem, rotem Gesicht das Geschehen mit intensivem Trommelwirbel, den er mit einem Kochlöffel schlug. Mit weit aufgerissenen Kulleraugen betrachtete er seine kämpfende Mami.

Plötzlich läutete auch noch das Telefon. Dies war der Zeitpunkt, an dem der dünne Faden, an dem Silvias Nervenkostüm hing, endgültig riss. Sie holte wortlos aus und ihre flache Hand landete auf der rechten Apfelbacke von Max. Sofort erstarb sein Geschrei und aus in Tränen schwimmenden Augen starrte er seine Mutter an. Kein Laut kam über seine Lippen. Schließlich kräuselte sich seine Stirn, bis eine hässliche Zornesfalte entstand. Er knallte den Gulaschteller mit immenser Wucht auf den Tisch. Ein Stück Knödel wurde dadurch über den Tellerrand hinauskatapultiert und landete genau vor seinem kleinen Bruder. Der größte Teil des Gulaschs verteilte sich über Silvias Ärmel, den Tisch, in Theos Gesichtchen und vor Oma Gertruds Füßen. Schließlich riss er sich los und rannte wortlos in

Richtung seines Zimmers. Es herrschte plötzliche Stille, wie vor einem Orkan.

Silvia wandte sich zu ihrer Mutter und fragte erschöpft: „Geht es dir gut? Hast du deine Tabletten schon genommen?"

„Natürlich, Kind! Hätte ich vorhin nicht meine Grünen eingeworfen, würde ich dieses Theater hier wohl kaum überleben!" Sie ging auf den Esstisch zu und setzte sich neben ihre Tochter. „Diese Aggressivität hat der Junge mit Sicherheit von seinem Erzeuger, diesem Hallodri! Ja ja, lacht sich ein französisches Flittchen an und macht einen auf Dolce Vita! Und dich lässt er mit der Brut sitzen und ...".

„Lass gut sein, Mutter", unterbrach Silvia müde, „ist schon gut. Es ändert nichts." Sie stand auf und hievte den kleinen Theo aus seinem Stuhl, entriss ihm den lieb gewonnenen Kochlöffel und nahm dabei einen sehr strengen, ihr bekannten Geruch wahr. Sie hob den Kleinen über ihren Kopf hoch, sodass seine proppenvolle Windel die Geruchsmarke nahe ihrer Nase voll entfalten konnte. Sie stöhnte.

Oma Gertrud erhob sich. Bei erstaunlich klarem Verstand meinte sie milde: „Komm, gib ihn mir. Ich mache das und bringe ihn dann ins Bett. Trink einen Schnaps, renne eine Stunde um's Haus oder leg dich in die Badewanne." Sie nahm den Hosenmatz an sich. Mit einem nochmaligen Seitenblick auf ihre Tochter ergänzte sie: „Du siehst erbärmlich aus." Dann wuselte sie aus dem Zimmer.

Oh mein Gott, dachte Silvia, *wenn sogar meine egomanische, geistig gestörte Mutter Mitleid mit mir hat, stehen die Dinge wirklich schlecht!* Sie erhob sich, würdigte dem Schlachtfeld Marke Gulasch keinen weiteren Blick und ging ins Bad.

Sie liebte das Bad. Es war ihre Oase der Entspannung, der Ort des Wohlbefindens. Sie erholte sich bei nichts besser als in einem übervollen, schaumgekrönten, heißen Vollbad. Sie stand vor dem großen Spiegel und betrachtete ihr Gesicht. Ekelhafte bläuliche Schatten hatten sich unter ihre früher so strahlenden Augen geschlichen. Der Glanz war einem müden und stumpfen Ausdruck gewichen. *Wie bleich ich bin. Wie eine Mumie. Eine aus dem Wasser gezogene Leiche anno 1987 sieht auch nicht übler aus. Na ja, kein Wunder.* Sie zwickte an ihren Wangen herum und in einem Anflug von Masochismus zählte sie ihre Gesichtsfältchen. *Um wie viele Jahre bin ich wohl in den letzten Monaten gealtert?* Nachdem unzählige Liter Heißwasser geflossen waren und der Schaum weit über den Wannenrand hinausragte, stieg sie mit einem Gläschen Martini in der Hand schließlich in ihr persönliches Paradies. Mit einem wohligen „Aaaaaah" versank sie mit geschlossenen Augen in der Tiefe. Einige Schlucke Martini und warme Gedanken später richtete sie sich etwas auf. *Alexandra hat im Dezember Geburtstag, aber welchen genau noch mal? Verdammt, in der ganzen Hektik habe ich doch tatsächlich das genaue Datum vergessen! Gott sei Dank bin ich ein organisierter Mensch, der es sich angewöhnt hat, einen Wandplaner mit allen wichtigen jährlichen Terminen und sonstigen vermerkenswerten Daten zu führen! Offensichtlich brauche ich ihn zunehmend mehr! Alzheimer lässt grüßen! Oder aber die „guten" Gene von Frau Mutter? Oh Gott, bloß nicht!* Sie hatte den Planer an der Badinnentür aufgeklebt, um ihn ja nie zu übersehen. Geburtstage, Müllabfuhrtermine, Arzttermine, Elternabende und ihre Periode wurden auf diesem Kalender vermerkt. Zwar verständlicherweise nicht restlos ausformuliert, aber für sie selbst durch mit rosa Filzstift eingeringelte Tage gekennzeichnet. Sie konnte die Eintragungen auf dem Planer von der Wanne aus mühelos lesen. *Aha, Alex hat am 18. Dezember! Alles klar! Wird langsam Zeit, sich nach einem passenden Geschenk umzusehen!* Sie ließ ihren Blick gedankenlos weiter über den Kalender wandern. Plötzlich lief ein siedend heißer Schauer durch ihren Körper. Und der kam definitiv nicht von der Wassertemperatur! Sie richtete sich derartig schwungvoll in der Wanne auf, dass sich durch das überschwappende Schaumwasser eine mittlere Überschwemmung am Fliesenboden entstand. *Da fehlen doch etliche rosa Kringel!* Wie ein Hase in Panik hypnotisierte sie angestrengt nachdenkend den Planer. *Habe ich vergessen, sie einzutragen? Nein, das kann nicht sein, vergessen habe ich das noch nie! Oder doch? Musste doch so sein! Der letzte Eintrag ist Anfang August!* Sie zählte mithilfe ihrer Finger die Monate durch. Bis jetzt – Mitte Oktober – fehlten da exakt zwei Monatseinträge! Ihre Gedanken überschlugen sich. *Hatte ich in den letzten Monaten meine Tage? Nein, Himmel, nein!!* Hektisch robbte sie aus der Wanne. Die Überschwemmung nahm zu. Splitternackt, nass und frierend stand sie nun direkt vor dem Unheil verkündenden Dokument an der Tür. *Was kann bloß die Ursache der ausbleibenden Periode sein? Vorzeitiger Wechsel? Nein. Keine Wallungen, Schweißausbrüche oder Ähnliches. Depressionen nur im tolerierbaren Bereich – den Umständen angemessen. Der Verzweiflung noch nicht so nahe, sich an Oma Gertruds Schlafe-süß-Pillen zu vergreifen. Was also dann?*

Der Atem stockte und ihr Lebenserhaltungssystem musste kurzzeitig auf Notstrom umschalten. *Die Berghütte! Der Ausrutscher mit Carlo!!* Das Blut rauschte wie ein Rasenmäher in ihrem Kopf. *Aber war da überhaupt was passiert? Vermutlich hat er nicht mal einen Orgasmus gehabt! Der Kerl war ja hackepralle! Nein, viel zu unwahrscheinlich! Vielleicht stressbedingte Hormonschwankungen? Jaaa!* Das klang mehr als plausibel und schien das Naheliegendste zu sein! Silvia beruhigte sich allmählich wieder und ihre Atmung normalisierte sich. Man hörte und las ja immer wieder von zyklischen Unregelmäßigkeiten wegen extremer Lebensumstände, Stress, Ärger, Kummer oder sonst was. Die Berichte in der „Frau topaktuell" konnten doch nicht alle Mist sein! Trotzdem beschloss Silvia, in den nächsten Tagen einen Termin bei ihrem Gynäkologen, Dr. Wild, zu vereinbaren.

Alexandra saß vor ihrem Computer und arbeitete an einer Headline für einen werbewirksamen Artikel, der in der Vorweihnachtszeit in sämtlichen namhaften deutschen Tageszeitungen erscheinen sollte. Frau Kleist wollte mit dieser Schaltung Spendengelder für die Tierschutzorganisation „Herz für Tiere" lukrieren. Alexandra rechnete speziell zu Weihnachten mit vielen freigiebigen Menschen, die Gutes tun wollten. Sie hatte sich mehrmals mit Frau Kleist und deren Assistentin getroffen, um die gemeinsame Vorgehensweise zu besprechen. Dabei stellte sie immer öfter fest, welch großes Herz diese auf den ersten Blick so überspannte, egozentrische Societylady doch hatte. Nicht des Scheines wegen engagierte sie sich für leidende, gequälte oder vor dem Aussterben bedrohte Tiere. Vielmehr wollte sie wirklich etwas bewegen im aktiven Tierschutz, wobei sie auch persönlich große Geldsummen in diese Projekte steckte. Andererseits war sie aber auch eine knallharte Verhandlungspartnerin, was Alexandra bereits mehrmals erfahren musste. Die Zusammenarbeit mit ihr war sehr anstrengend, zeitintensiv und forderte volle Konzentration. Jedoch stellte dieses Projekt eine riesige Herausforderung für sie dar. Mehr und mehr wuchs sie an den Aufgaben beziehungsweise über sich hinaus.

Kurz vor Mittag wählte sie die Nummer von Frau Kleist. „Hallo, Alexandra!", ertönte ihre erfreute, leicht schrille Stimme. Im Hintergrund waren seichtes Kaufhausgedudel und Menschengemurmel zu hören. Wahrscheinlich befand sich Frau Kleist gerade in einem exklusiven Hundesalon und ließ ihrem neuen Liebling, einer Labradorhündin namens Lolita, topaktuelle Föhnwellen verpassen. Frau Kleist verbrachte dort

– nach Kosmetikstudio und dem Tierheim – mit Abstand die meiste Zeit. Dort gab es alles, was das kleine Herz eines jeden Luxushündchens begehrte – oder auch nicht! Von Pelzmützchen über edelsteinbesetzten „Strampelanzügen", Schlafkörben aus rosarotem Plüsch, Glitzersonnenbrillen, Schafwollsöckchen mit eingearbeiteten Edelsteinen über perlenbesetzten Designerleinen waren hier der verwöhnten Pudeldame und dem anspruchsvollen Doggenherrn keine Grenzen gesetzt.

„Hallo, Frau Kleist! Ich hoffe, ich störe nicht?"

„Nee, nee! Wat kann ick für Sie tun?"

„Nun, es ist mir zwar etwas unangenehm, aber aufgrund der anstehenden Aktivitäten, die alle mehr oder weniger gleichzeitig anlaufen sollen, stehe ich ziemlich unter Druck. Es ist aus meiner Sicht unumgänglich, eine zweite Person zu meiner Unterstützung anzufordern. Ich weiß zwar, dass Ihr Wunsch war, dass ich Ihren Auftrag alleine bearbeite, aber ich weiß wirklich nicht, wie ich ..."

„Ick nehme an, Sie sind ooch noch mit anderen Projekten beschäftigt?", unterbrach Frau Kleist.

„Ja ... ja, das ist korrekt."

„Nun, ich möchte, dass Sie Ihre ungeteilte Aufmerksamkeit meinem Projekt widmen. Überhaupt zu diesem Zeitpunkt, wo wir eine europaweite Kooperation mit sämtlichen namhaften Organisationen anstreben! Die ersten Pläne diesbezüglich haben sich erst gestern bei einer Telefonkonferenz mit Italien und Frankreich herauskristallisiert. Alexandra, wenn dieses Projekt zum Laufen kommt, brauche ick Sie zu zweehundert Prozent! Es sei denn, Sie fühlen sich dem nich gewachsen oder haben andere Pläne?"

Alexandra starrte ein riesiges Luftloch in die Wand vor sich. *Ein Europaprojekt! Meine Güte! Das übersteigt alles, womit ich es bisher zu tun hatte!* Die Kurve ihres Selbstvertrauens, von dem sie dachte, es sei unerschütterlich, begann bedrohlich nach unten zu sinken. Jedoch nur kurz. *Sei kein Idiot*, dachte sie, *das ist die Chance deines Lebens! Nun kannst du zeigen, was du drauf hast! Englischkenntnisse sind topp, auf Italienisch kann ich Pasta und Vino ordern und in Spanisch kann ich bis zehn zählen! Also, was soll die falsche Bescheidenheit?*

„Ich würde sehr gerne ausschließlich mit Ihnen zusammenarbeiten, Frau Kleist! Ich sehe mich der Aufgabe auch gewachsen – auch wenn ich konkret nicht weiß, was genau auf mich zukommt in Zusammenhang mit der Europakampagne! Allerdings muss dies mit meiner Geschäftsleitung besprochen und neu vereinbart werden!"

„Sehr gut, Alexandra! Ick rufe noch heute ihren Scheffe, Herrn Blaumann an. Gehen Sie davon aus, dass Sie ab morgen exklusiv für mich und Hunderttausende arme Geschöpfe tätig sind!"

Tuuut. Tuuut. Aufgelegt.

„Was kann ich für dich tun?", drang Danis gelangweilte Stimme in Marions Ohr. „Ich hätte gerne einen Multivitamincocktail, wie immer", antwortete Marion und sah ihrem Gegenüber hinter der Theke von Bernies Studio fest in die Augen. Sie hievte sich neben Elvira auf einen Barhocker. Eigenartigerweise sank ihr Selbstbewusstsein immer gegen den Nullpunkt, sobald sie der schlanken, topgestylten Freundin ihres leider – noch immer – Traumprinzen gegenüberstand. Das waren diese Momente, in denen sie sich nach wie vor wie das verstoßene, zerfledderte, schwarze, hässliche Entlein fühlte – trotz neuer Figur mit Konturen, neuer Frisur, neuer Klamotten und neuem Lebensgefühl.

„Na entschuldige, dass ich nicht weiß, was du „immer" trinkst! Abgesehen davon" – sie machte eine bedeutungsvolle

172

Pause und musterte ihren Gast von oben bis unten – „dürfte ein einfaches Mineralwasser deiner Figur wohl mehr entgegenkommen! Ist schon erschütternd, wie wenig die Leute sich um ihr Äußeres kümmern."

Sie besaß auch noch die bodenlose Impertinenz – nach Abfeuern dieser nuklearen Boden-Luft-Rakete ins Zentrum der Gefühle – Marion zuckersüß anzulächeln. Marion brachte keinen Ton hervor. Die Rakete hatte ihr Ziel anvisiert, war punktgenau detoniert und die Druckwelle legte für einen Moment alles lahm. Allerdings nur für einen Moment. Marion fühlte, wie unbändiger Zorn aufstieg – ein Vulkanausbruch bahnte sich an. *Was bildet sich dieses selbstgefällige, beleidigende Blondchen ein? Aber wie reagieren? Umdrehen und die Flucht ergreifen? Zurücklächeln? Ihr den Cocktailshaker in ihre grinsende, bemalte Fratze rammen? Sich einfach in Luft auflösen? Nein! Ich darf jetzt vor dieser Hexe keinesfalls einknicken! Sonst bin ich für alle Zeiten verkauft!* Sie stemmte demonstrativ die Hände in die Hüften.

„Was ich trinke, ist allein meine Entscheidung! Genauso wie meine Figur allein meine Sache ist! Und dass ich es richtig mache, beweist mir die Tatsache, dass ich mittlerweile zwanzig Kilo abgenommen habe! Ich weiß nicht, ob DU je für ein Ziel so kämpfen musstest! Wenn du dich also darauf beschränken könntest, einfach deinen Job zu machen – wenn es geht, ohne Kommentare, die die Welt nicht braucht!"

Sie japste nach Luft. Dani stand wie eine Salzsäule hinter der Theke und umklammerte mit weiß hervortretenden Knöcheln das Mixglas. Sie bemerkte nicht, dass Bernie und Leo soeben hereingekommen waren und sich hinter ihr näherten. Gleichzeitig war jegliches Gemurmel und Gelächter in der Nähe der Bar verstummt. Neugierig drehten sich diverse Köpfe in Richtung des lautstarken Geschehens. Sogar Mister Proper ließ seine 50-Kilo-Gewichtsstange in die Halterung plumpsen, damit ihm durch sein eigenes Gestöhne nichts vom Zickenkrieg entging. Dani setzte soeben zu einer Erwiderung an, jedoch blieb ihr die im Hals stecken, denn Marion entlud bereits die nächste Salve.

„Es ist nämlich so, liebe Daniela, dass nicht jeder ab Kleidergröße vierzig automatisch von Wasser und Radieschen leben möchte! Denn stell dir vor: Auch Menschen jenseits der Siebzig-Kilo-Marke haben Spaß am Leben! Unglaublich, nicht? Und so manch einer findet es ganz erfrischend, dass nicht ausschließlich Storchengestelle auf zwei Beinen herumklappern! Wenn es also nicht dein Bestreben ist, Gäste dieses Studios zu beleidigen und zu vergraulen mit deiner gottverdammten Überheblichkeit – dann mach mir jetzt endlich diesen verdammten Drink und halt die Klappe dabei!"

Abgesehen von Robbie Williams, der als Hintergrundmusik von seinen „Angels" trällerte, war es totenstill. Kein Rädchen drehte sich, keine Stangen schepperten, kein Trapsen auf dem Laufband war zu hören. Bernie, regungslos hinter Marion stehend, trat nun nach vorne und sah abwechselnd die beiden Streithennen an. Er war überrascht. Solche Worte und Töne aus dem Munde der stillen, gutmütigen Marion? Aus diversen Ecken ertönte plötzlich vereinzeltes applaudierendes Händeklatschen.

„Was geht hier ab?", fragte Bernie bemüht ruhig.

Dani löste sich aus ihrer Erstarrung und mit Tränen in den Augen kreischte sie: „Das ist ... das ist eine bodenlose Frechheit, was ich mir von dieser ... dieser ... unmöglichen Person hier an den Kopf werfen lassen muss! Du hast es ja gehört! Wirf sie sofort raus!" Mit diesen Worten rannte sie um die Bar herum und hakte sich schutzsuchend bei Bernie unter. Er sah Marion fragend an. Einige Sekunden lang sahen sie sich direkt in die Augen, dann plötzlich drehte Marion sich um, griff nach ihrer Sporttasche und verließ ohne ein weiteres Wort fluchtartig das Sportstudio. Bernie straffte die Schultern.

„Also noch mal: Warum ist Marion so ausgerastet?"

Dani blickte mit tränenverschleiertem Ich-kann-nix-dafür-Augenaufschlag zu ihm auf und meinte: „Was weiß denn ich, was dieser Pummel für ein Problem hat? Bin ich jetzt etwa schuld? Das ist ja die Höhe!"

„Jetzt beruhige dich mal und sag mir einfach, was vorher passiert ist!" Bernie wurde ungeduldig und schüttelte ihren Arm ab. Nun war für Dani der Zeitpunkt großen Theaters gekommen. Hysterisch begann sie zu schluchzen und baute gekonnt eine beängstigende Hyperventilation ein.

„Ich kann dir schon sagen, was passiert ist, Bernie." Elvira erhob sich von ihrem Hocker. „Deine Freundin hat Marion unter der Gürtellinie angemacht, von wegen Wasser wäre besser für ihre Figur und so. Es war verletzend und beleidigend! Ich kann Marion nicht nur verstehen – ich finde toll, was sie gesagt hat! Und mehr als angebracht. Sie spricht damit nämlich auch so manch einem deiner anderen Kunden aus dem Herzen!" Sie griff nach ihrer Webpelzjacke.

„Da hat sie recht!", drang Mister Propers lautstarke Stimme nach vorne, der nun wieder begann, stöhnend seine Gewichte zu stemmen. Elvira trabte hinaus und hinterließ einen irritierten Bernie und eine aufgelöste Dani. Leo stand wortlos daneben und machte sich seine eigenen Gedanken.

Alexandra zog die Tür zu Herrn Blaumanns Büro hinter sich zu und begab sich Richtung Ausgang. Es war Viertel nach zwölf an einem hektischen Montag zu Novemberbeginn – Mittagspause! Sie war in Hochstimmung. Sie sah an sich hinunter. Egal waren nun die Laufmasche in ihrer neuen Strumpfhose, der abgebrochene Fingernagel und der Kaffeefleck auf der weißen Hose – sie war also nun uneingeschränkt und zu hundert Prozent für die Kleist-Kampagne abgestellt! Sogar Windei Windlinger sollte ihr dabei als Unterstützung zur Hand gehen! Ihr Chef war mit ihr soeben die anstehenden Termine durchgegangen und zeigte sich durchaus beeindruckt von ihren ersten Ergebnissen und Vorschlägen. Nun also Vollgas! Störend bei der ganzen Sache waren lediglich die ständigen Kopfschmerzen. Aber dank der Jahrhundertration an Schmerztabletten aus dem Krankenhaus war dem ja leicht beizukommen.

Das Handy klingelte. „Hallo, Alex?"

„Mike, Hallo! Wie geht's denn voran mit der Genesung?"

„Bestens! Bin wieder voll einsatzfähig! Seit heute hat mich die Gourmetwelt wieder und diverse Köche werden wieder in ihrem Angstschweiß baden!" Beide lachten.

„Sag mal, hast du kommenden Samstag schon was vor? Ich würde dich nämlich gerne auf ein hoffentlich sensationelles selbst kreiertes Sternemenü in meiner bescheidenen Hütte einladen! Und dieser kleine Wiedergutmachungsversuch verläuft garantiert ohne Unfälle und Ängste!"

Alexandra überlegte schmunzelnd. „Eigentlich ertrinke ich ja in Arbeit und muss an den Wochenenden Sonderschichten einlegen. Andererseits: Essen muss der Mensch ja auch mal! Hiermit nehme ich deine Einladung gerne an!"

„Schön!", freute Mike sich. „Dann bis Samstag! 19 Uhr, okay? Adresse folgt! Bis dann!"

Alexandra schwang sich mittags in ihr eiskaltes Auto und erzitterte soeben auf dem fast gefrorenen Fahrersitz, als erneut das Telefon klingelte. Auf dem Display blinkte der Name „LEO". Erfreut drückte sie die Annahmetaste und flötete besonders freundlich: „Sie wünschen, wir spielen?"

„Na dann hätte ich gerne den Gefangenenchor aus der Oper Nabucco!", drang seine schlagfertige Antwort mit sonorer, angenehmer Stimme in ihr Ohr."

„Tut mir leid, damit kann ich leider nicht dienen. Etliche der Gefangenen befinden sich im Streik und viele andere haben mit den Masern zu kämpfen! Wie wäre es mit dem Song „Shadow on the wall" – dabei geht's auch um Knast!?"

„Nein, keine Chance. Gefällt mir nicht. Wie wäre es hingegen mit einer kleinen Privatvorstellung der Karaokequeen Alexandra Pelzig im „Birdies"? Zum Beispiel am Samstag?"

Nun musste Alexandra lauthals loslachen. Ihr warmer Atem verbreitete sich dabei wie weißer Nebel in dem immer noch dem Gefrierpunkt nahen Wageninneren. Die Windschutzscheibe fing an, sich zu beschlagen. Sie drehte den Zündschlüssel herum und stotternd begann der unterkühlte Motor zu knattern.

„Lach nicht! Ich meine das ernst! Also, was ist?" Er hielt die Luft an. Alexandra räusperte sich. „Du musst wahnsinnig sein, dass du überhaupt überlegst, dir das anzutun! Folgende Fragen drängen sich mir auf: Bist du ein Masochist? Oder ein Sadist? Oder selbstmordgefährdet? Oder hast du einfach noch nie jemanden gesehen, der ein Mikro verschluckt?"

Nun musste Leo lauthals lachen. „Ob Sado oder Maso kann ich dir nicht beantworten – muss ich mal testen! Selbstmordgefährdet bin ich hoffentlich nicht. Was ich definitiv noch nie gesehen habe, ist ein Mensch, der ein Mikro verschluckt. Hierbei würde ich jedoch ganz stark auf dich bauen, da du für solche Absonderheiten ja ein Händchen hast! Und: JA, ich meine das bitterernst! Versprochen ist versprochen! Wie sieht's nun aus mit Samstag?"

Alexandra sog tief die gefrierende Luft in ihre Lungen. *Karaoke? Geht's schlimmer?* Sie hasste schon allein den Namen „Karaoke-Bar", geschweige denn, dass sie jemals eine betreten wollte! Allein die Ausschnitte in diversen Filmen waren grässlich! Verrauchte Buden, johlende Männer jenseits der Vierzig mit beginnendem kreisrunden Haarausfall, karierten Jacketts und 2,3 Promille intus. Auf dem Podest sich abmühende, jämmerlich die Töne verfehlende und quäkende Möchtegern-Superstars in Plastikblusen mit Schweißflecken. Im schlimmsten Fall wurde man ausgebuht oder von der Bühne gestoßen! Oder Schlimmeres! *Das soll ich mir wirklich antun? Andererseits: Kneifen? Ich? Ausgerechnet vor Leo?* Da war er wieder! Dieser ständige, nicht nachzuvollziehende Drang, Leo gegenüber nichts eingestehen zu wollen. Dagegenzuhalten. Keine Schwäche zu zeigen. Und so antwortete sie schließlich: „Samstag. 20 Uhr. Birdies. Fazit daraus: Dieser dämliche Spruch „Sie wünschen – wir spielen" ist aus meinem Wortschatz gestrichen!"

„Ich freue mich schon jetzt auf diesen musikalischen Hochgenuss – und natürlich auf dich! Ciao!", antwortete Leo und legte auf.

Alexandra lehnte sich zurück und schloss die Augen. „Ich Vollidiot! Karaoke!", presste sie zwischen den Zähnen hindurch und wuchtete den ersten Gang geräuschvoll in die Schaltung. Die Scheibe war noch immer völlig beschlagen, nur oberhalb der mittlerweile warmen Lüftung bildete sich ein kleines Guckloch im Durchmesser von zehn Zentimetern. Alexandra beugte sich hinunter, starrte durch das winzige Sichtfenster und gab Gas. *Panzerfahrer sehen schließlich auch nicht mehr!* Während sie mit der Nase an der Scheibe klebend hoffte, dass sich auf dem Weg zu ihrem Lieblingschinesen ihrem eingeschränkten Sichtwinkel nicht irgendetwas Unvorhersehbares näherte, stellte sie fest, dass sie seit dem Telefonat mit Leo ziemlich durch den Wind war, auf angenehme und Puls beschleunigende Art und Weise. So durch den Wind übrigens, dass sie nicht realisierte, soeben zwei Dates für ein und denselben Abend vereinbart zu haben.

Leo war selbst völlig überrascht von seiner spontanen Idee. *Eigentlich hasse ich doch Karaoke! Und überhaupt: Was war das denn? Habe ich tatsächlich soeben ein Date mit Alexandra fixiert?* Er lehnte sich in seinem Schreibtischsessel zurück. Eigentlich sollte dies ein unverfänglicher Wie-geht-es-dir-Anruf werden. Eines dieser Telefonate, wie sie es in den letzten Wochen mehrmals geführt hatten. Er mochte die Konversation mit ihr. Heiter, ungezwungen, positiv, verfeinert mit schwarzem, trockenem Humor. Eine der wenigen Frauen, die diese Art von Humor verstand und sogar teilte! Auch wenn er nicht wirklich annahm, ein Ständchen von ihr zu hören – die Vorstellung, einen Abend mit ihr zu verbringen, löste ein angenehmes Gefühl aus.

„El Presidente, wovon träumen wir denn?", riss Sybilles rauchige Stimme ihn aus seinen Gedanken. „Hoffentlich von mir!?"

Leo sah genervt von seinen Unterlagen auf. Sie hielt einen Stapel Manuskripte in den Händen. Sie trug einen langen, taillierten Wollblazer mit großzügigem Dekolleté. Ihre Overknee-Lacklederstiefel verkürzten die Distanz zu dem kaum vorhandenen Lederminirock immens. Kokett zog sie eine Schnute mit ihren knallroten Brigitte-Bardot-Lippen. „Hat dir mein Anblick die Sprache verschlagen?"

Leo räusperte sich. „So könnte man es auch sagen. Ich möchte dir nicht zu nahe treten, aber ich würde mir wünschen, wenn dein Kleidungsstil etwas ... sagen wir mal ... klassischer wäre. Etwas weniger auffällig vielleicht. Schließlich hast du repräsentative Aufgaben in deiner Position."

Sybille sah ihn entgeistert an. „Wie bitte? Klassisch? Soll ich etwa wie die anderen grauen Mäuse in Strickpulli und schwarzer Hose rumrennen? Dauerwelle und rote Apfelbäckchen? Du hast völlig richtig festgestellt: Ich muss repräsentieren! Und daher habe ich die verdammte Verpflichtung, mich modisch zu stylen!" Sie stemmte sich auf seinen Schreibtisch und funkelte ihn wütend an.

Leo blieb völlig gelassen und erwiderte ruhig: „Modisch ist nicht gleich nuttig."

Das war zu viel für Sybille. Eine hässliche Zornesfalte bildete sich auf ihrer säuberlich gepuderten Stirn. Sie ließ die Manuskripte auf den Tisch fallen. Mit einem sarkastischen Lächeln sah sie auf ihn hinab: „Nuttig, ja? Mein lieber Leo, ich weiß genau, was in dir vorgeht. Du hast Angst! Ja, du hast Angst! Angst, dass du dich dem, was du siehst – sie strich sich demonstrativ mit beiden Händen über ihre Hüften und Oberschenkel – nicht entziehen kannst! Angst, dass du dich irgendwann nicht mehr beherrschen kannst! Angst ..."

Leo erhob sich abrupt und stand Sybille nun in voller Lebensgröße gegenüber. Sie stockte. Immer noch ruhig, jedoch mit drohendem Unterton brummte er: „Du vergisst dich. Ich ersuche dich hiermit nochmals, in Hinblick auf deine Position etwas mehr auf die Kleiderlänge zu achten. Und sei gewiss, weder träume ich von dir noch werde ich die Beherrschung verlieren. Und nun verlasse bitte mein Büro, ich habe zu arbeiten." Er setzte sich wieder und wandte sich demonstrativ seinem Bildschirm zu. Das Gespräch war beendet.

Sybille rauschte wortlos hinaus und katapultierte die Verbindungstür geräuschvoll ins Schloss.

Der Rest der Woche verflog für Alexandra wie im Zeitraffer. Sie fand kaum die Zeit, Essbares zwischen die Zähne zu bekommen. Zehnstundentage waren zur Normalität geworden. Ständig rannten Leute um sie herum, der Mail-Eingang leuchtete in immer länger werdenden Rot-Schlangen und das Telefon erzitterte unter Dauergebimmel. Und wieder läutete diese verdammte Errungenschaft der Technik. „Hier spricht deine Mutter. Das ist diese Frau, die dich vor knapp fünfunddreißig Jahren unter zwanzigstündiger Schmerzpeinigung auf die Welt gepresst hat – falls du dich gerade nicht erinnerst!"

Oh, wie ich das hasse! Die mütterlichen Beschwerdeanrufe, die ständig schlechtes Gewissen hervorrufen – dann nämlich, wenn ich es verabsäumt habe, mich mindestens einmal die Woche bei ihr zu melden.

Und es funktionierte. Schlagartig stieg schlechtes Gewissen auf, da sie sich die ganze Woche nicht im elterlichen Refugium gemeldet hatte. Alexandra hielt die Luft an und wartete.

„Dein Vater weiß schon gar nicht mehr, wie du aussiehst! Dabei geht es ihm ohnehin nicht gut! Die Lunge, wie du weißt!" *Da war er! Der Knock-out-Hieb in die Magengrube.* Die betont weinerliche und vorwurfsvolle Stimme verfehlte nie ihre Wirkung! Das schlechte Gewissen stand nun wie ein 2,10-Meter-großer, böser Geist vor ihr und erhob drohend den Zeigefinger.

„Ach Mama, ich habe fürchterlichen Stress momentan. Tut mir echt leid, dass ich mich in letzter Zeit nicht gemeldet habe! Aber am Wochenende komme ich euch auf jeden Fall besuchen, okay?" Ein Versuch zur Schadensbegrenzung. *Funktioniert es?*

„Sicher?", ertönte ein nun sehr resoluter und gar nicht mehr den Tränen naher Muttertenor.

Ja, es funktioniert! „Aber sicher, Mama! Ich schau am Sonntag vorbei, wenn es euch passt!"

„Gut, wir freuen uns."

Puh! Drama abgewendet!

Wieder klingelte es. Und dabei war es noch nicht mal zehn Uhr vormittags! Das einzig Positive war die Tatsache, dass schon Freitag war! „Robert!", rief sie entnervt nach ihrer neuen rechten Hand Windlinger, der flugs um die Ecke gebogen kam und süffisant grinste – wie immer. Sie warf ihm einen Sammelordner entgegen. „Sieh dir bitte die Grafiken an und vergleiche sie mit den tatsächlichen Zahlen, ja?" Sie griff nach dem Telefonhörer. „Alexandra Pelzig!" Nichts. „Hallo?" Noch immer Stille. Irgendjemand schien allerdings dran zu sein. Lautes Atmen war zu vernehmen. „Hallo, wer ist denn da? Ich lege jetzt auf!" Gerade, als sie den Hörer vom Ohr nehmen wollte, drang ein undefinierbarer Laut zu ihr durch. Es klang nach jemandem, der gerade erstickte.

„Alex? ... Alex!" Markerschütterndes Schluchzen.

„Silvia? Silvia, bist du das?" Alexandra setzte sich aufrecht in den Sessel und drückte den Hörer fast in den Gehörgang, da sie kaum etwas verstehen konnte.

„Ja... jaaaa... ich bin's ... und ich kann dir gar nicht sagen ... buhuuu!" Wieder folgte ein Weinkrampf.

„Silvia, sag mir bitte, was los ist, ja? Und beruhige dich erst mal!"

„Ich ... ich ... es ist aus mit mir! Hörst du? Es ist endgültig aus!" Wie ein Starkstromschlag fuhr eine Welle der Angst durch Alexandras Körper.

Ein Unfall? Eine tödliche Krankheit? Ist mit einem der Kinder etwas geschehen? Silvia war offensichtlich nicht in der Lage, einen zusammenhängenden Satz zu formulieren. Wieder Gewimmer. „Wo bist du?", fragte Alexandra betont ruhig. Silvia hustete und rang wie ein Asthmatiker im Endstadium um Luft. Nach endlosen Sekunden jedoch schien Sauerstoff ihre Lungen und Gehirn zu durchfluten, sodass sie zusammenhängend erklären konnte: „Ich stehe vor der Praxis von Dr. Wild, des Gynäkologen."

Alexandra überlegte blitzschnell. „Bleibe dort – ich bin in zehn Minuten da!" Sie riss ihren Blazer von der Sessellehne und hüpfte auf. „Robert, halte bitte die Stellung – ich versuche, ehest möglich wieder da zu sein!", rief sie dem Praktikanten zu, der augenscheinlich in die Akten vertieft war, jedoch Augen und Ohren neugierig ihrem Telefonat gewidmet hatte.

„Ein Notfall?", fragte er unschuldig.

„Das nehme ich an. Bis später!", antwortete sie kurz und stürzte aus dem Büro. Prompt prallte sie mit Rolf Schneider zusammen. *Auch das noch!*

„Wohin so eilig?", fragte er, während er sein Sakko zurechtzupfte.

„Ich … ich muss kurz weg. Ein Notfall", nuschelte Alexandra und wollte an ihm vorbeihuschen.

„Dienstlich?", fragte er mit einem ungewöhnlich scharfen Unterton.

„Nein, es ist nicht dienstlich! Wie ich schon sagte, es handelt sich um einen Notfall! Privat! Ich bin so schnell es geht wieder da!"

„Ach ja? Und Abmelden bei dem Teamleiter ist out, oder? Frau Pelzig, der aufsteigende Stern im Werbehimmel hat das ja nicht mehr nötig, wie?" Seine Stimme troff vor Zynismus, welcher nur schwach über den bösartigen Unterton hinwegtäuschte. Und wäre Alexandra nicht voller Sorge und Angst um ihre Freundin gewesen, hätte sie dies vielleicht wahrgenommen. So jedoch rannte sie ohne ein weiteres Wort an ihm vorbei Richtung Ausgang.

Silvia lehnte, den Kopf gesenkt, an der dreckigen Hausmauer des dreistöckigen Altbaus in der Innenstadt. Alexandra erkannte bereits aus der Ferne die extravagante, knallorange Webpelzjacke und steuerte auf die vor Kälte zitternde Freundin zu. Die ihr entgegenblickenden, in Tränen schwimmenden glasigen Augen waren von der verlaufenden Wimperntusche verunstaltet. Sie bot einen erbärmlichen Anblick. Alexandra hatte prompt ein Déjà-vu. Vor Monaten blickte sie schon einmal in dieses Gesicht der Verzweiflung, damals steckte der Rest in einem ausgewaschenen rosa Hausanzug. Damals betrieb der hormongepeinigte Johannes Nestflucht, um sich in einem französischen Nest verwöhnen zu lassen.

„Komm mit, du erstarrst mir hier noch zu einem Eiszapfen", sagte Alexandra und umfasste ihren Arm.

„Gehen wir in das kleine Café um die Ecke, ja? Ich kann jetzt nicht heimfahren!", bettelte Silvia aus rotgeränderten Augen flehend.

„Wie du möchtest", meinte sie und hakte Silvia unter. „Was machst du eigentlich hier vor dem Haus deines Höhlenforschers?"

Die Frage blieb unbeantwortet. Ohne ein Wort zu sprechen, schlenderten sie den Gehsteig entlang, bis sie vor der einladend dekorierten Eingangstür des kleinen Eckcafés standen. Alexandra ging voran und stellte erleichtert fest, dass kaum Gäste anwesend waren. Sie steuerte den abgelegendsten Zweiertisch an und zog Silvia hinter sich her. „Zwei Espresso bitte", rief sie der ältlichen Bedienung hinter der Theke zu.

„Also, was um Himmels willen ist passiert?", fragte sie schließlich.

Silvia starrte wortlos und gedankenverloren auf die gruselig grüne Tischdecke mit den golden gestickten Teetassen und schien die Brandlöcher darin zu zählen. Der Kaffee wurde serviert. Als die Bedienung endlich ihren unübersehbaren Hintern gekehrt hatte, machte Alexandra einen weiteren Versuch. „Silvia, nun rede schon!"

Endlich hob diese den Kopf, sah ihre Freundin an und sagte tonlos: „Ich bin schwanger."

„Wie? Was ist?" Alexandra stocherte reflexartig mit ihrem Zeigefinger im rechten Gehörgang. Sie konnte nicht fassen, was sie da hörte. Sie sah sich um – auf der Suche nach einer versteckten Kamera.

„Hör mal, wenn das ein Witz sein soll …!", begann sie erbost, brach aber nach einem Blick auf Silvia sofort ab. Sekundenlang starrte sie auf das Häufchen Elend ihr gegenüber.

„Aber … aber … wie … ich meine, von wem? Wer? Die Unbefleckte Empfängnis? Der Heilige Geist? Du hättest mir doch erzählt, wenn da jemand gewesen wäre, oder?" Zweifelnd betrachtete sie ihre Freundin.

Silvia hatte sich mittlerweile wieder etwas gefasst und umklammerte die Kaffeetasse, um einen kräftigen Schluck daraus zu kippen. Ihre Hände zitterten dabei so stark, dass die Hälfte hinausschwappte. „Pah, von wegen Heiliger Geist! Heilig ist dieser Geist bestimmt nicht und hören tut er auf den Namen Carlo!"

Sogleich fiel es Alexandra wie Schuppen von den Augen und eine Berghütte im August tauchte in ihrer Erinnerung auf. Ein verrutschter BH, ein nackter Männerkörper daneben und eine verkaterte Silvia mit Gedächtnislücken …

„Da beugt der Wild sich zu mir runter, strahlt mich wie ein Honigkuchenpferd an und sagt: „Gratuliere, Frau Cimsec, Sie sehen Mutterfreuden entgegen!" Ich dachte, ich müsse ihm spontan die Stehlampe in sein Grinsegesicht rammen! Wozu gratuliert mir der Fritze? Dazu, dass ich mein Leben nun endgültig im Gully versenkt habe?" Sie lachte hysterisch. „Weißt du, das ist doch echt krank, oder? Ein einziges Mal bin ich sternhagelvoll, verliere die Beherrschung beim schlimmsten Casanova Westeuropas und ZACK! Der Klapperstorch muss seine Flugbahn ausgerechnet über diese verdammte Berghütte ziehen! Ich Riesenidiotin!" Sie stützte den Kopf in beide Hände. Alexandra legte ihr den Arm um die Schultern und hielt sie fest.

Schnösel Carlo der Vater! Dieser „Treffer" hätte bei allem Unglück wirklich kaum schlimmer ausfallen können! Und das in Silvias Situation ... der Supergau! „Was willst du nun tun?", fragte Alexandra.

„Ich habe ehrlich nicht die geringste Ahnung! Erst mal den Schock überwinden, darüber nachdenken und dann die nächstgelegene hohe Brücke zum Runterspringen suchen!" Der erste Anflug von Galgenhumor ließ erkennen, dass Silvia langsam wieder Boden unter die Füße bekam.

„Ich fahre dich jetzt heim, dort nimmst du die Baldriantropfen deiner Mutter und legst dich hin!"

„Vom Hinlegen löst sich mein Problem auch nicht!", meuterte Silvia.

„Du brauchst jetzt mal Ruhe!", blieb Alexandra hart, zog sie hoch und warf im Vorbeigehen ein paar Münzen auf die Theke. Sie nickte der netten Dicken freundlich zu und murmelte „Wiedersehen".

Auf dem Weg zu Alexandras Auto führte Silvia unaufhörlich leise Selbstgespräche. Und die Wortwahl war nicht unbedingt jugendfrei.

Oma Gertrud wartete schon ungeduldig auf ihre Tochter, während die beiden Jungs sich mit Filzstiften als Graffiti-Künstler an der neuen weißen Korridorwand versuchten. Blaue, rote und grüne Krakelstriche zogen sich bereits quer über die halbe Mauer. Oma Gertrud war's schnurzpiepegal. „Wo warst du so lange?", fragte sie Silvia nur mit strafendem Blick, und an Alexandra gewandt: „Guten Tag, Klara! Ach du meine Güte! Du kannst ja gehen! Mei, wie schön das ist für dich! Hast dich auf der Alm wohl gut erholt, was? Ja ja, der Schafskäse, die fette, frische Milch und diese gesunde Bergluft ist die beste Medizin für gelähmte Beine! Haaach, dabei war das alles ja nur ein Trauma! Ach, und dieses gemeine Fräulein Rottenmeier musstest du jetzt auch nicht ertragen! Das freut mich ja so für dich! Gehst jetzt nicht mehr zurück nach Frankfurt, gell?"

Alexandra und Silvia schauten sich stumm an. Es war Zeit für Oma Gertruds Pillen!

Bernie stand in seiner Küche und brutzelte zwei Putensteaks in seiner fettlosen Anti-Haft-Pfanne. Dani lümmelte vorm Fernseher und guckte Seifenoper. Seit dem gestrigen Vorfall mit Marion im Studio war dicke Luft. Dani fand es unverzeihlich, dass er diesem „Wurstbrot" nicht Hausverbot erteilt hatte. Und dann noch seine Versuche, in IHRER Gegenwart diese Marion anzurufen, um mit ihr die Situation zu klären!

Während Bernie den grünen Eissalat zerhackte, wanderten seine Gedanken immer wieder zu dem Zwischenfall. Noch niemals hatte er Marion in solcher Rage erlebt – und er kannte sie nun doch schon eine ganze Weile. Er mochte sie wirklich gerne. Ein solches Temperament hätte er ihr niemals zugetraut. Weiters beunruhigte ihn zunehmend die Tatsache, dass seine Freundin immer mehr an Sympathie zu verlieren schien. Es stimmte schon, sie benahm sich manchmal wirklich etwas snobistisch und von oben herab – und dies missfiel ihm immer mehr. Noch dazu war sie extrem launenhaft und nachtragend. Er wollte sich am gestrigen Abend mit ihr aussprechen und versöhnen – was anschließend mit bahnbrechendem Versöhnungssex enden sollte. Doch Madame schmollte und bestrafte ihn mit Liebesentzug!

Vor einer Stunde, gegen 20 Uhr, war sie – wie üblich an Freitagen – erschienen, um das Wochenende mit ihm zu verbringen. Sie hatten vereinbart, dass sie donnerstags und samstags jeweils sechs Stunden in seinem Studio arbeitete und dafür auch angemessen entlohnt wurde. Mittlerweile jedoch häuften sich die unterschwelligen Beschwerden seiner Kunden über teils mangelnde Fachkenntnis, interpretiertes Desinteresse, ungenießbare Mixgetränke oder eben auch Unfreundlichkeit. Er begann, die Entscheidung, sie offiziell bei sich anzustellen, zu bereuen.

Das klein geschnippelte Grünzeug segelte in eine große Salatschüssel. Er wusch sich die Hände und riskierte einen Blick ins Wohnzimmer. „Schon Hunger?", rief er.

„Nicht wirklich. Außerdem ist mir heute nicht nach Hasenfutter und trockenem, fettlosem Gockel!", zickte sie vor sich hin ohne einen Seitenblick in seine Richtung.

Er schüttete als letzte Zutat Unmengen von Balsamicoessig in den Salat, so wie er es liebte. Dani wollte ja ohnehin nichts davon. Er griff sich einen Teller, ein Steak, die Salatschüssel und setzte sich an den Esstisch. Er hatte den halben Teller leer gefegt, als plötzlich Dani erschien. Die Kuscheldecke hing über ihre Schultern.

„Was soll das?", schnaubte sie erbost. „Bekomme ich nichts, oder wie? Und wieso isst du hier alleine?"

Bernie blieb beinahe das Stück Pute im Hals stecken und er musste husten. „Wenn ich mich richtig erinnere, ist dir nicht nach Gras und Lederschuhsohle. Für mich war das eine klare Antwort! Und dass ich diese Mistserie hasse, weißt du! Daher sitze ich hier! Du kannst aber natürlich gerne ..." Er stand auf, um ihr einen Teller zu holen.

„Nein, nein, lass nur! Ich möchte ja deine traute Einsamkeit hier nicht stören! Knabbere du nur weiter an deinem Federvieh rum! Allein Fernsehen kann ich allerdings bei mir zu Hause auch! Und da stinkt nicht die ganze Wohnung nach diesem grässlichen Essig!" Danis Stimme überschlug sich fast. Wütend funkelte sie ihn an.

Er stand ihr gegenüber und stellte plötzlich etwas fest. *Sie erinnert mich an das zänkische Eheweib des bemitleidenswerten Wikingers Tjure aus „Wickie und die starken Männer"! Nur ist sie nicht so fett. Und sie hat auch keinen schwarz wuchernden Oberlippenbart! Aber ansonsten – wow, diese Ähnlichkeit!* Soeben wollte er irgendetwas Beschwichtigendes sagen, als Dani sich einfach umdrehte, die Decke auf die Couch schleuderte und mit gekonnter Dramatik inklusive Türenknallen seine Wohnung verließ. Er stand auf. *Ich muss hier raus! Ab ins Chili Hell! Ein gepflegtes Bierchen unter Freunden kann den Abend vielleicht noch irgendwie retten! Aber vorher ... Marion!* Er griff nach seinem Handy. Ein paar Mal hatte er es bereits versucht. Sie hatte nicht abgehoben. Sie hatte auch nicht zurückgerufen – trotz seiner vielen Nachrichten. Er hatte zwar keine Ahnung, was genau er ihr eigentlich sagen wollte, aber das Bedürfnis, sie anzurufen, war übermächtig.

Alexandra war auf dem Heimweg. Viertel vor zehn und sie war todmüde. Sie hatte sich um Oma Gertrud und die Jungs gekümmert, um Silvia die Zeit zu verschaffen, sich allein in ihr Schlafzimmer zurückzuziehen. Als die Buben endlich in ihren Bettchen lagen und Oma Gertrud in ihrer guten Damastbettwäsche aus Aussteuerbeständen schnarchte, zog Alexandra leise die Wohnungstür hinter sich zu und verschwand. Ihr Kopf tat weh. In den letzten Wochen immer öfter und heftiger. Die Nachwirkungen ihres Unfalls. In Stresssituationen bekam sie regelrechte Schmerzattacken. Zuerst hatte sie es mit den verschriebenen Mittelchen versucht. Jedoch schienen die rein gar nichts mehr zu bewirken. Sie konnte und wollte es sich auch nicht leisten, in ihrer Konzentration beeinträchtigt zu sein, und so war sie bereits seit einiger Zeit auf wesentlich effektivere, stärkere Chemiebomben umgestiegen. Sie musste durchhalten! Weihnachten und somit der Start der Europakampagne „Herz für Tiere" stand vor der Tür! So hatte sie ständig bis in die Nacht vor ihren Entwürfen gesessen, nach Ideen gesucht, an Konzepten gefeilt und Recherchen über Tiertransporte, Tierhaltung im Allgemeinen oder Tierversuche betrieben. Ihr Schlafpegel war auf maximal fünf Stunden gefallen. Wobei sie dazwischen immer wieder von absurden Albträumen heimgesucht wurde.

So wurde sie erst vergangene Nacht von einem kahl gerupften, wütenden Truthahn verfolgt, der bittere Rache an ihr nehmen wollte. Sie, im Traum eine ständig schnatternde Hausgans, hatte ihn beim Besitzer der Farm, einem nach Krapfenfett und billigem tschechischen Tabak stinkenden, gnomenhaften Fettwanst mit haarigen, echten Schweinsohren, angeschwärzt! Irgendein Bewohner der Farm – die Hühner schieden aus, die waren zu dämlich – hatte dem Farmer des nächtens die Perlenkette seiner Oma geklaut. Am folgenden Morgen wurde ein Tribunal, bestehend aus drei imposanten Ochsen, einem altersschwachen, ergrauten Schaf und einem bissigen Schäferhund mit extremem Maulgestank einberufen. Den Obersitz hatte natürlich Mister Schweinsohr inne, der enorm an das tyrannische Oberschwein aus „animal farm" erinnerte. So wurde auf dem Hof jeder nach Alibi und Motiv befragt. Schließlich brach eine kugelrund gemästete Muttersau mit acht an den Zitzen hängenden Ferkel und wässrigen Augen zusammen und deutete mit ihrer haarigen Pranke auf sie, die Gans. „Sie war's! Ich habe sie gestern Nacht in das Wohnhaus watscheln sehen!" Alles muhte, grunzte und blökte und blickte sie erzürnt an. Die Hühner gackerten aufgeregt in der Hoffnung, gleich Zeugen einer Hinrichtung zu sein, und schlugen enthusiastisch mit den Flügeln.

Ihr sackten vor Angst die Gänsebeine ein, denn sie hatte ja nichts gestohlen! Voller Panik sah sie sich um, unfähig, einen Unschuldsbeweis aus dem Schnabel zu schnattern. Sie sah den Bauern auf sich zukommen. Die kleinen, in Speckwülsten eingebetteten Schweinsäuglein böse funkelnd. In der linken Hand ein Beil. Plötzlich deutete sie mit dem Flügel auf den aufgeplusterten, angeberischen Truthahn neben sich. „Der da war's! Ich habe gesehen, wie er die Kette in der Morgendämmerung im Misthaufen hinterm Stall verbuddelt hat!" Besagter Truthahn namens „Carlo" – welch Ironie angesichts des Namens! – starrte sie aus überraschten, gelben Vogelaugen an.

„Bist du irre?", schnarrte er. Bevor er jedoch noch irgendetwas tun oder gar flüchten konnte, packte ihn der Schweinshenker bereits am Bein und zerrte ihn zum Hackstock in der Mitte des Hofes. Unbarmherzig begann er, ihn bei lebendigem Leibe zu rupfen.

Der Hof war nun ein Hexenkessel und alles tobte in blutrünstiger Vorfreude. Die blöden Hühner pickten aufgeregt Maiskörner – wie bei einem Blockbuster im Popcornkino. Doch plötzlich wurde es abrupt still. Dieser vermaledeite Vogel hatte wohl nicht vor zu sterben! Er hatte es, bereits bis auf drei Schwanzfedern gerupft, tatsächlich geschafft, sich aus den Klauen seines Henkers zu befreien. Und er steuerte wutentbrannt und rachedürstend direkt auf sie, die Verleumderin, zu! Sie erkannte sofort die gefährliche Lage und begann, um ihr kostbares Gänseleben zu watscheln. Er näherte sich immer mehr. *Ich muss den Teich erreichen, egal wie*, hatte sie immerfort gedacht. Dort wäre sie eindeutig im Vorteil ihm gegenüber! Ihre ungelenkigen Flossen watschelten so schnell wie noch nie über die stinkende, frisch gedüngte Wiese. Sie spürte förmlich schon seinen auf Attacke ausgefahrenen Schnabel und entschloss sich, nun auch die Flügel zu Hilfe zu nehmen. Als sie den rechten Flügel ausbreitete, hing plötzlich etwas in ihrem Federkleid. Die Perlenkette! Sie hatte tatsächlich die Kette gemopst! Dann stolperte sie über ihre eigenen Watschelflossen ... und war schweißgebadet in ihrem Bett aufgewacht.

Sie starrte angestrengt auf die mittlerweile schwach befahrene Straße und kämpfte gegen die tonnenschweren Lider, die partout wie Rollläden der Schwerkraft nach unten folgen wollten. *Munter bleiben*, ermahnte sie sich selbst und drehte das ohnehin schon ohrenbetäubend laute Geschmeichel von Seal auf Anschlag. Eigentlich sollte sie noch im Büro vorbeifahren. Schließlich war sie den ganzen Tag nicht mehr erschienen, ihr Computer lief wahrscheinlich auch noch. *Nein, heute nicht mehr! Ich fahre gleich morgen früh in die Agentur und werde die unerledigten Dinge abschließen. Jawoll!* Noch zwei Kilometer bis zur Wohnung. Sie unterbrach Seals Gebalze. Dies war der richtige Moment für eine geballte Ladung Madonna! Die CD flutschte aus dem Laufwerk. Sie tastete mit Blick auf die Straße in der Seitenkonsole. Wo war die bloß? Kaugummipackungen, leere Bonbontüten, ein Kamm, eine leere Big-Mac-Box, Gummiringe, ein zerknüllter Stadtplan von Wien und eine kaputte Abblendbirne glitten durch ihre suchenden Finger. Plötzlich durchfuhr ein Schmerz ihren Zeigefinger. „Auua! Was ...!?", schrie sie auf und wandte ihren Blick automatisch in Richtung des Attentats. *Verdammt! Die Nagelschere!* Die hatte sie unlängst morgens einfach mit ins Auto genommen, nachdem die Zeit zum Schneiden eines widerspenstigen Nagels zu Hause einfach nicht mehr ausreichte. So was konnte man schließlich auch beim Warten an einer Ampel erledigen! Sie knipste die Innenbeleuchtung an und zog ihren blutenden Finger inklusive der gemeinen Schere aus der Konsole. Gerade als sie ihren Blick wieder der Straße widmen wollte, war da leider keine Straße mehr – nurmehr eine

Ampelstation! Noch während ihr rechter Fuß vom Gas ging und ihr linker mit aller Kraft das Bremspedal niederdrückte, rumpelten die Vorderräder bereits über die ersten Randsteine. Es war zu spät. Der Bremsweg war zu lang. Sie nahm noch das gedämpfte, warme Licht der Straßenlaternen und das orange Dauerblinken unmittelbar vor sich wahr. Dann schloss sie die Augen.

Marion rekelte sich in ihrem gemütlichen Fernsehsessel und zog die Decke an ihr Kinn. Vor ihr auf dem gläsernen Abstelltisch schrumpelten zwei Karotten einsam vor sich hin. Sie war am seelischen Tiefpunkt. Nun hatte sie auch noch Elvira versetzt, die sich mit ihr um die Ecke auf einen Drink treffen wollte. So saß sie nun in ihrer neuen violetten Satintunika und schwarzer Jeans da, sorgfältig geschminkt, ihre lila Haarschleife sorgfältig um die Lockenpracht drapiert. Das auf lautlos geschaltete Handy auf der Glasplatte begann zu vibrieren und herumzutanzen. Es war kurz vor zehn. *Wer ruft bloß um diese Zeit an?* Sie kämpfte sich aus ihrer Kuscheldecke und riskierte einen Blick aufs Display. „Bernie" leuchtete ihr bedrohlich entgegen. *Der gibt wohl nie auf! Ich habe ihm aber nichts mehr zu sagen!* Mehrmals schon hatte sie ihn weggedrückt. Sogar die Mailbox hatte er ihr vollgequasselt! Es war ihm offensichtlich mehr als wichtig, ihr den Marsch zu blasen für den Auftritt in seinem Studio. Was sonst würde er wohl wollen? Und sie hatte nicht die geringste Lust, sich dem auch noch auszusetzen. Abgesehen davon hatte sie entschieden, ihm zukünftig aus dem Weg zu gehen. Ihr Seelenheil hing mittlerweile an einem seidenen Faden. Da sich ihre Liebe zu ihm von selbst wohl nicht verflüchtigen würde, bestand nun akuter Handlungsbedarf. Sie hatte es satt, immer wieder ihr massakriertes Herz mühsamst nach einem Zusammentreffen mit ihm hochzupäppeln und die Scherben einzusammeln. Und den Heißhungerattacken widerstand sie auch immer schwerer. Sie hatte einen Entschluss gefasst. Den Entschluss, ihn niemals wiederzusehen.

Das vibrierende Handy tanzte wie von Geisterhand auf der Tischplatte herum. Ein weiterer Anruf von ihm. *Vielleicht wäre es aber auch gut für mich, diese Geschichte mit einem Gespräch oder Telefonat abzuschließen? Unter Umständen fällt es mir nach seiner Maßregelung leichter, mich über ihn zu ärgern und ihn dann loszulassen? Abgesehen davon wird er mich wohl auch die nächsten Tage noch heimsuchen!* Beherzt griff sie zum Telefon und drückte es an ihr Ohr. „Hallo", meldete sie sich bemüht gleichgültig. *Gleich kommt's! Gleich kippt er einen ganzen Laster saurer Gurken über mein Haupt!*

„Hör mal, ich möchte ... na ja ... der Vorfall gestern war ziemlich unerfreulich, finde ich. Und ich würde gerne mit dir darüber reden." Keine Gurken, kein unfreundlicher Tonfall. Marion war sprachlos. „Bist du gerade in einem Lokal? Ist ziemlich laut im Hintergrund", fuhr er fort.

Marions Blick wanderte auf den Bildschirm, in dem gerade ein Kuschelhase mit der anscheinend weltbesten Batterie im Hintern mit immensem Getöse auf eine kleine Trommel einschlug und anschließend über eine kitschig grüne Wiese hoppelte. „Ja, ich bin unterwegs", antwortete sie, ohne zu überlegen.

„Wo bist du?"

Dieses Gespräch nahm eine unangenehme Wende!

„Warum?" *Gegenfrage! Genialer Schachzug! Immer eine tolle Idee, um Zeit zu gewinnen!*

„Ich bin gerade auf dem Weg ins Chili Hell. Also, wo bist du?"

Marion entspannte sich etwas und warf eine lästige Lockensträhne zurück. „Äh ... ich bin im Atelier", antwortete sie schließlich in Gedanken an die kleine, nette Bar unweit ihrer Wohnung.

„Das kenne ich! War schon mal dort! Irisch, nicht? Sag mal, hättest du was dagegen, wenn ich kurz vorbeischaue?"

Noch mal verdammt! Das entwickelt sich zur Sackgasse! Marion begann zu schwitzen. „Äh ... ich bin mit einer Freundin hier. Ist wohl nicht so passend ...", flunkerte sie und hoffte, nun der Schlinge entkommen zu sein. Von wegen! Bernie stellte sich wiederum als äußerst hartnäckig heraus.

„Ich verspreche, ich werde euch maximal fünfzehn Minuten stören! Es wäre mir wirklich sehr wichtig! Ich lade euch auch anschließend auf ein irisches Bier ein – natürlich bin ich dann weg! Ich bin in ungefähr zehn Minuten da, okay?"

Die Schlinge zog sich zu. „Nein, das geht nicht ... es ist ...", stammelte sie und registrierte eine plötzlich eintretende Hirnleere. „Ich trinke kein Bier", sagte sie schließlich lapidar und griff sich gleichzeitig an den Kopf. *Was für ein Bockmist!*

Bernie lachte. „Egal, dann schlürft ihr eben Cocktails! Was auch immer die Ladies haben wollen! Bis gleich!"

Tuut. Tuut.

Marion ließ langsam die Hand mit dem Telefon sinken. Endlich kämpften sich die grauen Zellen wieder zurück in das zwischenzeitlich entstandene Vakuum im Gehirn und sie begann zu reagieren. In Sekunden steckte sie in ihren Stiefeln und der Winterjacke und schmiss schmetternd die Wohnungstür hinter sich ins Schloss.

Bernie kurvte zügig durch die mittlerweile fast menschenleere, dunkle Innenstadt Salzburgs. Vom Armaturenbrett blinkte ihm in grünen Leuchtziffern die Uhrzeit entgegen: 22:05 Uhr. Etwas spät eigentlich für ein Treffen mit Marion, aber es war ihm wichtig genug, um den Zeitfaktor in die Tonne zu treten. Er bog gerade in die Mehrhofstraße ein, als er bei der Ampel vor sich einen kleinen Auflauf an Menschen und Autos wahrnahm. *Ein Unfall?* Er fuhr langsam auf die Ansammlung zu und blieb schließlich dahinter stehen. Offensichtlich war ein Auto gegen den Ampelmast gekracht und kein anderes Fahrzeug schien involviert zu sein. *Immer diese verdammten Alkolenker,* dachte Bernie, während er ausstieg. *Vielleicht kann ich ja helfen.*

Mehrere Hilfswillige standen um einen ziemlich eingedrückten Alfa Romeo herum, vor der offenen Fahrertür eine wild gestikulierende Dunkelhaarige ... *Alexandra!* Ein Polizeiauto war ebenfalls vor Ort. Der Beamte nahm offensichtlich gerade ihre Daten auf. Bernie beschleunigte seine Schritte und drängte sich zu ihr vor. Plötzlich registrierte er ein ihm sehr bekanntes, weiteres Gesicht.

„Marion? Was machst du denn hier? Ich dachte, du bist im „Atelier" mit einer Freundin?"

Die Ertappte war froh, dass die Dunkelheit ihre aufsteigende Röte verschluckte, und ignorierte die Frage vorerst einfach, indem sie sagte: „Alexandra hatte einen Unfall. Vielleicht kann ich ihr helfen. Die Arme hat ihr Auto ziemlich geschrottet, aber es ist ihr Gott sei Dank offensichtlich nichts Ernstes passiert."

Bernie war irritiert und versuchte, eine Regung in ihrem Gesicht zu erkennen. Vergeblich. Also wandte er sich der Unglückslenkerin zu. „Alex, meine Güte, was ist passiert?"

Alexandra ließ die Arme sinken und meine resignierend: „Ich war so müde, habe herumgekramt ... und dann hat es auch schon gekracht."

Die Haare fielen ihr wirr ins Gesicht und sie bot einen erbärmlichen Anblick. Der Polizist mit Block in der Hand richtete wieder sein Wort an sie: „Nun, Frau Pelzig, da es keine Beteiligten gibt, und von einer Fremdeinwirkung wie Alkohol oder sonstigen Drogen nach dem Soforttest nicht auszugehen ist, wird es wohl auf eine Anzeige wegen Sachbeschädigung hinauslaufen. Wie fühlen Sie sich? Können Sie sich darum kümmern, dass Ihr Wagen von der Unfallstelle manövriert wird?"

Gehetzt blickte sie um sich. Bernie ergriff daraufhin sofort die Initiative und sagte: „Ich bin ein Bekannter von Frau Pelzig und werde ihr diesbezüglich helfen."

„Also gut", meinte der Polizist, offensichtlich froh, dass sein Einsatz hiermit beendet war. Alexandra ließ sich rücklings in den Fahrersitz plumpsen und ließ ihren Kopf erschöpft gegen das Lenkrad sinken.

Marion legte freundschaftlich ihren Arm um Alexandras Schultern. „Wird schon wieder. Ist ja nur Blech ...", flüsterte sie ihr aufmunternd ins Ohr.

Bernie erklärte währenddessen die „Show" für beendet und sämtliche Schaulustigen und Nachtschwärmer verzogen sich murrend wieder. Er beugte sich neben Marion zu Alexandra hinunter. „Hast du irgendwelche Schmerzen?"

„Nein, ich denke nicht. Nur mein Kopf tut so unheimlich weh! Aber das ist leider ein Dauerzustand der letzten Wochen!" Sie drückte die Finger gegen die Schläfen.

„Wir bringen dich heim, Alex. Und das Problem mit deinem Auto werden wir auch lösen! Alles wird gut!", sagte Marion mit bestimmter Stimme und hockelte sich vor ihr hin. Bernie realisierte, dass sein Abend soeben eine neue Wendung nahm, und holte sein Handy heraus.

„Hallo?", schrie Mike endlich ins Telefon. „Mike, hör zu! Wer von euch ist noch fahrtüchtig und hat sein Auto dabei?"

Mike betrachtete kurz seine umsitzenden Freunde im Lokal. „Carlo ist zwar mit dem Auto gekommen, kippt aber gerade den ungefähr siebten Tequila. Leo ist wie immer zu Fuß da. Bei mir sieht's bis jetzt noch ganz gut aus! Bin erst kurz da. Warum? Und wann kommst du endlich?"

Bernies hektische Antwort folgte sofort: „Ich stehe gerade an der Ampel nach der Mehrhofkreuzung. Alexandra hatte einen Unfall und ihr Auto muss von der Unfallstelle weg."

Mike sprang entsetzt auf. „Was? Alexandra einen Unfall?"

Leo, der bis dato eher gelangweilt in seinem Weißbier versunken war, schaute wie elektrisiert auf und hing an Mikes Lippen.

Carlo ihm gegenüber erinnerte stark an Homer Simpson nach einer durchzechten Nacht in Moe's Taverne. Er bekam gar nichts mit, denn er versuchte an diesem Abend, seine derzeitige „schlechte Phase" in Hochprozentigem zu ertränken. Aus irgendeinem Grund lief es mit den begüterten Damen der Society momentan gar nicht gut. Und das Erschütternde für ihn selbst war die Tatsache, dass dies voll und ganz an ihm zu liegen schien! Das letzte einschneidende Erlebnis lag erst zwei Abende zurück.

Carlo hatte eine gelangweilte, botoxverseuchte Diplomatengattin aus der Schweiz in ein Theaterstück begleitet. Laut eigenen Angaben war sie knappe vierzig. Davor Galadiner im Hotel Sacher. Beim Blick auf ihre Kreditkarte – selbstverständlich zahlte sie – hatte er festgestellt, dass die Gute ihr bald dreiundfünfzigjähriges Wiegenfest feiern durfte. Ihre von zu viel Solarium und Mittelmeersonne gegerbte Lederhaut an Händen und Dekolleté hatten dies bestätigt. Auch unzählige Armgoldketten mit eingefassten Brillanten und ein Chopard-Collier um ihren faltigen Hals konnten nicht von den Spuren übermäßig gefrönten Luxuslebens ablenken. Schon während des Essens hatte er – der Meister der seichten Konversation und Urheber des klassischen Balzens und Säuselns – sich schwergetan, ein guter Unterhalter zu sein. Es hatte ihn plötzlich genervt, sich über Dinge und Ereignisse unterhalten zu müssen, die ihn so viel interessierten wie der nicht vorhandene Dreck unter seinen Fingernägeln. Das einsilbige Mahl hatte schließlich mit einer etwas missgelaunten „Kundin" sein Ende genommen. Wortlos waren sie anschließend per Taxi zum Theater chauffiert worden. Carlo hatte seine schlechte Stimmung kaum mehr kaschieren können und sich in Schweigen gehüllt. Die fast schon verzweifelten Versuche der betuchten Dame, Komplimente oder schmeichelnde Worte zu erhaschen, waren erfolglos geblieben. Der Supergau war schließlich eingetreten in der Halbzeitpause an der Champagnerbar.

Die Gute hatte einen weiteren Vorstoß in der Rubrik „fishing for compliments" gemacht und flötend gemeint: „Haach, eigentlich hätte ich dieses Wochenende in Zürich einen Termin in meiner Beautyfarm zur Gesichtsunterspritzung vereinbart. Mein behandelnder Arzt meinte allerdings, dies sei angesichts meiner jugendlichen Hautbeschaffenheit definitiv noch nicht nötig!" Danach hatte sie ihn von der Seite kokett angeschmachtet.

Carlo, äußerst schneidig in seinem schwarzen Armani-Anzug, hatte sein Glas gerade angesetzt und frustriert den gesamten Inhalt in einem Zug hinuntergekippt. Mit einem proletenhaften „Aaaaah" hatte er anschließend das leere Glas auf die Theke geknallt. Dann waren ihm auf unhöfliche, sarkastische Weise folgende Worte entfleucht: „Ist der Kerl blind? Oder sind seine sonstigen Klienten Protagonisten der Geisterbahn?" Er war lässig an der Bar gelehnt und erst mangels ausbleibender Antwort hatte er den Kopf zu ihr gewandt. Das Nächste, was er wahrgenommen hatte, war ein nasser, kalter Guss ins Gesicht.

„Unverschämtheit! Sie Flegel! Das ist ja wohl die Höhe! Verschwinden Sie auf der Stelle!", hatte die Beleidigte erzürnt gekreischt und war hoch erhobenen Hauptes in Richtung Theatersaal abgerauscht.

Carlo war wie ein begossener Pudel dagestanden und hatte sich mit einer Serviette die Champagnerperlen aus dem Gesicht getupft. Der Anzug war ebenfalls versaut. Toller Abend! *Was zum Kuckuck ist bloß los mit mir? Wo ist die Leichtigkeit der perfekt gelebten, jahrelangen Oberflächlichkeit hin? Wieso hab ich plötzlich Probleme, den reichen Weibern irgendwelche Komplimente zu machen oder ihre welkende Haut zu streicheln? War doch früher kein Problem! Bezahlen ja schließlich genug dafür. Wann hat dieser kritische Zustand eigentlich angefangen?* Wenn er darüber nachdachte, kam ihm als markanter Zeitpunkt immer wieder die Bergtour im August in den Sinn. *Silvia!* Carlo fixierte benebelt eine Fliege an der Wand gegenüber und bekam nur am Rande mit, was sich gerade abspielte.

„Na klar, ich komme sofort!", sagte Mike soeben und beendete das Telefonat.

„Ich komme mit", meinte Leo und stand auf.

„Ist nicht notwendig, Kumpel. Bernie und ich sind vollkommen ausreichend! Und du musst ja noch in die Redaktion, oder? Ich ruf dich später an, wie's gelaufen ist." Und schon war er bei der Tür hinaus.

Leo stand, mit der Jacke in der Hand, wortlos da. Es hatte ihm einen Stich gegeben bei der Mitteilung, dass Alexandra in einen Unfall verwickelt war. Eigentlich wollte er jetzt bei ihr sein. Allerdings würde es mehr als eigenartig erscheinen, wenn er nun mit einem Taxi nachgedüst käme und ohnehin nicht helfen konnte. Also setzte er sich langsam wieder hin und machte sich einfach nur Sorgen.

Mike parkte am Gehsteig neben der Ampel. Bernie hatte Alexandras zerknautschtes Vehikel seitlich geparkt. Er sprang hinaus und lief auf die drei Wartenden zu. Spontan riss er Alexandra in die Arme und drückte sie wortlos.

„Danke, dass du gekommen bist", flüsterte sie dankbar.

Bernie erläuterte sofort seinen Plan. „Da das rechte Licht inklusive Blinker nicht mehr funktioniert, dachte ich mir Folgendes: Du schleppst mich in Alex' Auto zu ihr nach Hause. Anschließend fährst du mich wieder zu meiner Karre hierher. Alex fährt mit dir vorne mit. Was hältst du davon?"

Mike überlegte kurz und mit einem langen Blick auf Alexandra entgegnete er: „Wir machen es anders. DU fährst mit Alex in deinem Auto vor und ich nehme anschließend ein Taxi. Vielleicht braucht Alex ja noch etwas Trost oder Beistand!?" Fraugend sah er in ihre Richtung. Alexandra jedoch schien der Unterhaltung nicht zu folgen und starrte auf irgendeinen Fleck am Boden.

„Soll ich vielleicht mitkommen, Alex? Möchtest du, dass ich bei dir bleibe?", fragte Marion, die sie immer noch am Arm hielt. Alexandra erwachte aus ihrer Lethargie und schüttelte energisch den Kopf. „Nein, danke! Ich komme klar!"

„Ich kümmere mich schon um sie", sagte Mike bestimmt, nahm sie bei der Hand und sie stiegen in das Unfallauto.

„Okay, wie du meinst", stimmte Bernie zu und wandte sich ab. Als er einige Meter zurückgelegt hatte, drehte er sich noch mal um. Marion stand regungslos an der Ampel. Er blieb stehen. Einige Sekunden vergingen, dann rief er: „Möchtest du mitfahren? Ich kann dich ja dann heimfahren ... oder wohin du auch immer unterwegs warst ...!?"

Marion zögerte. Sie fühlte sich wie das kleine Kind, das mit der Hand in der Keksdose erwischt wurde. Schließlich fasste sie sich ein Herz und sagte: „Ja, ich fahre gerne mit." Entschlossen ging sie auf ihn zu.

Leo versuchte, sich auf die zu erledigenden E-Mails zu konzentrieren. Um diese Nachtzeit fiel ihm dies normalerweise am leichtesten. Keine Tageshektik, kein Zeitdruck, keine Sybille ... Trotzdem schaffte er es nicht, seine Gedanken auf seine Aufgaben zu fokussieren. Ständig schweiften sie ab zu Alexandras Unfall. *Wie geht es ihr wohl gerade?* Vorhin hatte er versucht, zuerst bei ihr, dann bei Mike und letztendlich auch bei Bernie anzurufen. Bei allen dreien die Mailbox. Was ging da vor sich? *Konzentriere dich*, ermahnte er sich selbst und starrte angestrengt auf das bisher verfasste Skript. Die gelesenen Worte ergaben keinen Sinn. Er griff nach seiner Jacke und flüchtete aus seinem Büro, als wären ausgehungerte Braunbären hinter ihm her.

Alexandra stieß die Wohnungstür auf. Mike folgte ihr. Sie hatten beschlossen, nach der ganzen Aufregung noch ein Glas auf den Schreck zu trinken. Bernie und Marion hatten dankend abgelehnt und sich verabschiedet. Alexandra machte eine einladende Geste zur Couch. „Setz dich und mache es dir bequem. Und freue dich!"
    Mike ließ sich in die Polster fallen und sah sich um. Er fühlte sich auf Anhieb wohl. *Keine klassische Mädchenwohnung! Erstaunlich!* Keine Püppchen, Stofftiere, Vasen, Katzenbilder, rosa Kissen oder Tiegelchen mit Nagellack, die herumstanden. Er hatte diesen Kram gehasst, den seine Exfrau in der ganzen Wohnung verteilt hatte. Kein Zentimeter, an dem nicht irgendein kitschiges Accessoire herumlag oder hing. Die gemeinsame Couch war in Plüschkissen versunken, welche in den unmöglichsten Farben geschillert hatten. *Herrlich unaufdringlich hier bei Alexandra! Man(n) bekommt Luft!* „Worauf freuen?", fragte er in

Richtung Küche, in der Schubladen auf- und zugeschmissen wurden. Schließlich kam Alexandra wieder mit einer bauchigen, teuer aussehenden Flasche unterm Arm und zwei Whiskeyschwenkern.

„Darauf! Ein Geschenk eines englischen Kunden. Aus der ältesten Destillerie in Schottland. Einverstanden?"

Mike strahlte. „Wow! Das nenne ich eine gute Idee!"

Alexandra platzierte alles auf dem Couchtisch. „Schenke ein!" Sie ließ sich neben ihn auf die Couch fallen.

Er reichte ihr anschließend das großzügig gefüllte Glas und sagte: „Darauf, dass du unverletzt bist. Und darauf, dass nun endlich ich meinem Engel auch einmal helfen konnte!" Sie stießen an. Alexandra lächelte gezwungen.

„Ach weißt du, ist schon heftig momentan. Ich weiß manchmal nicht mehr, wo mir der Kopf steht. Und nun das auch noch ... Mannomann!" Sie nahm einen kräftigen Schluck.

Mike rückte näher an sie heran und legte einen Arm um ihre Schultern. „Das wird alles wieder besser, wirst sehen! Nur Geduld! Und morgen verwöhne ich dich mit einem grenzgenialen Menü – ich hoffe, du hast das nicht vergessen?"

„Nein, nein, natürlich nicht!", antwortete sie fast zu schnell. Tatsächlich aber hatte sie es vergessen. Und mehr noch: Siedend heiß durchfuhr sie die Erkenntnis, dass sie auch mit Leo für morgen ein zeitgleiches Date ausgemacht hatte! *Himmel, was mache ich jetzt? Was bin ich doch für ein Trottel! Ich muss einem der beiden absagen – und zwar schnell!*

„Schön, ich freue mich riesig, dich bekochen zu dürfen, weißt du das?" Er beugte sich vor sie und sah ihr tief in die Augen.

Oje, dachte Alexandra, *ich kenne diesen Blick! Da ist gerade jemand dabei, sich zu verlieben!* Sie wich seinem Blick aus und griff wieder nach ihrem Glas. *Mike hat mir geholfen und er freut sich so! IHN kann ich jetzt unmöglich versetzen. Das geht gar nicht! Gleich morgen früh rufe ich Leo an und verschiebe unser Date um eine Woche. Ja, so mache ich es!* Demonstrativ rutschte sie einige Zentimeter von ihm weg und sagte in bewusst seichtem Plauderton: „Ich freue mich auch auf den Gaumenschmaus, den mein Bergkumpel mir kredenzen wird!" Und wieder floss ein üppiger Schwall des schottischen Goldes durch ihre Kehle. Sie merkte, wie ihr Kopf langsam die Temperatur eines Überdrucktopfes erreichte – das Schöne daran war allerdings, dass die hämmernden Schmerzen darin langsam in den Hintergrund gedrängt wurden. Sie wollte noch mehr dieser angenehmen, wohligen Wärme – und um das zu erreichen, musste nur das Glas gefüllt bleiben!

Bernie und Marion saßen schweigend im Auto. Endlich drehte er den Zündschlüssel und wandte sich an Marion: „Wohin soll ich dich bringen?"

„Nach Hause", war die knappe Antwort.

Er fuhr los. Weitere Minuten des Schweigens. Dann ergriff Bernie wiederum das Wort, während er konzentriert auf die Straße sah. „Du warst nicht in dem Lokal, richtig?"

Marion war auf diese Frage gefasst. Und sie hatte bereits beschlossen, nicht weiter die Märchentante zu mimen. Sie wusste, dass sie dazu überhaupt kein Talent hatte. „Nein, ich war nicht dort", antwortete Marion daher wahrheitsgetreu.

„Warum hast du mir diese Story aufgetischt?"

„Sage mir lieber, weshalb du mich unbedingt sehen wolltest! Was wolltest du mir sagen? Dass ich mich unmöglich deiner Freundin gegenüber benommen habe?"

„Nun, ich wollte deine Sicht der Dinge hören, bevor ..."

„Bevor du mir offiziell Hausverbot erteilst? Bevor du mir erklärst, wie unmöglich ich mich aufgeführt habe?", unterbrach sie ihn mit bebender Stimme. „Ich weiß, was du denkst! Aber ich sage dir jetzt mal eines: Ich habe es satt, mit einem Trampolin verwechselt zu werden! Die Zeit ist vorbei, wo jeder auf mir herumtrampeln und -hüpfen kann nach Belieben – ganz nach dem Motto: Durch dieses dicke Fell kann ohnehin nix durchdringen! Und deine tolle Freundin ist die Meisterin aller Trampeltiere! Sie hat Spaß daran, anderen Menschen die Selbstachtung zu nehmen – so wie eine Zecke Blut saugt, nur um selbst daran zu wachsen. Sie ist für mich nichts anderes als eine hohle, faule Nuss. Und ich bin mehr als überrascht und enttäuscht von dir als Mensch, dass eine solche Frau dein Herz gewinnen kann! Aber du bist halt auch nur ein Mann ... Gefühle und Gedanken rutschen ab einem bestimmten Zeitpunkt wohl bei jedem in die Hose! Auch bei dir! Du bist ein oberflächlicher Macho, der sich gerne mit einer Barbie schmückt, die ebenso perfekt ist wie er selbst!" Marion holte Luft und schwieg.

Bernie fuhr immer noch langsam durch die nächtliche Stadt. Dann blinkte er plötzlich und parkte an der Seite. Er stellte den Motor ab. Marion wurde angst und bange. *Was kommt denn jetzt? Meine Güte, habe ich das gerade wirklich alles vom Stapel gelassen? Bin ich des Wahnsinns fette Beute?* Sicherheitshalber umklammerte sie den Öffnungsriegel der Wagentür. Man konnte ja nie wissen.

„Warum glaubst du zu wissen, was ich denke?", fragte er ruhig. Marion schwieg. „Darf ich nun endlich was sagen?" Sie nickte wortlos.

„Ich wollte deine Sicht der Dinge hören, weil sie mir einfach wichtig ist. Ich kenne sehr wohl den Sachverhalt und verstehe voll und ganz deine Reaktion. Im Gegenteil, ich war überrascht über deinen Mut! Abgesehen davon mache ich mir sehr wohl Gedanken bezüglich meiner Freundin. Auch wenn du glaubst, ich bin schwanzgesteuert – womit du bis zu einem gewissen Grad vielleicht sogar recht hast –, versinkt nicht alles im Hormonrausch. Ich habe vor einigen Stunden beschlossen, Dani vorab aus dem Studio wieder zu entfernen. Ob sie in meinem Leben weiterhin eine Rolle spielt, wird sich zeigen." Er schwieg.

„Habt ihr euch meinetwegen gestritten?", fragte Marion vorsichtig.

„Ja."

„Ich verstehe nicht, wieso ..."

„Wieso? Weil du ein Mensch bist, den ich schätze und achte. Und weil ich nicht will, dass irgendjemand – schon gar nicht meine eigene Freundin – dich ungerechtfertigt anmacht."

Marion lauschte ungläubig seinen Worten. Und plötzlich registrierte sie, dass Tränen über ihre Wangen kullerten. Verstohlen wischte sie die verräterischen Spuren der Gefühle mit dem Jackenärmel fort. Sie fror und begann zu zittern. *Gott sei Dank ist es so finster, dass er das nicht bemerkt!*

Er starrte auf die leere Straße vor sich und fuhr fort: „Ich finde es einfach toll, was du aus dir in den letzten Monaten gemacht hast. Du verdienst Respekt und Hochachtung."

Oje, jetzt bloß nicht noch ein Tränenstrom! „Es ist kalt ...", warf sie verlegen ein, da die Situation sie mehr und mehr überforderte.

„Entschuldige bitte! Wie rücksichtslos von mir! Ich fahre dich jetzt nach Hause." Er startete den Motor wieder. Die nächsten Fahrminuten verliefen wiederum wortlos. Nachdem er schließlich vor ihrem Wohnhaus das Auto zum Stehen brachte und Marion bereits den Türgriff in der Hand hielt, wandte er sich nochmals an sie: „Warum hast du mich angelogen?"

„Weil ich dich nicht sehen wollte. Ich wusste allerdings nicht, dass du so hartnäckig bist", kam die ehrliche Antwort retour.

Er sah sie verblüfft an. „Du wolltest mich nicht sehen? Dachtest du, ich mache dir eine Szene oder Schlimmeres? Oder ist es, weil du mich für einen oberflächlichen Macho-Arsch hältst, der nur mit dem Pimmel denkt? Weil du mich einfach nicht leiden kannst?"

Marion drückte energisch die Tür auf, stieg aus und drehte sich nochmals zu ihm um. Einige Sekunden rang sie mit sich, dann jedoch entschloss sie sich wiederum für die Wahrheit. „Nein, ich will dich nicht sehen, weil das Gegenteil der Fall ist. OBWOHL ich dem vorher Gesagten zustimmen muss. Danke fürs Heimbringen. Gute Nacht und alles Gute für dich!" Mit diesen Worten schlug sie die Autotür von außen zu und ließ einen verwirrten Bernie zurück.

Die Geisterstunde näherte sich dem Ende. Kurz vor ein Uhr morgens. Mike ergriff wie in Zeitlupe die mittlerweile leere Flasche Whiskey. „Niksch mehr drin ... was jetzt?"

Alexandra lehnte mit geschlossenen Augen an seiner Schulter, den Schwenker mit einem spärlichen Restschluck Inhalt in der Hand. „Ich musch mich jetzt hinlegen ... bin fix und fertig ..." Sie machte einen kläglichen Versuch, allein aufzustehen, jedoch zog sie die Gravitation umgehend zurück auf das Sofa – besser gesagt, auf Mikes Schoß.

„Na das gefällt mir aber!", grunzte er zufrieden und umarmte sie.

„Nö ... nö ... nix!", nuschelte sie und kämpfte sich zurück in die Freiheit. Unsicheren Schrittes wankte sie auf die Küche zu.

Mikes Stimme drang an ihr Ohr. „Was issn mit mir? Muss ich jetzt esch noch heimfahren? Ich kann doch au...auch bei dir pennen, oder?"

„Jaja ... klar", antwortete Alexandra, die nach dem rettenden Türrahmen tastete, um sich festzuhalten. „Mensch, wieso schütt ich Unmengen von Wisch....uuuiiii, wieso wackelt die Tür so?"

„Warte ... ich helfe dir!" Mike versuchte so schnell wie den Whiskeyumständen entsprechend möglich, ihr zu Hilfe zu eilen. Er stolperte und knallte gegen den Couchtisch. „Wouuuu! Genau mein kaputter Oberschenkel ...!" Jaulend torkelte er durch das Wohnzimmer, bis er schließlich entkräftet kopfüber auf dem Fußhocker hing – wie ein zur Enthauptung Verurteilter, der auf den Axtschlag des Henkers wartete. Alexandra hing am Türrahmen und rang verzweifelt nach Luft. Sie hatte einen heftigen Lachkrampf angesichts des vor ihr liegenden gefallenen Engels.

„Wer jetzt wohl wem hilft, hä?" Sie zog ihn am Arm hoch und bugsierte ihn zur Couch.

„Nein ... nein, nicht da! Ich kann auf Sofas nisch schlafen, krieg Albträume ... grauenhaft! Oh meine holde schöne Prinzessin, dürfte isch dein königliches Bettchen mit dir teilen? Isch bin auch gaaaaanz brav, versprofen! Und morgen fahren wir dann gemeinsam mit dem Taxi zu mir und ich koche dann für dich!" Mit aufgesetzt bettelnden Dackelaugen grinste er sie an.

Sie musste wieder lachen und verlor dadurch fast das Gleichgewicht. „Na dann auf, du Frosch! Glaub aber bloß nicht, dass ich dich küsse ... und wehe, du küsst mich!"

Er nickte zufrieden und gemeinsam wankten sie in Alexandras Schlafzimmer. Sie ließ sich sofort in ihre Seite des Doppelbettes fallen und zog die Decke über den Kopf. „Mach das Licht aus, ja?", murmelte sie. Mike versuchte, sich umständlich den Großteil seiner Bekleidung vom Leib zu schälen. Endlich hatte er es bis auf die Unterhose geschafft, suchte den Lichtschalter und schlüpfte unter die Decke seiner Seite. Sein Oberschenkel schmerzte noch immer.

„Hey, Alex, schläfst du schon?"

Anstatt einer Antwort kam ein ungehaltenes „Mmmmmmh" aus den Untiefen des Deckengebirges neben ihm. Er kämpfte sich zu ihr heran und schaffte es, ihren Körper zu ertasten. Die Whiskeynebel hatten sich angesichts dieser Situation eigenartigerweise etwas verzogen, und so war ihm die Gegenwart von Alexandra plötzlich sehr bewusst. *Ich will mehr von ihr!* Er rückte näher an sie heran und kämpfte gegen die Tuchentberge wie ein beherzter Ritter gegen einen Drachen. Endlich geschafft! Sie lag in Seitenlage von ihm abgewandt. Er räusperte sich. „Alex ... darf ich dich ... festhalten? Einfach nur umarmen?" Keine Antwort. Sie schien bereits zu schlafen. Er entschied, dass keine Antwort in diesem Falle eine positive Antwort sei und kuschelte sich an sie heran, umschlang sie mit beiden Armen. *Wie gut sie sich anfühlt!* Und wie anregend ihre Haare dufteten – nach Frühling, Sommer und Herbst gleichzeitig! Er vergrub seine Nase förmlich darin. Schließlich schlief er mit dem schönen Gedanken ein, die „Löffelchenstellung" mit einer wachen Alexandra bei Gelegenheit unbedingt wiederholen zu müssen!

Samstag, 10:25 Uhr. Alexandra erwachte von schier unerträglichen Kopfschmerzen. In ihrem Hinterkopf schien irgendein bösartiges Wesen mit einem Presslufthammer ihre Schädeldecke anzubohren. Sie versuchte, sich aufzurichten. Das funktionierte allerdings nur bedingt, da sich ein Magnet namens Mike wie ein Schwamm an ihr festgesaugt hatte. Unter der Decke hatte eine Hitzeentwicklung stattgefunden, sodass man auf dem Oberschenkel bedenkenlos ein Ei aufschlagen und braten könnte! Stöhnend entledigte sie sich zuerst der fünf Arme und sieben Beine ihres Anhängsels und kämpfte sich schließlich schwitzend aus den Polstergebirgen. Endlich stand sie schwankend neben dem Bett. Mike schnarchte friedlich vor sich hin und hatte nun anstatt ihres Körpers ihren Kopfpolster als Knuddelopfer auserkoren. Ihr war schwindelig und sie torkelte Richtung Bad. Zu dem bösen Pressluftheini hatte sich nun offensichtlich auch noch eine rasende Hexe gesellt, die ihr auch noch glühende Nadeln in ihre Stirn piekste. Mit zusammengekniffenen Augen kramte sie in ihrem Badkästchen. *Wo sind bloß diese verdammten Schmerztabletten? Da ... endlich!* Erleichtert öffnete sie das mittlerweile halb leere Tablettenröhrchen. Immer nur eine, hatte ihr der Arzt eingetrichtert. Diese harmlos wirkenden kleinen weißen Scheibchen waren nämlich sehr stark und beeinträchtigten das Bewusstsein. Alexandra war dies in jüngster Vergangenheit jedoch mehr und mehr egal – *Hauptsache, keine Schmerzen mehr, um sich konzentrieren zu können!* Wenigstens hatte sie bisher immer auf die Dosierung geachtet – immer nur eine! Sie griff nach einem Glas und füllte es mit Wasser. Dieses ekelhafte Pelzgefühl im Mund – hatte sie eine tote Katze verschluckt? Sie ärgerte sich über sich selbst. *Diese nächtliche Whiskeyorgie ist so notwendig gewesen wie ein Bikini für Eskimos!* Sie hielt das Röhrchen geneigt über das Wasserglas und just in dem Moment, in dem die erste Tablette herauskullerte, attackierte jemand die Türglocke. Sie erschrak derartig, dass sie nicht registrierte, wie insgesamt vier weiße Tabletten aus dem Röhrchen flutschten und im Wasser versanken. Sie sah auf die Wanduhr: 10:45 Uhr. Wieder durchdringendes Dauerklingeln. *Welch penetranter Unmensch klebt zu dieser unchristlichen Zeit seinen verdammten Zeigefinger an meine Glocke?* Sie schlurfte zur Wohnungstür und öffnete.

„Alexandra, meine Güte! Gott sei Dank, du bist unverletzt! Ich habe gerade dein Auto unten gesehen! Was ist denn geschehen?" Pia drängte völlig aufgelöst an ihr vorbei in die Wohnung.

„Alles in Ordnung, nur Blechschaden", antwortete Alexandra müde und schloss die Tür.

„Sei mir nicht böse, Pia, aber ich hatte eine mörderische Nacht – ich bin noch nicht wirklich unterhaltsam."

„Hast du getrunken? Du siehst aus wie eine Schnapsleiche!"

„Danke fürs Kompliment! Prinzipiell hast du recht – allerdings war der Übeltäter Whiskey!"

„Oje!", lachte Pia, „vielleicht ist dir ja geholfen, wenn ich uns einen starken Kaffee mache?"

Alexandra gab auf. Sie kannte Pia lange genug, um zu erkennen, wenn keine Chance bestand, sie loszuwerden.

Schon wirbelte ihre Nachbarin in der Küche herum und experimentierte an der Kaffeemaschine herum. „Was ist das? Sag mal, wie viel Kalk haben wir eigentlich in unserem Trinkwasser?" Pia hielt das Wasserglas mit dem Tablettencocktail empor gegen das Licht und betrachtete mit gerunzelter Stirn die milchige Brühe.

„Gib her, das ist meine Medizin!" Alexandra riss ihr das Glas aus der Hand und kippte es in einem Zug hinunter. Dann setzte sie sich an den Tisch und stützte den schmerzenden Kopf. *Hoffentlich wirken die Dinger bald – denn so schlimm war es bisher noch nie!* Sie sah ihrer Nachbarin beim Hantieren zu. Pia hatte wohl heute auch noch keine Haarbürste an ihr Haupt gelassen, denn ihre rote Mähne sah aus wie eine außer Kontrolle geratene Feuersbrunst. Kein Haarband, keine Spange oder Klammer bändigte heute dieses haarige Desaster. Sie steckte in einem unglaublich dicken, großmaschigen Norwegerpulli, für den mindestens zwanzig Schafe ihre Wolle hatten opfern müssen. Jetzt, im Winter, schien sie noch weißer als eine frisch gestrichene Wand zu sein. Sogar ihre Sommersprossen hatten sich verflüchtigt.

„Nun erzähle schon, wie ist das mit dem Auto passiert!“, drängte Pia, die sich nun ihr gegenüber setzte, während das Kaffeewasser begann, blubbernd durch die Maschine zu fließen.

„Alexandra hatte einfach das Bedürfnis, eine Ampel zu umarmen! Und dabei hat sie leider vergessen, dass sie ihr Auto dabeihatte!“, krächzte eine raue Männerstimme aus dem Hintergrund.

Pia erschrak so heftig, dass sie fast vom Sessel rutschte. Entgeistert starrte sie auf die halb nackte, offensichtlich gerade aus dem Bett gekrabbelte Morgengabe. War ihr da was entgangen? Nachdem sich der erste Schreck gelegt hatte, guckte sie – ganz frauentypisch – natürlich etwas genauer hin. *Gar nicht schlecht!* Amüsiert betrachtete sie seine schreiend bunten Boxershorts. Dazu bedeckte ein schlichtes, hellblaues T-Shirt mit einem Comic-Tintenfisch seinen Oberkörper. Er schien zwar kein Sportfreak zu sein, es wucherten aber auch keine Genussringe oder Speckrollen um seine Hüften. Und seine ziemlich stark behaarten Gehwerkzeuge endeten in außerordentlich sauber manikürten Zehennägeln. Nur eine sehr lange, auffällige Narbe zog sich den Oberschenkel entlang bis zum Knie. *Wirklich, ein sehr erfreulicher Anblick zu solch früher Stunde!* Spontan fiel Pia ihre letzte Eroberung im Vergleich ein. Martin, ewiger Student mit neunundzwanzig, seine täglich getragene, hautenge schwarzweiß gestreifte Mick-Jagger-Hose, die von selbst schon in der Ecke stehen konnte. Darunter seine milchigweißen Schneewittchenbeinchen, die vom Hinsehen schon einen Knick bekamen und in abartig ungleich langen Zehen verliefen. Auf der linken großen Zehe wuchs immer ein unappetitliches Büschel dunkler Borsten, welche er partout nicht entfernen wollte. Genauso wenig wie seine wuchernden Rückenhaare, die sich absolut unerotisch bis zur Halsbeuge hinaufrollten. Natur pur, oder so ähnlich war sein Leitspruch.

„Das ist Mike. Du weißt schon, der Bergunfall. Und das ist Pia, meine Nachbarin", stellte Alexandra die beiden leicht genervt vor.

„Tolle Hose", stellte Pia fest und streckte ihm ihre Hand entgegen.

Mike ergriff sie und meinte grinsend: „Danke. Ist zwar nicht sehr schmeichelhaft, als „Unfall" vorgestellt zu werden, aber ist wohl nicht ganz von der Hand zu weisen. Tja, und gestern hat uns ein ebensolcher Unfall wieder zusammengeführt!"

Er wandte sich an Alexandra. „Wie geht's dir, Alex? Ah, Kaffee! Super!" Er fuhr sich durch seine dunklen Haare, die sich wie nach einer Starkstromattacke in alle Himmelsrichtungen wegstreckten und beugte sich schnuppernd über die immer noch blubbernde Maschine.

„Mannomann! Ihr zwei habt aber ordentlich zugelangt, oder?", stellte Pia fest.

Alexandra erhob sich. „Ich verziehe mich mal ins Bad, okay? Ihr beide kommt schon ohne mich klar!" Sie schleppte sich hinaus. Mike erzählte Pia währenddessen die Vorkommnisse des Vorabends und zwischen den beiden entwickelte sich eine angeregte Unterhaltung.

Alexandra stand vor ihrem Badspiegel. Sie hatte mühsam geduscht, wobei sie sich die meiste Zeit an die Duschhalterung klammern musste. Anschließend hielt sie Ausschau nach ansehnlicher Kleidung. Ihr Schmuddelhausanzug lag zerknüllt in der Ecke. Frisch gewaschene Jeans und ein lila Twinset erschienen ihr genau richtig. Fahrig griff sie nach ihrer Zahnbürste. Eigenartigerweise griff sie zweimal daneben. *Sehe ich etwa doppelt?* Der starke Kopfschmerz war einem nebulosen, dumpfen Zustand gewichen. Alexandra fühlte sich, als ob ihr Kopf in den Wolken stecken würde oder völlig in Watte gepackt wäre. Ihr Kopf war irgendwie so leicht und leer – kein einziger Gedanke schien durch die Wolken in ihr Gehirn dringen zu können. Sie nahm ihren flauen Magen, den pelzigen Rachen und den vorhin noch penetranten Durst kaum mehr wahr. Sie verließ das Badezimmer und wollte sich gerade zu ihren beiden Gästen gesellen, als sie das Klingeln ihres Handys wahrnahm. Es lag immer noch auf dem Wohnzimmertisch. Auch hier griff sie einmal daneben, bevor sie es in Händen hielt. „Hallooo?", raunte sie gedehnt.

„Hallo, Leo hier! Geht es dir gut? Ich habe mir Sorgen gemacht! Ich habe gestern keinen von euch erreicht! Ist alles gut gegangen?"

Stille.

Alexandra betrachtete gedankenverloren den Staub auf ihrer Wohnzimmerdeckenleuchte. Leos Worte tröpfelten nach und nach in ihr Bewusstsein. „Jaaajaaaaa... alles in Ordnung. Auto ist zwar etwas demoliert, aber ich bin ganz", nuschelte sie gedehnt.

„Bin ich froh, dass dir nichts passiert ist! Ich hätte dir gerne geholfen, aber ich ..."

Alexandra unterbrach ihn: „Ja, natürlich. Aber Mike und ... äh ... Bernie haben das Ding schon geschaukelt. Danke trotzdem." Sie musste sich setzen. Ihr wurde schwindelig. Ihre Beine schienen sich soeben in Knetmasse zu verwandeln. Das Handy wog plötzlich eine Tonne. Ihr Arm mit dem Telefon sank auf den Oberschenkel. Ihr leerer Blick verlor sich irgendwo im Vorhang des Wohnzimmerfensters.

Sie konnte nicht mehr verstehen, dass Leo soeben sagte: „... aber wenn du heute lieber daheimbleibst, verstehe ich das. Nach deinem Unfall ist dir wahrscheinlich nicht nach Karaoke.

Oder sehen wir uns heute Abend trotzdem? Würde mich natürlich freuen! Was meinst du? Trällerst du mir heute meinen versprochenen Song?"

Keine Resonanz.

„Hallo?"

Alexandra hörte entfernt eine männliche Stimme aus Richtung ihres Oberschenkels quäken. Mühsam hob sie nun doch den Arm wieder, um ihr Handy ans Ohr zu pressen.

„Hallo? Bist du noch da?", vernahm sie nun wieder Leos Stimme.

„Jaja, natürlich", antwortete sie.

„Und? Heißt das ja?" drang an ihr Ohr.

„Jaja...", sagte sie automatisch, ohne zu wissen, worum es eigentlich ging.

„Schön! Ich freue mich! Ciao!"

Sie hörte zwar die Worte, jedoch schienen diese an der Wattemauer abzuprallen, die ihren Verstand mehr und mehr verhüllte. Ihr Arm sank wieder nach unten und das Handy glitt aus ihren Fingern. Sie ließ es liegen, denn sie realisierte es gar nicht. Mühsam stand sie auf und folgte den Stimmen, die in einem so angenehmen, lustigen Plauderton aus der Küche zu ihr getragen wurden.

Noch zehn Minuten bis zur dreistündigen Mittagspause. Dani kramte mit grimmiger Miene in der Bestecklade herum. Es war nicht viel los gewesen an diesem Samstagvormittag, was ihr sehr entgegenkam. Seit Tagen dicke Luft mit Bernie – und alles wegen diesem aufmüpfigen Mobbel! Wütend knallte sie die Lade zu, sodass ein leeres Glas, welches sich bedrohlich nahe am Rand der Theke befand, der Anziehungskraft folgte und lautstark am Boden zerschellte. „Verdammt noch mal!", rief sie, machte aber keine Anstalten, sich um die Scherben zu kümmern. In diesem Moment tauchte Bernie auf. Stumm ging er an ihr vorbei, griff in den Kasten und holte Kehrschaufel und Besen heraus. Dann begann er, den Boden zu säubern. Dani rührte sich zu keiner Minute aus ihrer Lehnposition. Sie beobachtete ohne Worte.

Schließlich verstaute Bernie die Reinigungsutensilien wieder und wandte sich an sie: „Ich schließe jetzt ab. Am Nachmittag übernehme ich selbst wieder."

„Was heißt das, du übernimmst?", fragte sie schnippisch.

„Das sage ich dir oben. Ich habe gekocht." Er schloss die Eingangstür ab, drehte sämtliche Lichter und die Musikanlage ab und bedeutete ihr, ihm zu folgen. „Ich hoffe, du magst Lamm", sagte er, als er vor ihr die Treppen zu seiner Privatwohnung hinaufstieg. Dani antwortete nicht, fühlte sich allerdings selbst wie ein Opferlamm, das zur Schlachtbank geführt wurde.

Später saßen sie sich am Esstisch gegenüber. Auf dem Teller vor ihr lag ein verführerisch duftendes Lammsteak mit jungen Bohnen und Kroketten. Jedoch war ihr Appetit wie weggeblasen. Viel zu sehr drängte sich ihr das Gefühl auf, vor einer Henkersmahlzeit zu sitzen. Sie studierte über den Tisch hinweg Bernies Gesicht. Es schien wie versteinert. Seltsam verschlossen. Sie fasste sich ein Herz. „Was hast du unten gemeint, Hase?" Sie lächelte ihn dabei versöhnlich an.

„Ich meinte damit, dass es wohl keine gute Idee war, dass wir auch beruflich kooperieren. Es ist leider Fakt, dass deine ... nun, sagen wir Art meinen Kunden nicht entgegenkommt. Ich möchte daher, dass wir deine Donnerstags- und Samstagseinsätze ab sofort streichen. Überhaupt der Samstag ist zu wichtig für mich, als dass ich es mir leisten könnte, auch nur einen Kunden zu vergraulen."

Dani war fassungslos. *Werde ICH hier tatsächlich gerade gefeuert?*

„Ich vergraule Kunden? Das wirfst du mir tatsächlich an den Kopf? Nein, lieber Bernie! Das nehme ich dir nicht ab! Es ist wohl eher wegen dieser ... dieser ... du weißt schon! Aus irgendeinem Grund hast du einen Narren an diesem Pummel gefressen – weiß der Geier, warum du dich als Samariter bei der ständig zum Clown machst! Vielleicht stehst du ja plötzlich auf kulleräugige Elefantendamen?" Ein hysterisches Lachen folgte.

„Halt den Mund. Sofort." Sein eiskalter Blick brachte sie augenblicklich zum Verstummen. „Hör auf, derart herablassend zu reden! Merkst du eigentlich, wie arrogant und überheblich du dich anderen Menschen gegenüber benimmst? Der Eklat mit Marion war lediglich die Spitze des Eisberges. Meinst du, ich hätte diesen Schritt jetzt unternommen, wenn ich nicht von vielen Seiten bereits Beschwerden über dich gehört hätte? Vielleicht nimmst du das mal zum Anlass, um über dich selbst nachzudenken?"

„Ich werde den Teufel tun! Ich weiß, was ich bin, was ich kann und wie ich aussehe! Bist du jetzt völlig durchgeknallt?" Sie sprang erregt auf. „Bisher hat dir sehr wohl gefallen, was du gesehen hast, oder? Und dann kommt ein unscheinbares Rotkäppchen mit ihrem riesigen Wackelpuddingherz daher und du stellst plötzlich alles infrage? Auf welchem Trip bist du denn?"

„Auf dem richtigen, das ist mir bewusst geworden", antwortete er ruhig. Sie setzte sich wieder und atmete ein paar Mal tief durch.

„Schmeißt du mich nur aus deinem Studio oder auch aus deinem Leben?"

Bernie sah sie eine unendlich lange Minute stumm an. „Ich weiß es nicht, Dani. Ehrlich."

Dani erhob sich. „Dann beantworte ICH diese Frage für dich. Es ist aus. Das habe ich echt nicht nötig. Ich habe DICH nicht nötig!" Dann verließ sie die Wohnung – wie üblich mit einem lauten Knall.

Bernie betrachtete das erkaltende Lammsteak vor ihm. *Auf welchem „Trip" – wie Dani so schön gesagt hat – bin ich wirklich?* Unwillkürlich dachte er an Marions letzte Worte beim Aussteigen. *Was hat sie bloß damit gemeint?* Ihre Ansage schwebte wie ein großes Fragezeichen über ihm. Abschließend hatte sie ihm noch alles Gute gewünscht. *Sagt man so was nicht bei einem endgültigen Abschied?* Bei dem Gedanken verspürte er plötzlich einen Kloß im Hals.

Umberto Tozzi schmetterte einen schmalzigen Lovesong aus der nagelneuen Soundmachine in Mikes Wohnzimmer. Alexandra lag wie eine Diva in Kuscheldecken gehüllt auf seiner schwarzen Ledercouch. Aus der Küche wehten verlockende Düfte, die einen Gaumenschmaus vom Feinsten versprachen. Alexandra verspürte keinerlei Hungergefühl, obwohl sie außer zwei Tassen Kaffee nichts im Magen hatte. Mike umsorgte sie wie einen Rohdiamanten. Seit sie am frühen Nachmittag ihre Wohnung verlassen hatten und per Taxi zu Mike gefahren waren, versuchte er jede Minute, ihr alle Wünsche von den Augen abzulesen. Zuerst hatte sie sich noch schwach gesträubt, mit ihm zu fahren, da sie sich einfach nur krank fühlte und todmüde war. Jedoch ließ er keinen Widerspruch zu und meinte, hinlegen könne sie sich auch bei ihm. Und schließlich würde auch sie irgendwann eine „Magenfüllung" benötigen. Also hatte er sie nach dem Eintreffen sofort mit Kissen, Decken und Erdnüssen auf seine Couch verfrachtet, einschmeichelnde Schmalzmusik angemacht und sich in sein Reich, die Küche, verzogen. Dort bastelte er nun an einem fulminanten Galamenü. Alexandra hoffte nur, dass sie bis zur Servierstunde in der Lage war, auch nur einen Bissen runterzukriegen. Die

Wolken und Nebel um ihren Kopf hatten sich noch verstärkt und eine bleierne Müdigkeit hatte sich breitgemacht. Weiters hatte sie äußerste Mühe, auch nur ein paar Schritte am Stück zu gehen. Sie hatte sich kaum hingelegt, als sie auch schon ins Traumland entschwebte. Fürsorglich hatte Mike sie nochmals zugedeckt und sich aufgemacht zum Supermarkt, um diverse Zutaten einzukaufen.

Unbestimmte Zeit später fuhr sie aus ihrem traumlosen Schlaf hoch, als die schrille Türglocke anschlug. Mike sauste mit Geschirrtuch in der Hand den Korridor entlang und öffnete. Alexandra vernahm männliches Stimmengemurmel. Sie starrte mit rotgeränderten Augen zur geöffneten Wohnzimmertür. Zuerst sah sie Mike inklusive kariertem Geschirrtuch wieder in die Gegenrichtung flitzen. Und gleich darauf sah sie Carlo vorbeihuschen. Sie hörte, wie die beiden sich unterhielten, verstand jedoch kein einziges Wort. Irgendwann stand Carlo plötzlich neben ihr und sah auf sie hinab. „Na, wenn das nicht unsere Bruchpilotin Alex ist!"

Alexandra brachte nur ein unverständliches Krächzen zustande und sank wieder zurück in ihre Kissen. *Der hat gerade noch gefehlt zu meinem Glück!*

Wie aus dem Ei gepellt, in schnittiger Jeans und frisch gestylter Gel-Igel-Frisur grinste er sie an. „Bisschen viel gefeiert gestern, wie? Wobei ich nicht ganz verstehe, was man da zu feiern hat! Ist ja echt krank, welche Dinge dir immer passieren! Bist du vielleicht von irgendeiner Hexe mit einem Fluch belegt? Oder klebt das Pech einfach nur mit Superkleber an deinen Fersen?"

Alexandra richtete sich etwas auf und strich ihre wirren Haare zurück. Dann nuschelte sie gereizt: „Ich würde mal sagen, dass so was jedem passieren kann. Hattest du noch nie einen Unfall mit Blechschaden? Keine Tonne umgefahren? Nie in eine Leitplanke gerutscht im Winter? Kann doch wirklich jedem passieren!"

Carlo lachte sarkastisch. „Kann jedem passieren? Du bist wahrscheinlich die größte wandelnde Katastrophe, die auf unserem Erdball herumfleucht! Man muss sich ja fast überlegen, in deiner Gegenwart einen Sturzhelm und Rüstung zu tragen! Am gesündesten wäre allerdings, deine Gegenwart ganz zu meiden!"

Das war zu viel! Alexandra setzte sich so ruckartig auf, dass die Nebelschwaden um ihren Kopf fast nicht mitkamen. Aggressiv fuhr sie ihn an: „Von wegen! Wenn hier jemand gemieden werden sollte, dann du! Am besten von der gesamten weiblichen Weltbevölkerung! Vielleicht könnte man so verhindern, dass du Frauen, die ohnehin genug Probleme haben, ins Unglück stürzt!"

„Was meinen Eure Bettlägrigkeit wohl damit?", fragte er sarkastisch. „Ist da vielleicht jemand neidisch auf meine Erfolge beim anderen Geschlecht? Ist es so, hm? Vielleicht solltest du anstelle von Katastrophen auch mal so was wie Charme versprühen?"

„Die Katastrophen, die ich versprühe, haben nicht annähernd die Auswirkung wie deine, du hirnlose Spermaschleuder! Ich versaue niemandes Leben, indem ich irgendjemanden flachlege, schwängere und dann zur nächsten Blume flattere!" Das saß!

Carlo gefror sein Grinsen und er sah sie verständnislos an. „Was meinst du damit?"

Alexandra funkelte ihn mit glasigen Augen wutentbrannt an. Sie kämpfte wieder verstärkt gegen das wolkige Nichts, das ihr Bewusstsein stets in den Schatten drängte.

„Na dann versuche mal, dich an den vergangenen Sommer zu erinnern! Wird zwar jemandem wie dir schwerfallen – wenn man jede Nacht eine andere Gespielin hat!" Sie sank erschöpft zurück. Carlo stand wie eine Salzsäule vor ihr. Hinter ihm stand Mike – mit offenem Mund und einer Stange Sellerie in der Hand.

Das Essen verlief sehr schweigsam. Alexandra versuchte, Mike nicht zu enttäuschen, und leerte ihren Teller mühsam zumindest bis zur Hälfte. Sie verspürte immer noch keinen Hunger. Gerade, als sie in dem anbetungswürdig delikaten Rinderfilet herumstocherte, legte Mike das Besteck demonstrativ zur Seite und fragte: „Was ist los mit dir? Das kann doch nicht nur mit den paar Whiskeys gestern zusammenhängen! Du bist irgendwie ... ich weiß nicht, irgendwie neben der Spur!"

Alexandra blickte ihn über die Salatschüssel hinweg mit müdem Blick an. „Keine Ahnung. Mein Körper ist irgendwie völlig abgetrennt vom Kopf und ich könnte nur schlafen, schlafen, schlafen ...!" Sie trank zittrig einen gierigen Schluck aus ihrem Wasserglas.

„Du bist auch seltsam aggressiv. Vorhin, als du auf Carlo so losgegangen bist, dachte ich wirklich, du bist eine fremde Person! Was sollte das Ganze eigentlich bedeuten? Was ist auf der Berghütte passiert?"

Alexandra ließ ihren schweren Kopf mit einem Seufzer hängen und murmelte: „Ich Idiot. Ich Riesenidiot. Wie konnte ich mich nur so gehen lassen ... Silvia wird ..." Sie stockte.

„Was wird Silvia?", fragte Mike nach.

„Ach nichts, Mike! Sei mir nicht böse, aber ich möchte über dieses Thema nicht mehr sprechen. Ich bin so verdammt müde. Wir hätten das Essen doch verschieben sollen."

„Ach was! Wir wiederholen das einfach mal, wenn du fit bist! Und den genialen Merlot, den ich für uns eingeplant hatte, werden wir uns wohl auch besser das nächste Mal einverleiben."

Viel wichtiger bist du!" Er griff über den Tisch nach ihrer Hand.

Sie entzog sie ihm. Mit den Worten „Ich muss aufs Klo" entschwand sie.

Mike blieb beunruhigt sitzen. Er machte sich Sorgen. *Was ist nur los mit ihr? Ihre Augen sind glasig und glänzen unnatürlich. Und dann noch diese extrem erweiterten Pupillen! Man könnte fast auf den Gedanken kommen ...*

Alexandras Handy läutete von irgendwoher. Mike sah automatisch auf seine Armbanduhr. Es war 20:11 Uhr. Er ging ins Wohnzimmer und rief: „Alex! Telefon!" Keine Antwort drang durch die Tür des stillen Örtchens. Er hob das Telefon auf und sah auf dem Display den Namen „LEO" aufleuchten. *Nun, bei Leo kann ich wohl ausnahmsweise auch rangehen.* Und da nicht davon auszugehen war, dass Alex einen zweiten „LEO" in petto hatte, nahm er das Gespräch an. „Hi Leo! Was geht?"

Nach einigen Schrecksekunden ertönte es etwas zögerlich: „Wer ... ich meine ... Mike, bist du das?"

„Klar bin ich das! Was gibt's? Wolltest du Alex sprechen? Ja, natürlich! Du hast ja bei ihr angerufen!" Mike lachte lauthals über seine eigene witzige Ansage. „Ich kann sie dir allerdings gerade nicht geben, weil sie am Klo ist. Wir essen gerade, und scheinbar haben meine jungen Erbsen einiges in ihrem Darm bewegt!" Er lachte wiederum. „Na, ich kann nur hoffen, dass meine Schwarzwälder Kirschtorte alles wieder in Einklang bringt!" Er schien nun endlich zu bemerken, dass er einen Monolog gehalten hatte, und machte eine Pause. „Wo bist du eigentlich? Ist laut bei dir! Was ist das für eine eigenartige Katzenmusik im Hintergrund?"

„Ach ... ich bin nur kurz in so ein kleines Lokal gestolpert, weil ich erstens ungeheuren Durst und zweitens ungeheuren Druck auf der Blase hatte! Ist wohl eine Karaoke-Bar. Tja, ich

... äh ... wollte mich nur kurz erkundigen, ob alles in Ordnung ist – aber das ist es ja offensichtlich ...“

„Jaja, alles bestens, Kumpel! Alex ist zwar heute ein bisschen neben sich – aber ist ja auch kein Wunder nach der Aufregung gestern Nacht. Und dann schnarche ich ihr auch noch die Ohren voll! Waren letztendlich zwar nur mehr ein paar Stunden, aber ich kenne meinen Resonanzkörper!“ Er lachte wieder. Als er sich etwas gefasst hatte, fragte er: „Soll Alex dich zurückrufen? Sie ist nämlich immer noch nicht da!“

Wieder vergingen einige Sekunden, dann: „Nein, ist nicht nötig. Ich wollte eben nur wissen, ob es ihr ... euch ... gut geht. Also, dann noch schönen Abend.“

Mike schaute verwundert auf das tutende Handy in seiner Hand. Eigentlich hatte er Leo noch um einen Gefallen bitten wollen, allerdings war dies nach dem übereilten Ende dieses Gespräches nicht mehr möglich gewesen. *Hat Leo vielleicht seine berstende Blase nicht vor dem Telefonat entleert? Na egal, ich werde ihn morgen mal anrufen.* Er blickte in Richtung der Toilette. „Alles in Ordnung?“

Die Tür öffnete sich daraufhin wie in Zeitlupe und Alexandra torkelte regelrecht heraus. „Jetzt ist mir schlecht auch noch ... ach Mike, es tut mir so leid! Ich habe den ganzen Abend versaut!“

Er rannte zu ihr und stützte sie. „Mach dir bloß keine Gedanken deswegen! Nun legen wir dich erst mal hin und dann wird’s gleich wieder besser – du wirst sehen!“ Er bettete sie fürsorglich auf die Couch, jedes Kissen drapierte er zentimetergenau. Sie lag leise stöhnend auf dem Rücken und hielt die Augen geschlossen. Ihr Gesicht wirkte wächsern und bleich. Mike saß neben ihr und betrachtete sie. Sogar in diesem Zustand hatte sie eine faszinierende Ausstrahlung. Er griff nach ihrer Hand – und diesmal wurde sie ihm nicht entzogen.

Leo hielt sein Handy noch eine ganze Weile umklammert und starrte unbewusst Löcher in den ausufernden, gewaltigen Bierbauch des glatzköpfigen Barkeepers im Birdies. Dieser trabte gemächlich zwischen Bierzapfhahn und Cocktailecke hin und her und steckte ein geblümtes Geschirrtuch abwechselnd in irgendwelche Gläser. Auf der Bühne bemühte sich gerade eine gewichtige Mittvierzigerin mit roten Dauerwellenkringeln, die Töne zu „It's raining men" zu treffen. Dies misslang jedoch kläglich, da ihr Gesang eher dem Todesgeschrei einer sterbenden Hyäne glich. Doch die um diese Zeit noch etwas spärlichen Besucher der Karaoke-Bar nahmen ihr dies nicht übel – im Gegenteil: Sie johlten begeistert mit und klatschten im Takt.

Leo bekam von dem Geschehen um ihn herum jedoch kaum etwas mit. Er war erschüttert. Bis in die Knochen. *Alexandra und Mike! Ich Idiot bin dabei, mir ernsthaft Gedanken über Alex und mich zu machen, und checke nicht, dass da längst mein bester Freund seine Hände im Spiel oder besser gesagt auf Alex hat! Und Mike hat ja ehrlicherweise nie einen Hehl aus seiner Sympathie für sie gemacht – im Gegensatz zu mir Trottel! Ich habe zu keiner Zeit zugegeben, dass mir was an ihr liegt! Was aber sollte dann Alexandras Spielchen mit mir? Noch vor wenigen Stunden hat sie mir telefonisch ihr Kommen ins Birdies bestätigt! Sie hat offensichtlich die vorige Nacht mit ihm verbracht und diese würde sie wohl auch nicht allein in ihrem Bettchen schlummern – schon gar nicht, wenn Mike seine Kochkünste zu Verführungszwecken einsetzt! Fakt ist, sie hat mich eiskalt versetzt. Was soll das? Ein krankes Spielchen?* Je mehr Leo darüber nachdachte, desto mehr kroch Wut in ihm hoch. „Einen Whisky ohne Wasser!", rief er dem übergewichtigen Kojak zu. Dieser grunzte zum Zeichen des Verständnisses kurz in seine Richtung. Dann schob er seinen Dreizehn-Monate-Schwangerschaftsbauch in die enge Ecke mit den schweren Geschützen. Als er den Arm zur Dosierhalterung der Whiskeyflasche emporstreckte, ächzten die Nähte seines ohnehin viel zu engen Satinhemdes bedrohlich. *Bloß nicht platzen*, dachte Leo in einem Anflug von Galgenhumor. *Diesen Anblick ertrage ich heute nicht auch noch!*

Der Duft von frisch aufgebrühtem Kaffe erfüllte die ganze Wohnung. Mike hatte frische Brötchen geholt und den Tisch mit kulinarischen Frühstücksleckereien überhäuft.

„Wow, was für ein königliches Frühstück!" Alexandra betrachtete mit nun wieder natürlich glänzenden Augen die Vielfalt an Köstlichkeiten. Melonen, Ananas, Prosciutto, Schinken, Eier, Aufstriche, Erdbeeren und Yoghurt verlockten zum Hinlangen. Und das tat sie auch! Sie fühlte sich an diesem Sonntagvormittag endlich wieder wie ein Mensch. Sie hatte die ganze Nacht auf Mikes Couch durchgeschlafen und erst heute Morgen gegen neun die Augen geöffnet. Abgesehen von einem noch leicht dumpfen Gefühl im Kopf fühlte sie sich wie neugeboren. Mit herzhaftem Appetit schlemmten beide genüsslich vor sich hin.

Schließlich meinte Mike, der schmatzend ein Stück Melone im Mund herumjonglierte: „Heute siehst du bedeutend besser aus. Wie fühlst du dich?"

„Bestens! Es tut mir nur leid, dass der Abend gestern so in die Hose gegangen ist. Ich kann mich gar nicht erinnern, ob ich das Dessert noch ..."

„Nein, hast du nicht. Du hast beim Hauptgang aufgegeben und bist dann direkt ins Land der Träume! Aber macht nichts – ich freue mich unheimlich, dass du bei mir bist! Mit oder ohne Hunger!"

Sie blickten sich direkt in die Augen. In diesem Moment wurde zwei Menschen etwas bewusst. Mike erkannte, dass er sich Hals über Kopf in Alexandra verliebt hatte. Wahrscheinlich war dies schon vor längerer Zeit passiert – aber erst dieses

Wochenende war er bereit, sich dies auch selbst einzugestehen. Und Alexandra erkannte im selben Moment, dass ihr von Mikes Seite ein ganz eindeutiges Gefühl entgegenschlug. Es war eine Wärme und Zuneigung in seinem Blick, der alles sagte. Ein Blick, den sie sehr lange Zeit nicht mehr wahrgenommen hatte. Nicht einmal Tom, mit dem sie heiße sechs Monate verbrachte, hatte sie je so angesehen. Doch gleichzeitig erkannte sie noch etwas: *Ich bin nicht verliebt in Mike!* Schmerzlich wurde ihr bewusst, welch seltenes Glück es doch ist, einen Menschen zu treffen, der einen aufrichtig liebt. Wenn dieser Mensch auch noch liebevoll, humorvoll, ehrlich, treu, attraktiv und zusätzlich auch noch ein begnadeter Koch ist, hat frau wohl definitiv den Jackpot geknackt! In Zeiten der fünfundvierzigjährigen Muttersöhnchen, emotionaler Scheidungskrüppel mit diversen Psychosen sowie bindungsunfähiger, übergebliebener Junggesellen vom Lande ein unglaublicher Glücksgriff! Welch Unglück jedoch, wenn man diese Gefühle aus irgendeinem bescheuerten Grund nicht erwidern konnte! Und da war er, der riesengroße Haken: *Er ist ein Freund – aber es ist keine Liebe ...! Leider!*

„Alex, ich möchte dir etwas sagen", durchbrach Mike nun die anhaltende Stille. In weiser Vorahnung sah sie ihn mit angehaltenem Atem schweigend an. „Du bist eine ganz außergewöhnliche, tolle Frau. Das wusste ich schon in London. Und als wir beide dann im Krankenhaus waren, hast du dich so ... so ... großartig mir gegenüber verhalten! Nicht nur, dass du verdammt hübsch bist, du hast auch Grips und einen Humor zum Niederknien! Ich dachte immer, man kann nur eines haben: hübsch ODER intelligent! Du hast mir bewiesen, dass es auch eine Kombination von beidem gibt!" Er machte eine gedankenschwere Pause. „Jedenfalls ist es so, dass ich mich in dich verliebt habe." Punkt. Ende der Ansage. Er sah sie erwartungsvoll an.

Alexandra saß ihm gegenüber, starrte verlegen ein Loch in die Kühlschranktür und suchte verzweifelt nach den passenden Worten. Worte, die sie sorgsam wählen wollte, um ihn so wenig wie möglich zu verletzen. Andererseits, gab es eine Wortwahl, die verständlich war und ihn NICHT in den Abgrund stieß in diesem Moment der Erwartung? Sie holte tief Luft vor ihrer Antwort, als plötzlich ... Handyklingeln! *Wie unpassend! Oder aber auch Gott sei Dank?*

„Entschuldige ...", murmelte Alexandra und griff in ihre Tasche. *Silvia! Welch Geschenk des Himmels!*

„Guten Morgen! Lust auf Frühstück bei mir? Bevor du zusagst, muss ich dir allerdings gestehen, dass meine Einladung nicht uneigennützig ist! Ich brauche nämlich ganz dringend deinen Input zu einer schwerwiegenden Entscheidung!"

„Äh ... ja, ansonsten gerne, nur leider bin ich nicht mobil!"

„Was heißt das?"

„Das heißt, dass ich meinen Alfa auf dem Heimweg von dir am Freitag um eine Ampel gewickelt habe!"

„Was? Um Himmels willen! Warum hast du mich nicht angerufen?"

„Du warst im Ausnahmezustand! Und außerdem sind Bernie, Marion und Mike gekommen, die sich um mich und um mein Wrack gekümmert haben! Also keine Panik. Abgesehen davon, dass ich kurzfristig auf Bus umsteigen muss, ist nichts Tragisches passiert!"

„Also gut, ich hole dich gleich ab. In zehn Minuten bin ich da!"

„Halt! Moment noch! Ich bin nicht daheim, ich bin ... bei Mike!"

„Wooo bist du?", kam ungläubig und gedehnt retour.

„Bei Mike. Sagte ich doch. Wir sind übrigens gerade dabei, zu frühstücken. Für mich daher bitte in dieser Richtung keine Dispositionen!"

„Ist doch egal wegen des Essens … nun, dann möchte ich nicht weiter stören … ich rufe dich dann später mal an, in Ordnung?"

„Nein, ist nicht in Ordnung! Du brauchst mich, also hat das auch Priorität! Du müsstest mich lediglich bei Mike abholen – ich habe nämlich keinen Dunst, wo und wann hier irgendwo ein Bus zu dir rausfährt! Muss mich ja erst mal schlaumachen diesbezüglich!"

„Na klar hole ich dich dort! Adresse?"

Nachdem die Details besprochen waren, legte Alexandra auf und sah direkt in Mikes offensichtlich enttäuschtes Gesicht. „Mike, es tut mir leid. Silvia braucht mich. Sie hat eine … nun, sehr schwere Zeit momentan." Mike setzte die Kaffeetasse ab.

„Und das hängt mit Carlo zusammen, nehme ich an?"

Alexandra überlegte kurz. Nach ihrem gestrigen Blackout bei Carlo – welches Mike fast wortwörtlich wiedergegeben hatte, da sie sich nurmehr vage daran erinnern konnte – war ohnehin jedem, der eins und eins zusammenzählen konnte, klar, was Sache war. Sie hatte ein mehr als schlechtes Gewissen Silvia gegenüber. Dass sie sich hatte hinreißen lassen, Carlo diese Dinge an den Kopf zu werfen, war ihr absolut unverständlich. Sie konnte doch bisher immer jedes Geheimnis bewahren – egal, unter welchen Umständen! Bis auf gestern! *Was zum Teufel hat mich da bloß geritten? Gut, er hat mich offensichtlich provoziert auf seine unvergleichlich unausstehliche Art, aber trotzdem … Noch dazu geht es dabei um meine beste Freundin! So oder so, ich muss ein Geständnis bei Silvia ablegen! Gleich heute! Vielleicht ist Carlo ja auch etwas unterbelichtet und konnte noch nie gut kopfrechnen? Eine sehr vage Hoffnung …* Als sie Mike jedoch ansah, spürte sie, dass es keinen Sinn hatte, ihn anzulügen. ER konnte definitiv bis drei zählen und er hatte wohl auch die Zusammenhänge erkannt. „Er ist zumindest nicht ganz unbeteiligt, das stimmt", antwortete sie daher wahrheitsgetreu.

Mike erhob sich und begann, den Tisch abzuräumen. „Schade. Ich hoffte, wir hätten noch etwas Zeit, um ... nun ... um zu reden."

Alexandra stand ebenfalls auf und legte ihre Hand auf seinen Arm. „Das werden wir. Nur nicht heute. Aber bald!"

„Was ist da los?", fragte Silvia, die gerade ihren Kombi aus der Parklücke bugsierte. Auf dem Rücksitz krakeelten ihre beiden Söhne.

„Was meinst du?" Alexandra fixierte den Airbag-Schriftzug vor sich.

„Ich meine, dass der gute Mike dich gar nicht mehr loslassen wollte bei der Verabschiedung! So, wie der dich gedrückt und angesehen hat, höre ich ein ganzes Geigenorchester fiedeln!"

„Was du alles hörst ...", meinte Alexandra lethargisch und gähnte.

„Willst du mir etwa sagen, dass da nichts läuft?"

„Mike ist verknallt", antwortete Alexandra schließlich mutlos.

„Ja und? Ein schnuckeliger Normalo-Mann, der dir die Welt zu Füßen legen möchte! Welche Katastrophe auch! Weißt du überhaupt, was ich für so einen Fang tun würde? Morden! Du hast ein Glück, dass du meine beste Freundin bist!"

In Anbetracht von Silvias überschäumendem Enthusiasmus musste sie lachen. Diese warf ihr einen kurzen Seitenblick zu und meinte unvermittelt: „Wir fahren wohl besser kurz bei dir vorbei – ich denke, es wird bei dir Zeit für einen Garderobenwechsel!"

„Meine Güte, so schlimm? Oder stinke ich?", fragte Alexandra erschreckt und sah an sich hinunter. Silvia schwieg.

Eine halbe Stunde später saßen sich die Freundinnen in Silvias Wohnung am Küchentisch gegenüber. Im Nebenzimmer zerlegten die Jungs lautstark das Mobiliar. Oma Gertrud schlummerte in einem bequemen Ohrensessel im Wohnzimmer friedlich schnarchend vorm Fernseher, in dem sich in einem Antikriegsfilm mit maximaler Lautstärke arme getriebene Soldaten gegenseitig Arme, Beine und Schädel durchsiebten.

„Ich lasse abtreiben", sagte Silvia und sah von ihrer Kaffeetasse auf. „Ich habe lange darüber nachgedacht. Es geht einfach nicht. Weder finanziell noch sonst wie. Ich bin schon jetzt als Alleinerzieherin von zwei kleinen Vandalen überfordert. Dann auch noch meine Mutter ... selbst, wenn ich wollte, ich kann dieses Kind nicht zur Welt bringen." Alexandra schwieg. „Verdammst du mich jetzt?"

Alexandra starrte in die dunkelbraune, duftende Brühe vor sich. „Wie könnte ich? Es steht mir nicht zu, dich zu verdammen oder zu verurteilen. Fakt ist, dass soeben Leben heranwächst. Fakt ist auch, dass du dieses in die Tonne treten willst. Ich frage dich nur eines: Bist du davon überzeugt, mit dieser Entscheidung leben zu können?"

Die bis dato sehr ruhige und überzeugte Silvia begann nun, nervös ihre Finger zu kneten. „Ehrlich, ich habe keine Ahnung. Wahrscheinlich nicht. Aber ich kann einfach keine andere Entscheidung treffen. Also muss ich wohl damit leben."

Alexandra griff nach ihren Händen und hielt sie fest. „Versprich mir, wenigstens noch ein paar Tage darüber nachzudenken. Vielleicht ergibt sich ja irgendwie noch eine andere Möglichkeit, an die du noch nicht gedacht hast! Und da ist ja auch noch der Vater ..."

„Das kannst du vergessen. Mit den läppischen Alimenten eines weiteren Erzeugers komme ich keinen Schritt weiter! Und anderweitige Unterstützung seinerseits kann ich in hundert Jahren nicht erwarten! Nein, ich bin auf mich allein gestellt, das ist Fakt."

Alexandra brummte der Schädel. Sie fühlte sich immer noch wie geschleuderter Salat. Sie stand auf und füllte ein Glas mit Leitungswasser. Silvia betrachtete sie eingehend. „Geht's dir nicht gut? Du siehst überhaupt aus wie schon mal gegessen! Bist du krank?"

„Ich weiß nicht ... ich fühle mich einfach nicht gut momentan. Der Stress, der Unfall, und dann noch die ständigen Kopfschmerzen ... ist keine besonders tolle Zeit momentan für mich."

„Und so nebenbei während deines Höllentrips wirst du kurz mal zu einem Galadiner inklusive darauffolgendem Verführerfrühstück von einem Traummann eingeladen! So ein schwarzes Wochenende aber auch!" Silvia brachte schon wieder ein sarkastisches Lächeln zustande.

„Entschuldige bitte. In Anbetracht deiner Probleme sind meine wie eingeschlafene Füße! Oder Sodbrennen! Oder eingeschlafene Füße mit Sodbrennen!"

Aus dem Wohnzimmer dröhnte soeben eine Salve aus einem Maschinengewehr, gefolgt von einem nicht minder lauten Schnarcher aus Oma Gertruds Nasenpolypen. Plötzlich erinnerte Alexandra sich daran, in puncto Carlo ja ihr Gewissen erleichtern zu müssen. *Nun ist der richtige Zeitpunkt, ein Geständnis abzulegen!* „Ach übrigens, Silvia, mir ist da gestern etwas ..."

„MAMAAAAAAA!" Max stürzte auf Silvia zu und hing gleich darauf wie ein eine Klette an ihrem Hals. Voller Aufregung brabbelte er Unverständliches in die Halsschlagader seiner Mutter.

„Langsam, Max, langsam! Ich verstehe ja gar nichts! Also noch mal: Was ist passiert?"

„Theo tot! Mama, Theo ist tot! Ist so böse gewesen! Ich hab ihn bestrafen müssen, weil er immer alles in den Mund steckt! Hab ihm immer gesagt, er soll das lassen! Mama sagt ja immer, Plastik darf man nicht essen!"

Herzerweichendes Heulen folgte. Silvia sprang wie vom Blitz getroffen auf, packte ihren Sohn an der Hand und rannte mit ihm ins angrenzende Kinderzimmer. Alexandra folgte langsam. Gerade als sie den Kopf in den Flur schob, kam Silvia aus dem Kinderzimmer gestürmt. In ihren Armen hing scheinbar leblos der kleine Körper ihres Jüngsten. Blut sickerte aus seinem rechten Ohr und hatte bereits den weißen Kragen seines Winnie-pooh-T-Shirts dunkelrot gefärbt. Seine Augen waren geschlossen. Es sah aus, als würde er schlafen. Silvia hechtete an Alexandra vorbei, der beim Anblick des Kindes fast übel vor Angst wurde. *Das sieht nicht gut aus!* Soeben tropfte auch ein zäher Blutstropfen aus der Nase des bewusstlosen Kleinen. Max stand immer noch heulend im Zimmer und seine Tränen kullerten wie die Fluten des Niagaraflusses über seine tiefroten Bäckchen.

Silvia, bereits mit einer Hand die Türklinke in der Hand, wandte sich totenbleich an ihre Freundin: „Ich fahre sofort in die Notaufnahme! Bitte bleibe hier bei Max und Mutter – ich melde mich ehest!" Und weg war sie.

Alexandra stand ratlos im Flur. Max plärrte immer noch und vermutlich schwammen seine Stofftierfreunde bereits im Hochwasser der Tränen. Alexandra ging ins Zimmer, nahm ihn wortlos an der Hand und zog ihn mit sich ins Wohnzimmer. Sie betrachtete Oma Gertrud. *Unglaublich! Trotz der sirenenhaften Heulboje an meiner Hand und dem anhaltenden lautstarken Schusswechsel in Vietnam weilt diese unbeeinträchtigt im Land der Träume! Wirk-*

lich tolle Pillen! Alexandra registrierte, wie in diesem lärmgefüllten Umfeld ihr allgegenwärtiger Kopfschmerz zurückkehrte. Die Ungewissheit und Sorge Theo betreffend sowie die Voraussicht, hier länger die Stellung halten zu müssen, veranlassten sie, ebenfalls eine ihrer lieb gewonnenen Tabletten aufzulösen. Natürlich nur, um das alles wenigstens ohne Schmerzen durchzustehen.

Unendliche zwei Stunden später – Alexandra saß neben der mittlerweile wieder putzmunteren Oma Gertrud und beide starrten in die Flimmerkiste, in der gerade ein weiser Opa ein Vieraugengespräch mit seiner aufmüpfigen Enkelin führte – läutete endlich das Telefon. Max saß zu ihren Füßen und hievte Essbesteck mit seinem Plastikkran herum.

„Alex? Alles in Ordnung daheim?"

„Jaja, alles klar! Was ist mit Theo?"

„Die Ärzte sind sich nicht sicher – Verdacht auf Schädelbasisbruch! Oh mein Gott! Sie untersuchen ihn immer noch! Ich hab so ein verdammt schlechtes Gefühl! Die sagen mir nichts!"

„Bleib ruhig! Lass die Ärzte ihren Job machen. Alles wird gut!" Noch während sie diese Worte sprach, kam Alexandra in den Sinn, wie leichtsinnig diese Worte doch waren. *Weiß ich, dass alles gut wird?*

„Hast ja recht. Ich hole mir noch einen Kaffee und warte weiter ab. Was soll ich sonst machen?" Resignierend atmete Silvia laut aus.

„Hast du Johannes schon verständigt?", fragte Alexandra.

„Nein, aber werde ich gleich machen. Der Kerl soll zumindest jetzt antraben und mir und unserem Sohn zur Seite stehen! Kannst du noch eine Weile die Stellung halten? Ich habe meine Schwester Irmgard schon informiert – sie wird in Kürze bei euch sein und dich ablösen."

„Klar doch, ich bin da, bis sie kommt! Mach dir keine Sorgen", antwortete diese beschwichtigend.

Kurze Pause.

„Danke, Alex. Wenn ich dich nicht hätte …!"

Silvias große Schwester Irmgard polterte genau eine Stunde später bei der Tür hinein. Sie war eine stark übergewichtige Matrone mit orange gefärbter Turmfrisur, die sich leidenschaftlich gerne in Designerklamotten zwängte. Leider waren die generell mindestens zwei Nummern zu klein. So auch heute. Ihr massiger Körper steckte in einem lila Betty-Barkley-Kleid, welches sich tapfer gegen die drohende Sprengung zur Wehr setzte. An der Schulter-Oberarm-Partie sowie rund um ihr imposantes Gesäß konnte man mit etwas Konzentration die Nähte krachen hören. Sie war Mitte vierzig, praktizierte Fünfzig-Stunden-Wochen in ihrem Job als Kreditchefin einer bedeutenden Bank und betrieb seit zehn Jahren ein „schlampiges Verhältnis" mit einem verheirateten, eierköpfigen Branchenkollegen. Als selbst ernannte Karrierefrau war es ihr somit auch nicht möglich, sich um ihre geisteskranke Mutter zu kümmern, sodass sie es bei – ihrer Meinung nach – spendablen finanziellen Unterstützungen an Silvia bewenden ließ. Völlig außer Atem stand sie nun vor der kleinen Gruppe und schnappte nach Luft.

„Bist du zu Fuß hergerannt – oder weswegen schnaufst du wie ein zuschanden gerittenes Postross?", fragte Oma Gertrud ohne vorherige Begrüßung ihre Tochter trocken.

„Hallo zusammen! Hallo Mutter!" Sie ging auf ihre Mutter zu und schmatze einen Luftkuss in Richtung deren Wange. Dann griff sie sich den kleinen Max und drückte ihn an ihren gewaltigen Busen. „Mein Mäxchen! Endlich kann ich dich mal wieder drücken!"

Dieser – der Erstickung nahe – wand sich unglücklich in der wulstigen Umklammerung seiner Tante und blickte flehend zu Alexandra. Sie zwinkerte ihm aufmunternd zu und wollte ihm vermitteln: *Augen zu und durch – geht auch vorbei!* Max schien zu verstehen und gab seine Widerstände auf. Schmatzend verteilte Irmgard im ganzen Gesicht des armen Jungen ihre Schlauchbootlippen und hinterließ ein hellrotes Graffiti. Als sie ihn endlich wieder absetzte, rannte Max sofort zu Alexandra.

„Wäh!!", ätzte er und wischte mit beiden Ärmchen angeekelt im Gesicht herum.

„Nun, ich werde mich hier ab sofort um alles kümmern – danke Alexandra, du kannst nun nach Hause gehen!"

Jawoll, Frau Feldwebel, lag Alexandra auf der Zunge, unterließ es jedoch. Gut, dass sie da war. Denn ihr Verlangen nach Ruhe und Schlaf wurden mittlerweile übermächtig. Und morgen stand ein vermutlich unangenehmer, anstrengender Montag am Programm – also hieß das Motto für den kurzen, verbleibenden Tag: Kraft tanken und abschalten!

Nach einer unruhigen, albtraumgeschwängerten Nacht sowie einer äußerst nervenaufreibenden Fahrt in einem öffentlichen Stadtbus betrat Alexandra Montagmorgen kurz vor 8 Uhr die heiligen Hallen von Blaumann & Partner. Sie betrat mit einem etwas mulmigen Gefühl ihr Büro. Kollege Daniel, bereits eifrig in seinen Computer hämmernd, blickte auf und sah sie durch seine zentimeterdicken Aschenbechergläser skeptisch an. „Guten Morgen! Wie siehst du denn aus? Wilde Nacht gehabt?"

Ulrike startete wie eine gezündete Bodenluftrakete auf sie zu. „Wo warst du bloß am Freitag? Hier war die Hölle los!" Wild gestikulierte sie als Untermalung der Dramatik mit beiden Armen, sodass Alexandra Angst bekam, sie könnte einen unabsichtlichen Kinnhaken abfangen. Vorsichtig zog sie daher den Kopf ein und huschte an Ulrike vorbei an ihren Arbeitsplatz.

„Es war mir nicht mehr möglich, zu kommen, am Freitag und außerdem hatte ich dann noch einen Autounfall", klärte sie die Kollegenschaft auf. „Aber warum war hier die Hölle los?"

Daniel wollte soeben mit besorgter Miene zur Berichterstattung ansetzen, als ihn von der Tür her eine scharfe Stimme verstummen ließ.

„Es ist leider sehr viel passiert. Schade nur, dass Sie diesem Fiasko aus welchen Gründen auch immer nicht beiwohnen konnten!" Rolf Schneider lehnte an der Wand und hielt die Arme vor der Brust verschränkt. Sein Blick ließ ihr fast das Blut in den Adern gefrieren.

„Fiasko? Weswegen?", fragte sie arglos. „Dem Eingreifen von Frau Kleist persönlich ist es zu verdanken, dass aus dem „Fiasko" nicht der Untergang schlechthin geworden ist!"

In Alexandras Kopf begann es wieder dezent zu hämmern. „Ich habe nicht die leiseste Ahnung, wovon Sie sprechen, Herr Schneider!"

„Nein? Gut, dann werde ich Ihrer Erinnerung auf die Sprünge helfen. Also: Vergangenen Freitag erhielt unsere Partnerdruckerei per E-Mail den Druckauftrag der „Herz für Tiere"-Kampagne. Gemäß Vereinbarung mit Ihnen sollte unverzüglich nach Erhalt mit dem Druck begonnen werden. Gott sei Dank ging eine Kopie des Auftrags an Frau Kleist, die sich die Mühe machte, nochmals drüberzuschauen. Leider aber auch an sämtliche Entscheidungsträger im In- und Ausland, mit denen Frau Kleist kooperiert. Und was dabei zutage kam, war eine totale Katastrophe! Falsche Daten, falsche Zahlen, unfertige Darstellungen und letztendlich fehlte die komplette Englischfassung der Broschüre! Frau Kleist war außer sich und hat offenbar mehrmals versucht, Sie zu erreichen – ohne Erfolg. Schließlich hat sie Dr. Blaumann angerufen, um das Projekt zu stoppen. Wäre dieser dilettantische Entwurf in Druck gegangen, hätte unsere Agentur dafür aufkommen müssen! Der Chef hat getobt und deswegen auch mir Vorhaltungen gemacht! Von wegen, ich hätte Ihnen nicht genug auf die Finger geschaut! So ein Schwachsinn! Da überträgt er IHNEN das Gesamtprojekt und macht MICH mitverantwortlich für diese Stümperei!" Rolf Schneider hatte sich derartig in Rage geredet, dass sein Gesicht eine unnatürlich hellrote Farbe annahm. Seine Halsschlagader trat bedenklich hervor.

Was wäre, wenn sie einfach platzt? Wohl im wahrsten Sinne ein Blutbad! Alexandra versuchte, sich wieder zu konzentrieren. Sie konnte nicht fassen, was sie da hörte. Erschüttert stand sie Rolf gegenüber, um eine Brüllpause seinerseits abzuwarten.

„Also, was sagen Sie dazu?", fragte er schließlich lautstark.

Totenstille im Büro.

Selbst Robert Windlinger, der mittlerweile ins Büro geschlichen war – wie immer zu spät – stand regungslos da und wartete gespannt ab.

Alexandra straffte die Schultern und begann: „Die Entwürfe zu dieser Kampagne waren bei Weitem noch nicht fertiggestellt! Vereinbart war, dass diese Ende nächster Woche VOR Druck an das Komitee zur Kontrolle übergeben werden. Niemals sollte der Entwurf zum jetzigen Zeitpunkt unser Haus verlassen! Wer hat das Material bloß versendet?" Fragend sah sie in die Runde ihrer Kollegen. Betretene, teilweise mitleidige Gesichter.

„Na SIE, wer sonst!", schallte es wie ein Peitschenhieb aus Rolf Schneiders Mund.

„Wie bitte?", fragte sie ungläubig. „Ich habe definitiv nichts versendet!"

Schneider stapfte wie John Wayne in Angriffsposition auf sie zu und stemmte demonstrativ die Hände in die Hüften. „Wie kommt es dann, dass IHRE dementsprechend formulierte E-Mail mit Anhang von IHREM PC unter IHREM Kennwort am Freitag rausgegangen ist?"

Alexandra blieb mittlerweile fast das Herz stehen. *Was um Himmels willen ist hier geschehen? Ja, es stimmt, ich habe vor Kurzem einen dementsprechenden Mailentwurf verfasst, um zu gegebener Zeit schneller agieren zu können. Aber es war lediglich ein verdammter Entwurf!* „Kann ... kann ich diese E-Mail sehen?"

„Später. Der Chef möchte Sie sofort sprechen." Rolf Schneider trat einen Schritt beiseite und machte eine zynische Armbewegung an sich vorbei. Alexandra blickte in seine zornigen Augen, atmete schließlich tief ein und ging wortlos an ihm vorbei. Noch Minuten nach ihrem Verlassen des Büros wurde dort kein einziges Wort gesprochen.

Die Ärzte kämpften mit allen Mitteln um das Leben des kleinen Theo. Zu dem mittlerweile bestätigten Schädelbasisbruch hatten sie nun auch noch ein Gerinnsel im Gehirn festgestellt. Vor zweieinhalb Stunden hatten sie den Operationssaal hinter sich geschlossen, um am Gehirn des Kindes die notwendigen Rettungsmaßnahmen zu ergreifen. Silvia, nun bereits seit unzähligen Stunden in quälender Ungewissheit, streckte sich in ihrem unbequemen Warteraumsessel. Der Rücken schmerzte, die Zunge klebte bitter am Gaumen und sie schickte gerade das wohl hundertste Stoßgebet gegen die sterile Krankenhausdecke. Es war zehn Uhr vormittags. Sie hatte seit fast zwölf Stunden nichts mehr gegessen. Der Magen machte sich mit einem unwilligen, lauten Grummeln bemerkbar. *Ich sollte mal kurz was essen, sonst klappe ich zusammen wie das Bauklötzehaus von Max. Wenn ich hier auch noch rumliege, ist niemandem geholfen!*

Sie erhob sich gerade, als lautstark eine kleine Gruppe Menschen auf sie zustürmte. Die Spitze des Kleingeschwaders bildete Frau Oberst Irmgard, die mit energischem Schritt in weißen Lackplateaus den Krankenhausboden zum Erbeben brachte. Sie hatte sich in einen himmelblauen Albtraum mit Rüschen gezwängt. Ihr grell geschminktes Gesicht und ihre obligatorische Turmfrisur vermittelten den Eindruck einer drittklassigen, aufgedunsenen Operndiva. Hinter ihr trabte folgsam Oma Gertrud, die Gott sei Dank auch aussah wie eine Oma! Offensichtlich hatte Irmgard es nicht geschafft, auch der Mutter ihren grässlichen Kleidungsstil aufzudrängen. Sie versuchte bei ihren spärlichen Besuchen ständig, jedem und allem ihre Note aufzudrücken. Silvia musste fast schmunzeln bei dem Gedanken, wie sie zuletzt ihrer Mutter ein geblümtes Etuikleid in grüngelben Signalfarben strahlend vors Gesicht gehalten hatte. „Damit du mal etwas Farbe in deinem Leben hast!", hatte sie geträllert.

Oma Gertrud hatte diese Freude allerdings nicht geteilt. Sie hatte das sicher sauteure Farbenspiel mit den Worten „... da werde ich blind!" achtlos auf die Couch geworfen und sich aufs Klo verzogen.

Das Schlusslicht bildete ihr Sohn Max. Mit zerknirschtem, schuldbewusstem Gesichtsausdruck drückte er sich in den grauen Faltenrock der Oma und blinzelte seine Mutter von unten herauf an.

„Hallo, mein Großer!", rief Silvia und drückte ihn an sich. Offensichtlich fiel dem Kleinen der Mount Everest vom Herzen und er schlang erleichtert beide Arme um ihren Hals. „Alles in Ordnung, alles wird gut ...", flüsterte sie ihm ins Ohr.

„Was ist mit Theo? Was sagen die Ärzte? Wo ist Johannes?", durchdrang Irmgard lautstark die Mutter-Sohn-Idylle.

Silvia richtete sich auf und sagte kraftlos: „Die Ärzte operieren noch. Es heißt warten, warten und warten. Und Johannes sollte eigentlich seit halb neun da sein." Sie zuckte hilflos die Schultern.

Völlig unerwartet trat Oma Gertrud auf sie zu, nahm sie wortlos in den Arm und drückte sie. Silvia war überwältigt. Ausgerechnet ihre geistig umnachtete, egomanische Mutter tat in einem Moment schlimmster Verzweiflung das einzig Richtige!

„Was ist los? Warum ziehst du so eine Miene?" Sybille stand mit ihrer Unterschriftenmappe breitbeinig vor dem Schreibtisch ihres Chefs.

„Nichts ist los", brummelte Leo und griff nach der Mappe. Er fühlte sich ertappt. Keinesfalls wollte er Sybille Einblick auf sein Seelenleben gewähren. Fakt war allerdings, dass er seit Samstag nicht er selbst war. Den Sonntag – eigentlich hatte er vorgehabt, mal wieder seine trägen Armmuskeln am Rudergerät im Keller zu malträtieren – hatte er in absoluter Untätigkeit vor der Glotze verbracht. Er konnte sich zu nichts aufraffen. Seine Stimmung und sein Energiepegel waren am Nullpunkt gewesen. Er hatte sogar seine paar spärlichen Zimmerpflanzen mit Laus-Stopp zugekleistert, obwohl in der peniblen Sauberkeit seiner Wohnung wohl keine Milbe, Laus oder sonstiger Parasit eine Überlebenschance hätte. Der absolute Tiefpunkt war allerdings gewesen, als er anfing, die Löcher seiner Gardine zu zählen. Und immer wieder waren Zorn und Wut in ihm hochgekommen.

Worauf eigentlich? Wut auf Alexandra, Wut auf Mike, Wut auf sich selbst. Wie eine verdammte Platte mit Sprung drängelten sich immer wieder und wieder dieselben Fragen in sein Bewusstsein: *Stolpere ich wirklich so blind durchs Leben, um nicht mitzu-*

bekommen, was um mich herum geschieht? Bei meinem besten Freund?
Bei einer Frau, wo ich dachte, die Chemie stimmt?

Schwungvoll öffnete er die Mappe. „Du kannst gehen. Ich bringe dir die Mappe dann raus", unterwies er Sybille, ohne sie anzusehen. Seine Assistentin registrierte messerscharf, dass es an diesem Tag das Beste wäre, ihm einfach aus dem Weg zu gehen. Also nickte sie nur bestätigend und trollte sich ohne ein weiteres Wort. Als endlich die Tür hinter ihr ins Schloss fiel, lehnte er sich zurück. Heute Abend stand ein Chili-Hell-Besuch mit seinen Freunden an. *Soll ich da überhaupt hingehen? Mike kommt auch. Soll ich es mir wirklich antun, den freudestrahlenden Erzählungen von Mike über die jüngsten Ereignisse des Wochenendes zu lauschen?*

Alexandra zog die Tür des Direktors leise hinter sich zu. Mit auf den Boden gehefteten Blick schlich sie wie ein geprügelter Hund an Frau Dienstl vorbei, die eifrig in ihren Computer hineinklimperte. „Alles in Ordnung, Frau Pelzig? Sie sehen nicht gut aus ..."

„Ich fühle mich auch nicht besonders", antwortete sie wahrheitsgemäß. *Pah! Die Untertreibung des Jahrhunderts! Sauschlecht geht es mir! Soeben ist ein Tornado, ach was, ein Hurrikan über mich hinweggezogen!*

Dr. Blaumann war auf hundertachtzig und hatte lautstark seinen Ärger ihr gegenüber kundgetan. Pausenlos hatte er ohne Punkt und Komma über seine maßlose Enttäuschung, stümperhafte Arbeitsweise und Unfähigkeit im Job gepoltert. Ihre Versuche, ihn von ihrer Unschuld diesen Fauxpas betreffend zu überzeugen, waren kläglich gescheitert. Letztendlich hatte er ihr sogar mangelndes Rückgrat vorgeworfen mit den Worten: „Stehen Sie wenigstens zu Ihren Fehlern!"

Ihr Gehirn ratterte, während sie wie ferngesteuert auf den Ausgang zusteuerte. Unmöglich konnte sie sofort wieder in das Büro zurückgehen. Schließlich stand sie am Parkplatz der Agentur. Sie fror. Die spärlichen zwei Grad Plus trieben Gänsehaut auf ihre Arme. *Denk nach*, befahl sie sich selbst, *denk nach, was hier passiert sein könnte!* Sie zermarterte sich das Gehirn, wie es zu diesem folgenschweren Eklat hatte kommen können. Immer und immer wieder. *Computer ergreifen keine Eigeninitiative – außer sie heißen „Terminator". Sie führen auch nicht eigenständig irgendwelche Transaktionen durch.* Nach etwa fünfzehn Minuten, in denen sie ruhelos den Parkplatz ablief und alle (Un-)Möglichkeiten durchgespielt hatte, kam sie zu dem einzig logischen Schluss: *Irgendjemand musste hier die Finger im Spiel haben!*

Montag, 12:45 Uhr. Endlich schlurfte ein grün bekittelter, älterer Mann mit um den Hals baumelndem Mundschutz auf die kleine Gruppe zu. Silvia sprang sofort auf und sah in hoffnungsvoll an. „Frau Cimsec, Ihr Sohn ist so weit stabil. Wir haben ihn auf die Intensivstation verlegt. Nun heißt es leider abermals warten."

Silvia rang nach Worten. „Wird es ... ich meine, wird er irgendwelche Schäden davontragen?"

Der Chirurg sah sie mitfühlend an. Sie bot einen bemitleidenswerten Anblick. „Wir werden nach dieser Nacht hoffentlich mehr sagen können. Über Folgeschäden können wir derzeit nicht einmal spekulieren."

Just in diesem Moment stürmte ein aufgebrachter, auf jugendlich getunter Mittvierziger schwer atmend auf sie zu. „Was ist mit meinem Jungen? Wie geht es ihm?" Gerade noch bremste er seinen Laufschritt vor dem Chirurgen ab. Dieser war angesichts der Gefahr, über den Haufen gerannt zu werden, vorsichtshalber zwei Schritte nach links ausgewichen.

„Tag erst mal! Nett, dass du auch vorbeischauen konntest!",
keifte Irmgard zynisch und funkelte ihn böse aus ihren über-
schminkten Schweinsäuglein an. Johannes warf ihr einen flüch-
tigen, mordandrohenden Blick zu und wandte sich wieder an
den Arzt.

Gerade, als dieser antworten wollte, rief eine aufgeregte
Piepsstimme aus dem Hintergrund: „Herr Professor, wir brauchen Sie dringend! Bitte kommen Sie schnell ...!"

Besagter sah Johannes um Entschuldigung bittend an und
wandte sich an Silvia: „Bitte erklären Sie Ihrem Mann die Sach-
lage, ich muss leider ..." Er drehte sich um und hechtete in
Richtung Piepsmaus davon.

Silvia erklärte sachlich die Fakten und setzte sich anschließend erschöpft. Johannes stand reglos da und fragte schließlich
mit schneidend scharfer Stimme: „Und wo warst du, als das
passiert ist?"

„Ich ... ich war im Nebenraum."

„Im Nebenraum, aha. Was hast du gemacht? Halligalli mit
Freunden? Oder mit Freund? Du weißt aber schon, dass es so
etwas wie Aufsichtspflicht gibt?" Er stemmte die Hände in die
Hüften und bebte vor Zorn.

„Ich ... natürlich ... ich war doch nur nebenan und ..."

„Jaja, nur! So etwas darf einfach nicht passieren! Schon gar
nicht, wenn man ohnehin nix zu tun hat, außer auf zwei Kinder aufzupassen! Für das Vermögen, das ich dir monatlich für
die Kinder überweise, könntest du wenigstens diese Aufgabe
ernst nehmen! Aber das hat Folgen, das sag ich dir!"

Irmgard platzte angesichts dieser Dreistigkeit der Kragen.
Aufgebracht stampfte sie auf ihn zu und brachte ihre gesamte
Kampfmasse vor ihm in Position. „Hör mal, du Wicht! Du
hast nicht das geringste Recht, hier große Töne zu spucken!
Machst dich mit einer französischen Püppi von einem Tag auf

den anderen aus dem Staub und deine Kinder kratzen dich genau so viel, dass du dich seit einem halben Jahr nicht mehr hast blicken lassen! Und wenn wir schon bei Pflichten sind: Schon mal was von Vaterpflichten gehört? Hä? Die paar läppischen Euro aus deiner Portokasse machen das Kraut nämlich nicht fett!"

Johannes war für einen kurzen Moment mundtot. Dann holte er tief Luft: „Du dämliches, fettes Walross! Du hast ja gerade allen Grund, deine Klappe aufzureißen! Wer hat denn die eigene Mutter zur Schwester abgeschoben, weil sie in Saus und Braus leben will? Und wer ...!"

„Halt! Hört sofort auf mit dem Geschrei!" Silvia erhob sich wieder. „Ihr haltet entweder sofort den Rand oder macht euch beide vom Acker! Theo kämpft gerade um sein Leben – schon vergessen?"

Alexandra kauerte in Fötusstellung auf ihrem Sofa. *Nichts hören, nichts sehen, nichts reden. Hoffentlich bald aufwachen aus diesem Albtraum!* Ihr Handy klingelte unaufhörlich. Auch Frau Kleist hatte bereits zweimal das Gespräch mit ihr gesucht. *Nur – was soll ich ihr sagen? Was erklären? Besser gar nicht erst abheben! Zumindest, bis ich einen Plan habe ...* Sie kratzte sich zum hundertsiebenunddreißigsten Mal am Hals, ein Zeichen von Ratlosigkeit. Wieder bimmelte das verdammte Ding. Widerstrebend blickte sie auf das Display. *Mike. Auch das noch!* Entnervt rollte sie sich von der Couch und schlurfte zu ihrer eisernen Reserve. Eine Schublade, in der sie einen Vorrat für Ausnahmesituationen, für sogenannte schwere Zeiten angelegt hatte: Kartoffelchips, Vollnussschokolade, fettige Salznüsse und eine Jumbopackung Schokokekse. *Endorphine müssen her! Sofort!* Wie eine Verhungernde riss sie die Verpackung der Schokoladentafel in Stücke und schob einen ganzen Riegel in den Mund. Und gleich noch einen zweiten – damit nichts schiefgehen konnte. Noch während die Speiseröhrenperistaltik sich abmühte, all die unzerkaute Zuckermasse in Richtung Magen zu befördern, klingelte erneut das Telefon. „Kchchch.....", schnaubte sie und griff mit klebrigen Fingern nach dem technischen Feindbild. *Wieder Mike! Der gibt wohl nie auf?* Sie hob ab. „Ja, was gibtsch denn?", schmatzte sie, während sie versuchte, nicht an den riesigen Haselnüssen zu ersticken.

„Na endlich erreiche ich dich ... ist mein Anruf ungelegen?"

„Jaaaaa... könnte man so sagen. Ich sitze gerade ziemlich in der Scheiße und kann mich jetzt leider nicht mit dir unterhalten."

„Aha ... kann ich dir irgendwie helfen? Möchtest du darüber reden?", kam zögerlich retour.

„Nein, möchte ich nicht! Ich melde mich bei dir, okay?" Mit schokobraunem Zeigefinger beendete sie energisch das Gespräch. *Für zwischenmenschliche Diskussionen habe ich nun wirklich keinen Nerv!* Vielmehr bereitete ihr der nahende nächste Arbeitstag Sorgen. *Was wird wohl morgen in der Agentur geschehen? Egal wie, ich muss diese Sache aufklären und diesen Saboteur entlarven! Nur wie???*

„Mann, was seid ihr denn für eine Beerdigungsrunde!" Bernie ließ sein Bierglas geräuschvoll auf den Tresen plumpsen. Leo stierte seit Minuten schweigend vor sich hin, Carlo betrachtete mit hinunterhängenden Mundwinkeln seine perfekt manikürten Fingernägel – und das, obwohl äußerst wohlproportioniertes, weibliches Publikum um ihn herumwuselte. Überraschenderweise hatte er keinen Blick dafür. Bernie ruckelte unruhig auf seinem Barhocker herum. „Wenn hier jemand Trübsal blasen könnte, dann wohl ich! Mit Dani ist es aus, der Hausbesitzer will die Pacht für das Studio erhöhen, und eine Kundin ... und ... äh ... Freundin habe ich wohl auch verloren."

Carlo erwachte aus seiner Fingernagelhypnose. „Wie? Welche Freundin denn?"

„Marion ... du weißt schon, die ...""

Leo ließ sich nun ebenfalls herab und beteiligte sich endlich am Gespräch: „Jaja, schon klar. Die Rothaarige, die sich vom Entlein zum Schwan gemausert hat! Wieso hast du sie verloren? Wegen der Szene mit Dani im Studio?"

Bernie gab in kurzen Worten die Vorkommnisse jenes unglückseligen Freitags wider.

Carlo, selbst ernannter Frauenversteher, lehnte sich wissend zurück. „Du raffst es echt nicht, oder? Hast du Müsli im Hirn, oder was? Mann, das Veilchenauge steht total auf dich!"

„Meinst du ...? Davon habe ich rein gar nix mitbekommen ..."

„Wer hat nix mitbekommen?" Mike drängte sich neben Bernie.

Leo brummte „Hi" und drehte seinen Freunden den Rücken zu. Eigentlich nur EINEM. „Eine Runde Tequila!", rief er der tschechischen Aushilfskellnerin des Chili Hell zu.

„Hey Mike, was gibt's Neues?", fragte Bernie soeben arglos. *Täääät! Falsche Frage!*

Leo schloss in bitterer Vorahnung die Augen und hoffte auf ein baldiges Eintreffen des Hochprozentigen. Nun würde ein freudestrahlender Wochenendbericht folgen, gekrönt mit der Nachricht, dass er und Alexandra nun im Paarhimmel schweben würden. In diesem Moment hasste er seinen besten Freund, und gleichzeitig schämte er sich dafür. *Wäre ich bloß daheimgeblieben bei meinen niemals verwelkenden Plastiksträuchern!*

„... geht so. Könnte besser sein. Außerdem schmerzt mein Oberschenkel derzeit ziemlich."

Erstaunt drehte Leo sich um. Das klang aber ganz und gar nicht nach Liebestaumel, hormonellen Erdbeben und siebter Glückseligkeit. Mike sah nicht gut aus. Blass, kränklich, niedergeschlagen. Für Leo war klar: *Hier ist ordentlich was schiefgelaufen! Aber was?* Leo beschloss, in die Offensive zu starten, und meinte betont locker: „Und das nach einem romantischen Wochenende zu zweit? War eine Oberschenkelmassage nicht drin?" In dem Moment, da diese Worte seinen Mund verließen, hasste er sich dafür. Doch irgendetwas Gemeines, Bösartiges trieb ihn dazu, das spürte er selbst. Dass dieses unsagbar „Böse" allgemein unter dem Namen Eifersucht bekannt war, blockte er erfolgreich ab.

„Ahaaaa? Was weiß ich denn nun schon wieder nicht? Hat die holde Alexandra dich nach deinem Ehetrauma also erfolgreich kuriert?", grinste Carlo zweideutig.

Mike machte ein abwehrende Geste und sagte: „Seid mir nicht böse, aber darüber möchte ich heute nicht reden."

Die Message kam an und keiner der Freunde hakte nach. Endlich, die Tequilas wurden von der tief dekolletierten Beata mit den Worten „Hirrr, eire Rrrund" serviert.

Alle griffen erleichtert nach den kleinen Gläsern, nur Carlo zögerte. *Trinke ich etwa zu viel? War das der Grund, dass ich gestern – zum ersten Mal in meinem Leben – zwar wollte, aber nicht konnte?* Tatsächlich hatte er in einem Stadtcafé am gestrigen Nachmittag eine verdammt hübsche, italienische Studentin kennengelernt. Sie war zwecks Sprachaufenthalt für vier Wochen in Österreich. Man hatte Kaffee getrunken, Sekt geschlürft und schließlich waren sie in einer angesagten Bar in der Innenstadt gelandet. Nach etlichen Drinks und Caipirinha in Reinkultur war man sich einig gewesen, die nächsten Stunden etwas „privater" zu verbringen. War schon etwas her, dass Carlo „nur zum Spaß" und ohne Gegenleistung Sex mit einer Frau hatte! In seiner Wohnung war es dann verheißungsvoll weitergegangen. Sofia, so war wohl ihr Name, war voll zur Sache gegangen, hatte ansprechende Dessous getragen und war eine richtige Femme fatale gewesen. Eigentlich liebte Carlo offensive Frauen – warum also war ihm das passiert, wovor wohl jeder Mann insgeheim eine Heidenangst hat? Sofia hatte sich nach allen Regeln der (Verführungs-)Kunst abgemüht, jedoch ohne Erfolg. Nichts hatte sich geregt – nicht einmal, als sie vor ihm gekniet war und das letzte Trumpf-AS gezogen hatte. Danach war das peinliche Finale gefolgt: die Erklärung! Carlo schämte sich in Gedanken daran noch immer. So hatte er der heißen Sofia entschuldigend mitgeteilt: „Es tut mir leid, aber ich habe offensichtlich zu viel gesoffen. Außerdem nehme ich derzeit Antibiotika ...!" *Gott, wie erbärmlich!* Für Carlo waren diese „Ausreden" bis dato lediglich Klischees. Peinliche Szenarien, die nur anderen passierten und offenbar immer ähnlich abliefen. *Aber doch nicht MIR!* Gleichzeitig war kalte Angst hochgekrochen: *Bin ich impotent? Muss ich zum Urologen? Läuft noch irgendwas ohne Viagra? Hoffentlich hält sie ihre Klappe! Wenn sich das rumspricht ...!*

Und dann die niederschmetternde Antwort der verständnisvollen, unbefriedigten Gespielin: „Das macht doch nichts, passiert doch jedem mal!" Sollte heißen: Alles für die Katz! Welche Zeitverschwendung! Was für eine Lusche! Versager! ...

Warum können weder Frauen noch Männer in solch einer Situation einfach die Wahrheit sagen?

Natürlich konnte das jedem passieren – aber nicht IHM! Und das alles nur, weil er den Kopf irgendwie nicht mehr freibekam. Alexandras Worte stiegen immer wieder in ihm hoch. *Was haben diese Andeutungen zu bedeuten? Was habe ich Silvia angetan? Kann es sein, dass in jener Nacht tatsächlich etwas passiert ist? Das wäre eine Katastrophe!* Immer wieder hatte er dieses Thema weggeschoben – jedoch angesichts der Tatsache, dass sich sein bisheriges, lieb gewonnenes Leben irgendwie immer mehr zu verändern schien, musste er diesem üblen Einfluss Einhalt gebieten! Schließlich hing auch seine Existenz davon ab!

„Schläfst du? Nimm schon endlich dein Glas!" Leo brachte sein Gesicht wenige Zentimeter vor Carlo in Position, sodass dieser vor Schreck fast vom Hocker fiel.

„Immer mit der Ruhe!", antwortete er und griff danach. Beim Anstoßen fasste er den Entschluss, zum Grund allen Übels vorzudringen: zu Silvia! *Ich muss herausfinden, was es mit dieser Frau auf sich hat, muss wissen, was an diesen Andeutungen dran ist und wieso diese Hexe mein Leben derart beeinflusst! Und wenn ich es herausgefunden habe, muss ich es abstellen! Dringend!*

Dienstag, 7:15 Uhr. Alexandra tapste aus der dampfenden Duschkabine und griff nach einem Handtuch. Schreckliche Kopfschmerzen wüteten in ihrem Schädel. Nachdem sie sich abgetrocknet hatte, öffnete sie ihren von heißem Wasserdampf beschlagenen Spiegelschrank und griff nach ihrem Tablettenröhrchen. Der Tag würde schlimm werden, also vorsorglich heute früh ausnahmsweise gleich zwei davon. Müde wischte sie den Spiegel frei, um einen Blick auf ihr Gesicht zu werfen. *Ich sehe aus wie die Haferschleimsuppe meiner Mutter! Aber wozu gibt es Make-up? Ein paar kaschierende Farben ins Gesicht, den schmucken, grauen Hosenanzug, und eine große schwarze Haarklammer ins Wuschelhaar! Jawohl!* So würde sie in den heutigen Tag starten – und sie hatte einiges vor! Endlich mit Frau Kleist das Gespräch suchen, ihren Chef von ihrer Unschuld überzeugen, mittags ins Krankenhaus zu Theo und Silvia fahren und einen Saboteur ausfindig machen! Ihr Kampfgeist war wieder erwacht! Und die unansehnliche, riesige Laufmasche in der schwarzen Strumpfhose würde in den schwarzen Stiefeletten auch keiner sehen. *Auf in den Kampf!*

Gegen acht legte Alexandra den Hörer auf und entspannte sich. Daniel alias Puck die Stubenfliege starrte sie mit offenem Mund abwartend an. „Und? Was sagt sie?", fragte er ungeduldig. Seine ohnehin durch die dicke Brille stark vergrößerten Augen wirkten im weit aufgerissenen Zustand wie hervorquellende Krötenglubscher. Außer den beiden war noch niemand im Büro. Daher äußerte sich Alexandra ihrem engstem Kollegen gegenüber auch vertrauensvoll offen.

„Frau Kleist glaubt mir. Zumindest fürs Erste. Sie erwartet zwar verstärkte Kontrollen, will die Kampagne aber trotzdem mit mir zu Ende führen."

„Das ist ja großartig! Siehst du, alles noch mal gut gegangen!" Daniel stand auf, umrundete den gemeinsamen Schreibtisch und umarmte seine Kollegin etwas unbeholfen.

„Das ist weiß Gott kein Happy End, Daniel! Ich weiß immer noch nicht, wer hier die Finger im Spiel hatte, das Vertrauen von Frau Kleist ist erschüttert und Dr. Blaumann will einen Kopf rollen sehen. Und wenn ich das nicht aufkläre, ist es meiner!"

Daniel trottete wieder zurück zu seinem quietschenden Rollsessel. Alexandra lockte sich in ihr Lotus Notes. Es war Zeit, sich jener unglückseligen Mail eingehend und in aller Ruhe zu widmen. In allen Details. Wenig später blickte sie ihren Kollegen an und sagte ruhig: „Fakt ist, dass jemand vorsätzlich und böswillig an meinem Text herumgepfuscht hat. Ganze Passagen sind verändert und verpfuscht worden. Rechtschreibfehler wurden eingebaut und Fotos gelöscht. Fakt ist auch, dass die E-Mail am vergangenen Freitag um 16:25 Uhr von meinem Terminal aus gesendet wurde. Da ich gegen 10 Uhr überstürzt aufbrach, habe ich meinen Computer nicht runtergefahren. Theoretisch konnte da jeder rein. Daniel, wann bist du am Freitag eigentlich nach Hause gegangen?"

Verwirrt blickte er sie an, lächelte dann etwas verhalten: „Na, so gegen 13 Uhr, wie immer. Wieso fragst du?"

„Ist dir bis dahin irgendwas aufgefallen? Irgendjemand, der um meinen Computer rumgeschlichen ist oder auffällig war?"

Daniel überlegte. Just in dem Moment, als er zum Reden ansetzte, wurde die Bürotür von Rolf Schneider aufgestoßen, ihm folgend Ulrike. Er war wie immer perfekt gekleidet und jedes Haar befand sich militärisch korrekt an seinem Platz. Und wie immer entließ er ein lautes „Morgeeeen" in das große Büro, ohne jemand Bestimmtes anzusehen. Ulrike warf Alexandra einen mitleidigen Blick zu und setzte sich an ihren Arbeitsplatz. Gleich darauf huschte Robert Windlinger, wie immer zu spät, durch die Tür und hoffte, unsichtbar zu sein. Jedoch schaffte er es heute nicht. „Windlinger, wenn Sie sich nicht bald Pünktlichkeit angewöhnen, wird das Konsequenzen haben!", sagte der Abteilungsleiter scharf.

„Tschuldigung ...", nuschelte dieser ertappt retour.

„Ich hole mir einen Kaffee. Du auch, Daniel?", sagte Alexandra und machte eine auffordernde Geste. Daniel erhob sich ebenfalls. Als die beiden alleine in der Kaffeeküche standen, meinte sie in leisem Flüsterton: „Also, was wolltest du vorhin sagen?"

Daniel druckste einen Moment herum. Schließlich antwortete er – ebenfalls im Flüsterton: „Du hast gefragt, ob jemand an deinem Computer war. Die Antwort ist ja. Dieser „Jemand" war Rolf Schneider! Er schien irgendwas zu suchen und hat dabei leise geflucht."

„Wie lange war er dran?"

„Ungefähr zwanzig Minuten."

„Und dann?"

„Dann ist er wieder weggegangen."

„Wer war noch da, als du gegangen bist?"

„Naja, der Boss und Frau Dienstl, die Brenneis von der Personalverrechnung und ich glaube, ein paar Grafiker waren auch noch da. Ja, und zwei Putzfrauen." Kurze Pause. „Und der Schneider."

Alexandra lehnte sich röchelnd gegen die Wand. Die Puzzleteile fanden sich vor ihrem geistigen Auge zu einem Bild zusammen.

Rolf Schneider!

Er hatte von Anfang an ein Problem mit ihrem Kampagnenalleingang gehabt! Er fühlte sich übergangen, hatte vielleicht Angst, überflügelt zu werden. Dass er jedoch so weit gehen würde, eine Mitarbeiterin SEINES Teams zu torpedieren, war erschütternd!

„Alex? Alles in Ordnung?" Daniel betrachtete sie wie ein Wissenschaftler sein seziertes Insekt.

„Jaja, alles klar. Danke, Daniel. Ich denke, du hast mir sehr weitergeholfen."

Als sie im Gänsemarsch mit Kaffeetassen in der Hand die Küche verließen, jagten unzählige Gedanken durch Alexandras Gehirn. *Rolf Schneider, DU warst das also! Na warte, ich werde dich hochgehen lassen wie eine Neutronenbombe!*

Leo schob sich gerade seinen täglichen Nikotinkaugummi zwischen die Zähne, als Sybilles rauchige Stimme über die Lautsprecheranlage ertönte: „Chef, Guido möchte dich sprechen. Kann er reinkommen?" Sie war eindeutig immer noch sauer und ließ sich das auch bewusst anmerken. Leo ging großmütig darüber hinweg mit dem Gedanken, dass sie sich schon wieder beruhigen würde. „Aussitzen" sagte man wohl dazu und in Männerkreisen die wohl meist angewandte Taktik zur Diskussionsvermeidung mit einer Frau. Nur der Gedanke, eines Morgens als Dame Edna aufzuwachen und Möpse zu haben, war für einen Mann schlimmer als endlose Streitgespräche mit einer Frau über die Themen Gefühle, Ehrlichkeit und Liebe zu führen.

„Soll reinkommen", antwortete er kurz.

Zu seiner momentanen, emotionalen leichten Schieflage war nun auch noch selbst auferlegte Selbstkasteiung gekommen in Form von Zigarettenentwöhnung. Am vergangenen Sonntag, jenem schwarzen Sonntag, hatte er abends für sich entschieden, dem blauen Dunst abzuschwören. Er hatte den Inhalt der fast vollen Packung Marlboro ins Klo geschüttet und die Schachtel zerdrückt. Wie ein Rächer der Menschheit stand er schließlich in seinem 2-mal-1,5-Meter-Klo, streckte seine stählerne Rechte wie Rambo in die Luft und mit entschlossenem, todernstem Heldenausdruck im Gesicht sagte er: „Nie mehr wieder!" Mit dem kleinen Unterschied vielleicht, dass seine Rechte nicht ganz so stählern ausgeprägt war wie die von Rambo – dafür jedoch seine Gesichtspartie deutlich symmetrischer erschien als die von Sylvester Stallone. Auch ein Vorteil ... Jedoch stellte er – bereits eine Stunde später – fest, dass die Endgültigkeit der Worte „nie mehr" ziemlich schwerfallen konnte. Eine Packung Kaubonbons, das Tischtuch, die Fernbedienung sowie ein zuletzt völlig kahler Hibiskus fielen seinen nervösen, suchenden Fingern zum Opfer. In der Nacht träumte er von grässlichen Hexen, die anstatt auf Besen auf riesigen, brennenden Marlboros durch die Gegend flogen und die Stadt in Brand steckten. Der Gipfel der Erniedrigung war jedoch, dass er Montag früh fieberhaft in seinem Schuhkasten – und letztendlich sogar im Fußbett seiner Winterstiefel – suchte, ob sich dorthin nicht vielleicht eine Zigarette verirrt haben könnte. Doch eisern widerstand er seit nunmehr zwei Tagen dem fürchterlichen Zwang, seinen Trafikanten um die Ecke zu überfallen. Allerdings beschloss er für sich, dass kleine Hilfs-

mittel seinem Heldentum wohl keinen Abbruch leisten würden. Die nahe gelegene Apotheke hielt solch eine kleine Unterstützung bereit: einen Vorrat an Nikotinkaugummi für die
kommenden vierzig Jahre!

Guido Westermaier trat ein. Verschmuddelt und zerknittert,
wie immer. Leo machte eine einladende Geste auf den Sessel
gegenüber und der Abteilungsleiter setzte sich mit einem
freundlichen „Danke, dass Sie kurz Zeit für mich haben".

Leo stellte erleichtert fest, dass er heute offensichtlich von
der obligatorischen Kaffee-Alkohol-Zigaretten-Zwiebel-Fahne
seines Mitarbeiters verschont blieb. *Gut so, ansonsten hätte sich die
Geruchskeule vom Gegenüber wohl mit dem grauenhaften Geschmack
meines Kaugummis vermischt und mein gesamtes Frühstück hätte sich
über den Schreibtisch verteilt!* „Also, was kann ich für Sie tun?",
schob er nun die unangenehmen Gedanken von sich.

„Ich bin da auf eine – so glaube ich – ganz interessante Sache
gestoßen!", begann Westermaier euphorisch. „Ich habe von einer Tierschutzvereinigung gelesen und auch schon gehört, die
immer größere Wellen schlägt. Bisher haben die sich hauptsächlich mit Tierheimen beziehungsweise Tierschutz von Wuf-
fi und Minka beschäftigt. Doch nun steigt diese Organisation
offensichtlich auch stark in den Schutz von bedrohten und der
Entdeckung von neuen Arten ein. Aus verlässlicher Quelle habe ich gehört, dass die Vereinigung bis Ende des Jahres eine
gewaltige, internationale Medienkampagne plant. Offensichtlich sind dort starke Geldgeber im Hintergrund. Initiatorin soll
laut Information eine deutsche Industrielle mit goldenen Beziehungen zu Politik, Wirtschaft und Prominenz sein."

„Aha!?" Das Interesse des Chefredakteurs war geweckt.

„Ich dachte mir also, dies könnte durchaus der Stoff für eine
Titelstory sein! Ein Interview der Schirmherrin, Bildmaterial,
bisherige Aktivitäten und so weiter. Für solch eine Organisati-

on ist Präsenz in den Medien alles – und zum jetzigen Zeitpunkt haben wir noch gute Chancen, dass die mit uns kooperieren!" Er lehnte sich nach vorn und wartete auf die Reaktion seines Chefs.

Endlich beugte sich auch Leo vor und sagte lobend: „Interessante Sache, Westermaier! Gefällt mir! Sie haben grünes Licht. Recherchieren Sie, holen Sie alle Informationen zu dieser Organisation ein, die es zu kriegen gibt. Geldgeber, Kontakte, Zahlenmaterial ... was auch immer."

„Das ist alles kein Problem. Etwas schwieriger wird es sein, an diese Industrielle ranzukommen. Anscheinend lässt die sich abschirmen wie der Papst. Dürfte ein bisschen exaltiert sein, die Gute."

Leo überlegte kurz. „Gut, in diesem Fall werde ich mich persönlich der Dame annehmen und versuchen, an sie ranzukommen. Bringen Sie mir Namen, Adresse und Telefonnummer in Erfahrung. Danke, Westermaier!" Genannter verließ das Büro. Der Kaugummi schmeckte immer noch nach eingeschlafenen Füßen in Gummistiefeln.

Sein Blick fiel auf sein Telefon. *Soll ich Alexandra anrufen?* Seine Wut hatte sich mittlerweile etwas gelegt, die Enttäuschung jedoch weniger. Kein Piep ihrerseits, seitdem sie ihn am vergangenen Samstag einfach versetzt hatte und stattdessen mit Mike rumgehangen war. Wie ein Tiger im Käfig rannte er in seinem Büro rastlos auf und ab. *Doch, ich werde sie anrufen und ihr ordentlich die Meinung geigen! Das muss einfach raus, damit ich nicht implodiere!* Er sah auf die Uhr. Kurz vor Mittag. Schlechter Zeitpunkt. *Nun, zwei Stunden länger kann ich mich auch noch gedulden.* Er setzte sich wieder, holte einen Kinder-Pingu aus der Lade, um diesen öden Geschmack aus dem Mund zu vertreiben und versuchte, sich einem Artikel zu widmen. Da fiel ihm noch etwas ein. Er drückte eine interne Taste.

„Ja, Herr Sigbach?", tönte Westermaiers Stimme aus dem Lautsprecher. „Sagen Sie, wie heißt diese Organisation eigentlich, über die wir vorhin sprachen?" Prompt quäkte es zurück: „Herz für Tiere".

Der kleine Theo hatte die Nacht nicht nur gut überstanden, er war bereits bei Bewusstsein. Seine Augen waren zwar noch glasig und sein Gesicht weiß wie die Wand, aber er schien sein Umfeld bereits wahrzunehmen. Silvia drückte ihm einen vorsichtigen Schmatz auf die Backe, dann verließ sie leise das Zimmer der Intensivstation, um die Schwestern nicht in ihrer Arbeit zu behindern.

Draußen wartete Alexandra. Sie umarmten sich wortlos, dann meinte Alexandra: „Komm, wir gehen in die Cafeteria. Du siehst aus, als ob du einen starken Kaffee und geschätzte sechstausend Kalorien Kraftfutter benötigen würdest!"

„Ich kann dir gar nicht sagen, wie erleichtert ich bin", sagte Silvia später, während sie im Schaum ihres Cappuccinos herumrührte. Die Cafeteria war um die Mittagszeit gerammelt voll. „Die Ärzte sagen, es sei ein gutes Zeichen, dass seine Wahrnehmung funktioniert und körperlich bis jetzt keine Auffälligkeiten aufgetreten sind. Am Nachmittag machen sie sämtliche Tests mit ihm."

Alexandra griff nach Silvias Hand und drückte sie. „Du wirst sehen, der Kleine wird es unbeschadet überstehen und alles wird gut! Wie läuft es zu Hause? Hat Frau Feldwebel Irmgard alles im Griff?"

Silvia musste schmunzeln. „Tja, meine liebe Schwester hat zwar einen Ordentlichen an der Waffel, aber ich bin soooo froh, dass sie jetzt da ist und sich um alles kümmert. Ich hoffe nur, dass Max nach der Zeit mit ihr keine bleibenden Schäden davonträgt! Bei meiner Mutter kann's ja Gott sei Dank nicht mehr schlimmer werden ..." Der Anflug eines Lächelns folgte.

„War Johannes da?"

„Oh ja, und wie! Ist gestern für eine Stunde reingepoltert, hat mir Vorwürfe gemacht und dann musste er wieder weg, dieser Kuckuck!"

Alexandra, mit Blick auf die Eingangstür sitzend, sagte unvermittelt: „Wenn man von der Sonne spricht ...".

Johannes sah sich suchend um, dann erblickte er die beiden und steuerte auf ihren Tisch zu. Er ließ sich auf den freien Sessel plumpsen und schnaubte verächtlich: „Sie lassen mich nicht zu ihm. Hängen ihn gerade an irgendwelche Geräte an."

Alexandra hatte dieses Paschaexemplar ihrer Freundin noch nie besonders ins Herz geschlossen. Doch in Anbetracht der Situation sah sie ihm innerlich den fehlenden Anstand nach, nicht zu grüßen.

Silvia klärte ihn über die jüngsten Ereignisse auf. Als sie geendet hatte, lehnte er sich erleichtert zurück und meinte: „Na, da haben wir ja noch mal Glück gehabt." Er sah auf die Uhr. „Tja, tut mir leid, aber ich habe um 14 Uhr einen wichtigen Termin. Ich muss dann mal wieder ..."

Typisch! Erleichtert sein Gewissen, indem er mal kurz reinschneit, um sich gleich darauf wieder zu verdünnisieren!

Er stand bereits, als er noch einmal innehielt. „Ach, das hätte ich jetzt fast vergessen. Hier." Er überreichte Silvia ein geschlossenes Kuvert. Sie hielt es in der Hand und sah ihn schweigend an. „Ich dachte, ich gebe es dir gleich persönlich, da du derzeit zu Hause ja kaum anzutreffen bist. Bitte unterschreibe es ehestmöglich, damit wirs bald hinter uns haben. Wir sind uns ja soweit einig, nicht?"

Alexandra fiel es plötzlich wie Schuppen von den Augen. „Ist das etwa ...", begann sie und sah ihre Freundin fragend an.

„Ja, die Scheidungspapiere", antwortete Silvia sachlich. Sie schien sehr gefasst.

Alexandra spürte, wie ihr Adrenalinspiegel gefährlich anstieg und ihr Puls wie ein Presslufthammer zu ackern begann. Sie sprang auf, sodass der Sessel bedrohlich schwankte. Die Kaffeetasse vor ihr hielt den Erschütterungen nicht stand und ergoss sich über den Tisch. Zornig schrie sie den Mustervater an: „Bist du noch zu retten? Du kannst doch nicht in so einer ... ich meine, euer Sohn liegt da drüben auf der Intensivstation! Was bist du bloß für ein Mensch!?"

Johannes war baff angesichts dieser unerwarteten Attacke und brachte spontan kein Wort heraus.

Noch bevor sich dies änderte, hob Silvia beschwichtigend die Hand und meinte gelassen: „Lass gut sein, Alex. Da ihm seine tolle Französin neben dem Gehirn nun auch noch Anstand und Würde rausgevögelt haben muss, wundert mich das nicht weiter. Ich jedenfalls bin froh, wenn ich diesen triebgesteuerten Rabenvater offiziell los bin. Übrigens: Hübsch bist du heute! Ist das neu?" Sie öffnete das Kuvert und zog die Schriftstücke heraus. Dann sah sie ihren zukünftigen Ex kalt an und sagte: „Du kannst den Wisch gleich wieder mitnehmen, ich unterschreibe jetzt sofort. Ich möchte nämlich auch keine Zeit verlieren, weißt du?"

Johannes stand immer noch da wie vom Donner gerührt. Solche Worte aus dem Mund seiner bisher stets kultivierten Frau, noch dazu eiskalt serviert! Und das, obwohl sie noch vor Kurzem ein aufgelöstes Nervenbündel war! Während Silvia kurz die Seiten überflog und den Kugelschreiber zückte, war es nun an Alexandra, sprachlos zu sein. Sie schüttelte anerkennend stumm den Kopf und dachte: *Siehe da, es stimmt also: Außergewöhnliche Situationen fördern außergewöhnliche Seiten und Stärken an Menschen zutage!*

„Hier müsste es doch irgendwo sein, oder?" Carlo schielte suchend aus dem Seitenfenster. Eine Reihe von gepflegten Einfamilienhäusern erstreckte sich entlang der Allee am Stadtrand.

„Möchtest du sie nicht doch vorher anrufen? So ein Überfall aus heiterem Himmel könnte sie nur noch wütender machen!", meinte Mike, der beide Hände konzentriert am Lenkrad hielt.

„Nein, nein, das bringt nichts! Die nimmt meine Anrufe ja nicht mal entgegen. Mal sehen, ob sie mir die Tür auch vor der Nase einfach zuknallt. Stopp, da ist es! Haus Nummer dreiundsechzig! Halt an!"

Mike fuhr an den Straßenrand und stellte den Motor ab. Er sah Carlo an, der nervös seine Finger knetete. „Aufgeregt?"

„Na, was denkst du denn! Die Tatsache, dass ich in den nächsten Minuten werdender Vater sein könnte, fördert nicht gerade meinen Ruhepuls. Und Silvias Reaktion möchte ich mir erst gar nicht ausmalen ..."

„Dann tu es auch nicht – sondern steig aus, kläre die Sache und bringe es hinter dich!" Mit diesen Worten schubste Mike seinen Freund Richtung Tür.

Carlo stieg aus und sagte: „Danke fürs Herbringen, Mike. Sei so nett und warte noch, bis feststeht, ob ich überhaupt reingelassen werde."

„Ist schon gut, ich warte! Ruf mich einfach an, wenn du wieder abholbereit bist – dann fahre ich dich rüber zu deiner Werkstatt. Die sind dann mit dem Service an deinem BMW sicher schon fertig."

Carlo nickte bestätigend und drehte sich mit einer verabschiedenden Geste Richtung Hauseinfahrt. Der Hürdenlauf über die glühenden Kohlen konnte beginnen!

Nachdem Alexandra eine völlig gefasste Silvia nebst genesendem Junior verlassen hatte, saß sie nun im schaukelnden Stadtbus. Zurück an den Ort des Schreckens, zurück an den Ort der Sabotage. Nachdenklich ließ sie die letzten Tage und Stunden Revue passieren. *Was sind meine Problemchen schon im Vergleich zu Silvias? Kinkerlitzchen!* Automatisch straffte sie die Schultern und inhalierte einen tiefen Lungenzug der abgestandenen, von Döner, Schweiß und schwerem Parfum erfüllten Busluft. Nachdem die Angst um Theo ihr nun nicht auch noch sämtliche Energie abschnürte, krempelte sie nun innerlich die Ärmel hoch. *Zuerst ein Gespräch mit Dr. Blaumann, in aller Offenheit. Dann mit hundertzwanzigprozentigem Einsatz ran an die Kleist-Kampagne. Ich muss mein Bestes geben. Ach ja, und das demolierte Auto gibt es ja auch noch!* Sie fingerte nach ihrem Handy und vereinbarte einen Werkstatttermin für ihr ramponiertes Auto. *Erledigt und Weihnachtsgeld ade. Was noch?*

In knappen zehn Minuten verbleibender Fahrzeit konnte sie locker noch ein Telefonat erledigen. Sie überlegte. *Mike!* Den Armen hatte sie am Montag fürchterlich abgekanzelt. Dabei wollte er ihr nur helfen. Abgesehen davon schuldete sie ihm noch klärende Worte. Nach nur einmaligem Tuten ging er sofort ran.

„Alex ... schön, von dir zu hören", ertönten zögerlich die ersten Worte.

„Mike, es tut mir leid, dass ich dich gestern so abgewürgt habe. Ich war nur leider wirklich nicht in der Verfassung, ein vernünftiges Gespräch zu führen. Verzeihst du mir?"

„Natürlich! Ich weiß zwar nicht, worum es geht, aber du wirst deine Gründe haben. Ich hoffe, es geht dir besser?"

Das ist Mike, wie er leibt und lebt. Ein guuuuter Mensch eben! „Sagen wir so: Ich sehe wieder Licht am Horizont! Alles andere wird sich weisen. Wie geht's dir?"

„Naja, ehrlich gesagt nicht so toll. Ich ... ich würde dich gerne sehen. Ist dir das in den nächsten Tagen mal möglich?"

Alexandra sprang sofort auf den Zug auf und antwortete wie aus der Pistole geschossen: „Klar. Wie wäre es gleich mit heute Abend? Kannst du zu mir kommen? Du weißt ja, ich bin nicht mobil!"

Mike, der gerade ein Sanitätshaus in der Innenstadt betrat, stolperte beinahe über die Eingangstreppe angesichts dieser unerwarteten Spontanität. „Natürlich komme ich! So gegen acht, in Ordnung?"

„Bestens! Bis später dann! Ciao!" Erleichtert steckte Alexandra das Handy wieder in die Tasche. *Nun muss ich nur noch den Abend beziehungsweise das Gespräch mit Mike ordentlich über die Bühne bringen!*

Ihr Kopf begann wieder zu schmerzen. Automatisch griff sie in ihre Tasche, entnahm eine ihrer Wunderpillen und schluckte sie ohne Flüssigkeit hinunter. Während sie darauf wartete, dass die Wirkung einsetzte, stieg ein Bild in ihr auf. *Leo!* Ein ungutes Gefühl machte sich sogleich in ihr breit. *Aber wieso?* Sie versuchte, in ihrem Gehirn zu kramen. Die Erinnerung an das gesamte Wochenende erschien ihr wie eine geschüttelte Schneekugel. Keine Details, nur Fragmente und viiiieeel Nebel! Und etliche Stunden fehlten zur Gänze. *Nun gut, ich habe zu viel getrunken, keine Frage. Aber so viel, dass es zu Gedächtnislücken kam? Darüber muss ich auf jeden Fall heute mit Mike reden. Er wird mir sicherlich einiges sagen können – sofern nicht auch er unter Blackouts litt!* Sie kratzte sich nervös am Hals und starrte angestrengt aus dem Fenster.

NEEIIIIN! Heiliger Strohsack! Wie Excalibur aus dem Zaubersee drang die Erinnerung an ein Telefonat vom Freitag mit Leo zu ihr durch. *Karaoke! Ich wollte ihm ein Lied singen! Ich habe mich mit ihm verabredet! Aber wann und wo?* Panisch lehnte sie sich nach vorne – als ob dies ihrem Gedächtnis einen Schubs geben könnte. „Verdammt!", fluchte sie. Ihr Sitznachbar, ein Pensionist mit frisch polierter Glatze und Zeitung, schielte sie von der Seite skeptisch an. Sie überlegte. *War nicht von Samstag die Rede gewesen? Etwa vergangenen Samstag? Neiiiiin! Natürlich! Ich wollte ihn doch am Samstag noch anrufen, damit wir es verschieben! Wie konnte ich das nur vergessen? Außerdem habe ich mich doch so darauf gefreut! Naja, nicht aufs Singen, aber auf das Treffen mit Leo allemal! Wird er dafür Verständnis haben, dass mich ein Unfall in der Folgewirkung für ein ganzes Wochenende out of order befördert hat? Ich muss ihn sofort anrufen, ihm den ganzen Mist erzählen und er wird es verstehen! Hoffentlich ...* Ein Ruck riss sie aus den Gedanken. Der Bus war stehen geblieben. Gerade noch rechtzeitig erkannte sie, dass dies ihre Haltestelle war. Eilig sprang sie auf, nickte dem Kojak in Rente kurz zu und hechtete nach vorne zum Ausstieg. Das Telefonat mit Leo musste noch etwas warten.

„Sie haben es also tatsächlich geschafft, dass Frau Kleist Ihnen weiterhin ihr Vertrauen schenkt? Respekt!" Bernd Blaumann sah Alexandra mit undurchdringlichem Blick an.

„Danke. Ich weiß allerdings auch, was das bedeutet. Ich werde mich bis zum Hals reinknien und mein Bestes geben. Weiters werde ich auch das Thema Datensicherung in den Vordergrund stellen. Ja, und ich möchte – selbstverständlich nur mit Ihrer Einwilligung – Ihnen persönlich meine fertigen Konzepte zur Prüfung übergeben."

Dr. Blaumann rückte sich die Brille zurecht. „Können Sie mir erklären, was Sie mit Datensicherung meinen?"

„Nun, ich meine damit, dass so etwas ... so etwas wie vergangenen Freitag nicht mehr passieren darf. Und dafür muss ich Vorkehrungen treffen."

Blaumanns Stimme nahm einen ungeduldigen, strengen Ton an: „Frau Pelzig, wollen Sie mir immer noch weismachen, dass ein ominöser schwarzer Mann dies verursacht hat?"

„Dr. Blaumann, darf ich Ihnen kurz einen Ausdruck des betreffenden Mails zeigen?" Sie zog ein Schriftstück hervor, legte es vor ihn hin und deutete auf die Kopfdaten. „Wie Sie sehen können, wurde dies um 16:25 Uhr gesendet. Ich hatte vergangenen Freitag wegen eines Notfalls schon gegen 10 Uhr das Haus verlassen und bin auch nicht mehr gekommen. Ich war definitiv zu der Sendezeit woanders, und dafür kann ich auch Zeugen benennen, falls notwendig. Ergänzend ist vielleicht noch zu sagen, dass unser Computerprogramm nicht in der Lage ist, E-Mails per Zeitterminisierung zu versenden. Daher ist es Fakt, dass ich es gar nicht gewesen sein KANN!"

Nachdem Alexandra geendet hatte, schaute sie ihren Chef abwartend an. Dieser fixierte sie mit unverändertem Ausdruck, jedoch war eine offensichtliche Portion Skepsis dazugekommen. Plötzlich drückte er die Taste der Gegensprechanlage: „Frau Dienstl, bitte zwei Kaffee in mein Büro. Danke."

Alexandra war wie vom Donner gerührt. *Was ist nun los? Ist ein Angestellter der Agentur jemals zu einer Kaffeerunde im Allerheiligsten mit dem Chef eingeladen worden? Nein!* Kein Wort fiel und Alexandra hütete sich, die offensichtliche Nachdenkphase ihres Chefs zu unterbrechen. Sie spürte intuitiv, dass dieser Moment nun immens wichtig war. So zupfte sie nur unauffällig an ihrem Blazer und rückte ihr Top darunter zurecht. Außerdem war der Verschluss dieser verdammten Halskette schon wieder nach vorne in den Ausschnitt gerutscht und der schmucke Bleikristallanhänger baumelte im Genick. Möglichst unauffällig versuchte sie, das optische Gleichgewicht wieder herzustellen und zurrte mit einer Hand an der Kette herum. *Verdammt, nun haben sich auch noch ein paar Haarsträhnen mit der Kette verwuselt.* Als Frau Dienstl plötzlich an die Tür trommelte und das Schweigen unterbrach, zerrte Alexandra vor Schreck so heftig an der Kette mit ihren Fingern, dass sie riss. Der Kristallanhänger kullerte lautstark über den Parkettboden und sie hielt die traurigen Reste der Kette in der Hand. *Gott, wie peinlich! Und wie immer zum falschen Zeitpunkt.* Sie stand auf, um den kleinen Ausreißer einzufangen.

„Habe ich Sie erschreckt? Das tut mir leid!", sagte Frau Dienstl ehrlich gemeint und platzierte das Kaffeetablett in der Mitte des Schreibtisches. „Haben Sie sonst noch einen Wunsch?"

„Danke, Frau Dienstl."

Sie entschwand wieder. Alexandra nahm wieder Platz und hielt schweigend die Überreste ihrer Kette in der rechten Faust, gespickt mit einem beachtlichen Knäuel ihres Haupthaares.

Dr. Blaumann reichte ihr die Kaffeetasse und sagte: „Warum möchten Sie, dass ich Ihr Konzept kontrolliere? Dies ist Aufgabe Ihres nächsten Vorgesetzten, Rolf Schneider."

Uiii, nun wird es haarig … Alexandra überlegte kurz. Dann antwortete sie: „Es wäre mir diesbezüglich wirklich ein Anliegen, dass wir eine Ausnahme machen. Ich habe meine Gründe dafür."

„Darf ich diese Gründe erfahren?" Dr. Blaumann rührte die Sahne in seinen Kaffee und hielt den Blick gesenkt.

Verdammt, was nun? Farbe bekennen oder Rückzug? Einen leitenden Angestellten mit tadellosem Ruf ohne Beweise zu bezichtigen ist schließlich kein Pappenstiel!

Noch während Alexandra fieberhaft überlegte, sagte ihr Gegenüber unvermittelt: „Frau Pelzig, ich möchte, dass wir absolut offen sprechen. Ich will hier keine Mauscheleien, Geheimnisse oder zurückgehaltene Informationen. Haben wir uns verstanden?"

Okay, das war eine klare Ansage. Danke … Alexandra sah ihm mit festem Blick in die Augen.

„Also gut. Ich will ganz ehrlich sein. Ich habe den Verdacht, dass Herr Schneider nicht ganz ... wie soll ich sagen ... nicht ganz unvoreingenommen zu mir und meiner Kampagne steht."

„So, glauben Sie das", stellte er amikal fest. Ewig lange Sekunden des Schweigens. „Hat das etwas mit der Sache vom Freitag zu tun?"

„Ja, das hat es. Aber da ich nichts beweisen kann, möchte ich mich dazu derzeit nicht näher äußern. Ich bitte Sie, dies vorab einfach zu akzeptieren. Ich weiß, ich verlange viel ..."

Er trank einen langen Zug aus seiner Tasse.

Lauwarm, igitt! Und schal wie eine ausgelutschte Auster. Die Kaffeemaschine im Vorzimmer ist wirklich unter jeder Sau! Sie beobachtete die Mimik des Direktors. *Offensichtlich schmeckt ihm dieses Brackwasser! Naja, manche Menschen haben offensichtlich mutierte Geschmacksnerven.*

Scheppernd krachte die Tasse von Dr. Blaumann in die Untertasse. Mit fast väterlichem Unterton und direktem Blick sagte er: „Veranlassen Sie alles, um die Sicherheit und den Erfolg dieser Kampagne zu gewährleisten. Geben Sie Vollgas. Was Ihre Bitte an mich betrifft – dazu erhalten Sie in den nächsten Tagen eine Entscheidung von mir. Ich möchte mir vorher über ein paar Dinge ein klares Bild verschaffen. Und abschließend noch zu dieser ... äh ... Geschichte vom Freitag: Halten Sie mich auf dem Laufenden."

Alexandra erhob sich mit den Worten: „Danke für das Gespräch, Herr Dr. Blaumann. Und danke, dass Sie mir zugehört haben."

Statt einer erwartungsgemäßen Antwort meinte er nur: „Schickes Outfit, Frau Pelzig. Steht Ihnen gut. Und man kann es sicherlich reparieren."

Alexandra stand irritiert vor der Tür und sah ihn verständnislos an. Dr. Blaumann begann zu schmunzeln und fügte hinzu: „Ich meine Ihre Kette!"

Das Gebäude war ein typisches, gutbürgerliches, spießiges Vorstadthaus: gepflegter Garten, polierte Gartenzwerge, eine sauber asphaltierte Autozufahrt, die zu einer großen, angebauten Doppelgarage führte. Carlo fragte sich, wessen fahrbare Untersätze sich wohl darin befanden. *Was, wenn längst ein neuer Mann hier zugange ist?* Im August war Silvia zwar noch die jüngst verlassene Alleinerziehende, dies konnte sich allerdings bekanntermaßen schnell ändern. Und man konnte schließlich nicht gerade behaupten, dass Silvia eine unansehnliche, schlampige Matrone mit fettigen Schmalzlocken in Schmuddelklamotten wäre! *Was, wenn ein blonder Zweimeterhüne im Superman-Kostüm die Tür öffnet?* Geistig ging er im Schnelldurchlauf einige Möglichkeiten durch, wenn die Frage aller Fragen gestellt werden würde: „Was wollen Sie?" *Ein Zeuge Jehova auf der Suche nach Verlorenen? Ein entlaufener Irrer aus der nahe liegenden Nervenheilanstalt? Ein Staubsaugervertreter ohne Staubsauger? Ein Greenpeace-Mitarbeiter mit der Aufforderung um Spende für gestrandete Wale? Ein alter Schulkollege mit einer Einladung zum Klassentreffen? ... Okay, irgendwas wird mir schon einfallen.*

Bevor ihn der Mut zu verlassen drohte, drückte er auf den Klingelknopf. Nichts rührte sich. Nachdem er seinen Finger zum zweiten Mal auf den Knopf drückte, hörte er lautes Poltern im Inneren des Hauses. Die Tür wurde aufgerissen. Carlo wich unweigerlich einen halben Schritt zurück. *WER oder WAS ist das denn? Madame Medusa? Dame Edna? Ein Travestiekünstler bei der Probe?* Der grellrot geschminkte, riesige Mund stach als Erstes ins Auge. Als Nächstes wurde sein Blick auf das fragwürdige Kunstwerk aus kupferrot gefärbtem Haar, güldener Spangen, Schleifchen und Perlen gezogen. Was für ein Monument des verirrten Geschmacks! Aber der Gipfel des Grauens war eindeutig das viel zu enge, schlecht sitzende, aber dennoch offensichtlich teure, schreiend orange Kostüm! Im Geiste sah er die Knöpfe der Jacke auf seinen Kopf zuschießen, gefolgt von der bombastischen Fülle ihres Busens, der ihn anschließend ersticken oder erdrücken würde. Der viel zu kurze Rock entblößte elefantöse Teigtreter, die in glänzende, transparente Seidenstrumpfhosen gehüllt waren.

„Na, junger Mann? Was kann ich für Sie tun?" Ihre Stimme war schrill, genau wie ihre gesamte Erscheinung.

„Ich ... äh ... ich bin Carlo, ein Bekannter von Silvia Cimsec. Wohnt sie hier?"

„Aha, ein Freund von Silvia also! Wie nett!" Sie musterte ihn ungeniert von oben bis unten. Dann zog ein gefälliges Lächeln über ihr Gesicht.

Hilfe! Offensichtlich gefällt Madame Medusa, was sie da sieht! Dies war einer der seltenen Momente, in denen Carlo sein gutes Aussehen verfluchte.

Sie streckte ihm ihre wulstige Hand entgegen und sagte: „Ich bin Irmgard, Silvias Schwester! Kommen Sie doch rein! Ist kalt draußen." Und schwups hatte sie ihn an der Hand bereits in den Flur katapultiert.

„Ich möchte nicht stören ... ich will nur kurz mit ..."

„Papperlapapp! Sie stören nicht. Der Kaffee ist gerade durch. Sie trinken natürlich einen mit!"

Er folgte ihr in die wohnliche Küche. Er sah sich um. Zwar sehr zweckmäßig, aber doch irgendwie geschmackvoll. *Geht wohl nicht anders, wenn kleine Rotznasen im Haus wohnen.*

„Setzen Sie sich", befahl Irmgard. Sie entnahm einem Wandschrank eine weitere Kaffeetasse und stellte sie neben die beiden, die sich schon am Tisch befanden.

Gott sei Dank! Silvia ist zu Hause! Für wen sonst ist die dritte Tasse?
Sie wuchtete sich mit der Kaffeekanne in der Hand auf den Sessel neben ihm und eine Wolke Jean-Paul-Gaultier schnürte ihm die Luft ab. Normalerweise liebte er diesen Duft, allerdings in sparsameren Dosen und nicht in der eines Vollbades. Carlo hielt gerade die Sahneflasche über seiner Tasse, als sie plötzlich lauthals brüllte: „Maaamaaaa! Kaffee ist fertig!" Laut klirrte die Flasche vor Schreck gegen den Tassenrand und er presste die linke Hand gegen die Brust, um einen nahenden Herzinfarkt zu vermeiden.

„Erzählen Sie mal! Woher kennen Sie Silvia?"

Carlo, immer noch nach Luft japsend, erwiderte keuchend: „Wir haben uns im August kennengelernt. Bei einer Bergtour."

„Haach, wie reizend! Na, dass Sie sportlich sind, sieht man ja gleich! Sie tun wohl einiges für Ihren Körper, wie?" Wieder musterte sie ihn unverhohlen wie eine Gottesanbeterin, die gleich das Männchen verspeisen wollte.

Einem Reflex folgend rückte Carlo seinen Sessel sicherheitshalber einige Zentimeter weg. Schritte nahten. Carlo entspannte sich etwas. *Endlich, die Rettung aus den Fängen der bunten Riesenspinne naht! Silvia kommt!* Erstaunt registrierte er allerdings, dass nicht Silvia, sondern eine alte Dame mit wirrem, grauem Haar in die Küche schlurfte und sich an das Kopfende setzte.

„Mutter, das ist Carlo, ein lieber Freund von Silvia! Carlo, das ist Gertrud, unsere Mutter!"

Carlo streckte ihr seine Rechte entgegen und sagte: „Freut mich, Sie kennenzulernen!"

Die alte Frau starrte in verdutzt an und machte keine Anstalten, seinen Gruß zu erwidern. Er ließ seinen Arm wieder sinken und umklammerte seine Tasse. Oma Gertrud fixierte ihn unaufhörlich mit finsterem Blick. Plötzlich sprang sie – für ihr Alter bemerkenswert flink – auf, rannte um den Tisch herum und umklammerte Carlos Arm mit beiden Händen. „Du ... du elender Hallodri! Wie kannst du es wagen, mir das Geld nicht zu borgen? Jeder anderen Dahergelaufenen schiebst du die Kohle in den Rachen!"

Carlo war wie erstarrt, sein Gesicht sowie sein offen stehender Mund zeugten von absoluter Verständnislosigkeit. Die Alte riss und rüttelte ihn fast vom Stuhl. *Ein Attentat? Angriff der Killerbienen? Wo ist die versteckte Kamera?* Dann kullerten Krokodilstränen über ihre bleichen Backen und sie klammerte sich noch mehr an ihn. „Ach Rhett, nun rück schon endlich die Kohle für Tara raus, sonst fällt sie noch an diese verdammten Yankees!"

Irmgard umfasste ihre Mutter und bugsierte sie unter Aufbietung ihrer Sumoringerkraft zurück zu ihrem Platz. „Ist schon gut Mutter. Rhett gibt dir bestimmt das Geld für deine Plantage, nur nicht heute! Und jetzt trink deinen Kaffee, ja?"

Gertrud schien sich durch diese Worte etwas zu beruhigen. Irmgard stand auf und kramte in einer Küchenlade. Wieder hypnotisierte Oma Gertrud den armen, immer noch sprachlosen Carlo und meinte dann mit Ehrfurcht in der Stimme: „Halleluja, was bist du bloß für ein schöner Mann! Wenn mein Mann nur noch erleben hätte können, dass Clark Gable bei mir in der Küche sitzt! Ständig hat er an mir rumgemotzt und gemeint, mich würde sowieso kein anderer Trottel nehmen – auch nicht für viel Geld! Pah! Hat der eine Ahnung!" Triumphierend demonstrierte sie mit dem rechten Arm eine Siegerpose und blickte nach oben. Dann erhob sie auch noch den Stinkefinger und krächzte ein überlegenes „Ätsch!" dorthin, wo sie ihren Verblichenen vermutete. Carlo klebte mit seinem Sessel bereits an der Küchenwand, weiter konnte er nicht mehr zurückweichen. Die anfängliche Verwunderung und Verwirrung war mittlerweile nackter Angst gewichen. Angst um sein

Leben! *In welchem Film bin ich hier gelandet? Rocky Horror Picture Show? Psycho? Ich muss hier schnellstens weg, aber wo ist Silvia? Vielleicht wurde sie schon längst im Garten verbuddelt von diesen beiden, rasenden Irren?*

Irmgard kehrte zurück und schob ihrer Mutter irgendetwas kleines Rosarotes in den Mund. „Sie müssen verzeihen, aber für meine Mutter verschwimmt manchmal die Realität. Und gestern hat sie – zum wohl zweihundertsten Male – „Vom Winde verweht" gesehen. Die meiste Zeit hält sie sich für Scarlett O'Hara und versinkt in dieser Rolle. Und ... na ja, Sie sehen wirklich dem jungen Clark Gable sehr ähnlich!" Sie beglückte ihn wiederum mit einem lüsternen, bewundernden Blick.

Carlo verzog seinen Mund zu einem missglückten Lächelversuch. Sein Herz hämmerte immer noch wie nach einem Starkstromschlag. *Muss ich das verstehen? Nein! Und ich will auch gar nicht! Ich will nur raus aus diesem Irrenhaus! Fehlt noch, dass ich hier den Löffel abgebe!* „Sagen Sie, wo ist denn nun Silvia?", fragte er ungeduldig.

„Haach, das wissen Sie dann wohl gar nicht, oder? Silvias Jüngster liegt seit Sonntag mit Schädelbasisbruch im Krankenhaus. Sah eine Weile gar nicht gut aus für den Kleinen. Silvia ist bei ihm. Und ich halte hier für sie die Stellung!"

Carlo sah sie erschrocken an. „Wie alt ist er?"

„Zweieinhalb."

„Und wie geht es ihm jetzt?"

„Schon etwas besser. Es laufen gerade diverse Untersuchungen, ob irgendwelche bleibenden Schäden zurückbleiben."

Oma Gertrud fing plötzlich aus heiterem Himmel an zu kreischen. Dann warf sie die Kaffeetasse Richtung Carlo, der einem Reflex folgend den Kopf einzog. Das ersparte ihm eine riesige Delle am Kopf – oder Schlimmeres. Anschließend vergrub sie ihr Gesicht in beiden Händen und schluchzte wie eine sterbende Hyäne lauthals vor sich hin. Sie stammelte unverständliche Worte. Irmgard verdrehte die Augen und stöhnte. Während sie aufstand und das weinende Häufchen Elend an den Schultern umfasste, sagte sie an Carlo gewandt erklärend: „Depressionen. Die kommen schubweise und ohne Vorwarnung. Jaja, manchmal muss ich auch einfach weinen ...“

Er stand ruckartig auf. *Sofort raus, bevor Frankensteins Monster aus dem Keller kriecht und Herman Munster dämlich grinsend aus der Speisekammer stapft! Dagegen erscheint Doktor Hannibal Lecter ja wie einer der Walton-Brüder!* „Danke für den Kaffee, ich bin dann mal weg! Alles Gute!“ Mit diesen Worten flüchtete er in Richtung der rettenden Tür, ohne eine Antwort abzuwarten. Fast wäre er über einen kleinen Mann gestolpert, der plötzlich vor ihm stand. Große, blaue Kulleraugen sahen ihn neugierig an. Wortlos standen sie sich gegenüber. Der Kleine hielt einen bunten Ball an sich gedrückt.

Dann sagte der Kleine: „Tante Irmgard, du wolltest doch mit mir Ball spielen!“

„Ich kann jetzt nicht, das siehst du doch!“, kreischte diese entnervt, während sie in einen kräfteraubenden Ringkampf mit Oma Gertrud vertieft war.

Carlo verharrte noch einen Moment, dann nahm er kurz entschlossen die Hand des Kleinen. „Komm mit, ich gehe mit dir raus spielen.“ *Das muss dann ja wohl die andere Leibesfrucht von Silvia sein ... Da kann man für die beiden Kinder nur beten, dass das väterliche Erbgut durchschlagend ist!*

„Wie heißt du?“, fragte er den Jungen, während er ihn hinter sich herschleifte – in die Freiheit.

„Max“, flüsterte dieser kleinlaut und blickte ihn skeptisch an.

„Also, Max, ich bin Carlo und ich werde dir jetzt Profikicken beibringen, okay?“

„Au ja! Wie Ronaldo!" Begeistert flitzte der Kleine an ihm vorbei und zog Carlo hinter sich her. „Ich hab einen richtig tollen Fußball!"

Und während Mäxchen vor Euphorie fast über die eigenen Beinchen stolperte, dachte Carlo: *Ich bin zwar nicht gerade der wiedergeborene, wohltätige Messias, aber dich armes Würmchen kann ich jetzt unmöglich den beiden Hyänen ausliefern!* Und so tat Carlo etwas, das er noch nie in seinem Erwachsenenleben gemacht hatte: Er spielte mit einem Kind Ball!

Alexandra sprang fröhlich trällernd beschwingt die restlichen Stufen bis zu ihrer Wohnungstür empor. *Ein großartiger, erster Etappensieg! Mein Chef glaubt mir! Immerhin!* Während sie „simply the best" summte, steckte sie den Schlüssel ins Schloss. Am Vortag noch in einer Welle des Selbstmitleids geschwommen, griff sie innerlich nun nach der Weltherrschaft. Da öffnete sich die nachbarliche Wohnungstür und eine zerzauste, rote Sturmfrisur stürmte auf sie zu. „Hallo, Pia!", begrüßte sie freundlich die Nachbarin und summte weiter.

Diese sah sie neugierig an und stellte dann fest: „Dafür, dass du vor ein paar Tagen dein Auto verschrottet hast, bist du relativ gut drauf."

„Ach, Pipifax! Es gibt Schlimmeres als verbogenes Blech! Wie geht's dir?" Dies war eine rein rhetorische Frage, denn eigentlich hatte sie momentan gar kein Interesse an einer ausführlichen Antwort. Fast bedauerte sie ihre Frage.

„So lala ... ich hatte gestern ein Date mit einem Gartengestalter. Aber schon nach dem zweiten Drink meinte er, ich solle mich doch femininer kleiden – er könne ja meine Möpse gar nicht sehen wegen der vielen Wollschichten!" Erbost machte sie eine Pause.

Alexandra musterte unwillkürlich Pias Dienstags-Look und musste sich ein Lachen verkneifen. Irgendwie konnte sie diesen Gartenfritzen sogar ein wenig verstehen. *Woher hat Pia bloß diese unbeschreiblichen Klamotten, für die es keinen Namen gibt? Aus dem Nachlass der Kelly Family? Dass sie dafür auch noch Geld bezahlt, ist schier unmöglich! Selbst auf Flohmärkten werden derartige Lumpen aussortiert!* „Jaja, diese Männer ...", meinte sie daher nur lapidar und öffnete die Tür.

„Übrigens, ich habe gestern ein Horoskop für dich erstellt", meinte Pia eifrig und folgte ihr aufdringlich.

„Das ist lieb, Pia, aber leider habe ich heute keine Zeit. Mike kommt in Kürze und ..."

„Mike? Etwa der schnuckelige Mike vom Wochenende?" Das Horoskop war nun Schnee von vorgestern.

„Ja, der", entgegnete Alexandra leicht genervt. Schwungvoll betrat sie ihre Wohnung. Leider verharkte sich der Henkel ihrer Handtasche an der Türklinke und unsanft wurde Alexandra zurückgerissen. Sie taumelte. Pia eilte ihr zu Hilfe und stützte sie am Arm.

„Du solltest auf dich achtgeben. Dein Horoskop zeigt ebenfalls an, dass du auf deine Gesundheit achten solltest, weil ..."

„Ich passe schon auf mich auf, keine Sorge! Ciao!" Damit schlug sie Pia die Tür vor der Nase zu. Die Tasche lag am Boden und der halbe Inhalt lag verstreut in der Diele. Leider gehörte es ja nicht zu ihren Angewohnheiten, Taschen ordnungsgemäß zu verschließen. Sie bückte sich in ihren hochhackigen Pumps, um die Utensilien einzusammeln. Als sie sich wieder aufrichtete, taumelte sie plötzlich. *Scheiß Kreislauf,* dachte sie und ihr Blick streifte das Tablettenröhrchen in ihrer linken Hand. Gleich darauf trat eine weitere Pille – bereits die vierte an diesem Tag – die Reise zu Alexandras Nervenzentrum an. *Diese Wunderdinger helfen echt gegen alles!*

Sie schleuderte die Pumps von den Füßen zu den bereits übereinander, untereinander und teils kopfstehenden, unzähligen Paaren. Sie musste grinsen. *Jeder pedantische Ordnungsliebhaber hätte seine helle Freude mit mir!* Mit kleinem Umweg zur Stereoanlage, die auf Knopfdruck Christina Aquilera zum gequälten Schmettern nötigte, entledigte sie sich auf dem Weg ins Bad fast aller Klamotten. *Wow,* dachte sie, *ich bin wahrscheinlich der einzige Mensch, der sich unterm Gehen in zwanzig Sekunden bis auf die Unterwäsche entblättern kann! Ein Fall fürs Guinness Buch der Rekorde? Oder Assistentin eines Entfesselungskünstlers? Naja, als Stripperin würde ich wohl scheitern – für einen Akt des erotischen Hinauszögerns wäre dieser Stunt wohl weniger geeignet!* Nachdem ihr Slip auf dem Temperaturregler des Heizkörpers gelandet war, tapste sie in die Duschkabine und drehte den Warmwasserhahn bis zum Anschlag auf. „Waaaah!!", kreischte sie erschreckt und hüpfte entsetzt aus der Kabine. Eiskalt! Allerdings unterschätzte sie die Einwirkung ihrer triefend nassen Füße auf den glatten Fliesen. Mit einem wenig ästhetischen Spagat wider Willen landete sie wie ein vom Orkan gestreifter Kartoffelkäfer auf dem Rücken, die Beine in der Luft. Blöderweise streifte ihr Hinterkopf vorher noch das extrem unnachgiebige Waschbecken. „Auuaaauuuoh...", wimmerte sie, am Boden liegend, und japste nach Luft. *Verdammt, ich krieg keine Luft,* dachte sie in aufkeimender Panik. *Bleib ruhig, ganz ruhig und atme laaaaaangsam ein,* versuchte sie, sich selbst zu beruhigen. Und während sie röchelnd auf dem kalten Fliesenboden um Sauerstoff rang, brummte ihr Handy. Aber wen kümmert das schon, wenn man nackt, nass und bewegungsunfähig um sein Leben kämpft?

Silvia traute ihren Augen nicht – war das nicht diese Spermaschleuder Carlo, der da lachend mit ihrem Sohn im Garten mit einem Ball herumtribbelte? Sie bog langsam in die Einfahrt ein und stellte den Motor ab. Die beiden schienen sie nicht bemerkt zu haben im Eifer des Ballgefechts. Ihr Herz machte einige unartige Klopfeinlagen. Erst, als sie sich mit einem tiefen „Ommm" – wie sie es in einem stinklangweiligen Yogakurs gelernt hatte – beruhigte, fühlte sich der Rhythmus wieder halbwegs normal an. Sie überlegte fieberhaft: *Was will der hier? Wie kommt er überhaupt hierher? Und warum spielt DER mit MEINEM Max in MEINEM Garten?* Wut keimte auf. Sie riss fast die Türklinke ihres Autos aus. Dann schoss sie wie eine Furie ums Haus und auf die beiden zu.

„Mami! Da bist du ja!" Freudestrahlend stolperte Max zuerst über den Ball und lief dann auf sie zu.

Sie ignorierte ihn und blaffte stattdessen Carlo an: „Was zum Teufel machst du hier mit meinem Sohn?"

Lässig schlenderte er auf sie zu, die Haare zerzaust, verschwitzt und unverschämt gut aussehend. „Wir spielen Ball", antwortete er scheinbar ruhig. Er war es allerdings nicht. Ihr Anblick verursachte spontanes Magenzwicken. Sie sah abgekämpft aus, müde. Und doch weckte sie schon wieder irgend so ein vermaledeites Kribbeln, das er sich am liebsten aus dem Körper geätzt hätte.

„Das sehe ich auch, bin ja nicht blöd! Warum bist du da?", kreischte sie schrill.

„Ich wollte mit dir reden. Dann hörte ich von deiner ... äh ... Familie, was passiert ist. Wie geht es deinem Sohn?"

Sie registrierte ehrliche Besorgnis in seinen Worten. Und das machte sie noch wütender. Und wenn sie wütend war, wurde sie zynisch. „Worüber sollten wir beide schon reden, hä? Über die städtische High Society oder deine letzte missglückte Pediküre?"

Er stand ihr gegenüber, Auge in Auge. Immer noch zum aus der Haut fahrend ruhig sagte er: „Ich möchte mir dir über uns reden. Und darüber, was diesen Sommer passiert ist." Bumm! Das saß! Wie ein hypnotisiertes Eichhörnchen starrte Silvia ihn an. Etliche Sekunden fiel kein Wort.

„Mami, warum bist du denn so böse zu Carlo? Er ist doch mein Freund!", wimmerte Max und schaute fragend zu ihr auf.

„Ich ... äh ... Max, es ist schon spät. Du musst ins Bett. Geh zu Tante Irmgard rein, ich komme gleich nach." Es gab ganz seltene Momente, in denen sie es verfluchte, Kinder in die Welt gesetzt zu haben. Dies war einer.

Carlo bückte sich. „Give me five, Partner. Du warst ein toller Schüler!"

Klein Max schien die Geste des „Fünf-Gebens" jüngst gelernt zu haben, denn brav schlug er mit seinem Patschhändchen ein. Dabei baumelte der Popel an seiner Nase bedrohlich. Silvia stockte der Atem, als er gleich darauf dem gebückten Carlo auch noch die Arme um den Hals schlang und hoffnungsvoll fragte: „Du kommst doch wieder, ja? Versprichst du es?"

Carlo, offensichtlich selbst überrascht von dem „Überfall", drückte ihn leicht irritiert. „Das wird die Mama entscheiden", meinte er mit Blick auf Silvia.

Max ließ ihn los und stürmte ins Haus. Silvia überlegte fieberhaft. *Was meint er bloß? Warum will er über den Sommer reden? Wie schaffe ich es, ihn abzuwimmeln?*

Noch während sie an einer Taktik feilte, sagte Carlo – nun wieder aufrecht stehend: „Glaube mir, es hat keinen Sinn, mich abzuschmettern. Wenn du mich jetzt in die Wüste schickst, bin ich morgen wieder da, und übermorgen, und überübermorgen. Also gib mir eine Chance. Ich will nur reden."

Silvia erkannte, wann sie eine Schlacht verloren hatte. „Also gut. Aber nur kurz, ich bin fix und fertig. Komm rein." Etwas milder gestimmt stiefelte sie vor ihm her zur Haustür.

Als sie den Flur betreten hatten, hallte ihnen eine grelle Stimme, gleich einer Totenglocke, entgegen: „Ach, Sie sind ja noch da! Wie nett!" Irmgards erfreut grinsendes Gesicht glänzte wie ein frisch poliertes Osterei. Hilfe suchend wandte er sich im Flüsterton an Silvia:

„Allein ... biiiiiitte!"

Das laute Summen der Türglocke drang durch die Wohnung. Alexandra saß mit ausgestreckten Beinen am Fliesenboden in einer riesigen Wasserlache, immer noch röchelnd, an die Kloschüssel gelehnt. Seit dem Ausrutscher war bestimmt eine halbe Stunde vergangen. Sie vernahm das Läuten und rappelte sich langsam auf. Sie stützte sich zuerst an der Klobrille ab und klammerte sich dann halb aufrecht an den Handtuchhalter. Dieser hatte allerdings überhaupt keine Lust, als Rettungsanker für ungeschickte Turnübungen herzuhalten. Zuerst rieselte etwas Putzstaub von den Befestigungsstellen, dann brach er endgültig aus der Halterung. Laut krachend polterte er auf den Boden. „Verdammtes Filigran!", fluchte Alexandra und fingerte in gebückter Haltung nach der Türklinke. Ein weiteres, ungeduldiges Anschlagen der Glocke. „Jajaaaa...", grummelte sie unwillig und wankte splitternackt und nach Luft japsend durch die Wohnung. Der Rücken schmerzte. In ihrem Kopf begann dieser verfluchte Steinmetz wieder zu meißeln. Sie stand schon vor der Wohnungstür, als sie sich ihres Evakostüms bewusst wurde. „Moment noch, komme gleich!", rief sie und trabte zurück, um wenigstens die wichtigsten Stellen zu verhüllen. Schließlich öffnete sie, in ein riesiges Badetuch inklusive Turban gehüllt, die Tür.

„Na so einen Empfang wünscht sich wohl jeder!", bemerkte Mike mit einem vielsagenden Grinsen.

„Du bist zu früh", stellte Alexandra knurrend fest.

„Ist das ein Problem? Soll ich noch ein paar Runden um die Häuser fahren?"

„Nein, nein, komm rein." Sie drehte sich um und watschelte leicht gebückt voraus ins Wohnzimmer.

„Hast du einen Bandscheibenvorfall oder weswegen gehst du wie ein Affenweibchen in der zweiten Evolutionsperiode?", fragte er, während sein Blick auf ihrem dadurch stark präsenten, wippenden Hinterteil hängen blieb.

„Danke vielmals", raunzte sie zurück. „Hatte gerade einen kleinen Duschunfall. Setz dich. Rotwein?"

„Danke, gern." Mit großem Wohlgefallen musterte er ihre weiblichen Rundungen, die durch das ständig weiter hinabrutschende Handtuch immer mehr freigelegt wurden. Als sie sich über den Tisch beugte und zwei Rotweingläser vor ihn hinstellte, brannte sein Blick fast ein Loch in ihr Dekolleté. Sie zupfte mit einer Hand das Tuch nach oben. Dies misslang allerdings gründlich. Der schlampige Knoten löste sich, das Tuch fiel wie ein nasser Sack zu Boden.

Verflucht noch mal, das fehlt gerade noch! Jetzt steh ich wie die Venusfalle nackig vor dem Kerl, dem ich heute eine Abfuhr erteilen muss! Hektisch bückte sie sich, wobei sich der Hammer des gemeinen Steinmetzes wieder tief in ihre Gehirnrinde bohrte. Und auf ihren Lungenflügeln schien wieder ein Überland-Lkw geparkt zu haben. Stöhnend richtete sie sich auf. Mike sprang auf und ergriff das Handtuch. Langsamer als nötig wickelte er es ihr wieder um den Körper und hielt sie anschließend umschlungen. „Was ... was machst du?", fragte sie skeptisch.

„Dich festhalten. Und ich habe nicht vor, dich wieder loszulassen." Alexandra fühlte sich umzingelt und erinnerte sich spontan an den Schwitzkasten ihres mittlerweile in Berlin lebenden Bruders Jakob.

„Ich ... ich krieg keine Luft ...", jammerte sie kleinlaut.

Das schien ihm jedoch völlig schnurz zu sein. Sein Griff lockerte sich keinen Millimeter. Alexandra fühlte sich wie ein von der großen Schlange hypnotisierter Hase. Eigentlich sollte sie ihn nun von sich schubsen und ihm nötigenfalls eine scheuern, wenn er seine Eisenumklammerung dann immer noch nicht aufgab. Aber irgendwie ... Sie sah in seine glänzenden, hoffnungsvollen Augen. Sie fühlte seine strammen Oberarme. Sie musste Silvia und Pia innerlich recht geben: *Er ist durchaus eine appetitliche Erscheinung!* Von den inneren Werten mal ganz abgesehen. Er wirkte wie der obligatorische Fels in der Brandung. Voller Wärme. Und Stärke. Nach diesen schrecklichen Tagen wäre etwas Entspannung und eine männliche Schulter eine mehr als willkommene Maßnahme. Und außerdem: *Wann habe ich eigentlich das letzte Mal ...!?* Sie konnte diesen Gedanken nicht zu Ende führen, denn Mike begann kleine Küsschen auf ihrer nackten Schulter zu verteilen. Alexandra schloss die Augen. *Nicht das! Hiiiiilfe!* In wenigen Minuten würde sie völlig wehrlos sein, wenn er den Weg über die Schultern weiter nach oben finden würde! Seine Hände wanderten über ihren Rücken – der eigenartigerweise keine Schmerzsignale mehr aussandte – nach unten und gruben sich in ihre Pobacken. *Wäre ich doch bloß mal ins Fitnessstudio gegangen in den letzten Wochen – die Region Bauch-Beine-Po hätten schon ein paar Einheiten vertragen!*

Mike jedoch schien diese Gedanken in keinster Weise zu teilen. Im Gegenteil, er schien gar nicht mehr zu denken. Anscheinend fand er alles toll, was er ertastete, erschmeckte und spürte, was sich in erfreuten, gelegentlichen Grunzern äußerte. Sein Programm lief bereits auf „play", während Alexandra immer noch bei „pause" verharrte. Immer noch jagte ein Gedanke den anderen und fast sah es so aus, als ob der ständig präsente Krieg „Verstand gegen Herz" auch hier zugunsten des Gehirns ausgehen würde. Das Blatt wendete sich jedoch abrupt, als Mike schmatzend an DEM Punkt am Hals unterhalb ihres rechten Ohres verharrte. Die Kernfusion ihrer Hormone katapultierte die „Pause"-Taste ins Abseits und aktivierte „fast forward"!

„Bist du schwanger?" Die Frage schwebte wie ein Damoklesschwert in dem kleinen Arbeitsraum, in den sie sich zurückgezogen hatten. Kinderunterhosen, löchrige flickwillige Socken, Inkontinenzwindeln von Oma Gertrud und Einmachgläser ohne Beschriftung mit ominösem beigefarbenen Inhalt bildeten ein entspanntes Umfeld.

„Wie ... ich meine ... wie kommst du denn darauf?", stotterte Silvia erschüttert. *Wie zum Kuckuck kann er das wissen? Bin ich verwanzt? Hat er meinen Gynäkologen gefoltert, damit der seine ärztliche Schweigepflicht bricht? Hat er mich beschattet?*

„Stimmt es oder nicht!"

„N...nein, natürlich nicht! Wie kommst du darauf?" Sie nestelte nervös an ihrem Pulloverbündchen. Carlo saß ihr gegenüber und fixierte sie unaufhörlich.

„Freundinnen erzählen sich doch alles, oder?", stellte er die Gegenfrage.

Wieder ratterte ihr Gehirn auf Hochtouren. *Wem habe ich – außer Alexandra – von der Schwangerschaft erzählt? Niemandem! Wieso also ...*

„Wieso streitest du es ab? Was hast du vor?"

Sie fühlte sich immer mehr in die Ecke gedrängt. Schließlich riss sie sich zusammen und meinte betont ruhig: „Hör mal, ich habe keinen blassen Schimmer, wie du darauf kommst. Fakt ist, ich bin NICHT schwanger. Und wenn ich es wäre, gäbe es nur eine einzige Entscheidung!"

„Aha! Und die wäre Abtreibung, nicht?"

„Natürlich, was sonst? Oder denkst du, ich würde von einem windigen Casanova wie dir ein Kind zur Welt bringen? Wo ich ohnehin schon zwei Kleinkinder allein durchbringen muss?" Silvia war nicht bewusst, dass sie sich verdächtig in Rage redete und dadurch immer unglaubwürdiger wurde. Stille.

Schließlich lehnte Carlo sich zurück und sagte erschüttert: „Dann stimmt es also. Du bist wirklich schwanger."

Silvia war zu perplex, um auch nur einen Piep von sich zu geben. Außerdem war ihr bewusst, dass ein weiteres Abstreiten zu diesem Zeitpunkt sinnlos war. Sie saßen sich gegenüber und starrten beide auf die verstreuten Nähutensilien auf dem Arbeitstisch. Eine kleine, bunte Spongebobsocke mit Riesenloch im Bereich des großen Zehs schrie förmlich um Hilfe.

Nach endlosen Sekunden des Schweigens sagte er leise: „Du willst abtreiben?"

Silvia konnte ihm nicht in die Augen sehen, als sie antwortete: „Ja, das einzig Vernünftige."

Eigentlich hätte Carlo erleichtert sein müssen. Aus irgendeinem unerfindlichen Grund war er es jedoch nicht. Ein eigenartiges, nicht definierbares Gefühl kam in ihm hoch. Er war unfähig – genau wie Silvia – auch nur ein einziges weiteres Wort zu sagen. Es schienen aufgequollene Riesenknödel in beiden Hälsen zu stecken.

Silvia stand schließlich auf. „Ich muss Max ins Bett bringen. Es ist schon spät."

„Ja, natürlich." Er erhob sich ebenfalls und trottete ihr nach. Bei der Haustür drehte er sich noch mal zu ihr um. „Darf ich ... darf ich dich anrufen?"

Silvia konnte sich später nicht mehr erklären, warum sie ihm mit den Worten „Ja, wenn du meinst ..." die Erlaubnis dafür gegeben hatte.

Sie hebt schon wieder nicht ab! Leos Wut steigerte sich. *Und sie ruft nicht mal zurück!* Alexandra musste seinen Anruf in Abwesenheit doch längst gesehen haben – und seit eineinhalb Stunden kein Rückruf! Er tigerte durch die Wohnung. Ruhelos riss er schließlich den Kühlschrank auf und entnahm eine Flasche Bier. Dann drehte er die Flimmerkiste an und lümmelte sich auf die Couch. Hoffentlich war irgendeine interessante Doku, Auslandsreport oder was ähnlich Spannendes zu finden. Er zappte die unzähligen Kanäle durch. Seifenopern, unglückliche Dicke im Talk und Herzschmerz an der schottischen Küste entlockten ihm ein herzhaftes Gähnen. Leos Daumen zappte ungeduldig weiter. Halt! Welch Glücksstreffer auf einem Comedy-Kanal: Eine schrecklich nette Familie! Seine Stimmung war geradezu prädestiniert für Al Bundy und dessen herrlich frauenfeindliche, sarkastische Sprüche! Der Abend war gerettet!

Alexandra hatte eilig – ohne viel Lärm zu machen – ihre Wohnung verlassen. Jedoch nicht, ohne vorher die zur Gewohnheit gewordene Schmerz-weg-gute-Laune-her-Pille einzuwerfen. Mike hatte noch geschlafen und sie entschied sich aus mehrerlei Gründen, ihn nicht zu wecken. Wie konnte ein Mensch bloß derartig viel und lange schlafen? Sein Schnarchen dröhnte noch immer wie ein überdrehtes Jazzorchester in ihren Ohren.

Während sie im Bus ihrer Arbeitsstätte entgegenschaukelte, beobachtete sie durch die Glasscheibe den stockenden Verkehr. Sicherheitsläden vor Schmuckgeschäften wurden hochgefahren, Kleiderständer wurden von frustriert dreinblickenden Verkäuferinnen auf die Gehsteige gerollt. Zeit für eine Bestandsaufnahme. *Juhu! Ich habe nach sechsmonatiger Abstinenz mal wieder Sex gehabt und festgestellt, dass man gewisse Dinge nicht verlernt.* (Sie hatte sich diesbezüglich schon Sorgen gemacht ...) *Es ist schön gewesen. Eigentlich Grund genug, sich gut zu fühlen. ABER:*

Warum fühle ich mich irgendwie trotzdem nicht gut? Da war ein Gefühl der Leere, der Unausgefülltheit, das von der Magengrube wie lästiges Sodbrennen aufstieg. *Bin ich bescheuert? Da verbringe ich eine heiße Nacht mit einem heißen Mann und ... und NICHTS??* Plötzlich fiel es ihr wie ein ganzer Schuppenregen von den Augen. Genau so hatte sie sich nach den letzten Nächten mit Tom gefühlt. Als ihre Beziehung sich bereits zu Tode lief. Als nichts mehr da war. Keine Liebe. In Alexandra stieg mit der Erkenntnis eine große Traurigkeit auf: *Ich bin einfach nicht verliebt in Mike.* Sie lehnte sich zurück und schloss die Augen. Das schwere Parfum ihrer älteren Sitznachbarin, Marke Essiggurkensaft, kroch ihr in die Nase und attackierte ihre Schleimhäute. Die Computerstimme aus den Lautsprechern kündigte quäkend die nächste Haltestelle an. Sie erhob sich eilig und floh vor dem nächsten Gurkenangriff Richtung Ausstieg.

„Was hast du Carlo erzählt?", blaffte Silvia durchs Telefon.

Alexandra fiel der Kugelschreiber aus der Hand. Es gab nur einen einzigen Grund für diese Frage: Stinkstiefel Carlo, diese Arschgeige, hatte Silvia damit konfrontiert!

„Silvia, es tut mir echt leid. Ich wollte dir schon mehrmals davon erzählen, aber immer kam irgendwas ..."

„Spar dir das. Ich habe rund um die Uhr überlegt, wie Carlo das spitzgekriegt haben könnte. Und egal, wie man es dreht – es kommst nur du infrage! Also?"

Puh, die ist echt sauer, dachte sie, und zog sich geistig eine kugelsichere Weste über. „Du weißt, an diesem Wochenende, als ich meinen Unfall hatte ..." Als sie ihre Beichte beendet hatte, herrschte Schweigen am anderen Ende der Leitung. Robert Windlinger, der Daniel Stubenfliege an diesem Tag vertrat und ihr gegenübersaß, gaffte sie ungeniert an und lauschte neugierig.

Silvia fauchte weiter: „Was hat dich da bloß geritten? Ausnahmezustand hin oder her! Ist dir überhaupt bewusst, was du mir damit eingebrockt hast? Da steht dieser Typ doch tatsächlich vor meinem Haus, macht sich an Max ran und ist überzeugt, dass ich sein Kind ausbrüte! Ich dachte, mich streift der ... Huch!"

Alexandra presste den Hörer noch fester an ihr gerötetes Ohr und fragte ängstlich: „Was ist?"

„Nix. Habe nur beinahe mein Handy in diesem ekligen Automatenkaffee ersäuft. Ist mir aus der Hand gerutscht."

„Aha."

Silvia räusperte sich. „Na jedenfalls weiß der Gute jetzt Bescheid und ich kann mich mit dem auch noch rumschlagen! Danke vielmals für deine Redseligkeit!"

„Mal ganz abgesehen davon, dass ich die Klappe hätte halten müssen: Ist dir vielleicht der Gedanke schon mal gekommen, dass er vielleicht ein Recht darauf hat, zu wissen, dass ...“

„Einen Scheiß hat der! Und wenn, ist das meine alleinige Entscheidung!"

„Hast ja recht. Es war ein Fehler, das weiß ich wohl. Aber vielleicht stellt sich ja irgendwann raus, dass es doch auch was Gutes hatte!?"

„Wenn das eintrifft, werde ich wahrscheinlich in der zugefrorenen Hölle hocken."

Alexandra resignierte. Hier war definitiv keine Schlacht zu gewinnen. „Silvia, es tut mir echt leid." Sie hörte, wie im Hintergrund irgendein Doktor Soundso ausgerufen wurde. Silvia war also im Krankenhaus. „Wie geht es Theo?", fragte sie daher.

„Er ist über den Berg und wird auch keinerlei bleibende Schäden davontragen. Er muss noch ein paar Tage unter Beobachtung bleiben, dann darf er wieder heim", antwortete Silvia deutlich besänftigt.

„Gott sei Dank", stöhnte Alexandra erleichtert. „Darf ich ihn mal besuchen?"

Beklemmende Sekunden verstrichen, bis Silvia endlich in versöhnlichem Tonfall meinte: „Na klar. Bist ja schließlich so was Ähnliches wie seine Tante!"

Alexandra war erleichtert. Silvia würde ihr verzeihen. Und irgendwann vielleicht sogar vergessen. Hoffentlich.

„Was glotzt du so?", motzte sie den immer noch gaffenden Windlinger an.

„Tschuldigung, war nicht zu überhören", griente er sie frech an.

„Liegt wohl an deinen riesigen Lauschlappen", stellte sie böse fest und widmete sich wieder dem Layout ihrer Kampagne.

Die Bürotür öffnete sich. Rolf Schneider stapfte auf Alexandra zu. „Kann ich Sie kurz sprechen? Allein." Seine Miene verhieß nichts Gutes. Alexandra erhob sich wortlos und trabte hinter ihm her Richtung Besprechungsraum.

„Ich komme gerade von Dr. Blaumann", eröffnete er mit finsterem Gesichtsausdruck.

„So?" Alexandra schlug die Beine übereinander und taxierte ihn abwartend. Bemüht, dem Verräter nicht spontan in die Eier zu treten.

Sie saßen sich lauernd gegenüber. „Um das Ganze abzukürzen: Was genau werfen Sie mir vor?"

Alexandra war überrascht. Solch direkte Worte hatte sie von „Seiner Hinterlistigkeit" nicht erwartet. *Soll ich mich nun in das Mäntelchen der Unschuld hüllen und mich dumm stellen? Oder Offensive?*

Rolf Schneider nahm ihr die Entscheidung ab, indem er aufstand, sich mit beiden Armen am Tisch abstützte und sie anpflaumte: „Also, weswegen sägen Sie an meinem Sessel? Was soll das Theater? Sie wollen also direkt mit Dr. Blaumann zusammenarbeiten? Ich sage Ihnen dazu nur eines: Ich lasse mir das nicht gefallen! Unterschätzen Sie mich nicht! Wenn Sie meinen, meine Autorität untergraben zu müssen, werde ich zurückschlagen, darauf können Sie sich verlassen!"

Nun gut, das Kriegsbeil ist hiermit offiziell ausgegraben! Der schwarze Pfeil mit der Kriegserklärung steckte irgendwo zwischen ihrer Milz und Leber. Eigentlich hatte Alexandra ihren Feind ursprünglich in Sicherheit wiegen wollen, um hinter seinem arglosen Rücken besser recherchieren zu können. Beziehungsweise Beweise für seine Schuld sammeln zu können, um ihm dann offiziell den Todesstoß versetzen zu können für seinen Frevel. Wie schön hatte sie sich den weiteren Verlauf seiner vielversprechenden Zukunft mehrmals ausgemalt: Verurteilung zu lebenslangem All-inclusive-Aufenthalt in einem sibirischen Arbeitslager. Eine Gemeinschaftszelle mit zwei schwulen Massenmördern. Wecksirene um 4:30 Uhr morgens. Dann ein bekömmliches Frühstück: in Spülwasser aufgeweichte Brotreste. Dann um 5 Uhr Abfahrt in schweren Eisenketten in die sibirische Eiswüste, um in den hiesigen Steinbrüchen mit einem Handmeißel und einem kleinen Hammer mit abgebrochenem Stiel bis 19 Uhr Erze aus dem ewigen Stein zu hauen. Mittags eine fünfzehnminütige Pause, um ein fulminantes Mittagsmahl, bestehend aus frischem Haferschleim, garniert mit frischen, vitaminreichen Moosbüscheln der Region. Nach Heimkehr gegen 19:30 Uhr Abendmahl. Die übrig gebliebenen, mittlerweile getrockneten Brotreste vom Frühstück resch und frisch geröstet, gewürzt mit dem Schweiß des fetten, tätowierten, weißrussischen Koch (verurteilt wegen dreifachen Giftmordes an ungeliebten Verwandten). Dazu ein Glas kostenloses, frisches, angereichertes Quellwasser. Kostenlos, weil sich besagte Quelle im Areal eines wegen ständiger Reaktorunfälle stillgelegten

Atomkraftwerks befindet. Einem geschenkten Gaul schaut man schließlich nicht ins Maul, besagt ein weiser Spruch. Nach dem opulenten Essen ab in die Zellen. Kein Fernseher, keine Bücher, kein Radio. Nur die äußerst kunstvollen Exponate der Zelleninsassen an den drei nackten Knastwänden sorgen für eine heimelige, abwechslungsreiche Atmosphäre. An der vierten Wand hängt das ständig verstopfte Klo. Die Bilder sind überraschend bunt. Bunt deswegen, weil sie entweder mit Blut gezeichnet, ausgeschlagenen Zähnen von Mithäftlingen graviert, verschmähten Moosgarnierungen oder mumifizierten Käfern und Fliegen beklebt sind. Gegen 20 Uhr geht automatisch das Licht aus. Etwa fünf Minuten später krabbelt wie jede Nacht einer der beiden Genossen in seine Schlafkoje, bestehend aus miefendem Stroh und einer Milliarde Sechsfüßlern, und kuschelt sich an ihn. Obwohl besagter Kuschelwütige an einem für Moskauer Verhältnisse schönen Dienstagmorgen mit nur Minus 25 Grad wegen einem zu glibberigen Frühstücksei wutentbrannt in einen Einkaufspark gefahren ist und mit seinem am Schwarzmarkt erworbenen amerikanischen Maschinengewehr dreizehn unbekannte, unschuldige Menschen niedergestreckt hat, fürchtet er sich im Dunkeln. Er bekommt dann Panikattacken und sucht äußerst fordernd körperliche Nähe. Mit seinen 1,98 Meter Größe sowie 112 Kilogramm Lebendgewicht kann man ihm das kaum „abschlagen". Sobald in der geschlossenen Nervenheilanstalt ein Platz frei wird, darf er übersiedeln. Nach etwa vier Stunden Schlaf ertönt wieder die Sirene. Ein neuer, wunderschöner Tag im Paradies der Kollegenschweine!

Nun jedoch war sie außerstande, Logik und Vernunft walten zu lassen. Emotionen, Adrenalin und mindestens eine Tonne Wut bahnten sich ihren Weg. „Ihr Sessel ist mir so was von scheißegal! Genauso wie Ihre Autorität! Autorität hat was mit

Respekt zu tun. Und meinen Respekt vor Ihnen habe ich verloren. Sie haben mich, einen Teil IHRES eigenen Teams, aus Neid und Missgunst boykottiert. SIE haben meine erste, eigene Kampagne sabotiert. Und glauben Sie mir, dafür werde ich Sie zur Verantwortung ziehen. Wenn hier also jemand zurückschlägt, dann bin ich das!!" Alexandra war mittlerweile aufgesprungen und nahm dieselbe Körperhaltung wie ihr Gegenüber ein.

„Wie bitte? Sie bezichtigen MICH der Sabotage? Wie kommen Sie denn bloß darauf?" Rolf Schneider ließ sich in den Polstersessel plumpsen und guckte verdattert aus der Wäsche. Alexandra sah auf ihn hinab und ihre Wut steigerte sich noch mehr.

„Spielen Sie hier nicht Theater, das können Sie sich schenken! Wir beide wissen genau, was Sache ist! Und genau aus diesem Grund werde ich verhindern, dass Sie noch mal irgendeine Möglichkeit haben, Ihre neidigen, egoistischen Klauen nach meiner Kampagne auszustrecken!" Knacks! Der erst kürzlich manikürte Fingernagel des rechten Mittelfingers hielt dem zornigen Druck auf die Tischplatte nicht mehr stand und verabschiedete sich. Alexandra starrte zuerst auf den ramponierten Nagel und dann auf den natürlich dafür verantwortlichen Rolf Schneider. „Jetzt ist auch noch mein Nagel hin!!!" Wutentbrannt drehte sie sich um und wandte sich Richtung Tür.

Rolf Schneider folgte ihr einige Schritte und sagte aufgebracht: „Ich habe keine Ahnung, wieso Sie mich verdächtigen. Fakt ist, dass ich nichts damit zu tun habe! Und ich erwarte von Ihnen, dass Sie aufhören, mich diesbezüglich anzuschwärzen! Abgesehen davon würde ich mich an Ihrer Stelle mal in unmittelbarer Nähe besser umsehen!" Er war wieder aufgestanden, um seinen Worten mehr Gewicht zu verleihen. *Was für ein grandioser Schauspieler*, dachte sie, *fast nimmt man ihm die Rolle des zu Unrecht Verdächtigten ab!*

„Was meinen Sie damit?"

„Ich meine damit Ihren lieben Kollegen Daniel."

Alexandra war baff. *Das ist doch die Höhe! Jetzt schwärzt der Kerl in seiner Verzweiflung auch noch meinen liebsten und loyalsten Kollegen an! Wie mies ist das denn?* Alexandra drehte sich nochmals um und sah ihm in die Augen. Ihre Stimme troff vor Zynismus, als sie ihm entgegenschleuderte: „Lieber Herr Schneider, Daniel kann es unmöglich gewesen sein. Würde er auch niemals machen. Es war jemand, der Freitagnachmittag noch im Haus war. Und Daniel war zum Zeitpunkt des Attentats nicht mehr im Haus – ER nicht!"

Rolf Schneider sah sie mit versteinerter Miene an und meinte nur: „Sind Sie sicher?"

Eine überdimensionale Stoffameise mit blauer Schleife um den dicken Riesenhintern unterm Arm stakste Carlo unsicher den Krankenhaustrakt entlang. Zimmer zweihundertundzwölf also. Unschlüssig blieb er am Gang stehen. Zwei Krankenschwestern kamen ihm entgegen. „Kann ich Ihnen helfen?", flötete die Hübsche mit dem üppigen Dekolleté und praktizierte ihren schönsten Augenaufschlag.

„Danke, ich weiß, wohin ich muss", antwortete Carlo und strich sich lässig durch seine schwarze Gelpracht.

„Sind Sie sicher?", kokettierte Schwester Astrid, wie ihr Namensschild vermuten ließ. Ihre spindeldürre Kollegin mit Geiergesicht und spärlichem, dünnen Haar unter ihrem Schwesternmützchen stieß sie in die Seite und kicherte dümmlich. Es heißt immer, Lachen macht jedes Gesicht schön. Nun, in diesem Fall handelte es sich wohl um die große Ausnahme. Tränensäcke, Schlupflider und die XXL-Hakennase zerstörten leider jede noch so kleine positive Ausstrahlung.

Carlo war genervt. Mit einem barschen „Ja, ich bin sicher" ging er entschlossen an den beiden vorbei. Er spürte förmlich die schmachtenden Blicke von Gold- und Pechmarie, die sich in seinen Rücken bohrten. Endlich die richtige Zimmernummer vor ihm. Er blickte auf sein Mitbringsel. Plötzlich zweifelte er an seiner Entscheidung, eine Ameise gekauft zu haben. Warum nicht einen Teddy, einen Hund, eine Giraffe? Vielleicht hasste der Kleine ja Ameisen? Vielleicht verbrannte er sie auch leidenschaftlich gerne mit der Lupe im Garten daheim? *Ach was*, dachte er, *ist jetzt eh zu spät für einen langweiligen Teddy!* Und wenn der Kleine nur annähernd nach der Familie mütterlicherseits geriet, wäre er vielleicht ja schräg genug für eine Riesen-Kuschel-Ameise mit Riesenarsch. *Wie wird Silvia wohl auf meinen „Überfall" reagieren?* Er hatte auf seiner gestrigen Heimfahrt beschlossen, sie und ihren kranken Sohn zu besuchen. Neuerdings war die Mittagszeit ohnehin immer eine öde, tote Zeit für ihn. Da sich sein Nachtleben deutlich reduziert hatte, ging er früher schlafen als noch vor einigen Wochen. Daher war es auch nicht mehr nötig, die Zeit bis Mittag im Bett zu verbringen, um sich von Alkoholexzessen und männlichen Höchstleistungen zu erholen. Schlug vielleicht auch die senile Bettflucht bereits zu? Er wusste mit dieser neu geschenkten Zeit nichts anzufangen. Vormittags gingen alle Freunde ihren Jobs nach, kein Lokal hatte geöffnet – außer Kaffeehäuser, und in denen verbrachte er sowieso den halben Nachmittag. Und auch seine Leidenschaft für edle Herrenausstatter und Wellnesstempel hatte Grenzen. Abgesehen davon hatte er die vergangene Nacht so gut wie nicht geschlafen. Tausende Gedanken schlugen den ansonsten totengleichen Schlummer erfolgreich in die Flucht. Seine Versuche, einen seiner Freunde telefonisch zu einem Gespräch unter Männern mit anschließendem Besäufnis zu mobilisieren, scheiterten, da weder Leo, Bernie noch Mike sich bequemten abzuheben. Wieso also nicht mal was Gutes tun und einem armen Jungen ein Geschenk vorbeibringen und ihn etwas aufheitern?

Er griff zögerlich nach der Türklinke und öffnete leise einen Spalt die Tür. Anklopfen erschien ihm im Krankenhaus irgendwie unpassend. Da ein Kasten die halbe Sicht zur Tür versperrte, blieb er unbemerkt, als er dort verharrte.

„Mami, wann heim?", brabbelte der kleine Theo gerade und wälzte sich genervt in dem riesigen weißen Bett. Die wulstige Tuchent schien den kleinen Körper fast zu ersticken.

„Bleib noch liegen, mein Schatz. Ein paar Tage noch, dann kannst du wieder daheim spielen!" Silvia schmatzte ihm einen fetten Kuss auf die feuchte Stirn.

„Geschichte, Geschichte!", nörgelte er weiter. Silvia lächelte und zog ein kleines Peter-Pan-Büchlein aus der Schublade des Nachtkästchens. Sie schlug irgendein Kapitel auf und wollte gerade zu lesen beginnen, als Theo plötzlich leise fragte: „Mami, wo Papa? Papa soll lesen!"

Silvia ließ das Buch auf den Schoß sinken. Eine große Traurigkeit überzog ihr Gesicht, als sie in die großen, fragenden Augen ihres Sohnes blickte. *Ja, wo ist Papa, dieser treulose, verantwortungslose Sargnagel?* Diese Frage hatte sie sich selbst schon unzählige Male gestellt. Ein einziges Mal hatte er den Weg in die Klinik gefunden – wobei sein schlafender Sohn wohl eine Nebenrolle gespielt haben dürfte in seiner zehnminütigen Anwesenheit. Wesentlich wichtiger war da wohl eine bestimmte Unterschrift gewesen. Auf Anrufe reagierte er nicht mal mehr. Hob nicht ab und rief auch nicht zurück. Manchmal überkamen sie Zweifel. Hatte sie mit ihrer widerstandslosen Unterschrift der Scheidungspapiere auch das letzte Band – nämlich die Bindung des Vaters an die Söhne – gekappt? Was sollte sie ihrem Sohn bloß sagen? Lieber Theo, dein Vater vögelt gerade eine Mittzwanzigerin, um seine Ängste bezüglich seines beginnenden kreisrunden Haarausfalls und seine nahende, altersbedingte Impotenz zu betäuben. Oder: Lieber Theo, dein Vater befindet sich gerade im zweiten Frühling und gründet ein neues Leben. Dabei hat er leider festgestellt, dass Kinder aus dem „vorigen Leben" ihn nur behindern und belasten. Und Ballast gehört abgeworfen!

Gerade, als Silvia ihren Sohn mit einem Märchen über Zeitmangel und berufliche Termine beruhigen wollte, ertönte eine männliche Stimme aus dem Hintergrund: „Will hier irgendjemand eine wahnsinnig tolle, spannende Geschichte von den Abenteuern eines berühmten Piraten hören?"

„Jaaaa!", gluckste Theo begeistert und fixierte den großen, dunkelhaarigen Fremden interessiert. Als der Fremde ihm dann auch noch ein braunes Ungetüm mit kolossalem, in blaue Maschen verpackten Ameisenarsch auf die Bettdecke setzte, juchzte er strahlend. Der war nett! Und hatte so tolle Geschenke mit!

Silvia, im ersten Moment geschockt und sauer, realisierte gleich darauf das Strahlen im Gesicht ihres Sohnes. Also verkniff sie sich jeden Kommentar und bot ihm wortlos den Stuhl gegenüber an. Letztendlich war sie ihm sogar dankbar: Schließlich hatte er sie davor bewahrt, ihrem Sohn eine große Lüge auftischen zu müssen.

Nach einem arbeitsreichen Vormittag in spannungsgeladener Atmosphäre stürzte Alexandra erleichtert mit der Handtasche unterm Arm der Mittagspause entgegen. Sie hopste die Stufen zum Parkplatz hinunter, um ihren Lieblingschinesen um die Ecke aufzusuchen. Allein. Daniel hatte vergammelt aussehende

Wurstbrote von daheim im Gepäck, Ulrike war wie immer auf Diät und der Rest der Abteilung hatte sich für fettige Pizzen vom Zustelldienst entschieden. Der Hunger machte sich bereits mit lästigem Grummeln bemerkbar. Die Sonne blinzelte sanft durch die dicken, grauen Wolken. Sie kramte ihr Handy aus der Tasche. Mike hatte bereits zwei Mal versucht, sie zu erreichen. Am Wichtigsten erschien ihr im Augenblick jedoch ein Anruf bei Leo. Sie hatte am gestrigen Abend zwei Anrufe in Abwesenheit von ihm am Handy. Okay, da hatte sie sich vermutlich im In-Fight mit Mike befunden. Schlechtes Gewissen kroch in ihr hoch. Wieso bloß?

Ein lautes Hupen riss sie aus ihren Gedanken. Die schwarze Mercedes-Limo von Dr. Blaumann hielt neben ihr. Das Fenster surrte hinunter. „Wohin des Weges?", fragte ihr Chef.

„Ach, nur auf einen Happen zum Chinesen ein paar Straßen weiter", antwortete sie brav.

Dr. Blaumann lehnte sich zur Beifahrertür und schubste sie auf. „Steigen Sie ein, ich nehme Sie mit. Ist ja saukalt heute."

„Ach, sehr nett. Ist aber wirklich nicht notwendig, ich gehe gern ..."

„Keine Widerrede. Rein mit Ihnen!"

Alexandra gab ihren Widerstand auf und ließ sich in die Lederpolster des Luxusschlittens sinken. „Dabei kann ich Sie gleich von meiner Entscheidung in Kenntnis setzen", kommentierte er, während er auf die befahrene Bundesstraße einbog.

„Ja?", drängelte Alexandra, da die Fahrt lediglich ein paar Minuten Fahrzeit in Anspruch nahm.

„Ich hatte ein Gespräch mit Herrn Schneider. Natürlich sehr diplomatisch, da ich es nicht darauf anlege, einen unbescholtenen, engagierten Mitarbeiter ohne Beweise zu kompromittieren."

Alexandra konterte sofort: „Er schien allerdings sehr genau Bescheid zu wissen, was Sache ist. Er hat mich darauf angesprochen."

„Nun, Schneider ist nicht dumm. Er kann eins und eins zusammenzählen." Dr. Blaumann chauffierte den Schlitten souverän durch den Mittagsverkehr.

„Wie ist also Ihre Entscheidung, was meine Kampagne betrifft?", fragte Alexandra ungeduldig, da bereits das gelbe Stadthaus mit den riesigen chinesischen Schriftzeichen ins Blickfeld rückte.

Ohne die Augen von der Straße abzuwenden, antwortete er: „Ich habe Ihre Kampagne gegenüber Herrn Schneider zur absoluten Chefsache erklärt, was meine persönliche Einbindung nicht als Übergehen seiner Person erscheinen lassen sollte. Ich bin zwar nicht glücklich mit dieser Vorgangsweise, aber ich sehe auch die absolute Notwendigkeit, hier keinerlei Gefährdung zuzulassen. Trotz Ihres guten Drahtes zu Frau Kleist dürfte deren Toleranz ausgeschöpft sein, nicht?"

„Ganz Ihrer Meinung!", stöhnte Alexandra erleichtert. In der jetzigen Bombenstimmung mit Rolf Schneider zusammenarbeiten zu müssen wäre wohl einem fünfwöchigen Aufenthalt in einem Keller inklusive drei Millionen Kakerlaken gleichzusetzen.

Dr. Blaumann hielt blinkend am Gehsteig und meinte abschließend: „Also, Frau Pelzig, wir beide werden in den nächsten Wochen sehr intensiv zusammenarbeiten. Bis auf Weiteres jeden Freitag, 8 Uhr in meinem Büro. Und nun Mahlzeit!"

„Mahlzeit auch Ihnen, Herr Dr. Blaumann!", lächelte Alexandra siegessicher und sprang aus dem Auto. Besser konnte es gar nicht laufen!

Mit einem Honigkuchenpferdgrinsen betrat sie das Chinarestaurant. Wie immer bimmelten irgendwelche kitschigen Glöckchen, wenn man eintrat. Der kleine, schmächtige, aber immer lächelnde Kellner Fu kam auf sie zugerannt. „Allein heite?"

Alexandra nickte und folgte dem leuchtenden Stern Asiens durch das enge Sessel- und Tischgewirr des voll besetzten Gastraumes. Der Kleine wieselte ziemlich schnell und Alexandra hatte Mühe, ihm zu folgen.

Plötzlich verharkte sie sich in der Eile an einem Sesselbein und fiel beinahe hin. Dabei rempelte sie den darauf befindlichen Gast unabsichtlich ziemlich hart mit dem Ellenbogen an. „Verdammt noch mal ...", zeterte eine ihr nicht unbekannte Stimme. Alexandra rappelte sich auf und blickte direkt in Leos blitzende Augen.

„Tschuldigung ...", nuschelte sie verdutzt. Nun drehte auch Leo sich langsam um und starrte sie ebenso überrascht an. Gleich darauf machte sich jedoch Eiseskälte in seinem Blick bemerkbar.

„Na, das hätte ich mir denken können. Wer sollte wohl sonst über mich herfallen?"

Diese Worte klangen ganz und gar nicht locker flockig lustig – eher wie eine Dolchspitze, die vorher in Skorpionengift getaucht worden war. Sein Gesichtsausdruck war unergründlich.

„Tja, langsam solltest du dich doch daran gewöhnen, oder?", meinte Alexandra in dem Bemühen, die Situation mit einem lockeren Spruch und einem Lächeln zu entspannen. „So ein Zufall aber auch! Gerade wollte ich dich anrufen!" Der Versuch misslang gründlich. Nicht der geringste Anflug eines Lächelns oder Wiedersehensfreude spiegelten sich in seinem Gesicht wider. Ihm gegenüber saßen zwei Pinguine in Schwarz, offensichtlich ein Geschäftsessen. Als Alexandra sich der Situation bewusst wurde, meinte sie unsicher: „Verzeihung, ich wollte nicht stören ..." Peinliches Schweigen.

„Ich wünsche dir einen guten Appetit", sagte Leo steif und drehte ihr den Rücken zu.

Verdattert stand sie ein paar Sekunden da, dann blickte sie sich suchend nach ihrem Führer aus dem Reich der Mitte um und entdeckte ihn bei einem kleinen Ecktisch. Er grinste und winkte hektisch zu ihr herüber. Sie setzte sich anschließend und bestellte das übliche geniale Mittagsmenü mit allem Drum und Dran. Sie hatte fast uneingeschränkte Sicht auf Leos breiten Rücken. *Mann, ist der sauer! Ich hätte mich wirklich früher bei ihm melden und mich entschuldigen müssen wegen der Versetzung! Und dann auch noch die Geschichte mit Mike ... Apropos Mike!* Sie zückte ihr Handy und wählte seine Nummer.

„Hallo, Schatz!", ertönte es erfreut.

Bei dem Wort „Schatz" kräuselten sich ihre Nackenhaare. *Wieso Schatz? Läutet eine einzige gemeinsame Nacht die offizielle „Schatzizeit" ein?*

„Hallo?"

„Ja ... hallo", antwortete sie endlich.

„Wo bist du?"

„Beim Chinesen."

„Bei welchem? Ich komme hin!"

Bloß nicht!

„Ach ... dafür ist die Zeit zu kurz. Ich bin in zwanzig Minuten schon wieder am Sprung ins Büro."

„Schade. Was hast du heute Abend vor?"

Alexandra überlegte kurz. „Ich muss ... ich muss arbeiten. Wichtige Projektarbeit, du verstehst?" Sie registrierte, dass an Leos Tisch kassiert wurde.

„Also hast du heute keine Zeit für mich? Auch später nicht?"

Die Runde an besagtem Tisch erhob sich. Leo stand ebenfalls zu seiner beachtlichen Lebensgröße auf. *Anzug steht ihm wirklich gut,* dachte sie. Er drehte sich in ihre Richtung um. Er sah sie an. Dann drehte er sich abrupt um und verharrte kurz. Die beiden Pinguine trabten bereits zum Ausgang. Dann wandte er sich plötzlich wieder um und ging auf sie zu.

„Hallo? Bist du noch dran?", quäkte Mike in ihr Ohr.

„Ja ... ja ... hör mal, ich melde mich später bei dir! Mein Essen kommt gerade! Ciao!"

Die letzten Worte hatte Leo mitbekommen. „Aha, hast du wirklich soooo großen Hunger, dass du mich als dein „Essen" bezeichnest? Muss ich Angst haben?"

Alexandra musste lachen. Sie stellte fest, dass sie seinen Humor vermisst hatte. „Kannst du dich kurz zu mir setzen?", fragte sie fast schüchtern.

„Ja, kurz. Die beiden sind ohnehin unterwegs zum Flughafen." Er setzte sich ihr gegenüber und verschränkte die Arme vor der Brust.

Aha, Abwehrhaltung.

„Weswegen wolltest du mich anrufen?" Ohne Umwege direkt ans Ziel.

Alexandra lehnte sich nach vorne und sah ihm in die Augen. „Leo, ich möchte mich bei dir entschuldigen. Ich habe dich versetzt und nicht mal eine Erklärung dafür geliefert. Das tut mir echt leid!"

Keine Reaktion.

Alexandra straffte die Schultern und setzte ihren Feldzug mutig fort. „Ich weiß nicht, ob du mitbekommen hast, dass ich einen Unfall hatte und deswegen ..."

Er unterbrach sie brüsk. „Ja, das habe ich mitbekommen. Ich habe mich nur gefragt, warum du auch Tage danach nicht erreichbar warst. Nun, du wirst deine Gründe gehabt haben."

Die letzten Worte versanken in Zynismus. Alexandra war verwirrt. *Warum diese Aggression?* Sie setzte zu einem weiteren Erklärungsversuch an: „Ich hatte wohl zu viel Alkohol und wohl auch einige Schmerztabletten zu viel aufgrund diverser Vorkommnisse und ...“

Leo hob unterbrechend die Hand. „Du bist mir keine Erklärung schuldig. Wie ich sehe, geht es dir gut. Das freut mich. Dann alles Gute weiterhin für ... alles.“ Er erhob sich. Alexandra sprang ebenfalls auf und griff intuitiv nach seinem Arm.

„Leo, ich möchte nicht, dass wir uns so trennen. Bitte bleib!“

Er spürte, wie sich ihre Hand wie ein glühender Lavastein in seinen Unterarm brannte. Und der Blick in ihre Augen tat ihm auch nicht gut, bemerkte er irritiert. Diese Augen, die ihm irgendwie von Anfang an in die Seele zu blicken schienen. Er hatte das dringende Bedürfnis, die Flucht ergreifen zu müssen.

„Ich habe keine Zeit mehr, leider,“ erklärte er sachlich.

Alexandra ließ die Hand sinken. „Schade.“ Und nach einer kurzen Pause ergänzte sie leise: „Sehen wir uns?“

Der Kellner brachte die Hühnersuppe und wünschte einen guten Appetit. Leo betrachtete den dampfenden Suppenteller, dann fragte er: „Wozu?“

„Nun, vielleicht, weil ich ein Versprechen einlösen möchte und dir doch noch deine Gehörgänge dauerhaft schädigen will? Ich meine, falls du mir noch eine Chance dafür gibst. Und ... und weil ich dich wiedersehen möchte.“ Alexandra setzte sich und griff nervös nach dem Löffel, der ihr prompt aus den Fingern fiel und klirrend und spritzend in der Suppe landete. Wenigstens handelte es sich um klare Suppe, die sich da auf Tischtuch, Blazer und Hose verteilte. Dieser Seelenstrip zog ihr doch tatsächlich die letzte Kraft aus ihren hungrigen Gliedern.

Leo verzog den Mund zu einem missglückten Lächeln und meinte ohne große Überzeugung: „Na, sehen wir mal, was das Schicksal noch für uns bereithält. Mahlzeit.“ Weg war er.

Alexandra schob sich automatisch einen Löffel Suppe in den Mund und starrte ihm nach. Sie konnte noch nicht mal ein

Wort sagen, da sie die brennend heiße Suppe im Mund von einer Ecke in die andere wälzte. „Mist, verdammter!", fluchte sie. *Toll, jetzt habe ich mir auch noch die Zunge und den Gaumen verbrannt!* Wütend schleuderte sie den Löffel auf die mit grauenhaften Fischmotiven bestickte Serviette. Sie griff nach dem Wasserglas und schüttete den gesamten Inhalt die Kehle hinunter, um den Flächenbrand zu löschen. Ein lautstarkes, entspanntes „AAAAHH" schien den Erfolg dieser Aktion zu bekunden. Ein kleines, ältliches Ehepaar am Nebentisch schielte stumm zu Alexandra, offensichtlich verängstigt angesichts des Tumults, dessen ein einzelner Mensch fähig war. Alexandra war's egal. Sie diagnostizierte, dass sich ihre Geschmacksnerven wohl trotzdem auf unbestimmte Zeit im Koma befinden würden. *Egal, mir ist der Hunger sowieso vergangen!*

Leo berief ein Meeting mit seinen Kreativen um 14 Uhr ein. „Nun, Westermaier, wie sieht es aus mit dieser Tierorganisation?"

Dieser schob ihm eine Mappe entgegen. „Alle Daten, die zu kriegen waren, sind da drin. Inklusive Kontaktdaten dieser Madame Kleist."

„Gute Arbeit, danke." Leo öffnete die Mappe und warf einen Blick darauf. „Ich werde noch heute versuchen, Kontakt aufzunehmen und die Lage zu peilen." Sein Handy klingelte. Am Display blinkte Carlos Name. Mit einem kurzen „Entschuldigung" in die Runde nahm er seinen Freund entgegen.

„Ich brauche dringend männlichen Beistand. Heute gegen acht im Chili?", war die kurze und bündige Frage.

„Okay", war die noch kürzere Antwort. Seine Freunde waren es gewöhnt, sich kurz zu halten.

Ihr Magen rumorte. Diese verdammten Morcheln! Alexandra verdrückte sich bereits zum dritten Mal in dieser Stunde aufs Klo. Gott sei Dank neigte sich der Nachmittag bereits dem Ende zu. Dieses Magendrücken konnte doch nicht nur von den paar matschigen, braunen Fladen stammen! *Setzt mir vielleicht das unerwartete Zusammentreffen mit Leo so zu?* Als sie nach erfolglosem Aufenthalt am Örtchen wieder an ihrem Platz saß und sich über den faulenzenden Windlinger ärgerte, rief Frau Kleist an.

„Hallo Alexandra! (Frau Kleist hatte sich angewöhnt, sie beim Vornamen anzusprechen.) Wie laufen Ihre Vorbereitungen?"

„Danke der Nachfrage! Ich komme gut voran. Es fehlen noch ein paar rechtliche Recherchen und die Übersetzungen – voraussichtlich nächste Woche können Sie das fertige Konzept begutachten!"

„Schön, schön! Ich werde also Mitte nächster Woche nach Salzburg fliegen und mich persönlich von Ihrer Arbeit überzeugen! Ist Mittwoch zu früh?"

„Nein, das müsste ich schaffen. Kein Problem!"

„Ach übrigens, bevor ich es vergesse: Heute hat mich der Redakteur eines Tiermagazins oder so angerufen und gefragt, ob ich Interesse an einer größeren Berichterstattung habe. Offensichtlich haben die Wind bekommen, dass wir eine groß angelegte Kampagne starten. Was meinen Sie, wäre das was für uns?"

Alexandra überlegte kurz. „Nun, prinzipiell schadet zusätzliche Publicity nie. Die Frage ist, zu welchen Bedingungen die das machen würden. Und natürlich müssten wir wissen, mit wem wir es da zu tun haben, welche Auflage, wer ist die Zielgruppe dieses Magazins und so weiter."

„Ah, ich sehe schon, Sie kennen sich damit aus. Nun gut, dann schlage ich vor, ich vereinbare ein Treffen mit dem Herrn. Wäre mittwochabends für Sie möglich?"

„Für ... für mich? Sie möchten, dass ich dabei bin?"

„Natürlich! Schließlich sind Sie sozusagen meine PR-Managerin!"

„Oh ... na dann ... selbstverständlich nehme ich mir Zeit. Ich freue mich!"

„Gut, dann bis Mittwoch, Alexandra! Seien Sie ausgeschlafen!"

„Bis dann, Frau Kleist!" Alexandra grinste zufrieden.

„Mann, du hast diese Silvia echt ... ich meine, die ist tatsächlich schwanger?" Leo starrte ihn ungläubig an.

Carlo hing wie ein Häufchen Elend über seinem Bier. „Na sage ich doch. Ein einziges Mal kein Gummi – und Volltreffer! Offensichtlich produziere ich echt verdammt flotte Kerlchen."

Typisch Carlo, dachte Leo. *Sitzt knöcheltief im Schlamm und schafft es auch dann noch, sich selbst beziehungsweise die kleinen Carlos zu beweihräuchern!*

Bernie, der sich soeben spontan dazugesellt hatte und die letzten Wortfetzen mitbekommen hatte, starrte mit offenem Mund sprachlos in die Runde.

„Und, was jetzt?", fragte Leo.

Carlo zog eine Schnute und starrte ein Loch in die zerkratzte Holztischplatte. „Silvia will abtreiben." Dabei rutschte er so unruhig auf der Bank herum, als ob sich ein Hummelschwarm in seiner Hose tummeln würde.

Bernie erwachte endlich aus seiner Leichenstarre und rückte näher an ihn heran. „Und? Passt dir das nicht? Ich meine, damit wärst du ja alle ... sagen wir mal ... Probleme los?"

Carlo schien angestrengt zu überlegen und suchte die Lösung wohl in der langsam in sich zusammenfallenden Schaumkrone vor sich. Stöhnend richtete er sich schließlich auf und maulte: „Mann, das ist es ja! Ich weiß nicht, ob mir das passt! Völlig idiotisch, oder? Eigentlich sollte ich froh sein über ihren Entschluss. Aber irgendwie ... ich meine, da wächst ein kleiner, hübscher Carlo oder eine Karla heran und ich werde nie wissen, was das für ein Mensch geworden wäre! Sagt mal, glaubt ihr an Schicksal?"

Die beiden Angesprochenen warfen sich einen nicht vor Intelligenz strotzenden Blick zu und schwiegen vorerst angesichts dieser – gerade für selbst ernannte faktenbezogene, realistische Männer – extrem schwierigen Frage. Schließlich ergriff Leo das Wort und meinte wenig überzeugend: „Äh ... nun, ich denke schon, dass es so etwas wie schicksalhafte Fügung gibt. Egal, ob man es Schicksal, Zufall oder sonst wie nennt."

Bernie wollte dazu nichts beitragen und schwieg.

„Aha", sagte Carlo entmutigt und griff nach seinem Bierglas. „Wisst ihr, ich habe ihre beiden Söhne kennengelernt. Die waren irgendwie ... irgendwie ganz okay. Bisher hatte ich mit Kindern ja so viel am Hut wie ein Regenwurm mit einer Wandregal-Bauanleitung. Diese kreischenden, immer im Mittelpunkt stehen wollenden Quälgeister, die einem mit vollgeschissenen Windeln nachkrabbeln und den letzten Nerv ziehen! Ich bin schon angefressen, wenn irgendjemandes Brut im Strandbad über meine Decke rennt. Und vielleicht auch noch Cola verschüttet oder eine Eiskugel auf meinem Bauch landet. Glücklicherweise hat das meist auf Gegenseitigkeit beruht. Kein Kind begibt sich freiwillig in meine Nähe. Ich denke, die kleinen Sargnägel spüren das irgendwie. Umso mehr war ich über das Verhalten von Max, der Ältere von Silvia, verwundert. Der hat irgendwas an sich ... ich weiß nicht ..."

„Darf ich es etwa noch erleben, dass unser Carlo seine väterliche Ader entdeckt?", meinte Leo erstaunt.

„Naja, irgendwie wird es doch mal Zeit für einen Richtungswechsel in meinem Leben, oder? Ich möchte schließlich nicht irgendwann wie diese alternden, faltigen, Viagra schluckenden Playboys herumlungern und darauf hoffen, dass mal wieder eine Zwanzigjährige für mich abfällt. Mich ödet es auch mittlerweile an, Lustobjekt für diese frustrierten, reichen Tanten zu spielen."

„Diese reichen Tanten haben dir allerdings einen passablen Lebensstandard finanziert, oder?", konnte Bernie sich nicht verkneifen. „Womit würdest du dein Penthouse finanzieren? Deinen BMW? Deine Designerklamotten? Deinen Promi-Friseur?"

Carlo überlegte kurz. „Naja, so richtig können tu ich nix, das ist Fakt. Allerdings habe ich ja mal, vor ungefähr hundert Jahren, freiberuflich als Makler ein paar Luxusobjekte verscherbelt. Da könnte ich eventuell wieder Fuß fassen. Kontakte habe ich ja genug."

„Du Immobilienmakler? Da lachen ja die Hühner!", prustete Bernie.

„Wieso eigentlich nicht?", meinte Leo beschwichtigend, „ist doch etwas, wo man ansetzen könnte!"

„Pah! Carlo und ehrliche Arbeit! Das geht doch niemals gut!", ätzte Bernie weiter und leerte sein halb volles Bierglas auf einen Zug.

Carlo schnaubte ihn wütend an: „Mann, deine Selbstherrlichkeit ist manchmal echt zum Kotzen, weißt du das?"

Leo wandte sich an den geknickt wirkenden Carlo: „Sag mal, woher weißt du eigentlich das mit dem Kind?"

Carlo verzog den Mund zu einem sarkastischen Grinsen. „Du wirst es nicht glauben, aber ich habe den entscheidenden

Hinweis von unserer Fettnäpfchenqueen Alexandra persönlich erhalten."

„So? Wie das?"

„Naja, ich habe sie bei Mike angetroffen letztes Wochenende. Sie war ... na ja, irgendwie total von der Rolle. Hatte knallrote, glasige Augen, war aggressiv und überhaupt wie von einem Poltergeist oder einem anderen Dämon besessen. Wäre mir die Nummer eines Exorzisten eingefallen, ich hätte ihn sofort angerufen. Entweder die hat vorher geschluckt wie ein Brauereipferd oder sie war auf Drogen. Jedenfalls war sie völlig neben sich und hat so Andeutungen gemacht. Wahrscheinlich hat Silvia sie mittlerweile schon geteert und gefedert, weil sie geplaudert hat."

Leo war irritiert. Spontan fiel ihm der angeschlagen wirkende Mike ein. Vielleicht war das Wochenende tatsächlich anders verlaufen, als seine düstere Vorstellungskraft ihm immer wieder vorgaukelte. Bernie winkte der Kellnerin und hielt drei Finger hoch. Damit war alles klar.

„Was ist eigentlich mit deiner Götterspeise Dani?", richtete Carlo die Frage an Bernie.

„Nix. Aus und vorbei." Offensichtlich war er nicht willens, näher darauf einzugehen. Demonstrativ ließ er seinen Blick durch das mittlerweile fast volle Lokal streifen, um kundzutun, dass dieses Thema hiermit beendet war. In diesem Moment öffnete sich die Eingangstür. Sein Blick verharrte.

Marion betrat an der Seite eines auffallend attraktiven Mannes, offensichtlich südländischer Herkunft, das Chili Hell. Und wie toll sie aussah! Ihre langen roten Haare fielen in weichen Locken über die Schultern. Sie steckte in einem tollen, fliederfarbenen Kostüm, das ihre neuen, weiblichen Rundungen äußerst vorteilhaft hervorhob. High Heels und ein typgerechtes Make-up rundeten ihren Auftritt perfekt ab. Bernie blieb die

Puste weg. Und wer zum Henker war dieser ätzende Italo-Barde, der fürsorglich den Weg zur Bar für sie bahnte?

„Hey, ist das nicht Marion? Mann, die hat sich aber gemausert! Ist ja ein echter Hingucker jetzt, der Pummel von früher!", kiekste Carlo.

„Der Schmetterling hat sich entpuppt", kommentierte auch Leo und beobachtete, wie die beiden sich einträchtig nebeneinander an den beiden letzten freien Hockern der Bar niederließen.

Marion griff nach dem soeben servierten Glas und nahm einen Schluck. Gerade, als die Hand ihres Begleiters den Weg um ihre Hüfte suchen wollte, durchdrang eine männliche Stimme die sich anbahnende Tuchfühlung. „Hallo Marion! Nett, dich zu sehen!"

Marion drehte sich erschrocken um. Bernie! „Ah ... hallo", stammelte sie. Dann herrschte peinliches Schweigen. Marion kratzte als Erste die Kurve und kam ihrer guten Kinderstube nach. Sie wandte sich an ihren Begleiter und sagte: „Das ist Bernie. Ein ... mein Fitness-Trainer." Und zu Bernie gewandt: „Und das ist Mario."

„Mario wie?", hakte Bernie herausfordernd nach.

„Cincerelli mein Name", antwortete dieser und streckte ihm höflich seine Rechte entgegen. Bernie ergriff sie und drückte etwas fester als üblich zu. Um genau zu sein, pumpte er alle Kraft in diesen Händedruck und hoffte, dass sein Gegenüber jaulend vom Hocker hopste und sich so als Weichei outete. Er mochte ihn auf Anhieb nicht. Mario Cincerelli verzog keine Miene, obwohl seine Finger taub waren und energisch pochten. Bernie wiederum ließ sich die Enttäuschung nicht anmerken, dass Marion ihn lediglich als „Trainer" bezeichnet hatte. *Nun bloß nicht den Schwanz einziehen!*

„Was führt dich hierher? Ach so, wahrscheinlich habe ich dir mal erzählt, dass dies unsere Stammkneipe ist!" Er deutete zu seinen Freunden an dem Ecktisch. Wie auf Kommando winkten Leo und Carlo herüber. Marion winkte automatisch zurück.

Sie hatte sich wieder etwas gefasst und konterte sofort: „Nein, hast du nicht. Ich wusste das gar nicht. Purer Zufall."

„Vielleicht doch Bestimmung?", kokettierte er.

Nun mischte sich Mario ein. „Wen kratzt das? Wir sind hier – wohlgemerkt wir beide!"

Bernie musterte ihn. „Was machst du beruflich?"

„Ich bin Fotograf. Und ich hatte das unheimliche Glück, diese tolle Frau mit ihrer noch tolleren Lockenpracht kürzlich in der Innenstadt kennenzulernen. Ein Geschenk für jeden Fotografen. Und Mann. Tja, unsere Marion wird als Haarmodel wohl groß durchstarten!" Er wandte sich mit bewunderndem Blick wieder seiner Begleiterin zu.

Bernie war baff. *Haarmodel?*

Mario sah nun wieder Bernie an und brummte ungeduldig: „... und deshalb haben wir hier noch eine ganze Menge zu besprechen – unter vier Augen."

Das war eine klare Ansage. In Bernie stieg Ärger hoch. Und gleichzeitig Angriffslust. „Ach, ich störe doch wohl nicht etwa?", säuselte er sarkastisch.

„Um ehrlich zu sein, ja!" *Verzieh dich, Spinner!*

„Aha, hat hier jemand Angst?" *Du armseliges Würstchen!*

„Nein, warum auch? Wüsste nicht, weswegen! *Gegen mich hast du sowieso keine Chance, du aufgeblasenes Michelin-Männchen!*

„Vielleicht, weil manche Frauen nicht auf Spargel stehen?" *Du milchgesichtiger, schmalziger Spaghetti-Tarzan!*

„Ach, du meinst, aufgepumpte Muskelprotze mit Anabolika im Hirn kommen besser an?" *Deine Zeit ist längst vorbei, du Muskel-statt-Hirn-Dinosaurier!*

„Weißt du überhaupt, was Anabolika ist? Zur Info: Es handelt sich hierbei um keine Backhilfe für Biskuit!" *Du muskelbefreiter Einzeller hast sicher noch nie ein Fitnessstudio von innen gesehen! Bist ja zu beschäftigt damit, Balladen mit Gitarre zu schluchzen, Liebesreime zu dichten und Alpenveilchen zu knipsen!*

„Ach so? Danke vielmals für die Aufklärung!" *Du Trottel wirst niemals Gefahr laufen, den Virus „Intelligenz" abzukriegen!*

„Gern geschehen." *Du raketengesteuerter Kartoffelkäfer!*

„Warten deine Freunde nicht auf dich?" *Verpiss dich endlich, du stinkendes Knoblauchbrot!*

„Die sind schon groß, keine Sorge. Sie haben Verständnis, wenn ich eine Freundin begrüße!" *Ich habe hier die älteren Rechte, du jämmerlicher Wichtel!*

„Tja, die Begrüßung hätten wir ja dann wohl, nicht?" *Mach dich endlich vom Acker, du überreife Pflaume!*

„Tja, ich weiß, Geduld gehört nicht zu den Tugenden der Italiener!" *Ich habe dich durchschaut, du italienischer Möchtegern-Latin-Lover!*

„Nein, aber wir Italiener wissen, wann es Zeit ist, das Feld zu räumen!" *Hast du immer noch nicht kapiert, dass du hier keine Geige spielst, du Pissnelke?*

Ein Gast zwängte sich hinter Bernie durch das Menschengewühl und rempelte ihn derart an, dass er gegen die Brust des Rivalen katapultiert wurde. Dieser, völlig überrascht, stieß ihn wie eine Krankheit intuitiv von sich. In diesem Moment sah Bernie rot. Seine Faust schoss derartig schnell mitten ins Gesicht des völlig überrumpelten Gegenübers, dass dieser nicht den Hauch einer Chance hatte, den Angriff abzuwehren. Blut quoll aus seiner Nase. Nun sah auch Mario rot – nicht nur des Blutes wegen, das wie ein Sturzbach in den Kragen seines weißen Hemdes floss. Wie ein wilder Stier sprang er vom Barhocker und packte Bernie am Kragen.

„Hoi, Schlägerei!", „Hau ihm in die Fresse!", tönte es vereinzelt aus den Reihen hussender Schaulustiger. So manch einer wünschte sich in diesem Moment eine große Cola und eine XXL-Packung Popcorn.

Marion schrie entsetzt: „Hört auf! Seid ihr wahnsinnig?"

Leo und Carlo, die die Szene beobachtet hatte, bahnten sich bereits eilig den Weg zu den Kampfhähnen. Ansonsten befand niemand es für notwendig, hier einzugreifen. War ja auch damit zu rechnen, dass man selbst eine auf die Nase bekam oder anschließend in zerrissenen Klamotten dastand. Leo packte schließlich den tobenden Bernie, der den körperlich unterlegenen Mario gerade im Schwitzkasten zu ersticken drohte. Carlo versuchte Mario zu bändigen, der sich wie ein tollwütiger Hund am Hosenbein des Gegners festgeklammert hatte. Das Publikum im Chili Hell tobte und johlte. Es gelang ihnen schließlich unter Aufbietung aller Kräfte, die beiden zu trennen. Schwitzend und schwer atmend schrie Leo in Bernies Ohr: „Bist du irre? Was soll das denn?" Bernie reagierte nicht, sondern starrte den röchelnden, mittlerweile blutbesudelten Kampfgegner wortlos an.

Der beleibte Pablo hatte sich mittlerweile ebenfalls durch die Ansammlung der Schaulustigen gewälzt und polterte: „Beide raus hier. Aber sofort. Oder ich rufe in einer Minute die Polizei!"

Schweigend zog Leo seinen Freund Richtung Ausgang. Auch Mario nahm seine Begleiterin an der Hand und suchte mit ihr das Weite.

Die Woche ging mit vielen Überstunden zu Ende. Alexandra wollte bestmöglich vorbereitet sein für den Besuch von Frau Kleist. Die Arbeit ging ihr gut von der Hand und die Ideen sprudelten wie isländische Geysire. Für seichte Handlangertätigkeiten wie Kopieren, Scannen und PowerPoint spannte sie den mittlerweile pünktlichen Windlinger ein und Kollege Daniel war Feuer und Flamme, ihr mit Rat und Tat zur Seite zu stehen.

Daniel ... Mehrmals war sie in Versuchung, ihm von der unglaublichen Anschuldigung Schneiders zu erzählen, ließ es dann allerdings bleiben, da er sich nur unnötig aufgeregt hätte. Überhaupt im Hinblick darauf, dass sie sogar einen Blick auf sein ausgedrucktes Monatsprotokoll der Zeiterfassung hatte werfen können. Es war nach Monatsabschluss November mitten auf seinem Schreibtisch gelegen – und da stand bei Herrn Daniel Emsig schwarz auf weiß am Tag des Unglücks: GEHEN: 12:55 Uhr! Gelegentlich würde sie dies dieser Schlange Schneider unter die Nase halten! Ansonsten ließ sie ihn möglichst außen vor und er drängte sich auch nicht unbedingt auf. Das Territorium war definitiv abgesteckt.

Freitags hatte sie drei Mal versucht, Leo ans Telefon zu bekommen. Zwei Mal hatte er sie einfach weggedrückt, ein Mal war sein Handy umgeleitet zu seiner raunzenden Vorzimmer-Medusa, die ihr bereits unliebsam bekannt war. Sie hatte einfach aufgelegt. Es war offensichtlich, dass er nicht mit ihr sprechen wollte.

Freitagabend erschien überraschenderweise Mike, einen Blumenstrauß und eine Flasche Chianti unterm Arm. Alexandra öffnete in der Annahme, Pia wäre etwas zu früh dran. Sie hatte sich breitschlagen lassen, mit ihr eine Lokaltour zu starten und dabei die sooooo interessanten Details ihrer Zukunft aus Pias Nähkästchen zu erfahren. „Oh ... äh ... hallo!" Aufgeputzt und in Schale geworfen stand sie ihm in schwarzen kniehohen Lederstiefeln gegenüber.

„Wow! Hast du gewusst, dass ich komme?" Mike beäugte sie wohlwollend.

„Ehrlich gesagt, nein. Pia kommt gleich. Wir wollen einen Mädelabend machen."

Sein erfreuter Gesichtsausdruck wich herber Enttäuschung. Zögernd beugte er sich ihr entgegen, um ihr einen Kuss aufzudrücken. Dieser landet jedoch anstellte ihres Mundes lediglich auf der linken Backe, die sie ihm intuitiv entgegenhielt. Noch mehr Enttäuschung. Sie zog ihn in die Diele. Dann riss sie sich zusammen und begann schweren Herzens: „Mike, die Nacht mit dir war wirklich sehr schön und …"

„Ach, wenn das nicht der nette Spitzenkoch ist!", jubelte Pia und drängelte sich neben Mike. Ein Schwall Salbeigeruch umwehte ihre Gestalt. Alexandra kannte diesen Geruch. Offensichtlich hatte ihre Nachbarin mal wieder ihre Wohnung ausgeräuchert, indem sie getrocknete Salbeiblätter angezündet und so diverse böse Geister aus ihren Gemächern vertrieben hatte.

„Hmpf… Tag, Pia", murmelte Mike geistesabwesend. Irgendwie spürte er, dass der vorhin begonnene Satz ein riesengroßes „ABER" beherbergte.

„Wir sollten dann mal los. Sonst ergattern wir nur noch Stehplätze im „Eighty" und das nervt", warf Alexandra ein und drängte die beiden in Richtung Stiegenhaus. „Mike könnte uns ja begleiten, oder? Wäre sicher nett!"

Alexandra warf im Geiste drei faule Tomaten nach Pia. Erstens machte dies das geplante Frauengespräch zunichte und außerdem war ihr überhaupt nicht nach geselligem Theaterspielen dem Mann gegenüber, dem sie in Kürze das Herz in Stücke reißen musste. Aber vielleicht erkannte Mike ja von sich aus, dass dies nicht … Die Hoffnung zerplatzte wie eine Seifenblase, denn er antwortete soeben: „Aber gerne. Wo wollt ihr hin? Meine Chauffeurdienste stehen zu euren Diensten, Ladies!"

Oma Gertrud spielte mit ihren bunten Pillen. Eine nach der anderen nahm sie aus der „Tagesbox" und schnippte sie mit zwei Fingern gegen den Blumentopf in der Mitte des Küchentisches. „Mama, du sollst nicht mit deinen Tabletten spielen", grummelte Silvia und nahm ihr die Schachtel aus der Hand. Dann sammelte sie die Häufchen bunter Ruhigsteller, Stimmungsaufheller und Antidepressiva ein und ordnete sie wieder in die Tablettenbox. Richtig gereiht und farblich sortiert in die Abteilungen Morgen, Mittag und Abend. In der Ecke der Couch lümmelte der kleine Theo, immer noch einen großen, dicken Mullverband um das Köpfchen. Er gähnte herzhaft.

Max krabbelte unter dem Tisch herum und suchte nach einer von Oma verschossenen hellblauen Pille. „Hab sie!", rief er glücklich und wollte sie sich spontan in den Mund stopfen.

„Nicht! Das ist pfui!", schrie Silvia und riss ihm das Antidepressiva aus der Hand, welches schon halb im Mund steckte.

Carlo saß auf dem braunen Hocker und beobachtete das Treiben still. Nun sah er jedoch Handlungsbedarf und klinkte sich ein. „Komm zu mir, Max, und erzähle mir und deiner Oma, was du heute in der Spielgruppe alles gemacht hast, ja? Deine Mami bringt inzwischen deinen Bruder ins Bett." Silvia warf ihm einen dankbaren Blick zu und schnappte sich den bereits im Halbschlaf befindlichen Theo.

Oma Gertrud hing zusammengesackt mit weinerlicher Mimik in den Kissen und das verhieß nichts Gutes. Gleich würde sie entweder in Geschrei, Weinen oder hysterisches Lachen ausbrechen. Dies musste unbedingt verhindert werden! Es war zwar erst der dritte Besuch in Silvias Haus, aber Oma Gertruds Ausbrüche waren jedes Mal ein unausweichlicher Fixpunkt der Nachmittagsunterhaltung. Und jedes Mal war er aufs Neue erstaunt. Wie konnte Silvia das bloß ertragen? Tagein, tagaus? Und dann noch zwei Kleinkinder, eines davon verletzt? Er selbst hätte sich wohl bereits nach kurzer Zeit neue Nerven-stränge transplantieren lassen müssen. Oder darum gebettelt, in einer weißen, kuscheligen Jacke in einem weißen, kuscheligen Raum ohne Fenster weggesperrt zu werden. Seine Achtung Silvia gegenüber stieg mit jedem Mal.

Eine gute Neuigkeit war allerdings zu vermelden: Schwester Irmgard hatte, nachdem Theo und somit auch Silvia wieder zu Hause waren, ihre beglückende Anwesenheit beendet und war am frühen Abend mitsamt ihrer beiden Riesenkoffer in einem wallenden, mausgrauen Albtraum aus Seide in einem Taxi ent-schwebt. Er hatte sich mühsam ein Lachen verkniffen, als Oma Gertrud, ohne eine Miene zu verziehen, trocken zum Abschied meinte: „Grüß die anderen Nilpferde im Teich." Nun also war eine Plage weniger im Haus. Während der kleine Max seinen neuen Freund aufgeregt mit spannenden Erlebnissen wie Brei-spucken und Strohhalmpieksen bombardierte, fragte Carlo sich zum wiederholten Male, was zum Kuckuck er hier eigentlich wollte.

Endlich Wochenende! Alexandra saß wie an so manchem Sams-tagvormittag an Silvias Küchentisch und schlürfte an einer heißen Tasse Cappuccino. Ein Flaum aus Milchschaum zierte ihre Oberlippe. „Alexandra hat 'nen Bart!", gluckste Max und wies mit dem Zeigefinger uncharmant auf ihren Milchbart. Sil-via strich gerade ein Marmeladenbrot für Theo, der im Wohn-zimmer Oma Gertrud mit seinem kindlichen Geplapper in Schach hielt.

Alexandra räusperte sich. „Also, wie ist das nun mit Carlo? Er war also schon ein paar Mal auf Besuch hier?"

„Ja. Komisch, nicht? Es wäre anzunehmen, dass er heilfroh über meine Entscheidung ist und sich nie mehr blicken lässt. Stattdessen ..." Sie widmete sich einem verirrten Marmeladeklecks neben dem Teller. Dann wandte sie sich an ihren Sohn: „Max, geh zu deinem Bruder rüber und lass uns mal allein, ja?" Murrend ließ der sich von Alexandras Schoß gleiten und schlurfte mit offener Hose ins Wohnzimmer. Silvia fuhr fort: „Er scheint sich für mich und meine Familie zu interessieren. Keine Ahnung, warum. Und die Jungs mögen ihn. Und wie! Sogar mit meiner Mutter kommt er klar. Und das heißt was! Er lässt sich auch nicht abschütteln. Ich habe keine Ahnung, was das alles soll ..."

Alexandra genehmigte sich einen riesigen Schluck Orangensaft. „du weißt, ich bin nicht der größte Fan von dem lieben Carlo. Uns wird auch niemals eine tiefe Freundschaft verbinden, denke ich. Ich tue mich auch ehrlich schwer mit der Verwandlung von Saulus in Paulus. Und wer sagt, dass er sich nicht morgen wieder vom Acker macht und dich und die Kinder hängen lässt? Mir kommt das alles ziemlich schräg vor, ehrlich gesagt. Und trotzdem: Kann sich nicht auch ein Windbeutel und Playboy wie er ändern? Klar, das wäre ein Wunder, ohne Frage. Aber geschehen nicht manchmal Wunder?"

„Ich denke schon, dass Wunder passieren können. Ich weiß nur nicht, ob ich das Risiko eingehen kann und darf, darauf zu hoffen", antwortete Silvia wie aus der Pistole geschossen. Alexandra blickte ihrer Freundin in die Augen und wusste ganz genau, was sie meinte.

Nach dem Besuch bei Silvia, auf dem Weg ins nahe liegende Einkaufszentrum, wählte sie Leos Nummer. Sie versuchte, die Niederlage beim Chinesen zu verdrängen und kratzte ein weiteres Mal allen Mut aus irgendwelchen schimmelfeuchten Ekken. Die Mailbox. Er ging wieder nicht ran. Sauer stopfte sie ihr Handy zurück in die Tasche. *Okay! Auch gut! Dann lässt er es eben bleiben!* In diesem Moment beschloss Alexandra, dass dies der letzte Versuch gewesen war, Leo entgegenzukommen. Trotz, Stolz und Unverständnis gewannen die Oberhand.

Sie erreichte die erste Passage des riesigen Einkaufsparks und stapfte schnurstracks in ihre Lieblingsboutique. Für kommenden Mittwoch musste schließlich ein überzeugendes Outfit her! Sie wühlte in diversen Ständern und gerade, als sie nach einem skeptischen Blick auf ein Preisschild ihren Blick schweifen ließ, verharrte sie. War das nicht ... ja das war sie! Marion! Eingehakt bei einem Typ Mann, der eine Frau definitiv in den Siedebereich hochjagen konnte! Sie stürzte aus dem Geschäft. „Marion, bist du's wirklich? Du siehst ja umwerfend aus!"

Marion, sichtlich erfreut über ihre Feststellung, wirkte verlegen. Sie sah zum Anbeißen aus in ihrer geblümten Tunika über engen Jeans. Sie schien aus jeder Pore zu strahlen. „Freut mich, dass wir uns mal wieder sehen, Alex!", sagte sie. „Übrigens: Das ist Mario."

Alexandra ergriff die dargebotene Hand. „Freut mich, Mario!"

„Mich ebenfalls, Alex!" Er bleckte die Zähne und sein strahlendes Lächeln mit Blick auf Marion ließ keine Fragen offen. Sie unterhielten sich ein paar Minuten über dieses und jenes.

Schließlich sah Marion auf die Uhr: „Wir möchten nicht unhöflich sein, Alex, aber wir müssen jetzt leider. Ich habe in einer Stunde ein Haar-Fotoshooting und wir müssen noch einiges vorbereiten!"

„Ja, natürlich. In diesem Sinne toi, toi, toi!", rief Alexandra und winkte. Als sie den beiden nachsah, überkam sie ein Gefühl der Wehmut. *Schön, wenn man einen Menschen gefunden hat, der das Schönste in einem zutage bringt.* Mit diesen Gedanken trabte sie zur Rolltreppe und ließ sich mechanisch in das Obergeschoss des Zentrums rattern. Oben angelangt steuerte sie das erstbeste Café an und ließ sich an einem einladenden Bistrotischchen mit zwei Stühlen nieder. Ihre Gedanken schweiften zu Silvia ab. War es wirklich möglich, dass der mehr als fragwürdige Lebenskünstler Carlo – ohne bis dato diagnostiziertes Verantwortungsgefühl oder Pflichtbewusstsein – ehrlichen Herzens in die unerbittliche, reale und harte Welt der Kindererziehung, Geldsorgen, Alltagsprobleme und Monogamie einsteigen wollte?

„Wass wolle Sssie trinke?" Ein kleiner, schwarzhaariger Südländer nicht zuordenbarer Herkunft grinste sie einladend an. Seine vergilbten und großteils nicht mehr vorhandenen Zahnruinen waren weniger einladend.

„Einen Espresso. Und ein Glas Wasser. Und einen Prosecco." Alexandra wandte sich ihrer Tasche zu, die sie auf den zweiten Sessel wuchtete. Dabei stellte sie fest, wie wenig Bewegungsfreiheit ihr Oberarm in ihrem guten, alten roten Blazer hatte. Es spannte und schnürte ihr fast die Blutbahn ab. *Mist, die Stellen, an denen man zulegt, verändern sich auch mit zunehmendem Alter!* Sie betrachtete bei ausgestrecktem Arm die ächzenden Nähte ihrer Lieblingsjacke und ordnete sich eine unvermeidliche Diät an. Dann ließ sie den Blick über die unglaublichen Menschenmassen gleiten, die sich auf der Rolltreppe tummelten oder sich, mit unzähligen Plastiktüten beladen, hektisch an anderen beladenen Kaufberauschten vorbei durch die Gänge drängelten. Was für ein Gewusel! Alexandra war froh, dass sie der typisch weiblichen (Un-)Tugend des leidenschaftlichen „Powershoppens" nie wirklich verfallen war. Im Gegenteil. Meist kaufte sie irgendwelche Teile einfach nach der Größe – ohne zu probieren. Das barg zwar ein nicht geringes Risiko, dass beim ersten Tragen Erscheinungen wie „Arsch frisst Hose", Flatterärmel oder ein Bauchnabeldekolleté zutage traten, aber dies nahm sie getrost in Kauf.

Der Wallehemd-Kellner balancierte ein ziemlich volles Tablett in ihre Richtung. „Bütte sssee...", sagte er höflich und deutete eine Verbeugung an. Dann wuselte er wieder von dannen und Alexandra genehmigte sich einen ordentlichen Schluck.

Sie beobachtete gern Menschen. Sofern sie die Zeit dazu fand. Eingehend betrachtete sie die Gesichter der Menschen, die direkt vor ihr die Rolltreppe heraufgetragen wurden. Sie versuchte, Emotionen darin zu erkennen. Hektik, Unruhe, Hast, Freude, Lachen, Unsicherheit ... Sie nahm einen weiteren Schluck. Gerade als sie die Tasse wieder hingestellt hatte und ihren Blick hob, sah sie direkt vor sich eine baumlange, imposante Gestalt auf der Rolltreppe größer und größer werden. *Leo!* Gerade schickte er sich an, den Schritt auf „festen" Boden zu setzen. Sein Blick war auf seine Füße gerichtet. Impulsiv riss Alexandra den rechten Arm in die Höhe und rief: „Leo! Hallo!" Dann machte es ratsch ... Die Naht unter ihrem Arm hatte dieser Extrembelastung nicht mehr standgehalten und gab nun endgültig den Geist auf! Alexandra starrte erschüttert auf das deutlich erkennbare Loch des Grauens, den Arm immer noch erhoben. Dann ließ sie ihn blitzartig sinken und beugte sich nach vorne. Ab sofort lief das Programm „Täuschen und Tarnen". Leo blickte in ihre Richtung. Alexandra winkte nochmals – nun allerdings bewusst mit der Linken. Dann nahm sie sicherheitshalber einen ergiebigen Schluck aus dem Proseccoglas. Leo verharrte einen Moment reglos, dann jedoch kam er auf sie zu.

„Na, die Wirtschaft ordentlich belebt?", fragte er, vor ihr stehend.

„Siehst du irgendwelche Tragetaschen?"

„Man kann die Wirtschaft auch anderweitig beleben", meinte er darauf und ließ seinen Blick demonstrativ über das Sammelsurium ihrer Getränke schweifen.

„Ja, das stimmt. Möchtest du mich nicht dabei unterstützen? Wenigstens auf einen Kaffee? Ich lade dich ein!" Sie machte eine einladende Geste.

Leo setzte sich, jedoch fühlte er sich offensichtlich unwohl. Alexandra bestellte einen Kaffee für ihn bei dem nun deutlich kühleren, fast unfreundlichen Kellner und wandte sich an Leo. Seine Augen wichen ihrem Blick aus. Unsicherheit machte sich auf beiden Seiten breit. Schließlich begann Alexandra: „Leo, was ist los? Warum bist du so ... ich meine, warum nimmst du meine Anrufe nicht mehr an?"

Leo rutschte anfangs unruhig auf dem für ihn viel zu kleinen Sessel herum, dann jedoch beugte er sich nach vorne und sah ihr direkt in die Augen. „Was ist mit dir und Mike?"

Nun verschlug es Alexandra die Sprache. Das Bild der gemeinsamen Nacht mit Mike stieg in ihrem Gedächtnis auf und gleichzeitig ein erdrückend schlechtes Gewissen Leo gegenüber. „Mike und ich sind ... sind Freunde", antwortete sie schließlich etwas kleinlaut.

„Aha!? Und mit einem „Freund" verbringt man auch die Nächte?"

„Also, das war so ...", begann sie stockend.

Leo unterbrach sie mit einer abwehrenden Geste der Hand. „Weißt du, ich möchte die Details ehrlich gesagt gar nicht wissen. Fakt ist, dass Mike total in dich verknallt ist. Und Mike ist mein bester Freund. Ich würde niemals die Angebetete meines besten Freundes angraben. Und da du ja offensichtlich auch an ihm auch interessiert bist, bleibt mir nichts anderes übrig, als euch beiden alles Gute zu wünschen. Du hast mich schließlich versetzt, um mit ihm zusammen zu sein. Das ist auch der Grund, warum ich nicht gesteigerten Wert auf Telefonate mit dir lege."

Alexandra war sprachlos. *So also sieht er die Sache! Naja, irgend-wie hat er ja nicht ganz unrecht dabei. Jedoch ist das lediglich der Teil, der besagt, dass Mike verliebt in mich ist! Denn ich will ... ich will eigentlich ... dich! Ich muss das sofort unbedingt klarstellen! Jetzt sofort!* Die Emotionen ließen sie wild mit den Armen kreisen. Vergessen war die geplatzte Naht unterm Arm. „Ja, es stimmt. Mike hat mich sehr gerne. Er ist ein wunderbarer Mensch. Ich habe ihn ja auch sehr gerne, aber es ist ein anderes ...“

Wieder unterbrach er sie. „Nun, dann ist ja alles klar. Tut mir leid, Alexandra, aber ich muss weiter. Sorry, ich kann den Kaffee leider nicht mehr trinken – falls er je kommen sollte.“ Mit diesen Worten erhob er sich ruckartig.

Alexandra!? Aha, man hat sich bereits auf die distanzierte Form der Anrede zurückgezogen! Demnächst landen wir beim „Sie“! Sie sprang ebenfalls auf. „Ist das dein Ernst? Du gibst mir nicht mal die Chance, meine Sicht der Dinge zu erklären?“

„Gibt es denn hierbei irgendwelche „Sichten“? Ich denke, wir sprechen hier über Fakten.“

Alexandra stemmte die Hände in die Hüften. „Aha, Fakten also. Und du bist der Überzeugung, eine völlig objektive, neutrale Sicht auf diese „Fakten“ zu haben? Mit Annahmen, Vermutungen und persönlichen Schlussfolgerungen? Toll!“ Sie blitzte ihn zornig aus fast schwarzen Augen an. Leo musste seinen Blick von ihr abwenden. Es tat ihm fast körperlich weh. Er wandte sich zum Gehen. Alexandra setzte sich wieder.

„Die Menschheit kann nur froh sein, dass du keinen Job als Richter bekleidest. Nicht auszudenken, wie viele Unschuldige im Knast verrotten würden – aufgrund von irgendwelchen INDIZIEN!“ Als sie ihm dies hinterherrief, troff ihre Stimme vor Zynismus. Dann fingerte sie wie eine Verdürstende gierig nach dem Prosecco.

Er drehte sich nochmals um, sah sie für einen Moment schweigend an. Dann sagte er: „Nur gut, dass ich lediglich mit Pflanzen und Tieren zu tun habe. Welch Glück für die unschuldige Menschheit. Übrigens: Du hast ein Loch unterm Arm." Mit diesen Worten verschwand er in der anonymen Masse der Kaufwütigen.

Die meisten Frauen definieren irgendwelche fixen Tage, an denen sie den Staubwedel schwingen, den Staubsauger mit Wollmäusen unter den Betten und toten Insekten füttern, mit dem Schrubber über Fliesenböden wuseln oder Glasscheiben von Fliegenschiss, Fingerabdrücken oder Spinnennetzen befreien. So auch Silvia. Diesen Samstagnachmittag war Großreinemachen auf dem Plan. Oma Gertrud war bereits kurz nach dem Mittagessen in heller Aufregung angesichts der abgenommenen Vorhänge und der auf die Seite gerückten Tische und Sessel. Und nicht zuletzt machte sie die hektisch herumwuselnde Silvia nervös. Oma Gertrud hatte sich eine schicke Flickenschürze – wahrscheinlich in den Nachkriegsjahren selbst genäht – umgebunden, um tatkräftig mitzuhelfen.

„Mama, du brauchst keine Schürze! Mir wäre am meisten geholfen, wenn du mir einfach die Jungs vom Leibe hältst! Gehe doch einfach mit den beiden raus spielen, bitte!"

Die alte Dame strich sich mit beiden Händen resolut über ihr kunterbunt zusammengenähtes, farblich schon leicht verblasstes Relikt. „Ich zieh das nie mehr aus! Nie mehr, hörst du?" Trotzig reckte sie den Kopf nach vorne, sodass ihre normalerweise blassblau schimmernden Adern am Hals bedenklich wie dunkelblaue Starkstromkabel an die Oberfläche quollen.

„Jaaa, ist ja gut, Mama. Dann lässt du's eben an. Auch egal." Silvia wandte sich wieder ihren Eimern zu und begann, ihre hausfraulichen Pflichten perfekt wie üblich zu erfüllen.

Am Nachmittag, Silvia hielt sich gerade eine Hand auf ihre schmerzende Wirbelsäule, polterte Max in die Küche. „Mama! Carlo ist da! Und wir fahren Sopen!"

„Was tun wir?"

„Na Sopen!" Silvia sah Max ratlos an. Sie verstand eigentlich die meisten verdrehten, irgendwie nachgeplapperten Wörter ihres Sohnes, aber das ...?

Plötzlich stand Carlo in der Küchentür. „Verstehst du kein Englisch? Der junge Mann, der bereits piekfeines Englisch spricht, meinte natürlich Shoppen!" Unverschämt grinste er sie an.

„Aha. Und was heißt das jetzt genau?" Silvia stemmte sich auf den Stiel ihres Wischmops.

„Dass wir nun zusammenpacken und in die Innenstadt – genau genommen zu diesem riesigen Spielzeugladen – fahren. Mir hat nämlich ein Vögelchen gezwitschert, dass unser Max hier – er fuhr an dieser Stelle dem Kleinen durch die Strubbelfransen – morgen Geburtstag hat! Und daher darf er sich dort was unheimlich Tolles aussuchen!"

Max quietschte vor Freude und hing an Carlos Hosenbein wie ein Blutegel.

Silvia, zuerst nicht sonderlich begeistert von dieser Idee, konnte sich dieser geballten männlichen Überzeugungskraft nicht mehr lange widersetzen und stellte schließlich ihren Mop in die Ecke. „Also gut. Ich habe wohl keine Chance gegen euch. Gebt mir nur zwei Stunden Zeit, damit ich halbwegs manierlich aussehe, ja?"

„Fünf Minuten reichen bei dir!", säuselte Carlo charmant.

Eine Viertelstunde später saß sie auf dem Beifahrersitz von Carlos schnittigem BMW. Auf der Rückbank saß mittig die Oma, die ihre beiden armen Enkelkinder wie eine Ertrinkende an sich presste. Ihre wässrigen Augen starrten schreckgeweitet und angstvoll nach vorne. „Langsamer! Langsamer!", kreischte sie, als Carlo schwungvoll seinen Sportwagen in einer lang gezogenen Kurve versenkte.

Silvia drehte sich um. „Beruhige dich, Mama. Und bitte ersticke meine Söhne nicht!" Sie hatte bemerkt, dass Max angstvoll an dem Arm seiner Oma zerrte, die ihm fast die Luft zum Atmen abschnürte. Nach permanentem Gezeter erreichte die Fahrgemeinschaft schließlich wohlbehalten ihr Ziel. Max sprang freudig aus dem Auto. Endlich war er dem angstvollen Würgegriff seiner Oma entronnen.

Das riesige Gebäude war außen bunt bemalt und bereits weihnachtlich dekoriert. Ein überdimensional großer, fetter Weihnachtsmann hing über der Eingangstür und peitschte auf arme, verhungerte Rentiere vor seinem Schlitten ein. In den Schaufenstern tuckerten Spielzeugzüge, ferngesteuerte Rennautos und kleine rote Lastwagen um die Wette.

Nachdem sie den Laden betreten hatten, wandte Carlo sich an Max: „So, nun lauf mal und sieh dich um!" Auch der kleine Theo hatte glänzende Augen angesichts dieses Wunderlandes. Max sauste von einer Ecke zur anderen und fingerte aufgelöst mal an diesem, mal an jenem herum. Theo, der sich angstvoll an Mamas Hand klammerte, entflammte für einen riesigen, dottergelben Plüschelefanten. Oma Gertrud schien von dem ganzen Tand und Pomp nicht viel zu halten und schlich scheinbar unbeteiligt hinterher. Bis ein menschengroßer Plastik-Goofy ihre Aufmerksamkeit weckte. Völlig angetan von dem dümmlich dreinblickenden Riesenlulatsch stand sie begeistert vor ihm und lächelte ihn verklärt an. Niemand schenkte der alten Frau Beachtung.

Max jubelte: „Das da! Der rote Kran! Den will ich haben! Und den Bagger daneben!"

„Na hör mal, Max! Du kannst nicht zwei ..."

Carlo unterbrach sie. „Ist schon in Ordnung, Silvia." Und an Max gewandt: „Wenn du die beiden haben willst, gehören sie dir!" Der Kleine jubelte und umarmte Carlo dankbar.

Silvia stand ergriffen daneben angesichts dieser innigen Szene. Wann hatte ihr Sohn zuletzt einen Mann so umarmt? Nicht mal seinem eigenen Vater gegenüber hatte er je solche Emotionen entgegengebracht.

Die Titelmelodie von „Mission Impossible" ertönte in Carlos Hosentasche. Er zog sein Handy heraus und blickte auf das Display. Sein Blick verdüsterte sich. Silvia bemerkte dies stillschweigend. Einige Sekunden ließ er es unentschlossen klingeln, dann wandte er sich mit den Worten „Entschuldigt kurz" an die kleine Gruppe und verschwand hinter einer Nische. *Schon wieder diese verdammte Eva! Wie oft habe ich dieser reichen, präpotenten Gans schon erklärt, dass ich für ihren Zeitvertreib nicht mehr zur Verfügung stehe? Die scheint das einfach nicht zu kapieren! Also gut, ein letztes Mal werde ich versuchen, ihr das verständlich zu machen und dann soll sie sich gefälligst ins Nirwana verrollen und irgendeine andere arme Sau mit ihren Plastikmöpsen erdrücken!*

Silvia und Oma Gertrud mussten sich währenddessen von Max alle bemerkenswerten Fähigkeiten des Wunderkrans erklären lassen. Enthusiastisch führte er vor, wie dieser sogar Bälle mit demselben Gewicht wie der Kran selbst hieven konnte. Doch einer der Bälle machte sich selbstständig und rollte eifrig davon. „Mach ruhig weiter, Max, ich hole den Ball!", rief Silvia und lief hinter dem Entflohenen her. Er rollte genau in die Richtung, in der Carlo verschwunden war. Die Flucht des Ausreißers wurde abrupt von einer Wand gestoppt. Als Silvia sich nach dem Ball bückte, vernahm sie Carlos Stimme. Sie wollte umdrehen und zurückgehen, doch irgendetwas veranlasste sie, stehen zu bleiben. Sie hörte deutlich seine Stimme, als er sagte: „... habe ich dir bereits hundertmal gesagt! Das hat keine Zukunft, verdammt noch mal! Ich stehe nicht mehr zu deiner Verfügung!" Dann eine ziemlich lange Pause. Die Person am anderen Ende schien zu reden.

Ich sollte gehen, dachte Silvia. *Lauschen ist nicht gerade die feine Art!* Doch sie blieb stehen.

Dann wieder Carlos Stimme, diesmal richtig erzürnt und lautstark: „... Weil ich eine Frau gefunden habe, die mir sehr viel bedeutet! Die mir außerdem endlich meine getrübten Augen geöffnet hat! Ich sehe endlich einen Weg vor mir, der Sinn macht! Abgesehen davon werde ich Vater! Und ich möchte beim Vaterwerden weder von dir oder sonst irgendeiner Tante deiner Zunft gestört werden! War das jetzt klar?" Klack. Er hatte aufgelegt.

Silvia lehnte immer noch an der Wand, den Ball in der Hand. Sie konnte nicht fassen, was sie soeben mitgehört hatte. Carlo rannte mit zorngerötetem Gesicht um die Ecke und stieß Silvia dabei fast um. Wortlos standen sie sich gegenüber. Er schluckte und begann kleinlaut: „Hast du etwa ..." Im Geiste sah er ihre rechte Handfläche auf seiner linken Backe detonieren und machte intuitiv einen kleinen Schritt zurück. Er konnte sich noch lebhaft an ihre Rechte erinnern. Weitere Momente vergingen, in denen Silvia ihn nur schweigend mit unergründlichem Gesichtsausdruck ansah. Schließlich ging sie wortlos auf ihn zu, schlang die Arme um seinen Hals und küsste ihn stürmisch. Carlo war völlig überrumpelt von dieser unerwarteten Geste. Doch schon nach wenigen Sekunden erwachten seine bis vor Kurzem wie abgestorbene Tentakel baumelnden Arme zum Leben und umfassten herzhaft Silvias Po. *Verstehe einer die Frauen!*

Es sah so aus, aus könnte es an diesem scheinbar verfluchten Samstag nicht noch schlimmer kommen. Schließlich war es bereits nach 19 Uhr und somit ging hoffentlich auch dem Pech, das an Alexandras Fersen zu kleben schien, endlich die Puste aus. Für einen Tag auch mehr als genug! Alexandra rappelte sich gerade von ihrer knienden Position auf und griff sich mit einem schmerzhaften „Aaaah" an die Lendenwirbelsäule. Die „Dreißiger" schienen bereits an diversen Gelenken und Nerven zu nagen, dafür jedoch leider immer weniger an diversen Fettdepots. Denn die oftmals leichtfertig angefutterten Kilos zu viel klebten immer penetranter an Hüfte und Po. Mit Mitte zwanzig machte man ein paar Tage Sit-ups, einen Obsttag – und weg war der Strich zu viel auf der Waage. Jetzt aber musste man zwei Wochen leben wie ein Eremit in der Wüste. Bei Wasser und Brot darben und stundenlange Strampeleinheiten wie ein Hamster in seinem ratternden Idiotenrädchen praktizieren. Alexandra stand schließlich aufrecht und stemmte die Hände zornig in die Hüften. Nun hatte also ihr Wäschetrockner auch noch den Geist aufgegeben. Scheinbar rettungslos, wie der beißende Brandgeruch, der aus den Untiefen des Maschinenraums aufstieg, verheißen ließ. „Verdammt!", schnaubte sie und ihr Blick fiel auf den großen, feuchten Wäschekorb. Einen Techniker würde sie wohl samstagabends auch nicht mehr groß begeistern können für einen Einsatz. *Ach was, egal! Sollen die nassen Klamotten eben vermodern und Schimmel ansetzen!* Alexandra drehte sich um und schlurfte resignierend zu ihrer Couch. Was für ein Tag! Das vormittägliche Treffen mit Leo würde wohl denselben Erinnerungsfaktor einnehmen wie jener Tag ihres damals erst vierzehnjährigen Lebens, an dem ein stark transpirierender, blutbespritzter, glatzköpfiger Zahnarzt ohne Betäubung die Nerven der Zahnwurzel ihres beleidigten Stockzahnes mit irgendwelchen dünnen Haken, Nadeln und Bohrern massakrierte. Und offensichtlich hatte dieser Sadist auch noch Spaß dabei gehabt! Vor Schmerz und Angst hatte sie ihre Finger in die Armlehnen gekrallt. Nie würde Alexandra das erfreute Grinsen vergessen, als er das Knacken ihrer Fingernägel bemerkt hatte.

Doch dieser Samstag hatte noch einige nette Erlebnisse mehr für sie parat gehalten! In einer Jeans-Boutique war sie mit ihrer Umhängetasche an einem Ständer mit Billigklunkern hängen geblieben. Leider hatte sie das erst in dem Moment gemerkt, als dieser mit einem ohrenbetäubenden Geklimper zu Boden fiel. Es kostete sie eine knappe Stunde, der Verkäuferin zu helfen, diesen Tand wieder aufzusammeln, zu sortieren und die Schimpftiraden der Verkäuferin über sich ergehen zu lassen. Nach diesem Erlebnis hatte sie eine der öffentlichen Kaufhaustoiletten aufsuchen müssen, da Prosecco und Co. nach ihrem Recht verlangten. Das ausgesprochen unappetitliche Klo hatte sie veranlasst, ihre Notdurft in äußerster Eile zu vollziehen und sie hatte befreit durchgeatmet, als sie wieder auf dem von Menschen wimmelnden Gang gestanden hatte. Allerdings war ihr nach einiger Zeit aufgefallen, dass sich nicht nur Männer nach ihr umdrehten. Gut, es war für sie kein einmaliges Weltwunder, wenn ein Mann sich nach ihr umdrehte und ihr einen bewundernden Blick hinterherwarf. Diese Form von Selbstbestätigung braucht wohl jede Frau von Zeit zu Zeit. Allerdings fand sie es ziemlich eigenartig, dass auch Frauen diversen Alters ihr neuerdings offensichtlich auf den Hintern starrten. Leicht irritiert war sie weitergegangen. Endgültig stutzig war sie allerdings geworden, als ein Elternpaar mit einem kleinen Jungen an der Hand an ihr vorübereilte. Plötzlich hatte der Kleine angefangen zu prusten und mit ausgestrecktem Zeigefinger gejapst: „Guck mal, Mami, wer hat die denn angezogen?"

Erbost hatte Alexandra sich umgedreht. Nur weil sie ein Loch unterm Arm hatte, war das noch lange kein Grund, sich derart darüber lustig zu machen! Der Vater hatte verlegen in den Boden gestarrt, aber eindeutig dabei gegrinst. Die Mutter hatte versucht, ihren Sohn im Zaum zu halten. Der Kleine hatte sich vor Lachen gebogen. Alexandra, ohnehin gelaunt wie ein Zitronenbaum, war auf die drei zugestiefelt: „Man erkennt bei Ihnen auf leider sehr ausgeprägte Art, dass Sie KEINER-LEI Ahnung von Mode haben! So ist Ihnen nämlich offensichtlich entgangen, dass man seit diesem Herbst einseitiges Achselloch trägt! Neu aus Mailand! Sie sollten sich abgesehen von Werbung und „Bauer sucht Frau" vielleicht auch mal ein Kultur- oder Modemagazin reinziehen!" Das hatte gutgetan! Das Elternpaar hatte sie mit großen Augen angeguckt. Und dieser kleine Nasenbohrer hatte auch endlich aufgehört zu gackern!

Schließlich hatte der Mann die Sprache wiedergefunden und gemeint: „Sieht man dort dann auch den neuen Trend „Rock in der Strumpfhose?"

Alexandra rekelte sich auf der Couch und kämpfte mit der aufsteigenden Erinnerung dieses Schamgefühls. Da war sie doch tatsächlich vor aller Augen mit in Unter- und Strumpfhose gestopftem Rock an einem der belebtesten Plätze durch die Gegend gerannt – noch dazu nicht eine ihrer ansprechendsten Unterhosen ... Doch das war immer noch nicht alles!

Am Nachmittag hatte sie einen Termin bei ihrer Werkstatt gehabt. Endlich konnte sie ihren geliebten Alfa wieder abholen! Als sie dort angekommen war, stand ihr Auto noch in der Halle, jedoch fertig. Ein Mechaniker im Blauzeug hatte ihr bedeutet rauszufahren. Leider hatten ihre hochhakigen Pumps keine gefühlvolle, gezielte Fahrweise zugelassen! Der Absatz hatte sich plötzlich in der Gummimatte verharkt, wodurch sie das Gaspedal ungewollt scharf niedertrat. Die Konsequenz daraus war eine blaue, geschwollene Zehe des armen Mechanikers und ein neuer lang gezogener Kratzer auf der frisch lackierten Fahrertür. Stunden später war sie endlich – und erfreulicherweise noch lebend – zu Hause gelandet. Um gleich darauf einen beißenden Geruch festzustellen ... der Wäschetrockner!

Alexandra tapste zum Kühlschrank. *Was für ein Albtraumtag!* Und alles hatte begonnen mit diesem Wurzel-Zieh-Kandidaten Leo! *Er ist schuld! Schuld an allem! Jawoll!* Zorn stieg wieder in ihr hoch. Sie griff nach einem riesigen Stück Käse. Die Türglocke schlug an. „Hmpf... ", knurrte sie und schlug die Kühlschranktür zu.

Als sie öffnete, stand ein fast unerträglich gut gelaunter Mike mit Blumen in der Hand vor der Tür! „Sei gegrüßt, du schönste Rose aller Rosen!", trällerte er und schlängelte sich an ihr vorbei. „Bist du auf Mäusejagd?", fragte er mit Blick auf das große Käsestück in ihrem Mundwinkel.

Alexandra zog sich das Ungetüm aus dem Mund, um antworten zu können: „Nein, Hunger."

„Oha, so schlimm? Aber ich bin nicht sicher, ob ein Stück Käse da die Rettung ist! Ich denke da eher an gediegene Pasta bei „Rosario"! Was meinst du?"

„Hmmm ... klingt verlockend. Warum nicht?" Schließlich drückte er ihr den Blumenstrauß in die Hand und einen Kuss auf den Mund.

Alexandra ließ alles über sich ergehen. Für Widerstände hatte sie heute definitiv keine Kraft und Lust mehr!

Das „Rosario" war wie üblich gut besucht und Mike bekam – aufgrund der von ihm publizierten guten Kritiken dieses Restaurant betreffend – einen der besten Tische. Das „Reserviert"-Schild wurde vom Restaurantleiter mit einer lässigen Geste vom Tisch gefegt und eifrig zog er für Alexandra den Sessel zurück. Nachdem sich beide den Bauch mit Antipasti, Pasta mit Shrimps und dem von Mike extrem gelobten Tiramisu vollgeschlagen hatten, saßen sie sich nun bei italienischem Rotwein gegenüber.

Mike nestelte an einer Serviette, dann sagte er: „Alexandra, du bist die erste Frau seit meiner Scheidung, mit der ich mir einen Neuanfang vorstellen kann. Ich möchte eine richtige, feste Beziehung mit dir – mit allem Drum und Dran! Kannst du dir das auch vorstellen?"

Alexandra, die gerade an ihrem Glas nippte, verschluckte sich fast. Nun war er also gekommen, der Moment der Wahrheit. Sie starrte eine Zeit lang in ihr Glas, als ob dort die Antwort herumschwimmen würde. Dann sah sie in Mikes Augen, aus denen so viel Hoffnung, Liebe und Wünsche sprachen. *Er will mich! – Und Leo will mich nicht!* In ihrem Gehirn fand ein plötzlicher Umkehrschub statt. Sie griff nach seiner Hand. Es war an der Zeit, einen Neuanfang zu machen. Dinge, die nicht sein sollen oder wollen, abzuschließen! *Warum nicht doch einen Versuch mit Mike wagen? Liebe kann wachsen, sagt man! ... Vielleicht ...!??*

„Wo ist Mike?" Bernie, nach der Schlägerei mittlerweile wieder gern gesehener Gast im Chili Hell, sah seine beiden Freunde fragend an. Carlo zuckte ahnungslos mit den Schultern, Leo saß wie eine Salzsäule vor seinem Bier. „Hat ihn denn keiner angerufen?", wollte Bernie wissen und fixierte Leo.

Dieser meinte nur lethargisch: „Er weiß, dass wir uns sonntags gegen acht hier treffen. Wozu also anrufen? Er wird vermutlich was anderes zu tun haben ..."

Bernie war etwas irritiert angesichts des scharfen Untertons in Leos Stimme, fragte aber nicht nach. Irgendwie war die Stimmung heute etwas verkrampft. Alle drei vertieften sich in seichte Themen, um nur ja nicht über ein spezielles Thema reden zu müssen: Frauen! Bernie saß der unangenehme Zwischenfall vor einigen Tagen mit Marion und deren sülzigem Verehrer noch in den Knochen. Weniger die Klopperei mit diesem Schmalspurcasanova als die Tatsache, wie sehr ihn Marion an diesem Abend fasziniert hatte. Deutlich hatte sich Eifersucht mittels riesengroßer Stacheln in sein Herz gebohrt. Allein die Erkenntnis darüber erschien ihm unglaublich. Wenn er selbst es schon nicht verstand, wie sollte er also darüber reden?

Carlo vermied es, sich der Skepsis und der Häme seiner Freunde auszusetzen betreffend seiner neuen „Familienambitionen". Er könnte ihnen deswegen nicht mal böse sein! Schließlich kannten sie ihn seit geschätzten fünfzehn Jahren – und in all diesen Jahren hatten sie nur Carlo, den Verschwender, den Blender, den Verführer, den Abschlepper, den Lebemenschen, den Schnorrer, den ... Callboy ... erlebt. Zum ersten Mal in seinem Leben stellte er sich der Tatsache, dass er genau DAS gewesen war! Und er wusste, dass seine Freunde es wussten. Wie sollten sie daher annehmen, dass er sich von einem auf den anderen Tag geändert haben könnte? Er konnte es ja selber kaum glauben!

Leo seinerseits wollte ganz und gar nicht darüber sprechen, wieso er sich in letzter Zeit so zurückgezogen hatte und – laut Attest seiner Freunde – so grummelig und schweigsam sei. Er zog es vor, diesen leidigen „Gefühlskram" mit sich selbst auszumachen. Er hätte sich zuletzt tatsächlich vorstellen können, mit Alex auf Tuchfühlung zu gehen. Sie hatte etwas an sich ... dieses Temperament, dieses Lachen, ihre Intelligenz, ja ... sogar diese erschreckende Neigung zu Katastrophen und Unfällen gehörten zu ihrer für ihn einzigartigen Persönlichkeit. Sie hätte die vielleicht etwas unterkühlte emotionale Seite an ihm ausgleichen können. Und er hätte vielleicht ein paar seiner Stärken – Ordnung und Struktur zum Beispiel – eingebracht und dadurch etwas mehr Ruhe in ihr chaotisches Dasein bringen können. Eine Win-win-Situation sozusagen. Aber wie auch immer ... nach den jüngsten Ereignissen war dieses Thema wohl sowieso abzuhaken – allein schon deswegen, weil es sich bei seinem „Konkurrenten" um seinen besten Freund handelte. Im schlimmsten Fall ging wegen dieser Geschichte eine echte Männerfreundschaft flöten – und DAS kam nun gar nicht infrage – auch nicht wegen eines langhaarigen, chaotischen Wesens mit Loch unterm Arm!

Der Schweiß rann Carlo ins Genick. Obwohl dieser saukalte Dienstag Anfang Dezember bereits nach Schnee roch, forderte die körperliche Schwerstarbeit ihren Tribut. Carlo war es gewöhnt, maximal beim Stemmen der Hanteln in seinem exklusiven Fitnessklub oder während eines zu langen Solariumaufenthaltes zu schwitzen. Nicht aber beim Holzhacken! Er plagte sich nun schon seit eineinhalb Stunden, die diversen abgeschnittenen Äste aus Silvias Baumarsenal auf Brennholzlänge zu stückeln. Die anfänglichen Skrupel, diese Miniuniversen von Ästen anzugreifen, die nur so wimmelten von klebrigen Harzen, Spinnen, Käfern und sonstigem Gekrabbel, wurden mittels einem Paar ordentlicher Arbeitshandschuhe beigelegt. Neben Carlo kroch Max auf allen vieren in der Wiese herum und verfolgte aufmerksam ein in Panik flüchtendes Spinnentier. Immer wenn die Spinne eine Laufpause machte, schubste er sie aufmerksam mit einem kleinen Kieselstein in den dicken Hintern, um sie zu „motivieren".

Der kleine Theo, in einem dicken Anorak und mit einer farbenprächtigen Wollmütze made by Oma Gertrud, rannte aufgeregt mit einem vertrockneten Regenwurm in der ausgestreckten Hand auf Carlo zu. „Sau ... Sau ... was ich da habe!" Begeistert hielt er Carlo seinen Gartenfund zur Begutachtung hin.

„Hm ... toll. Nun schmeiß ihn aber in die Wiese rüber, denn der tote Wurm möchte in den Regenwurmhimmel."

Theo nickte verständnisvoll, trabte zum Gartenzaun, holte aus und katapultierte das Trockengut in die ewigen Wurmgründe. Carlo musste sich ein Lachen verkneifen.

„Will jemand einen heißen Tee?" Silvia bog gut gelaunt um die Ecke, in der Hand eine Thermoskanne und drei Becher. Carlo wischte sich den Schweiß von der Stirn und schüttelte die Handschuhe von den manikürten Fingern. „Ach je, ist hier gar ein Nagel eingerissen?", flachste Silvia sarkastisch und drehte seinen Zeigefinger in ihrer Hand, während sie ihn eingehend betrachtete. Carlo grinste und umarmte sie spontan. Er war nun fast jeden Tag bei Silvia und ihrer Familie. Meist schon nachmittags, manchmal erst gegen Abend. Er hatte Silvia nach mehrmaligen, anstrengenden und unendlichen Diskussionen schließlich überzeugen können, ihm und seinen Absichten zu vertrauen. Und er nahm sich fest vor, dieses Vertrauen nicht zu missbrauchen. Und so hatten sie vereinbart, seine Anwesenheit langsam zu steigern, um die Kinder – und natürlich auch Oma Gertrud – an den neuen Mann in ihrer Mitte zu gewöhnen. Die Kinder schienen hierbei die geringsten Probleme zu haben. Im Gegenteil. Sie klebten an ihm wie Fliegen am Marmeladenglas und buhlten um seine Aufmerksamkeit. Sie nannten ihn schlicht Carlo. Silvia stellte dabei immer wieder fest, wie sehr ihre Jungs doch eine Vaterfigur zu vermissen schienen. Alles lief prächtig. Nur ein Thema war die offizielle „heiße Kartoffel": das ungeborene Kind. Carlo wollte es unbedingt, für Silvia stellte es nach wie vor eine Herausforderung dar, der sie sich nicht gewachsen fühlte. Nicht unter den derzeitigen Voraussetzungen. Und das Ende der Abbruchfrist rückte näher und näher. Allzu viel Zeit blieb nicht mehr.

Carlo hielt ihr den Becher entgegen und sie schenkte dampfenden Hagebuttentee mit Honig ein. Max kam schnaufend von den Bäumen hergerannt. Er hatte die arme Spinne mittlerweile unter dem Kieselstein begraben. Theo, dem die Wollmütze über ein Auge gerutscht war, stiefelte ebenfalls heran: „Ich auch! Ich auch! Nicht du alles allein, Papa!"

Silvia und Carlo verharrten gleichzeitig und starrten den Kleinen an. Er hatte Carlo tatsächlich „Papa" genannt! Carlo bückte sich schließlich zu dem Kleinen und schob ihm die Mütze zurecht, sodass er wieder sehen konnte.

„Natürlich trinke ich nicht alles allein! Dafür sorgt Mami schon!" Er blickte zu Silvia auf, die ihm sanft die Hand auf die Schulter gelegt hatte. Eine eigenartige, aber durchaus angenehme, warme Familienatmosphäre breitete sich aus, der die rapide sinkenden Grade des Nachmittags nichts anhaben konnten. Bis ein markerschütterndes, lautstarkes Kreischen die Idylle zerriss. Oma Gertrud! Silvia und Carlo ließen ihre Becher fallen und sprinteten zum Haus. Die beiden Jungs trotteten hinterher.

Silvia folgte dem Geschrei und erreichte als Erste den Schauplatz des Schreckens – die Küche. Oma Gertrud stand mitten in der Küche. Von der linken Hand tropfte Blut. Viel Blut. Die Fingerkuppe des Mittelfingers schien komplett zu fehlen. In der rechten Hand hielt sie das große, schwere Fleischmesser, von dessen Schneide ebenfalls Blut tropfte. Hinter ihr quoll dicker, stinkender Rauch aus dem Backrohr. Es war auf Maximum – 270 Grad – eingestellt und innen befand sich ein Plastikgefäß unbestimmten Inhalts, das nun langsam zu schmelzen begann. „Mama! Um Himmels willen!", rief Silvia bestürzt und lief auf sie zu.

Doch Oma Gertrud hörte plötzlich auf zu schreien und erhob drohend das Messer. Dann fauchte sie: „Komm nicht näher! Du willst mich nur wieder in den Keller sperren!"

„Was redest du denn da? Niemand sperrt dich in den Keller! Gib mir das Messer, bitte!" Silvia flehte fast. Gertrud ging einen Schritt auf Silvia zu, das Messer noch immer erhoben.

Da packte Carlo Silvia an den Schultern und schob sie beiseite. „Kümmere du dich um den Ofen, ich ... äh ... kläre das hier!"

Silvia gehorchte und öffnete mit Geschirrtuch vorm Gesicht die Backofentür. Anschließend rannte sie zum Fenster und riss es weit auf, um die giftigen Gase entweichen zu lassen. Der dicke, ätzende Qualm drang jedoch beißend in die Lungen der Anwesenden ein.

Währenddessen näherte Carlo sich bemüht ruhig Oma Gertrud. „Gertrud, sei lieb und gib mir das Messer, ja? Ich sperre dich auch bestimmt nicht in den Keller. Was hältst du davon, wenn wir uns gemeinsam „Wem die Stunde schlägt" anschauen? Den findest du doch so klasse! Und vorher verbinden wir noch schnell deinen Finger, okay?" Seine Worte schienen die Oma irgendwie zu beruhigen. Der Zorn und die irre Wut wichen allmählich aus ihren Augen. Interessiert betrachtete sie ihren zerschnippelten Finger. Weder Schmerz, Abscheu oder auch nur Erkenntnis spiegelten sich auf ihrem Gesicht. Lediglich Überraschung. Als ob sie den blutenden Fingerstummel zum ersten Mal sehen würde. Carlo wurde mulmig zumute. Das hier spitzte sich bedenklich zu. Oma Gertrud hatte definitiv keine kleine Wahrnehmungsstörung. Auch keine der üblichen depressiven Anfälle. Keine harmlose Verwirrtheit. Hier war seines Erachtens nach jemand ernsthaft geisteskrank und hatte ordentlich einen an der Waffel! Und noch dazu hielt dieser „Jemand" immer noch ein blutbesudeltes Messer auf ihn gerichtet und verbrannte Plastik im Backrohr!

Unter Oma Gertruds Finger bildete sich am Boden bereits eine Blutlache. „Oh, wie schade! Nun ist der Boden dreckig", murmelte sie und schaute traurig auf die Sauerei.

Carlo sah nun den richtigen Zeitpunkt für gekommen. Er machte einen Satz auf sie zu und griff nach dem Messer. Doch er unterschätzte die Kräfte der alten Frau. Eisern umklammerte sie den Griff des Messers und begann wieder zu schreien. Mit der anderen Hand versuchte sie, sein Gesicht zu zerkratzen. Mittels Aufbietung aller Kräfte und beider Hände schaffte Carlo es schließlich, ihr das gefährliche Werkzeug zu entreißen. Mit einigen Kratzstriemen und etlichen blutigen Abdrücken von Oma Gertruds Hand sowie einer stark blutenden Schnittwunde an seiner linken Hand ließ er sich schließlich schwer hustend auf die Eckbank sinken.

Silvia, selbst gebückt wegen eines akuten Hustenanfalls, packte ihre Mutter an den Schultern und drängte sie aus der Küche. Sie registrierte dabei ihre beiden Söhne, die mit offenen Mündern an der Tür standen, und schrie in deren Richtung: „Raus hier! Sofort! Geht in den Garten!"

Knappe drei Stunden später saß ein kleines Grüppchen Menschen im überhitzten Warteraum der Unfallabteilung des städtischen Krankenhauses. Carlos Wangen zierten zwei überdimensionale Pflaster. Seine linke Hand verschwand zur Gänze in einem riesigen, weißen Mullverband. Die Schnittwunde, die er im Kampf mit Oma Gertrud davongetragen hatte, war unerwartet tief und hatte genäht werden müssen.

Silvia, neben ihm sitzend, wurde immer noch von Hustenanfällen heimgesucht. Sie hatte ein leichtes Beruhigungsmittel verabreicht bekommen. Eigentlich war ihr – überhaupt nach der Horrorfahrt ins Krankenhaus, während der ihre Mutter sich gebärdet hatte wie ein angeschossener Grizzlybär – nach der stärksten Droge der Welt. Oder K.-o.-Tropfen. Oder zwei Flaschen Whiskey ex. Hauptsache, stark genug, um den Verstand und die Erinnerung an die vergangenen Stunden auszulöschen.

Gegenüber saßen die beiden Jungs. Mit großen Augen beobachteten sie interessiert das hektische Treiben rundherum.

Oma Gertrud wurde immer noch operiert. Bereits seit einer geschlagenen Stunde. Die Ärzte kämpften darum, ihr die zweite, abgesäbelte Fingerhälfte wieder anzunähen. Silvia hatte trotz der Panik und Aufregung richtig reagiert und in den Rauchschwaden nach dem abgeschnittenen Stummelfinger gesucht. Tatsächlich war sie zwischen Brotkasten und Fritteuse fündig geworden. Geistesgegenwärtig hatte sie einen Frischhaltebeutel mit Eiswürfel gefüllt und mit gespreizten Fingern den blutigen Klumpen hineinbefördert.

„Sie sind die Angehörigen von Gertrud Gumpel?" Niemand hatte das Näherkommen des grünbemäntelten Chirurgen bemerkt.

Silvia erhob sich langsam. „Ich bin die Tochter, Silvia Cimsek", krächzte sie. Sie gaben sich die Hände.

„Frau Cimsek, wir haben es geschafft, den Finger Ihrer Mutter zu retten. Nicht zuletzt dank Ihrer fachgerechten Handhabung des abgeschnittenen Teiles. Sie wird im Augenblick noch verbunden." Silvia atmete erleichtert auf. „Allerdings ...", fuhr der Arzt mit ernster Miene fort, „können Sie Ihre Mutter keinesfalls mit nach Hause nehmen. Was wir in körperlicher Hinsicht für sie tun konnten, haben wir getan. Jedoch mussten wir eine Komplettanästhesie an ihr vornehmen, da sie sonst unser Inventar sowie die OP-Schwester kurz und klein geschlagen hätte. Wir mussten darüber leider Meldung machen. Der Stationsarzt der Psychiatrie möchte sie aus diesem Grund ehest-möglich sprechen." Silvia zuckte zusammen, nickte aber wort-los. Der Arzt wandte sich um und eilte zu seinem nächsten Notfall.

Carlo flüsterte: „Sollen wir gleich oder ..."

„Ja, wir gehen sofort hin und bringen das hinter uns!", ant-wortete Silvia entschlossen. Carlo war ein weiteres Mal über-rascht, wie stark diese Frau war. Wenn er daran dachte, dass ein eingewachsener Zehennagel bei ihm zwei Tage Depression und Frustkäufe in seiner Lieblingsboutique verursachte, schämte er sich plötzlich.

„Es tut mir leid, Frau Cimsek, aber aufgrund der Ereignisse wäre es unverantwortlich, Ihre Mutter zu entlassen. Sie ist eine Gefahr für sich selbst – und für andere!" Der Oberarzt der Psychiatrie warf einen bedeutsamen Blick auf den ziemlich ramponiert in seinem Sessel hängenden Carlo.

„Was heißt das genau?", fragte Silvia.

Der Arzt verschränkte die Arme. „Das heißt, ich möchte Ih-re Mutter einweisen. Sie muss in ihrer derzeitigen Verfassung vierundzwanzig Stunden unter Beobachtung stehen und braucht eine neue, offensichtlich stärkere Medikation. Zumin-dest für die nächsten vier Wochen möchte ich sie auf der ge-schlossenen Abteilung behalten, um ihren Zustand genau ana-lysieren zu können."

Silvia schluckte schwer und unterdrückte einen Hustenanfall. „... und danach?"

„Frau Cimsec, mir ist bekannt, dass Sie Ihre Mutter bisher zu Hause betreut haben – allein. Was sehr bemerkenswert ist und Respekt verdient. Allerdings wird dies in Anbetracht der weite-ren Verschlechterung ihres Geisteszustands nicht mehr mög-lich sein. Ich werde daher versuchen, sofern es in Ihrem Sinn ist, für Ihre Mutter einen Platz im Hause „Schattenfeld" zu bekommen."

Silvia sprang entsetzt auf. „In die Irrenanstalt? Niemals! Ich lasse meine Mutter nicht bei den Verrückten vergammeln!"

Carlo starrte auf seine klumpige, bandagierte Hand, die schmerzvoll pochte. *Das einzig Richtige,* dachte er. *Bevor die Alte noch irgendjemanden eine Gartenschaufel über die Rübe zieht! Oder das Haus in die Luft sprengt! Oder irgendwann die Bürgerkriegsschlachten aus „Vom Winde verweht" nachspielt – mit Fleischermessern anstelle Plastikpistolen!*

„Seien Sie vernünftig, Frau Cimsek! Ihre Mutter braucht professionelle Hilfe. Sie ist geistig schwer gestört. Ihr Zustand hat sich enorm verschlechtert. Sie haben Familie. Möchten Sie selbst nicht wieder etwas mehr Lebensqualität haben? Glauben Sie mir, Ihre Mutter ist dort bestens aufgehoben. Und Sie können sie jederzeit besuchen!"

Silvia hörte seine Stimme nur noch wie durch eine Meeresbrandung. Geistig lief in ihrem Gehirn ein Film ab. Ein Film über einen großen, unverputzten Betonbunker. Rundherum Stacheldraht. Aufseher mit Pistolen am Ausgangstor. Schreie, Gekreische und Wimmern, das durch die finsteren Gänge im Inneren hallt. Ärzte, die im Keller unter nackten Glühbirnen Menschenversuche an den armen Irren vollzogen. Organe, die den Kranken entnommen und am Schwarzmarkt verscherbelt wurden. Pfleger, die aufsässige Gestörte mit Elektroschockern „behandelten". Kleine, finstere Zellen ohne Fenster, mit Gummi ausgekleidet … Silvia erschrak, als Carlo ihre Hand drückte. „Niemals!", wiederholte sie.

„Es ist die einzige Möglichkeit! Du kannst sie nicht mehr bei dir lassen – und bei den Kindern!", unterstützte nun auch Carlo den Oberarzt.

Dieser begann soeben, die Anstalt in den leuchtendsten und freundlichsten Farben zu beschreiben – als Ort der Ruhe, Sonne, Geborgenheit und selbstloser Fürsorge. Nach weiteren dreißig Minuten geballter männlicher Überzeugungskraft im Doppelpack erklärte Silvia sich einverstanden, ihre Mutter einweisen zu lassen. Oma Gertruds Schicksal war besiegelt.

Dienstag, 18:30 Uhr. Bernie rannte ruhelos auf und ab. Zum dritten Mal begutachtete er das ständig rasselnde Rudergerät, ohne die Ursache feststellen zu können. Das Gestöhne von Mister Popeye ging ihm heute fürchterlich auf die Nerven. Nur mühsam konnte er sich beherrschen, ihm nicht Schaumstoff in den Mund zu stopfen und dann seinen kahlköpfigen Schädel mit einem breiten Klebeband zu umwickeln. Das Fitnessstudio war proppenvoll. Seine Zornesfalte war heute so tief und ausgeprägt wie selten zuvor. Dann war am Nachmittag auch noch Dani vorgeschneit. Um zu plaudern, wie sie sagte. *Von wegen!* Im Schlepptau hatte sie einen offensichtlich unterbelichteten, jedoch sensationell aussehenden Muskelberg, Marke Türsteher. Muckis wie die Alpen, ein Genick wie ein Zuchtbulle und ein Rücken so breit wie drei nebeneinander stehende Chinesen. Sollte wohl den Effekt haben, ihn eifersüchtig zu machen. Bernie musste unwillkürlich grinsen. Das ging jedenfalls ordentlich in die Hosen. Der einzige Gedanke, der sich ihm aufgedrängt hatte, war: *Jawoll, der passt zu dir, liebe Dani!* Immer wieder musste er sich in letzter Zeit der selbstkritischen Frage stellen: *War ich wirklich derart oberflächlich, dass ich einer gut gebauten, aber leider hirn- und herzlosen Zicke verfallen konnte?* Woche für Woche hatte er verschwendet an eine Selbstdarstellerin, während ständig direkt vor seinen Augen ein Mädchen war, das ihm freimütig Einblick in ihre tiefe Seele und in ihr riesengroßes Herz gewährte. Er hatte es nicht sehen wollen. Hatte sich gestört an ihren Schokopolstern um die Hüfte, an ihrer Kleidung, an ihrem „langweiligen" Naturell. Und was das Schlimmste war: Er hatte nicht mal diese unglaublich Metamorphose mitbekommen, in der sich die wulstige, träge, schwarze Raupe in einen wunderschönen, bunten Schmetterling verwandelt hatte! *Bin ich denn total blind gewesen?* Abrupt rannte er zum Herrenklo. Alles war heute unerträglich für ihn. Vor allem war unerträglich, dass Marion nicht da war! Sie fehlte ihm. Ihre Ruhe und Unaufdringlichkeit, die er früher manchmal als Langeweile wahrgenommen und verkannt hatte. Ihre tiefsinnigen Gespräche, die er zwar irgendwie schätzte, denen er aber heißen Sex mit Dani vorzog. Ihre irgendwie ängstlichen Blicke aus diesen unglaublichen Augen, die ihn vor Kurzem vor Eifersucht sogar handgreiflich werden ließen. Er lehnte sich übers Waschbecken und sah in den Spiegel. Einer Eingebung folgend zog er sein Handy aus der Sporthose. *Ich muss sie anrufen. Jetzt sofort. Keine Ahnung, was ich ihr überhaupt sagen oder ihr mitteilen soll. Einfach anrufen ...*

Das Freizeichen ertönte. Viele Freizeichen. Sie würde nicht rangehen. Enttäuschung keimte auf. Dann plötzlich, gerade als er der Mailbox mit Auflegen entgehen wollte: „Hallo Bernie."

Fast begann er zu stottern, riss sich jedoch sofort zusammen. „Marion! Schön, dass ich dich höre!"

„Äh ... ja ... und?"

Bernie begann zu schwitzen. „Wie geht's dir denn?"

„Mir geht es blendend, danke!"

Verdammt, die macht es einem aber nicht leicht, dachte Bernie, bereits leicht verzweifelt. „Ich ... äh ... wollte fragen, ob du morgen Abend schon was vorhast? Ich möchte dich nämlich zu dem neuen Thailänder einladen. Sozusagen als kleine Wiedergutmachung für meinen Ausraster, du weißt schon ..." Bernie war stolz auf sich. Dieser spontane Einfall war einfach genial!

„Ja, ich weiß, was du meinst", antwortete sie schnell. Dann jedoch entstand eine unangenehme Pause.

„Und?", fragte er nach. Seine Knöchel traten weiß hervor, als er sich mit seinen Fingern am Waschbeckenrand festkrallte.

Dann ertönte endlich wieder ihre wohlklingende, warme Stimme: „Bernie, das ist wohl keine gute Idee. Wie du vielleicht mitbekommen hast, war ich nicht alleine in der Bar. Mario und ich ... nun, wir sind zusammen, ein Paar eben. Abgesehen davon habe ich in den nächsten Tagen mehr als genug zu tun." Ihre Stimme klang nun nicht mehr warm und wohlig. Vielmehr wie Hunderte Nägel, die sich in seine Gehörgänge bohrten. Er schluckte.

„Wie ... wieso hast du viel zu tun?" *Will ich überhaupt hören, wieso?* Im Geiste verpasste er sich selbst einen ordentlichen Tritt in den Allerwertesten. *Werde ich nun zum Meister der Selbstgeißelung, ich Spinner?*

„Ich fliege Freitagnachmittag nach London. Ich muss dort Verträge unterschreiben und gleich einige Fotoshootings hinter mich bringen. Ich habe nämlich seit gestern einen neuen Job. Als Haarmodel. Mario kommt mit mir."

Der Kloß in Bernies Hals wurde immer größer und dicker. „Ach? Na Gratuliere! Das freut mich wirklich für dich ...". Er stockte. War da nicht eine männliche Stimme im Hintergrund? Tatsächlich! Deutlich hörte er, wie eine grauenhaft sympathische Männerstimme fragte: „Wer ist dran, Amore?" *Amore!!!* Der Kloß im Hals schwoll soeben zum kleinen Bruder des Himalaja an.

„Ach, nur Bernie! Er hat mir gratuliert! Nett, nicht?"

Nur mühsam brachte Bernie noch hervor: „Ich wünsche dir alles Gute in London. Und auch sonst ..." Dann legte er einfach auf. Ohne ihre Antwort abzuwarten. Wieder stützte er sich am Waschbecken ab und starrte in seine grünen Augen.

340

Zum ersten Mal in seinem Leben mochte er dieses Grün nicht. Und er wusste es in diesem Augenblick. Er hatte sie verloren. Und zwar endgültig.

Alexandra stoppte an diesem Mittwoch exakt um 18:58 Uhr mit dem Taxi vor dem Nobelrestaurant. Sie war spät dran und wollte sich für das Treffen mit Frau Kleist und dem Magazin-Redakteur auf keinen Fall verspäten. Schnell hechtete sie hinaus, warf dem Fahrer einen Geldschein zu, brummelte „stimmt schon" und stöckelte durch die Drehtür. Ein näselnder Lackaffe in schwarzem Anzug führte sie zu dem Tisch, an dem sie, wie der Pinguin leicht verächtlich kommentierte, „bereits erwartet wurde". In der gegenüberliegenden Ecke konnte sie bereits Frau Kleist erkennen, die dem Eingang zugewandt saß. Ihr gegenüber hatte der ominöse Zeitungsfuzzi bereits seinen Platz eingenommen. *Scheint ziemlich groß zu sein, der Typ,* dachte Alexandra aufgrund seiner Rückenansicht. Frau Kleist hob die Hand und winkte geziert. „Ah, da ist sie ja!"

Als Alexandra nur mehr wenige Meter vom Tisch entfernt war, erhob sich der Hüne und drehte sich um. Alexandra erstarrte. Konnte das Schicksal wirklich so gemein sein? *Was zum Kuckuck habe ich bloß verbrochen? Vielleicht ist das jetzt die Strafe dafür, dass ich als Kind mal den Nachbarskater in den – wohlgemerkt ausgeschalteten – Backofen gestopft und vergessen habe, sie wieder rauszulassen? Oder ist das jetzt die Rache des platt gefahrenen Wuffis von der Kleist aus dem Jenseits?* Ihr Gegenüber hatte wohl ähnliche Gedanken, denn auch sein Gesicht spiegelte Überraschung und Unwohlsein wider.

Frau Kleist erhob sich. „Darf ich vorstellen: Herr Leo Sigbach, Chefredakteur des hiesigen Magazins NATURE PIONEER. Und dies ist Alexandra Pelzig, meine PR-Beauftragte."

Alexandra schüttelte die Erstarrung ab und hielt ihm ihre Rechte entgegen. „Ja ... äh ... hallo, Leo. Welch Überraschung!" Und an Frau Kleist gewandt: „Wir kennen uns, Frau Kleist! Nur hatten wir offensichtlich beide keine Ahnung, dass ..."

„Ach, wie schön! Woher denn, wenn ich fragen darf?", flötete Frau Kleist.

Leo, der Alexandras Hand schnell wieder losließ wie eine heiße Kartoffel, brachte es kurz und prägnant auf den Punkt: „Wir sind privat schon einige Male ... nun ... übereinander gestolpert."

Sie setzten sich. Leo hatte sich wieder gefasst und war nun wieder ganz Herr seiner Lage. Höflich fragte er: „Nun, da wir vollzählig sind: Was halten die Damen von einem Aperitif vorab?" Er winkte dem Kellner.

Nachdem ein Wodka Lemon, ein Prosecco und ein Kir royal serviert wurden und auflockernder Small Talk praktiziert wurde, entschuldigte Alexandra sich. Kurz darauf lehnte sie am Waschtisch des Toilettenvorraums und atmete tief durch. Erstens war der Bund der Hose beim Sitzen doch etwas Luft abschnürend und zweitens machte sich wieder pochender Kopfschmerz bemerkbar. Sie griff in ihre Handtasche und drückte eine ihrer Schmerztabletten aus der Folie. „Verdammt aber auch!", fluchte sie laut, nachdem sie die Pille ohne Flüssigkeit endlich runtergewürgt hatte. Sie verschwendete keinen Gedanken an die drei hinter ihr besetzten Klos. „Mein erster wirklich wichtiger Termin in eigener Sache – und was passiert? LEO!", fauchte sie laut.

Eine Klospülung rauschte. Dann öffnete sich eine der Türen und eine ältere, stark geschminkte Dame mit offenem Hosenschlitz trat heraus. Sie legte Alexandra ihre Hand auf die Schulter und meinte leicht lallend: „Scheiß dir was, Mädchen! Trink ein paar und entspann dich! Dann ist alles halb so wild!" Dann wankte sie unsicheren Schrittes in den Gang hinaus.

Nachdem der üppige Hauptgang abserviert und das Dessert offiziell gestrichen worden war, wurde der geschäftliche Teil des Abends eröffnet. Leo stellte das Magazin NATURE PIO-NEER vor. Daten, Fakten, Leser, Märkte und Themenbereiche. Frau Kleist folgte interessiert seinen Ausführungen. Alexandra versuchte zumindest, sich zu konzentrieren. Danach war es an Alexandra, die Tierschutzorganisation, die Kampagne und die Vorstellungen diesbezüglich zu präsentieren. Nachdem sie geendet hatte, warf Frau Kleist ihr einen wohlwollenden Blick zu. Offensichtlich hatte sie ihre Sache gut gemacht. Erleichtert lehnte sie sich zurück.

Leo ergriff das Wort: „Danke für die Ausführungen, Alexandra. Frau Kleist, ich muss sagen, ich finde Ihre Aktivitäten und Kampagnenpläne sehr interessant. Und ich bin nun umso mehr der Meinung, dass ein umfangreicher Artikel darüber in unserem Magazin Ihrer Sache erheblich dienen könnte!"

Frau Kleist sah ihn freundlich an und antwortete: „Herr Sigbach, das mag schon sein. Allerdings bin ich kein Experte in diesen Dingen. Dafür habe ich Alexandra." Sie drückte kurz Alexandras Oberarm. Dann fuhr sie fort: „Im Übrigen wird sich für mich zukünftig einiges verändern. Mein Gatte wird sich krankheitsbedingt vorübergehend aus der Firmenleitung unseres Konzerns zurückziehen. Ich werde interimsmäßig seine Position einnehmen und mich schnellstmöglich in die Materie einarbeiten. Es wird mir daher aus zeitlichen Gründen nicht mehr möglich sein, die startende Kampagne in allen Details zu überwachen. Die volle Verantwortung und Durchführungsgewalt hierfür werde ich daher auf Alexandra Pelzig übertragen." Alexandra fiel fast ihr Weinglas aus der Hand und sie schaute Frau Kleist überrascht an. „Daher wird auch Alexandra die

Entscheidung treffen, ob, wie und wann wir mit Ihnen eine Kooperation eingehen. Ich vertraue voll und ganz ihrem Urteilsvermögen und ihren Fähigkeiten."

Alexandra warf Frau Kleist ein danksagendes Nicken zu und nahm sofort den geworfenen Ball auf: „Nun, EURER Sache dient es ja wohl auch, oder?"

Er blickte sie verdutzt an. „Wie meinst du das?"

„Ihr berichtet schließlich als Erste exklusiv über eine der größten Tierschutzkampagnen in Westeuropa. Ich gehe davon aus, dass du diese Tatsache dementsprechend bewerben wirst und die Auflagenzahl so gesteigert werden wird. Wie gedenkst du dies zu entgelten?"

Leo sah sie erstaunt an. Seit wann hatte Alexandra nicht nur am Kopf, sondern auch auf den Zähnen Haare? Und wie knallhart sie auf den Punkt kam! Er kam nicht umhin, ihr innerlich Respekt zu zollen, wenn auch ungern. Er räusperte sich. „Es liegt wohl auf der Hand, dass der Nutzen dieses Artikels für eure Organisation ungleich größer ist! Bei mir steigt die Auflage einmalig VIELLEICHT um ein paar Prozent, „Herz für Tiere" ist ab diesem Zeitpunkt bei Hunderttausenden Lesern bekannt und wird Sponsoren aktivieren!"

„Mag schon sein, aber Eure Leserschaft ist nicht die schwerreiche, potenzielle Sponsorenliga, die WIR brauchen!"

Ein Argument jagte das nächste – ein Schlagabtausch, der seinesgleichen suchte. Frau Kleist sah beeindruckt von einem zum anderen und schwieg. Beide hatten greifende Argumente, beide versuchten vehement, diese zu verankern. Jedoch erschien ihr die eine oder andere Bemerkung der beiden mehr als zweideutig. Irgendetwas war hier im Gange, das die schwerreiche Industriellengattin nicht zuordnen konnte. Sie beobachtete erst Alexandra, dann Leo eingehend. Diese Leidenschaft, mit der sie argumentierten und gestikulierten. Dieser Augenkontakt, der scheinbar nie abzureißen schien. Die plötzlich offene Körperhaltung – nach anfänglich verschränkten Armen. Ein wissendes Lächeln der Erkenntnis machte sich auf ihrem Gesicht breit. Als die beiden mit hochroten Köpfen bei dem Thema „prozentuelle Beteiligung" bereits mehr stritten als diskutierten, verschaffte Frau Kleist sich mit einem Löffelschlag gegen das Weinglas Gehör. „Meine Lieben, ich werde an dieser Stelle das Feld räumen. Alexandra, Sie werden mir morgen berichten, wie Sie mit Herrn Sigbach verblieben sind." Mit einem bedeutsamen Blick auf Alexandra entschwebte sie in einer Wolke Chanel Nr. 5. Alexandra und Leo sahen ihr nach, dann setzten sie sich wieder. Beide schwiegen. Alexandra begann, nervös mit der Spitze ihrer Stiefel gegen die Tischplatte zu klopfen. Das Hämmern in ihrem Kopf begann von Neuem. Sie griff nach ihrem Weinglas. Leo rutschte auf seinem Sessel herum. Auch er schien nervös zu sein. Was hätte er in diesem Moment für eine Marlboro gegeben!

Der Pinguin-Kellner erschien. „Noch Wünsche?", näselte er von oben herab.

Leo sah Alexandra an. „Was hältst du davon, unsere Diskussion in der gegenüberliegenden Bar weiterzuführen? Ist vielleicht etwas ... entspannter dort!"

Alexandra zuckte mit den Schultern und meinte: „Okay, meinetwegen."

Während Leo auf die Rechnung wartete, begab Alexandra sich ein weiteres Mal zur Toilette. Die Wirkung dieser verdammten Pillen verkürzte sich immer mehr. Die bereits dritte an diesem Abend ... Alexandra nahm sich vor, bei Gelegenheit beziehungsweise nachdem die Kampagne angelaufen war, wegen der ständigen Kopfschmerzen und dem steigenden Bedarf an Schmerzmitteln ihren Arzt aufzusuchen. Aber vorerst musste sie noch eine Weile durchhalten. Und vor allem diesen Abend irgendwie zu Ende bringen.

Die kleine, schummrige Piano-Bar gegenüber erinnerte an den Klassiker „Casablanca". Dichte Rauchschwaden hingen über den Tischen und Köpfen. Leo und Alexandra wählten den einzigen, noch freien Tisch in der Nähe der Bar. Ein pummeliger Barkeeper servierte in einem ärmellosen T-Shirt die Drinks. Dabei wurden seine dicken, haarigen Oberarme unappetitlich freigelegt. Alexandras Blick wurde zwangsläufig auf dessen Unterarmtätowierung gelenkt, die irgendwelche gruselig mutierten Viecher mit Hörnern zeigte, die sich gegenseitig ins Hinterteil bissen. Wenigstens roch er nicht so, wie er aussah.

Alexandra beschloss, ohne Umschweife wieder an das Geschäftliche anzuknüpfen. „Also, wo waren wir vorhin stehen geblieben?"

Leo sah sie unverwandt schweigend an.

„Was ist?", fragte Alexandra forsch. Unsicherheit stieg in ihr hoch.

Völlig unerwartet sagte er: „Du siehst toll aus heute Abend."

„Ja ... äh ... danke", murmelte sie.

Dann nahm Leo den Faden wieder auf und fuhr fort: „Also, wir waren stehen geblieben ..."

Gegen Mitternacht und etliche Rotweine später erzielten sie eine Einigung, mit der beide zufriedengestellt waren. Leo erhob erschöpft sein Glas. „Stoßen wir an auf unser gemeinsames Projekt. Auf den Erfolg!"

Alexandra erhob ebenfalls ihr Glas. Ihr stieg der Alkohol bereits in den Kopf, dafür schienen diese lästigen Kopfschmerzen endlich einen Waffenstillstand abzuhalten.

„Du bist ein verdammt zäher Verhandlungspartner. Respekt." Leo sah sie bei diesen Worten nicht an.

„Kann ich nur zurückgeben. Auf das Projekt." Alexandra nahm einen ordentlichen Schluck und vermied ebenfalls, ihn anzusehen.

Ein sich berufen fühlender älterer Herr in einem karierten Sakko begann die Tasten des etwas verstimmten Klaviers in der Ecke zu malträtieren. Dann begann er zu singen. Überraschenderweise klang das verdammt gut! Nach und nach verstummten die Gäste. Auch Alexandra und Leo wandten sich zu ihm um und lauschten. Gekonnt bearbeitete er die Tasten und sang voller Inbrunst „Ich war noch niemals in New York" von Udo Jürgens. Die ersten Feuerzeuge wurden hochgehalten. Der alte Mann, selbst überrascht über die plötzliche Aufmerksamkeit des Publikums, kam mehr und mehr in Fahrt. Alexandra klatschte begeistert mit. Leo beobachtete sie stumm. Dann beugte er sich vor. „Alex?"

Sie drehte sich zu ihm um und hörte auf zu klatschen.

„Ich war vergangenen Samstag ziemlich ... sagen wir unhöflich. Du wolltest mir etwas erklären und ich habe dir keine Chance dazu gegeben. Es gibt meist eine zweite Seite, damit hattest du schon recht."

In Alexandra kam wieder Wut hoch. Wut, die sie eigentlich schon begraben gesehen hatte. „Nein, DU hattest schon recht! Im Prinzip gibt es dem von dir Gesagten nichts hinzuzufügen. Mike und ich sind zusammen. Das ist Fakt." Brüsk drehte sie sich wieder zu dem trällernden Musikus am Klavier um. Die Tatsache, dass sie mit Mike erst seit Samstag eine „offizielle" Beziehung führte, hielt sie in diesem Moment für nicht relevant. *Und was sollte das jetzt überhaupt? Was will er eigentlich jetzt hören?* Alexandra wandte sich ihm wieder zu. „Wieso fragst du mich das eigentlich jetzt? Besteht jetzt plötzlich wieder Interesse an mir? Oder hat dieses Erwachen vielleicht mit unserer neuen beruflichen Kooperation zu tun?"

Leo schüttelte verneinend den Kopf, schwieg aber.

„Was heißt das, verdammt noch mal!", fuhr sie ihn an. „Rede endlich Klartext! Was meinst du? Was willst du? R-E-D-E!"

Er steckte sich in aller Seelenruhe eine Marlboro an. Vergessen war der Anti-Raucher-Vorsatz. Alexandra platzte fast der Kragen und der Hosenknopf am Bund drückte schmerzhaft in den Bauch. Tief Luft holen war nicht drin. Vielleicht auch besser so – bei den dichten Nikotinschwaden!

Dann begann er langsam: „Mein Interesse an dir hat nie aufgehört. Auch nicht, als ich nicht mehr ans Telefon gegangen bin. Kannst du dir nicht vorstellen, warum? Denkst du wirklich, ich bin aus Stein? Ich ... ich mag dich. Sehr sogar. Seit ich in London über dich gestolpert bin ..." Als ob er zu viel gesagt hätte, spülte er sein wieder aufgefülltes Whiskeyglas auf einmal die Gurgel hinunter. Alexandra war perplex. Mit vielem hatte sie gerechnet. Aber DAS jetzt verhinderte ihre letzte Chance, ausreichend Luft in ihre Lungen zu pumpen. Dann fuhr er fort: „Ich werde deine Beziehung mit Mike akzeptieren und respektieren. Ich werde auch lernen, damit umzugehen, das verspreche ich. Ich wünsche mir nur, dass wir wieder ganz normal miteinander umgehen können. Ist das für dich okay? Schließlich werden wir in nächster Zeit sehr viel Zeit miteinander verbringen. Beruflich natürlich."

Alexandra kämpfte mehr und mehr mit aufsteigendem Unwohlsein. Ein leichtes Schwindelgefühl machte sich bemerkbar. Gepresst antwortete sie schließlich: „Ja. Natürlich. Das klingt vernünftig. Mir ist auch lieber, wenn wir ein entspanntes Arbeitsklima haben und gut zusammenarbeiten können." Die letzten Worte quetschte sie nur noch mit Mühe hinaus. Die Hose schien sie zu erdrücken. Panik stieg plötzlich in ihr hoch. Angst, ersticken zu müssen. Ihr Magen begann zu rebellieren und der Schwindel wurde übermächtig. Sie begann zu zittern. Kalter Schweiß brach aus allen Poren.

Leo beugte sich zu ihr hinüber. „Was ist los? Ist dir nicht gut?" Er griff nach ihrem Arm. Alexandra hörte seine Worte jedoch nur noch wie durch einen dicken Wattebausch. Tausende helle Sterne schienen vor ihren Augen zu explodieren. Aufsteigende Dunkelheit begann sie zu umhüllen. Das Letzte, was sie wahrnahm, war Leos besorgtes Gesicht.

Sie hatte das Gefühl, auf einem Holzbrett im völlig aufgewühlten Meer zu treiben. Langsam öffnete sie die Augen. Das Geschaukel war unangenehm. Ein junger dunkelhaariger Mann in Rot sah auf sie hinab. „Na, Frau Pelzig? Wie fühlen Sie sich?" Der erste Lichtblick! Sie öffnete den Mund, um zu antworten, allerdings kam nur ein undefinierbares Krächzen über ihre Lippen. Der nette Mensch schien sie trotzdem zu verstehen. „Sie befinden sich in einem Rettungswagen. In ungefähr vier Minuten werden wir Sie in die Obhut der Notaufnahme übergeben. Sie hatten einen Kreislaufzusammenbruch." Langsam gewöhnten sich ihre Augen an das schummrige Licht und sie nahm ihre Umgebung wahr. Aha, das Schaukeln war also nicht wässrigen Ursprungs und sie trieb auch nicht auf hoher See. Vielmehr raste der Rettungswagen durch das nächtliche Salzburg. Weiter vorne saß ein Mädchen, vermutlich Anfang zwanzig, und lächelte sie aufmunternd an. Sie hielt eine Glasflasche in der Hand, von der eine blassgelbe Flüssigkeit über eine Kanüle in ihren rechten Arm tropfte. Optimistisch meinte das Mädchen: „Alles wird gut. Ihr Mann hat sehr schnell reagiert."

Mein Mann? Sie drehte mühsam den Kopf und nahm ein drittes Gesicht neben sich wahr. Leo! Seine Hand lag auf ihrer. Plötzlich überfiel sie akute Übelkeit, ihr Magen schien sich aufzublähen wie ein Heißluftballon und ein Schwall rötlicher

Flüssigkeit ergoss sich über ihre Brust und Leos Arm. Sie krallte sich in seine Hand. „Tschulligun", murmelte sie danach schwach, während der Sanitäter mit einem Lappen an ihr und Leo herumtupfte. Ihn schien die Rotwein-Brechattacke allerdings nicht aus der Fassung zu bringen. Beständig hielt er ihre Hand genauso fest wie sie die seine. Wenig später lockerte sich ihr Griff jedoch. Sie fiel wieder in eine gnädige Ohnmacht.

„Wir brauchen die E-Card Ihrer Gattin!", schnarrte der unfreundliche, verhärmt wirkende, kleine Administrator am Eingang zur Notaufnahme.

„Ich ... äh ... ich bin nicht ...", begann er, wurde jedoch gleich wieder unterbrochen.

„Na, Sie haben doch ihre Tasche, oder? Nun kommen Sie, wir haben auch noch anderes zu tun!" Ungeduldig, mit hinunterhängenden Mundwinkeln starrte er Leo an und trommelte mit den Fingern.

Leo fing an, diesen Gnom zu hassen. Ihm war danach, diesen garstigen Hobbit mit einer Hand am Kragen zu packen und ihn mit dem Kopf mehrmals in das Aquarium in der Ecke zu tunken. Gaaaanz lange. So, dass die vielen kleinen, halb verhungerten Fischlein Zeit hatten, ihm die dürre, spitze Adlernase anzunagen. Allerdings verkniff er sich angesichts der Situation den Aufstand. Er warf einen Blick in Alexandras Gesicht. Sie nickte stumm. Er öffnete also ihre Tasche und suchte nach ihrer Geldbörse. *Meine Güte,* dachte er dabei, *wollen Männer WIRKLICH wissen, was sich in Damenhandtaschen tatsächlich befindet?* Auf seiner Suche stieß er auf eine Banane älteren Datums, einen Minikalender, eine Vielzahl an Schminkutensilien und Tübchen, eine Flasche roten Nagellack, eine Pulsuhr(??), eine schwarze Nylonstrumpfhose, eine Papierschere, eine Packung Erdnüsse, Kaugummi, eine Tablettenschachtel, ein Horoskopbüchlein, Handy ... dann endlich die Börse!

Nach etlichen Minuten der Datenaufnahme wurde Alexandra gegen 00:30 Uhr schließlich in Raum 1 der Notaufnahme geschoben. Der diensthabende Arzt der Station fasste Leo am Arm, als dieser unschlüssig vor der Tür stehen geblieben war. „Warten Sie bitte draußen. Wir werden uns sofort um Ihre Frau kümmern."

Er nickte nur und warf einen letzten Blick auf Alexandra. Sie war kreidebleich, fast grün im Gesicht. Von kaltem Schweiß bedeckt. Ihre Augen, fiebrig glänzend, irrten angstvoll in dem sterilen Raum herum, in dem an jeder Ecke blank polierte glänzende Zangen, Bohrer, Riesennadeln und sonstige Henkerswerkzeuge aus Edelmetall glänzten. Er hatte das dringende Bedürfnis, einfach ihre Hand zu halten und diese banalen, kitschigen Worte zu sagen: „Alles wird gut". Der Druck des Arztes auf seinem Arm gewann an Nachdruck. Leo drehte sich um und schlurfte in Richtung des gähnend leeren, wie ausgestorben wirkenden Warteraums davon.

Am Donnerstag gegen 7:30 Uhr schlug Alexandra matt und verschwitzt in einem kleinen Krankenzimmer die Augen auf. Sie sah sich um – und war allein, Gott sei Dank! Irgendein Apparat tutete und fiepte neben ihr. Nun, das kannte sie ja schon. Ein Blick auf die Kabeln an ihrem rechten Arm bestätigte ihre Vermutung. Irgendein chemischer Cocktail verteilte sich in ihren Blutbahnen. Sie streckte sich und horchte in sich hinein. *Gott sei Dank, diese hundsgemeine Übelkeit und der Brechreiz sind weg. Auch kein Kopfschmerz mehr!* Nur ihr Hals, besser gesagt die ganze Speiseröhre hinunter, brannte wie Feuer. *Kein Wunder!* Schaudernd erinnerte sie sich daran, wie ein dicker Schlauch in ihre Speiseröhre gerammt wurde und der verbleibende Mageninhalt herausgepumpt wurde. Sie griff sich reflexartig an den Hals. *Durst!* Gerade, als sie den Klingelknopf betätigen wollte, öffnete sich die Tür und eine müde wirkende Schwester, wahrscheinlich absolvierte Nachtschicht, trat ein. „Na, schon munter? Wie geht es Ihnen?"

„Ich habe fürchterlichen Durst. Ansonsten recht passabel. Was ... was habe ich denn?", krächzte Alexandra mit brüchiger Stimme.

„Ich bringe Ihnen gleich Wasser. Der Oberarzt wird gegen acht zu Ihnen kommen und alles besprechen. Übrigens wartet Ihr Mann immer noch draußen. Der Arme hat seit Ihrer Einlieferung kein Auge zugetan. Was für ein Schatz! Mit diesem Mann haben Sie wohl einen Glücksgriff getan!" Die übermüdeten Äuglein der Schwester begannen fast zu glänzen, als sie über Leo sprach. „Darf ich ihn kurz zu Ihnen hereinlassen? Er macht sich ja solche Sorgen!", fuhr sie fort.

Alexandra war zu müde, um den seit Stunden herrschenden Irrglauben aufzuklären, Leo wäre ihr Angetrauter. Sie nickte einfach. Dann schaute sie erstmals unter ihre Bettdecke. *Was habe ich eigentlich an?* Nach einem kurzen Blick auf ein grässliches, grün getupftes Krankenhausnachthemd zog sie die Decke bis ans Kinn. *Was soll's,* dachte sie in einem Anflug von Galgenhumor, *Leo ist es ohnehin schon gewöhnt, mich in den abartigsten Fummeln liegen zu sehen!*

Die Tür öffnete sich und Leo betrat ihr Zimmer. Er zog sich einen Sessel heran und setzte sich. „Wunderschönen guten Morgen." Seine Stimme klang betont enthusiastisch, sein Gesicht jedoch drückte Besorgnis, Müdigkeit und Ärger über unbequeme Plastiksessel im Warteraum aus.

Alexandra räusperte sich und im Flüsterton antwortete sie: „Auch guten Morgen. Tut mir leid, aber meine Stimme ist etwas in Mitleidenschaft gezogen."

Leo stellte fest, dass der ungesunde Grünton in ihrem Gesicht verschwunden war. Stattdessen zierten verschmierte

Wimperntuschespuren beide Wangen. Intuitiv beugte er sich über sie und wischte mit den Daumen die schwarzen Spuren der Verwüstung aus ihrem Gesicht. Ihre Blicke trafen sich. Leo konnte sich irgendwie nicht bewegen und verharrte – immer noch über sie gebeugt. Ihre Gesichter waren keine zwanzig Zentimeter voneinander entfernt. So gerne Alexandra auch weiterhin in seinen blauen Augen versunken wäre – der Durst wurde übermächtig. Ihre Zunge klebte mittlerweile wie eine alte Schuhsohle am Gaumen. Sie fuhr sich mit der Zunge über die Lippen. Dann versuchte sie, wieder ein paar Worte durch ihre verdörrenden Lippen zu pressen: „Wasser ... Wasser ...“ Leo musste grinsen und stand auf. Da kam jedoch schon die Rettung – in Form einer Flasche Wasser – die Tür herein.

„So, hier bin ich schon! Und für Sie habe ich auch ein Glas mitgenommen. Sie haben sicher auch Durst!“, flötete die Schwester und warf Leo einen „Ich-wär-auch-was-für-dich“-Blick zu. Dann verschwand sie wieder.

„Leo, langsam wird's echt peinlich, mich dauernd von dir retten lassen zu müssen. Gestehe: Bist du mein persönlicher Schutzengel und eigentlich schon seit dreihundertundfünfzig Jahren tot?“

Leo hatte sich wieder neben sie gesetzt und schenkte gerade Wasser ein. Er musste grinsen angesichts dieser diffusen These. Dann hielt er ihr das Glas an den Mund und stützte ihren Kopf mit der anderen Hand in die Höhe. Gierig schlabberte Alexandra das herrliche Nass die Gurgel hinab. Die Schmerzen beim Schlucken ignorierte sie einfach. Mit einem entspannten „Aaaah“ sank sie schließlich wieder ins Kissen zurück. Leo lehnte sich ebenfalls wieder zurück und schwieg. „Du warst seit der Einlieferung immer hier, sagte die Nachtschwester. Wieso bist du nicht heimgefahren?“, fragte sie, mit nun deutlich kräftigerer Stimme.

„Wie könnte ich?", war die knappe Antwort.

„Aber du musst doch in die Arbeit! Ich meine ..."

„Was ich muss, entscheide ich selbst. Eines der Privilegien meines Sechzig-Stunden-Jobs. Und hier in deiner Nähe zu bleiben hatte Priorität für mich. Zumindest, bis ich weiß, dass alles wieder in Ordnung ist. Und weil wir gerade beim Thema sind: Was war nun eigentlich los mit dir?"

Alexandra wurde einer Antwort enthoben, denn der Oberarzt mit Klemmbrett inklusive zwei junger Assistenzärzte trat ein. „Ah, wie ich sehe, ist unsere Frau Pelzig fast wieder topfit. Professor Dr. Meineid." Er streckte zuerst Leo, dann Alexandra seine dürre, mit Pigmentflecken übersäte Hand entgegen. Ohne weitere Floskeln schielte er auf die Aufzeichnungen seines Klemmbretts und begann: „Frau Pelzig, Sie wurden um 00:30 mit akutem Kreislaufversagen hier eingeliefert. Die Kollegen haben Ihnen den Magen ausgepumpt, Blut entnommen und Sie an stärkende Infusionen gehängt. Wie fühlen Sie sich momentan?"

„Recht gut eigentlich. Allerdings spüre ich schon wieder beginnenden Kopfschmerz."

„Was heißt „schon wieder"? Haben Sie das öfters?"

„Ja, eigentlich andauernd. Dagegen nehme ich auch Tabletten."

Der Arzt reckte sich und seine Miene wurde tierisch ernst. „Da wir schon beim Thema sind: Frau Pelzig, Ihr Blut wies nicht nur auf beachtlichen Alkoholkonsum bei Ihrer Einlieferung hin, sondern auch auf eine viel zu hohe Dosis an Opioiden und Benzodiazepinen, die sich üblicherweise in Schmerzmitteln oder Psychopharmaka finden. So hoch übrigens, dass wir hier bereits von Missbrauch sprechen müssen."

Alexandra verspürte das dringende Bedürfnis, sich zu rechtfertigen: „Ich nehme diese Mittel nur, wenn ich Schmerzen habe! Und leider habe ich andauernd Schmerzen! Und außerdem lässt die Wirkung dieser Pillen immer schneller nach, sodass ich notgedrungen die Menge erhöhen musste! Ist ja sonst nicht zum Aushalten mit diesem Bergwerk in meinem Schädel!"

Professor Meineid hatte ihr aufmerksam zugehört und wandte sich nun halb an die hinter ihm stehenden Assistenzärzte: „In diesem Fall sprechen wir von einer sogenannten ‚Toleranzentwicklung'. Das heißt, es tritt nach einiger Zeit ein Gewöhnungseffekt des Körpers ein, sodass immer höhere Dosen notwendig sind, um den gewünschten Effekt zu erlangen. Und in Kombination mit Alkohol natürlich mit verheerenden Auswirkungen."

Alexandra starrte ihn erschrocken an. Leo, dem die Sache an diesem Punkt eindeutig zu intim und persönlich wurde, wollte sich erheben und entschuldigen. Er fand es unpassend und indiskret, noch länger diesem Gespräch beizuwohnen. Doch der Arzt drückte ihn mit einer Hand auf der Schulter wieder in den Sessel und meinte: „Nein, bleiben Sie bitte. Es ist wichtig, dass Sie dies hören. Ihre Frau wird nämlich in nächster Zeit ganz besonders Ihre Hilfe brauchen. Es liegt hier bereits eine Medikamentenabhängigkeit vor, was bedeutet, dass als erste Sofortmaßnahme eine Entgiftung, sprich Entzug, folgen muss!"

Leo sah zuerst den Arzt, dann Alexandra ratlos an. *Gehen oder bleiben? Bleiben oder gehen?* Die Annahme, dass er der Ehemann der Eingelieferten sei, schien mittlerweile in Beton geschrieben zu sein. Doch weder Leo noch Alexandra fanden es an diesem Punkt der Mühe wert, dies aufzuklären. „Soll ich bleiben oder gehen?", flüsterte er an ihrem Ohr. Beiden war die Bedeutung dieses Moments als auch die Entscheidung angesichts dieser Frage klar. Und nach wenigen Sekunden der Überlegung sagte Alexandra mit fester Stimme: „Bleibe bitte."

Die nächste halbe Stunde war eine herbe, emotionale Talfahrt. Alexandra musste sich – vor Leo – der Tatsache stellen, medikamentenabhängig zu sein. Das Schlimmste daran war für sie selbst, dass sie es nicht registriert hatte – oder es nicht wahrhaben wollte. Schmerztabletten, Aufputschmittel, zur Beruhigung, Schlaftabletten ... Für jede Befindlichkeit die richtige Pille! Wie einfach war das doch gewesen! Natürlich waren diese immensen, dauernden Kopfschmerzen der Ursprung allen Übels. Aber wenigstens hatte Professor Meineid (Sie hoffte, dass dieser Name nicht auf praktizierte Verhaltensmuster des Professors schließen ließ ...) das Thema „Kopfschmerz" aufgegriffen und für selbigen Tag eine Computertomografie ihres Kopfes angeordnet. Eines war Alexandra weiters klar: In den letzten Stunden hatte ihr Körper ihr einen nicht ignorierbaren Wink mit dem Zaunpfahl verpasst. K.-o.-Schlag wäre wohl noch passender formuliert!

Soeben hatte Professor Meineid eine zusätzliche, therapeutische Betreuung empfohlen. „Ich empfehle das, weil der körperliche Entzug zwar relativ schnell vollzogen werden kann, jedoch die psychischen Auswirkungen nicht zu unterschätzen sind. Die Entgiftung des Körpers wird leider nicht ohne psychische Schwerstarbeit über die Bühne gehen können! Aber dies ist Ihre alleinige Entscheidung und hängt natürlich auch von Ihrer persönlichen Verfassung sowie Ihres Willens ab!" Schließlich, nachdem alles gesagt war, erhoben sich die drei Herren in Weiß und stürmten ihrer nächsten Amtshandlung entgegen.

Alexandra lag fix und fertig auf dem Rücken und starrte an die Decke. Leo stand am Fenster und registrierte die ersten fallenden Schneeflocken.

„Wie kann man nur so blind sich selbst gegenüber sein? Wie?" Alexandra klatschte sich mit der Hand auf die Stirn. Leo drehte sich zu ihr um, sagte aber nichts. Sie sprach weiter. „Mein gesunder Menschenverstand muss ja völlig deaktiviert worden sein. Ich hatte ... ja, regelrechte Blackouts! An einigen Tagen fehlen mir sogar genaue Erinnerungen – es fehlen ganze Zeitspannen! Totaler Filmriss! Und nicht mal DAS hat mich aufgerüttelt! Erschütternd, nicht wahr?"

Leo setzte sich wieder auf den Stuhl und griff nach ihrer Hand. „Ich denke, das ist eben die Gefahr bei allen Süchten. Man merkt den Einstieg nicht wirklich. Überlastung, Stress, negative Erlebnisse, Druck oder was auch immer die Auslöser sind. Aber du wirst den Entzug schaffen, davon bin ich überzeugt. Du schaffst das. Und wenn du willst, helfe ich dir. Ich bin für dich da."

Alexandra sah ihn an wie den Weihnachtsmann, der mit vollgepacktem Geschenkeschlitten vor ihr stand. „Dass ausgerechnet du das sagst! Obwohl du ja einer derjenigen warst, die es am meisten ausbaden mussten ..."

Er machte eine abwehrende Geste mit der Hand. „Was auch immer geschehen ist und geschehen wird: Ich bin für dich da. Dazu stehe ich auf jeden Fall." Und mit einem schiefen Grinsen meinte er abschließend: „Bin ja schließlich dein Ehemann!" Dann erhob er sich ruckartig, drückte nochmals ihre Hand, sodass der Ring an ihrem Finger tief ins Fleisch schnitt und meinte: „So, nun werde ich in die Redaktion düsen und vielleicht vorher noch einen kurzen Garderobenwechsel vornehmen. Ich drücke dir die Daumen für die Tomografie. Hoffentlich löst sich das Geheimnis deiner ständigen Kopfschmerzen. Ich rufe dich an, okay?"

Alexandra nickte und ließ schweren Herzens seine Hand los. Er war fast vor der Tür, als sie rief: „Stopp! Kannst du noch mal kurz herkommen?" Er trabte zurück an ihr Bett. „Bitte zu mir runterbeugen!", kommandierte sie. Er beugte sich nach vorne. Sie richtete sich auf, nahm seinen Kopf zwischen beide Hände und drückte ihm einen herzhaften Kuss auf die Wange. Danach hauchte sie ein leises „Danke" in sein Ohr. Erfreulicherweise wich er nicht sofort zurück wie von einer Wespe gestochen. Er verharrte. Nach einem gegenseitigen, tiefen Blick in die Augen des Gegenübers war der nächste Schritt eine längst überfällige Formsache. Ein minutenlanger, inniger Kuss schien alle Blackouts, versemmelte Dates, Missverständnisse und diverse Unfälle ins Nirwana zu befördern. In diesem Augenblick gab es nur noch sie beide. In einer dicken, bunten Wolke aus Innigkeit und Vertrauen.

„Meine Güte, wie konnte denn das passieren!" Silvia betrachtete kopfschüttelnd ihre daniederliegende Freundin.

„Nana, etwas mehr Mitleid bitte, ja?", motzte Alexandra. „Vor allem dafür, dass ich – schon wieder – solch edlen Designerfummel tragen darf! Wo ist der nächste rote Teppich?" Alexandra setzte sich in ihrem Bett auf und legte demonstrativ das weißgrüne Ungetüm frei.

„Okay, überredet. DAFÜR hast du echt Mitleid verdient!", lachte Silvia. Gleich darauf wurde sie allerdings wieder ernst. „Sag mal, wieso muss erst Leo mich anrufen, um mich über die jüngste Katastrophe zu informieren?"

„Sei mir nicht böse, Silvia. Ich habe bis jetzt noch nicht mal meine Eltern oder Mike angerufen. Gar niemanden. Mal abgesehen von der Agentur. Ich muss mir erst über ein paar Dinge klar werden. Und ... mich mit ein paar Tatsachen auseinandersetzen."

Silvia sah sie fragend an. Nachdem ihre Freundin allerdings keine Anstalten machte, näher darauf einzugehen, meinte sie drängelnd: „Na, mach's nicht so spannend! Was soll das kryptische Gequatsche? Aus Leo war auch schon nichts herauszuquetschen außer der Kurzversion!"

Alexandra musste sich fast ein Grinsen verkneifen. Typisch Silvia. „Sind die Kinder im Kindergarten?", fragte sie.

„Natürlich! Wo sonst um diese Zeit? Jetzt lenk nicht ab!" Silvia setzte sich auf die Bettkante und starrte sie hypnotisierend an.

Alexandra stöhnte ergeben. „Nun gut. Hier also die ungefilterten Fakten: Ich bin medikamentenabhängig. Die gestrige Kombination mit Wodka und Rotwein hat mir den Rest gegeben. Tja, liebe Silvia, deine beste Freundin ist wohl ein Pillenjunkie!"

Silvia ließ sich durch Alexandras übertrieben komödiantische Schilderungsweise nicht ablenken. Sie schluckte. Sofort stieg lebhaft die Erinnerung an Oma Gertrud auf, die ohne Pillen nicht mehr lebensfähig war! „Wie geht's jetzt weiter?", fragte sie ernst.

„Entzug. Und zwar sofort – wenn ich nicht riskieren möchte, dass meine Nieren und die Leber hopsgehen."

„Heißt das, von hundert auf null?"

„Ja. Körperlich werde ich in den nächsten Wochen vielleicht Krämpfe haben, ist aber zu schaffen. Wesentlich langwieriger ist anscheinend der psychische Entzug. Hoffentlich sehe ich nicht rosa Ameisen, grüne Katzen und lila Elefanten! Oma Gertrud in unserer Nähe reicht uns ja wohl fürs Erste, oder?"

„Na wenigstens hast du deinen Galgenhumor behalten! Gut so! Wenn ich dich leider auch in einem Punkt enttäuschen muss: Oma Gertrud befindet sich nicht mehr in unserer Nähe."

Alexandra sah sie erschrocken an. „Sie ist doch nicht ..."

„Nein, nein. Sie ist gestern in die Nervenklinik überwiesen worden. Nach einem – sagen wir mal ziemlich schrägen und blutigen Dienstag – ließ sich das nicht mehr vermeiden. Sie wird etwa vier Wochen dort verbringen und kommt dann in die Klaps... äh ... ins Haus Schattenfeld."

Alexandra atmete erleichtert auf. „Endlich. Tut mir leid, das so sagen zu müssen, aber das war wirklich allerhöchste Zeit! Oder hättest du wirklich darauf warten wollen, bis Gertrud als Rasenmähermann die Nachbarschaft verstümmelt hätte?"

„Ja, hast ja recht. Deswegen habe ich mich auch von dem Weißkittel und Carlo überzeugen lassen."

Alexandra stutzte. „Carlo? Carlo hat Mitspracherecht bezüglich deiner Mutter? WAS weiß ich hier nicht?"

„Haach, es ist so viel passiert in letzter Zeit. Ich werde also ebenfalls mit der Kurzfassung aufwarten: Carlo und ich sind zusammen. Er hat versprochen, den „kleinen Carlo" zukünftig nur noch bei mir auszupacken und einen Job als Immobilienmakler anzutreten. Meine Jungs vergöttern ihn – und ich muss mich zusammenreißen, es nicht auch zu tun! Du würdest diesen Kerl nicht wiedererkennen, wenn du ihn bei mir zu Hause siehst! Wie er mit den Jungs spielt, Geschirr abtrocknet, Holz hackt ..."

Alexandra glotzte ihre Freundin ungläubig an. Silvia strahlte mit dem gesamten Goldbestand von Fort Knox um die Wette! „Und ... und das Kind?"

„Werden wir bekommen. Der Unfall von Theo, die neue Betreuung von meiner Mutter, und nicht zuletzt die neuen ... äh ... Perspektiven mit dem Erzeuger haben vieles in ein neues Licht gerückt. Carlo verdient eine Chance. Weißt du, so schrecklich viele Dinge in den letzten Monaten waren, so waren sie letztendlich doch nicht umsonst. Vielleicht waren sie sogar notwendig. Notwendig, um andere Möglichkeiten zu erkennen und die Chance dafür zu ergreifen." Beide schwiegen angesichts dieser geballten Ladung an Tiefsinn.

Alexandra straffte wenig später die Schultern und meinte enthusiastisch: „Jawoll! Ich sehe das ganz genauso!"

Nun schaute Silvia verdutzt aus ihrer Markenwäsche. „Und was weiß ICH nun wieder nicht?"

Alexandras Blick schweifte zum Fenster ab. „Ich bin seit knapp einer Woche offiziell mit Mike zusammen."

„Aha."

„Was heißt hier „AHA"? Mehr hast du nicht zu sagen?"

„Nein. Erzähl weiter."

„Ja … also, wie gesagt, ich bin mit Mike zusammen. Er ist ein toller Mann, ist verlässlich, treu, kocht sensationell, ist intelligent, tolerant, charmant …"

Silvia unterbrach ungeduldig: „Zur Info: Ich kenne Mike. Wieso zum Kuckuck preist du ihn an wie eine junge Biokartoffel aus der Steiermark?" Kurzes Schweigen.

Alexandra senkte betreten den Kopf und murmelte: „Ich habe heute Leo geküsst."

Silvia rückte näher an ihre Freundin heran und grunzte lautstark: „Du hast was? Ich verstehe dich nicht, wenn du deinen Kopf in der Gebärmutter versteckst!"

Alexandra hob den Kopf und schrie: „Ich habe heute Morgen Leo geküsst! Und mir wurde dabei verdammt heiß unter der Decke!"

Silvia warf die Hände über den Kopf und kreischte freudig: „Hallelujaaaaa! Endlich!"

Dem nächsten angekündigten Besuch sah sie weniger freudig entgegen. Besser gesagt, mit einer ordentlichen Portion schlechten Gewissens. Als Mike hereingestürmt kam – sein sorgenvolles Gesicht war in tiefe Furchen gefaltet – hätte sie sich am liebsten unter dem Metallgestell des Bettes verkrochen.

„Meine Güte, bin ich froh, dass es dir wieder gut geht!", stöhnte er und stürmte an ihr Bett.

„Jaja ... alles klar soweit. Nur ein kleiner Zusammenbruch, wie ich dir ja bereits am Telefon erzählt habe."

Er beugte sich über sie, um ihr einen Kuss aufzudrücken. Dieser landete jedoch auf ihrer Nase, da sie ihren Kopf zur Seite neigte. Er schien es nicht zu bemerken, jedenfalls sah er tolerant darüber hinweg. Genauso wie über die Tatsache, dass sie beide Hände plötzlich zum Zurechtzupfen der Tuchent, Kratzen der Nase und „Entstauben" des Nachtkästchens benötigte. Um sie nur ja nicht in seine Hände legen zu müssen.

„Gott sei Dank war Leo dabei und hat sich um dich gekümmert! Nicht auszudenken, wenn du irgendwo allein ..."

„Ist ja alles gut gegangen. Kein Grund, die Sache so aufzubauschen", meinte Alexandra herabspielend und verkrampfte sich zunehmend.

„Ach übrigens, was habt ihr – du und Leo meine ich – eigentlich in der Kneipe gemacht? Ich dachte, du hattest gestern einen Geschäftstermin?"

„War auch einer. Leo war der Überraschungsgast aus der Torte. Und irgendwann haben wir festgestellt, dass es sich in der Kneipe gegenüber entspannter über unser gemeinsames berufliches Projekt diskutieren lässt als in diesem steifen Restaurant." *Und nicht nur darüber,* vollendete Alexandra in Gedanken bitter. Die Bettdecke schien mittlerweile eine Tonne zu wiegen und vermittelte ihr das Gefühl einer ausrangierten Rostkarre in der Schrottpresse. Als er abermals nach ihrer Hand griff, schloss sie kurz die Augen. *Ich muss zum Punkt kommen, ich muss! Ich muss es ihm sagen, verdammt! Er hat die Wahrheit verdient! Ich muss! Jetzt gleich!*

„Was überlegst du so angestrengt? Musst du mir was beichten?", flachste er grinsend.

Nun brach ihr der Schweiß aus allen Poren. Die Bettdecke hatte nicht nur das gefühlte Gewicht von zehn gemästeten Sumoringern – sie produzierte mittlerweile auch eine Hochofenhitze, in der man Gold zur Schmelze bringen könnte. Alexandra japste nach Luft und katapultierte die Decke zum Fußende des Bettes. „Du hast recht! Ich muss dir tatsächlich was beichten!", krächzte sie mit plötzlich wieder heiserer Stimme und wedelte sich mit dem zellophanierten Menüplan Luft ins Dekolleté. „Und könntest du bitte das Fenster öffnen? Ich ersticke hier nämlich kleinweise."

Mike kam ihrer Bitte nach und setzte sich dann wieder, sichtlich irritiert, an ihr Bett.

„Mike, dieser Vorfall jetzt hat mir in vielerlei Hinsicht die Augen geöffnet. Einerseits muss ich mich meinen eigenen Dämonen stellen – und das wird weiß Gott nicht einfach werden. Ich habe in so mancher Hinsicht die Kontrolle verloren." Sie machte eine kleine Pause, um sich zu sammeln.

„Meinst du damit auch in Bezug auf mich?", fragte Mike vorsichtig und umklammerte in unheilvoller Vorahnung die Lehnen des Besuchersessels.

„Ja, in gewisser Weise auch in Bezug auf dich. Wobei ich mich hasse, das sagen zu müssen. Denn du bist der tollste, charmanteste ..."

„Hör bitte mit dem Gesülze auf, Alex", unterbrach er sie. Nach einigen Schrecksekunden fuhr er fort: „Es ist aus. Willst du mir das sagen?"

Alexandra wälzte sich in ihrem Bett herum, um ihn direkt ansehen zu können. „Ich dachte wirklich, Liebe könne wachsen, wie man immer wieder hört. Und ich wollte so gerne, dass sie wächst! Nur leider ist da schon ein anderes Gewächs. Und dieses Gewächs war von Anfang an größer, stärker und ... grüner, ganz ohne Dünger." Alexandra hielt inne und blickte in Mikes ratloses Gesicht. *Was zum Geier fasele ich da bloß? Fällt mir wirklich nichts Gescheiteres ein, als Metaphern über Grünzeug, Dünger und Wachstumsstudien? Mike hat schließlich keinen Botanikkurs bei mir gebucht!* „Ähm … na jedenfalls ist mir im Laufe der letzten Stunden klar geworden …"

„Dass du die große, grüne Staude liebst und nicht in Dünger für die kleinere, verhungerte Staude investieren willst", vollendete Mike bitter den Satz.

Er scheint meinem Gebrabbel tatsächlich irgendwie folgen zu können! „Ja, klingt blöd, aber so ist es leider. Es tut mir leid, Mike. Aber ich möchte einfach ehrlich mit dir sein."

Mike stand auf und betrachtete die Blumenvase mit dem verdreckten Wasser am Fensterbrett. Dann meinte er tonlos: „Du bist der einzige Mensch, der mich dazu gebracht hätte, den Mont Blanc zu besteigen – trotz Höhenangst." Alexandra schluckte schwer. Dann drehte er sich um. „Ich habe es irgendwie gespürt. Von Anfang an. Allerdings habe ich mich wirklich in die Hoffnung verrannt, dass deine Gefühle wachsen könnten. Ich wusste allerdings nicht, dass es in deinem Leben einen … eine Pflanze … äh … ich meine Mann gibt, dem dein besonderes Interesse gilt!" Seine vorherige Lethargie schlug nun in leichte Aggression um. Alexandra wappnete sich. Es stand im voll und ganz zu, verletzt und verärgert zu sein. Auf die nächste Frage war sie allerdings ganz und gar nicht gefasst. „Wer ist es?"

Ein riesiger Kloß setzte sich in ihrem Hals fest. Angespannt starrte sie auf die grünen Punkte ihres Nachthemds. Sie verschwammen vor ihren Augen und schienen zu Hunderten kleinen grünen Ameisen zu mutieren, die emsig auf und ab krabbelten. *Wenn ich ihm DAS sage, versetze ich ihm einen Starkstromschlag der Extraklasse,* dachte sie. *Ich würde ihm das so gerne ersparen! Sein bester Freund! Andererseits: Erfahren wird er es so oder so – sofern*

Leo und ich mal irgendwas auf die Reihe bringen! Bleib also bei der Wahrheit, Alex! Augen zu und durch!

Gerade, als sie zum Sprechen ansetzen wollte, sagte er – nun wieder gefasst und ruhig: „Die Pflanze, von der wir sprechen, heißt Leo, nicht?"

Oha, dachte sie, *also bekommen Männer doch hin und wieder auch etwas von jenen Dingen mit, die sich nicht nur ausschließlich logisch erklären, rationell ableiten oder per mathematischer Gleichung darstellen lassen!*

„Ja." Dieses kleine, einfache Wort füllte den Raum aus wie eine soeben geworfene Rauchbombe.

„Leo also. Aha", murmelte er vor sich hin. Sein Gesicht war ausdruckslos. „Habt ihr … ich meine …"

Alexandra unterbrach ihn sofort. „Nein. Niemals. Er hat voll und ganz akzeptiert, dass ich deine Freundin bin, und hätte mich als solche NIEMALS angebaggert. Eure Freundschaft ist ihm heilig. Heiliger im Übrigen sogar als seine Gefühle für mich! Die eingeschweißten Ritter der Tafelrunde um König Artus sind billige Statisten gegen euren Freundschafts- und Ehrenkodex! Aber da sind einfach Gefühle, die … die …"

Mike erhob sich und ging langsam rückwärts zur Tür. „Ich muss an die frische Luft. Verdauen und so. Ich wünsche dir gute Besserung. Zu mehr bin ich momentan nicht in der Lage."

„Verstehe ich, Mike. Danke …" Zu mehr war auch sie nicht mehr in der Lage.

Als er bereits die Türklinke in der Hand hielt, drehte er sich nochmals um sagte mit fester Stimme: „Übrigens hat Ritter Lanzelot letztendlich DOCH die Frau seines Königs und Freundes Artur verführt und so Elend und Verderben über das Land gebracht." Dann entschwand er.

Gratulation, Fettnapf getroffen!

Als Alexandra wieder aus dem Klo schlurfte, saß Frau Kleist auf dem Besuchersessel und betrachtete ihre rot lackierten Fingernägel. Sie trug einen eleganten, schwarzen Webpelzmantel in der Preisklasse eines japanischen Kleinwagens. „Ist Ihnen mein Besuch auch wirklich nicht zu anstrengend, Alexandra?"

Sie fühlte sich an diesem Freitag wesentlich besser als noch gestern. In jeder Hinsicht. Sie fühlte sich körperlich wie neugeboren. Die diversen bunten Säftchen und Mixturen, die unaufhörlich in ihre Venen getropft waren, schienen ihre Wirkung getan zu haben. Dann hatte sie am frühen Morgen bereits die angesetzte Tomografie ihres Kopfes hinter sich gebracht. Bei der Auswertung hatte man tatsächlich etwas gefunden. Nun, diese Nachricht war erst mal nicht so toll gewesen, aber die gute Nachricht danach war, dass ein relativ einfacher, operativer Eingriff dafür sorgen würde, dass der verfluchte Schmiedemeister mit seinem Hammer in ihrem Kopf zukünftig arbeitslos sein würde! Die Operation wurde für den 17. Dezember angesetzt, einen Tag vor ihrem Geburtstag. Außerdem trug sie nun wieder respektable Kleidung. Diese gepunktete Heimsuchung hatte schon fast Depressionen in ihr hervorgerufen, da man irgendwann des dauernden Schämens überdrüssig wurde. Mit gespreizten Fingern, nur zwischen Daumen und Zeigefinger geklemmt wie einen radioaktiv verseuchten Giftpilz, hatte sie das Objekt der Entwürdigung an die Schwester retourniert. Und nicht zuletzt hatte sie das Gespräch mit Mike hinter sich gebracht – wenn sie auch nicht unbedingt stolz auf sich diesbezüglich war. Einerseits tat Mike ihr unendlich leid. Andererseits musste sie immer noch den Kopf schütteln, wenn sie an ihre dämlichen Grünzeugvergleiche dachte.

„Nun, Sie kieken jedenfalls schon wieder recht munter, nich?" Mit diesen Worten klatschte Frau Kleist ihre Designertasche auf den kleinen Plastiktisch zwischen ihnen. „Wissen

Sie, ick muss in zwee Stunden in meiner Maschine nach Rom sitzen. Dort findet ein Meeting aller Geschäftsführer des Kleist-Konzerns statt. Ick habe anschließend das zweifelhafte Vergnügen, ein Drittel dieser Pflaumen zu feuern." Sie kramte in ihrer Tasche und zog schließlich eine Mappe heraus. Sie legte sie vor sich hin und faltete schließlich die Hände darüber. Alexandra erwartete im Geiste einen Aufruf zum Gemeinschaftsgebet. Jedoch nichts dergleichen. Frau Kleist sah ihr lediglich fest in die Augen. „Alexandra, ick wünschte, ick würde Ihnen das hier nicht im ollen Krankenhaus verklickern, aber … na ja, die Zeit drängt, wie ick schon sagte und ick möchte det unbedingt persönlich mit Ihnen besprechen."

Alexandra nickte stumm und ein mulmiges Gefühl stieg auf. *Was kommt jetzt? Nimmt Frau Kleist mir nun die Kampagne weg? Vielleicht hat sie ja nach dieser jetzigen Geschichte endgültig die Geduld und das Vertrauen in mich verloren? Was soll's*, dachte sie dann, *arbeite ich eben mit Daniel weiter an dieser Strumpfhosenwerbung und texte langweilige Slogans unter langweilige Models mit langweiligen Strumpfhosen. Und danach treffe ich mich mit Leo und lasse den langweiligen Tag hinter mir!*

„Sie fragen sich bestimmt, worum es geht, nich? Nun, ick will Sie nicht weiter auf die Folter spannen. Wie ich Mittwochabend bereits erwähnte, übernehme ich für unbestimmte Zeit die Konzernleitung in Vertretung meines Gatten. Er steht mir zwar mit Rat und Tat zur Seite, jedoch bleibt mir trotzdem für einige, sehr wichtige Bereiche des Unternehmens keeene Zeit. Eeener dieser Bereiche ist die Abteilung Marketing und Public Relation. Leider sitzt dort an der Spitze ne absolute Pfeife und hat leider rein jaar nix an Kreativität in seener Birne. Dieser … ach wat, ich verzettel mich hier. Der Kerl wird jedenfalls gefeuert und soll durch frischen, kreativen Wind abseits der üblichen Normen ersetzt werden. Und als dieser Wind steht Frau

Alexandra Pelzig ganz oben auf meiner Wunschkandidatenliste!"

Alexandra rutschte etwas tiefer in ihrem Sessel. Dann kiekste sie mit dünner Stimme: „Sie meinen ... ich meine, habe ich Sie richtig verstanden? Sie bieten mir einen Job als ... als was noch mal an?"

„Ick möchte Ihnen anbieten, zukünftig exklusiv für die Kleist-Werke als PR-Managerin und Abteilungsleiterin zu ackern. Ick sage bewusst ackern, denn ick möchte Ihnen hier keene ollen Kamellen auftischen. Det is'n Knochenjob. Sie werden auch viel reisen müssen. Es ist auch nicht verpflichtend, dass Hamburg Ihr Dienstort ist. Sie können den Großteil Ihrer Arbeit von Salzburg aus managen – in Zeiten der Telekommunikation kein Problem mehr. Außerdem hat sich das ja auch schon bei unserer „Herz-für-Tiere"-Kampagne bewährt."

Alexandra wurde schwindelig. Und da war er natürlich auch schon wieder, der längst überfällige Kopfschmerz. Nur hatte sie jetzt keine Pillen mehr dagegen – und durfte auch keine mehr nehmen. *Verdammt!* „Warum gerade ich?", krächzte sie schließlich.

„Weil Sie genau die Dosis Kreativität, Chaos, Intelligenz und Know-how haben, die ich will und brauche."

„Chaos? Sie brauchen Chaos?"

„Ja, Alexandra, ich will eine Chaotin im positiven Sinne wie Sie! Weil Kreativität IMMER mit Chaos einhergeht! Das eine kann ohne das andere nicht existieren. Und damit das Chaos nicht überhandnimmt, haben Sie ja zukünftig Ihr Team – und mich!

Alexandra hatte sich etwas gefasst und konnte auch schon wieder halbwegs klar denken. „Sie sprechen, als ob ich Ihr Angebot bereits akzeptiert hätte! Was veranlasst Sie zu dieser Annahme?"

Frau Kleist sah sie völlig entspannt an und meinte mit einem siegessicheren Lächeln: „Weil ich Ihnen ein Angebot machen werde, das Sie nicht ablehnen KÖNNEN!"

Nichts und niemand hätte Alexandra daran hindern können, noch vor dem langweiligen mittäglichen Bohneneintopf das Krankenhaus zu verlassen. So hatte sie ihre paar Habseligkeiten in die Sporttasche gestopft und war per Taxi in ihre Wohnung gefahren.

Frisch geduscht und in ordentlichen Klamotten betrat Alexandra gegen 12:20 Uhr das Foyer von Blaumann & Partner. Ihr Schädel brummelte dezent vor sich hin, und sehnsüchtig gedachte sie einer dieser wunderbaren, hellblauen Pillen. *Denk an was anderes! Du brauchst dieses Teufelszeug nicht!* Mühsam lenkte sie ihre Gedanken in eine andere Richtung, weg von der Erinnerung an wohlige Schmerzfreiheit. Sie versuchte, das trockene, staubige Gefühl in Mund und Rachen zu ignorieren. Bereits auf dem Weg in Richtung ihres Büros fiel ihr ein, dass sie vorher noch in der Personalabteilung vorbeischauen sollte. Abrupt machte sie eine Kehrtwendung und prallte prompt auf einen Menschen hinter sich. Rolf Schneider!

„Tschuldigung ...", nuschelte sie und wollte an ihm vorbeirauschen.

„Frau Pelzig? Wieder alles in Ordnung bei Ihnen?"

Überrascht drehte sie sich um. Weder in seinem Gesicht noch in seiner Stimme konnte sie Anzeichen von Zynismus feststellen. „Ja, soweit wieder alles in Ordnung. Danke der Nachfrage." Auch sie bemühte sich um eine sarkasmusfreie Schwingung. Rolf Schneider nickte nur. *Trotzdem: Er ist ein Saboteur und Kotzbrocken! Und ich werde das irgendwann beweisen können!*

„Übrigens, Frau Pelzig. Ich musste gestern mal kurz in Ihren PC einsteigen, da mir ein wichtiges Element für die Nasenspray-Kampagne fehlte. Und da Sie nicht da waren und die Präsentation für gestern Abend angesetzt war ... naja, jedenfalls wollte ich Ihnen das sagen, damit nicht wieder irgendein ... nun ... komischer Verdacht aufkommt."

„Tja ... äh ... danke für die Information. Ich muss dann mal ...", sagte sie schnell und hopste die Stufen in den zweiten Stock hinauf.

„Schön, dass du wieder da bist, Alexandra! Als ich hörte, dass du schon wieder im Krankenhaus bist, habe ich mir echt Sorgen gemacht!"

Alexandra mochte die kleine, unscheinbare Personalverrechnerin Beate Brenneis mit dem Herzen aus Gold. „Das ist lieb von dir, Beate, aber wie du siehst, bin ich wieder auf dem Damm! Hier ist die Bestätigung des Krankenhausaufenthalts für die Akten." Sie reichte den Wisch über den kleinen Schreibtisch.

„Danke! Und? Wie geht's ansonsten? Mit deiner Kampagne? Ich bekomme hier oben ja leider so gut wie gar nix mit. Allerdings habe ich von deinem Großprojekt gehört! Magst du schnell einen Kaffee?"

Alexandra setzte sich nun auf den Besuchersessel gegenüber. Ein paar Minuten Plaudern waren schon okay. Während Alexandra die Highlights ihrer Kampagne erzählte, hing ihr Frau Brenneis regelrecht an den Lippen. Alexandras Bericht endete mit den Worten: „Allerdings muss ich fairerweise auch sagen, dass Daniel mir mit seinen genialen Computerkenntnissen eine sehr große Hilfe dabei war. Dank seiner Unterstützung werde ich den Zeitplan wohl einhalten können."

„Oh ja! Er ist wirklich ein Genie in EDV-Dingen! Mir hat er auch schon einige Male weitergeholfen. Zuletzt an einem Freitagnachmittag vor ein paar Wochen. Stell dir vor, da ist das gesamte Buchungssystem inklusive der elektronischen Zeiterfassung zusammengebrochen! Gott sei Dank war Daniel zufällig noch im Haus. Und man muss sich vorstellen: Der Gute ist sogar so bescheiden, dass er damals keine Überstunden aufschreiben lassen wollte! Er bestand darauf, dass ich ihm die Zeit nach unten korrigiere, obwohl er viel länger da war, um mir zu helfen!"

Alexandra blickte ihr Gegenüber verdutzt an. „Wie?"

Frau Brenneis – froh, endlich auch mal eine offensichtlich interessante Geschichte erzählen zu können – erwiderte enthusiastisch: „Ja, unglaublich, nicht? Ich habe noch zu ihm gesagt: Daniel, sei doch nicht dumm! Weswegen solltest du der Firma Guthabenstunden schenken? Na, jedenfalls war er nicht davon abzubringen und so habe ich seinen Wunsch erfüllt. Ist ja schließlich nicht verboten, wenn ein Mitarbeiter Überstunden umsonst machen will! Ach, der Daniel ist einfach zu gut für diese Welt!" Sie lächelte verklärt.

Alexandra starrte grübelnd aus dem blank polierten Fenster. *Daniel ein verzichtender Wohltäter?* Daniel hatte viele Stärken. Hilfsbereitschaft, Pünktlichkeit, Verlässlichkeit und Genauigkeit zum Beispiel. Was definitiv jedoch nicht zu den Stärken zählte, waren seine Kleinkariertheit, i-Tüpfelchen-Reiterei und Pedanterie. Ständig war er am herummosern, dass er zu kurz kam und sich außerdem unterbezahlt fühlte. Da erschien die Aussage, dass gerade ER Überstunden verschenkte, nahezu grotesk! Alexandra rutschte unruhig auf ihrem Sessel herum. Mit einem Tonfall, der lediglich heiteres, oberflächliches Interesse vermitteln sollte, fragte sie: „Wie hat er ... ich meine, hat er gesagt, warum er das möchte?"

„Aber ja! Er meinte, er wolle diese Freitagüberstunden nicht mit seinem Chef diskutieren. Der reagiert anscheinend momentan sehr gereizt auf dieses Thema. Ist schon komisch, dass in der auftragsstärksten Zeit des Jahres – vor Weihnachten – keine Überstunden gemacht werden sollen, oder?"

„Jaja, sehr komisch ...", murmelte Alexandra und erhob sich. *Komisch ist vor allem, dass ICH noch nie davon gehört habe, dass keine Überstunden gemacht werden sollen!* Im Gegenteil! Jeder war aufgefordert, Vollgas zu geben – mit allen Konsequenzen inklusive Überstunden! „Sag mal Beate, was war das eigentlich für ein Freitag? Weißt du das noch?" Sie wusste nicht, warum sie diese Frage stellte. Sie wusste allerdings, dass sie sich vor der Antwort fürchtete. Ein unangenehmes Gefühl breitete sich aus. *Bitte sag nicht, es war der 20. November! Jener schwarze Freitag ... niemals werde ich dieses Datum vergessen!*

Mit stolzgeschwellter Hühnchenbrust begann sie: „Natürlich weiß ich das! Es war der Freitag, an dem mein Sohn in einer Theateraufführung der Volksschule mitgespielt hat. Er hat sogar die Hauptrolle gespielt! Das Hänschen von „Hans im Glück". Mein Michael hatte zwar einige Textpatzer, aber er war eindeutig der Star des Stücks! Ach, er ist ja so talentiert und vielleicht ..."

Alexandra sah demonstrativ auf ihre Armbanduhr und drückte langsam die knarrende Türklinke hinunter. Der dezente Hinweis kam an. Frau Brenneis stoppte in ihrer Lobeshymne und meinte dann: „Entschuldige Alexandra, da plappere und plappere ich ... aber ich bin eben so furchtbar stolz auf meinen Michael! Du wolltest wissen, welcher Freitag das war. Also, es war exakt der 20. November!"

Als Alexandra die Stufen hinabschlich, jagte ein Gedanke den anderen. *Wieso lässt Daniel sich Überstunden „löschen", die er ansonsten penibelst gutschreiben lässt? Warum die Lügengeschichte betreffend der untersagten Überstunden? Aber was am schlimmsten ist: Warum die Lüge an mich, er habe an besagtem „schwarzen Freitag", an dem der gemeine Sabotageakt begangen wurde, mit allen anderen Kreativen das Ge-*

bäude verlassen? Das mulmige Gefühl in der Bauchgegend wuchs sich zu einem gewaltigen Unwohlsein aus. *Daniel!!??* Der Gedanke war eigentlich zu absurd, um ihn auch nur zu Ende zu denken! *Niemals würde Daniel mich so gemein sabotieren und hintergehen! Warum auch? Welchen Grund sollte er haben? Ich werde Daniel einfach darauf ansprechen. Und natürlich wird es eine vernünftige und logische Erklärung dafür geben!* Als sie entschlossen an die Türklinke griff, bemerkte sie, dass ihre Hände zitterten wie der Schwanz eines neugeborenen Lämmchens.

„Meine Güte, was für ein Pechvogel du doch bist!", jammerte Ulrike weinerlich.

„Im Mittelalter haben sie solche Pechmaries wie dich auf dem Scheiterhaufen verbrannt", blökte ein besonders witzig sein wollender Windlinger dazwischen.

Säuerlich konterte Alexandra: „Und solche wie du wurden als Ketzer lebendig auf Nimmerwiedersehen in Kellerverliese eingemauert!" Dann ließ sie sich auf ihren Drehsessel fallen.

Daniel blickte sie besorgt durch seine wie gewohnt verdreckten Brillengläser an. „Hallo Alex. Alles wieder paletti?"

„Danke, könnte schlimmer sein. Aber könntest du bitte kurz mit mir in den Besprechungsraum gehen?" Mit einem Seitenblick auf Rolf Schneider, der sie wachsam wie ein Habicht beobachtete, trottete sie vor Daniel in den angrenzenden kleinen Meetingraum.

„Was ist los?", fragte er, während er sich auf die Tischkante setzte.

Alexandra lehnte sich ihm gegenüber an die Wand und sah ihm fest in die Augen. „Es geht um den Freitag, an dem das bisherige Meisterstück der Sabotage an meiner Kampagne begangen worden ist ..."

„Jaja, ich weiß, welchen du meinst. Übrigens, da wir gerade unter uns sind und du das Wort Sabotage erwähnst: Gestern – als du im Krankenhaus warst, hat der Schneider wieder an deinem PC hantiert! Würde mich nicht wundern, wenn er wieder an deinen Kleist-Dateien rumgefummelt hat! Das Problem wird nur sein, dass der Fehler – sofern du nicht weißt, wo er eingebaut wurde – so gut wie unauffindbar ist! Aber es sollte zumindest diesmal nachzuweisen sein, dass er an deinem Computer war!"

„Ich weiß, dass er dran war. Er hat es mir gesagt", sagte Alexandra bemüht ruhig. Die Kopfschmerzen wurden fast unerträglich. Sie begann, die Augen zusammenzukneifen, um den schmerzhaften Lichteinfall zu mindern.

„Wie? Er hat es zugegeben?" Daniel riss sich irritiert die Brille von der Nase und wischte mit dem Hemdärmel sinnlos darauf herum.

„Ja, hat er. Im Übrigen würde ich von dir gerne wissen, warum du mich betreffend jenem Freitag angelogen hast."

„Wie ... wieso? Was meinst du?"

„Du warst am Nachmittag hier."

„Ich? Na hör mal, ich würde doch ..."

Alexandra schnitt ihm das Wort ab. „Bitte ersparen wir uns das Hinauszögern, Lügen und so weiter. Ich habe vorhin mit Frau Brenneis gesprochen. Sie hat mir von deinem Akt der Selbstlosigkeit berichtet. Daniel, weswegen wolltest du nicht, dass deine Anwesenheit aufscheint? Weswegen hast du gelogen?"

Daniel wurde abwechselnd weiß, grün und dann rot im Gesicht. Schweißperlen bildeten sich auf seiner Stirn. Alexandra merkte, wie ihre Finger unkontrolliert zu zucken begannen. *Eine Pille! Nur eine einzige!!* Erschöpft lehnte sie ihren Kopf an die Wand, ließ ihn jedoch nicht aus den Augen.

„Ich ... ich meine, das war so eine Sache ...", begann er zu stammeln, stockte plötzlich und schwieg dann.

Alexandra schüttelte ungläubig den Kopf. *Ist das einer jener Momente, in denen man sprichwörtlich gesagt „vom Glauben abfällt?" Wenn es sich anfühlt, als ob einem der Boden unter den Füßen weggezogen wird?* „Ich ... ich kann es einfach nicht glauben! DU? Daniel, DU? Wieso, zum Geier hast du das getan?" Ihre Stimme wurde schrill und sie konnte sich kaum mehr beherrschen. Als Daniel immer noch keine Anstalten machte, den Mund zu öffnen, trat sie auf ihn zu und schüttelte ihn an den Schultern. Kreischend fuhr sie ihn an: „Mach den Mund auf, verdammt! Rede schon!"

Er stieß ihre Hände von sich weg. Sein Gesicht war nun dunkelrot und seine Adern traten bedenklich an der Stirn hervor. Seine Stimme überschlug sich beinahe, als er schrie: „WIESO? Fragst du das im Ernst? Denkst du, es ist lustig, ständig übergangen zu werden in diesem Scheißladen? Ich bin länger in dieser Abteilung als alle anderen! Nur komischerweise werden sämtliche Kollegen neben mir befördert oder mit Eigenprojekten betraut! Nun auch noch du! Der Stern Alexandra Pelzig geht nun als Nächstes auf! Ein Stern, dem ICH vormals alles beigebracht habe! Und der liebe, nette Daniel ist und bleibt einfach unsichtbar! Und du fragst, WIESO? Ganz einfach: Ich hatte es satt! S-A-T-T!!!" Keuchend ließ er sich in einen Sessel fallen.

Alexandra sah ihn erschüttert an. Sie konnte es nicht fassen. *Nicht der Schneider, sondern mein „Freund" Daniel, mein engster Kollege und Vertrauter, ist die Schlange, die seit Wochen an meinem Stuhl sägt! Rolf Schneider hatte tatsächlich recht mit seinem Verdacht ...*

Daniel saß, in sich zusammengesunken und die Hände vorm Gesicht, einfach stumm da.

„Du … du Ratte! Du hinterlistige, gemeine Kanalratte! Boykottierst und sabotierst mich seit Wochen! Und nur, weil du Wicht neidisch und eifersüchtig bist! Ja, du schreckst nicht mal davor zurück, einen Unschuldigen zu verleumden und lenkst die ganze Zeit den Verdacht auf den Schneider ... Haaach!" Wutschnaubend drehte Alexandra sich um und verließ ohne ein weiteres Wort den Besprechungsraum. Sämtliche Kollegen hoben neugierig den Kopf, da die dünnen Wände des Nebenraumes das Geschrei der beiden nicht zur Gänze verschluckt hatten. Als sie ihren Schreibtisch anvisierte, begann ihr Handy zu vibrieren. Immer noch zornbebend fingerte sie danach. Leo! *Ein Lichtblick!*

„Wie geht's meinem Unglücksraben?"

„Tja, da du gerade von Unglück sprichst: Sofern es dafür ein Sahnehäubchen gibt, so habe ich es gerade abgeschöpft. Abgesehen davon zittern meine Hände und ich würde einen Raubmord begehen für eine einzige Pille. Aber keine Angst, ich bleibe standhaft! Wie geht's dir denn?"

„Okay soweit. Ich freu mich schon auf unser Wiedersehen und habe mich gerade gefragt, wann das wohl sein wird?"

Alexandra musste grinsen. Sie liebte diesen unterschwelligen Humor. Spontan hatte sie eine Eingebung. „Ich würde sagen, morgen gegen acht im „Birdies"."

„Der Karaoke-Schuppen?", fragte Leo skeptisch.

„Genau der! Ich habe doch noch ein Versprechen einzulösen!"

„Ah ja, natürlich! Bis morgen dann. Und ... ich freue mich!"

„Ich mich auch!" Der verzückte, schwärmerische Ausdruck verflog in dem Moment, als sie Daniel mit hängenden Schultern und Hosen mit gesenktem Blick auf sich zuschleichen sah. Sie sah sich um. Rolf Schneider beendete soeben ein Telefonat und knallte gerade den Hörer auf den Apparat. Zeit für eine Aussprache – und eine Entschuldigung!

Das „Birdies" war an Samstagen immer proppenvoll. Eine fünfköpfige Männerrunde verließ soeben wieder murrend und enttäuscht die Karaoke-Bar, da um diese Zeit – kurz vor halb neun – kein freier Sitzplatz mehr zu ergattern war. Alexandra und Leo saßen sich an einem kleinen Ecktischchen gegenüber. Schummriges Licht erhellte in bescheidenem Rahmen das gemütliche, in Holz gehaltene Lokal. Noch lief dezente Popmusik im Hintergrund. Später jedoch würde sich ein mittelprächtiger Möchtegernsänger nach dem anderen dem johlenden Publikum stellen. Der Grat zwischen vernichtenden Buhrufen und tosendem Applaus war sehr schmal.

Alexandra war nervös. Sie hatte ihren Auftritt dem Moderator, einem glatzköpfigen, braun gebrannten DJ, bereits angekündigt. Ihre Hände zitterten noch mehr als üblich. Dies waren jedoch nicht ausschließlich die Entzugserscheinungen.

Leo griff nach ihren zuckenden Fingern. „So schlimm heute?" Er betrachtete sie eingehend. Sie sah toll aus. Ihre Haare locker aufgesteckt, eine lange rote Tunika mit verlockendem Dekolleté fiel schwingend über die enge Jeans. Er bemühte sich redlich, seinen Blick in ihren großen Rehaugen zu verankern und nicht ständig abwärts gleiten zu lassen. *Kein Wunder aber auch bei dieser Aussicht! Ich will sie haben! ... Wann hatte ich so einen Gedanken eigentlich zuletzt?*

„Diese Ersatzsäfte, die ich da schlürfen muss, sind nicht halb so effektiv wie ... na du weißt schon. Letzte Nacht war grauenhaft. Ich konnte die Stille nicht ertragen. Mein ganzer Körper war wie unter Strom. Zuerst kalter Schweiß – dann Schüttelfrost. Jedenfalls hatte ich irgendwann die Rumwälzerei im Bett satt. Die meiste Zeit bin ich in der Wohnung rumgerannt, habe

Apfelringe gefuttert, Zehennägel geschnippelt und einen Weltrekord im Zappen aufgestellt. Tolles Nachtprogramm, oder?"

Leo schmunzelte: „Daraus folgern wir: Du solltest die kommenden Nächte nicht allein verbringen. Der Entzug ist nicht zu unterschätzen. Wenn du möchtest, leiste ich dir gerne Gesellschaft. Vielleicht fällt uns gemeinsam ja was Kreativeres als Nägelschneiden und Futtern ein!?"

Alexandra lächelte ihn an. „Ich werde über dein Angebot nachdenken!"

Der Ober brachte die Getränke.

„Ich hatte gestern ein Gespräch mit Mike", wechselte Leo das Thema.

„Und ...?", fragte Alexandra ängstlich, während sich eine Sorgenfalte auf ihrer Stirn bildete.

„Er wirkte sehr ... gefasst. Es hat ihn natürlich sehr getroffen, dass du und ich ... Na, jedenfalls trägt er mir nichts nach und unsere Freundschaft wird hoffentlich bestehen bleiben können. Allerdings überlegt er, beruflich für eine längere Zeit nach Frankreich zu gehen. Karrieretechnisch eine sehr gute Idee und eine tolle Gelegenheit, Abstand zu gewinnen, wie er meint."

„Oh, ja ... natürlich. Schade ...", meinte Alexandra mit ehrlichem Bedauern.

Das Lokal war mittlerweile rammelvoll. In sämtlichen Ecken und Nischen tummelten sich stehende Zaungäste, die mit gefülltem Glas in der Hand und in bester Stimmung auf den Beginn des „Unterhaltungsprogramms" warteten.

„Alex? Hey, Alex! Du bist es wirklich!" Alexandra wandte sich um und sah direkt in Toms gerötetes Gesicht.

Was zum Geier will mein Ex hier? Das fehlte gerade noch!

Tom begann zu schmeicheln: „Schön, dich wiederzusehen. Du siehst toll aus! So ordentlich ... so elegant!"

„Was soll das heißen, hä? Sah ich früher etwa aus wie eine Leibesfrucht von Ozzy Osbourne?", schnauzte sie ihn an.

„Nein, nein, das wollte ich nicht sagen ... es scheint dir gut zu gehen, wiiiiiiiie?" Er warf einen bedeutungsvollen Blick auf Leo.

Alexandra war diese Begegnung unangenehm. Sie kannte diesen erkennbar schweren Zungenschlag. Tom war besoffen. Und nach dem zu urteilen, wie er Wörter in die Länge zog, deutete alles auf Whiskey hin. „Leo, das ist Tom. Mein ... Exfreund."

„Freut mich, Leo. Ja, ich bin derjenige, den Alex aus dem Paradies vertrieben hat", nuschelte Tom mit glasigen Augen, während er sich mit ausgestrecktem Arm über den Tisch beugte.

Leo gab ihm artig die Hand, schwieg aber.

„Ich kann mich nicht erinnern, dir mit einer Knarre am Kopf die Abreise schmackhaft gemacht zu haben!", stellte Alexandra zynisch fest.

„Zurückgehalten hast du mich aber auch nicht", trompetete er weinerlich und lehnte sich an Alexandras Schulter. Dann flüsterte er etwas Unverständliches in ihr Ohr.

„Wie? Sprich lauter, ich kann dein Geblubber nicht verstehen!", knurrte sie genervt.

Leo erhob sich plötzlich. „Ich gehe mal für kleine Jungs. Entschuldigt mich kurz." Und weg war er.

Es ist ihm unangenehm, verständlich!

Tom feixte: „Von wegen kleiner Junge! Der Kerl ist ja Rübezahl in Person! Seit wann stehst du auf solch langes Elend?"

Alexandra funkelte ihn wütend an. Er schien sich köstlich über seinen eigenen Humor zu amüsieren, denn sein deutlich angewachsener Wohlstandsbauch wogte im Takt zu seinem Gelächter. Das roch förmlich nach regelmäßiger, deftiger

Hausmannskost im Hotel Mama! *So in die Breite wärst du bei meinen spärlichen Kocheinsätzen nicht gegangen – im Gegenteil!*

Dann näherte sich sein rotes, glänzendes Wohlstandsgesicht auf wenige Zentimeter. „Ich habe dich vorhin gefragt, ob du mich vermisst hast! Naaaa?"

Sie wich automatisch zurück, da sein alkoholgeschwängerter Atem ihre Magennerven reizte. „Nein, habe ich nicht. Sonst noch Fragen?"

„Glaube ich dir nicht. Warum hast du dich nie bei mir gemeldet? Ich jedenfalls vermisse dich!"

Alexandra hatte nun genug von Toms Promilleoper. Suchend sah sie in Richtung Toiletten. *Ich muss diese Schnapsdrossel loswerden, bis Leo wiederkommt!* „Tom, du bist im Urlaub einfach abgehauen, hast mich dort sitzen lassen und später nicht ein einziges Mal meine Nummer gewählt! Die hätten mich da unten lynchen, verstümmeln oder zwangsverheiraten können – und dir wäre das schnurzpiepegal gewesen! Fazit: Unsere Geschichte ist eiskalter Kaffee! So, ich gehe jetzt aufs Klo. Und wenn ich wiederkomme, bläst du deine Fahne hoffentlich irgendeinem anderen armen Menschen ins Gesicht! Machs gut!" Sie schnellte aus ihrem Sessel hoch und stöckelte ohne Blick zurück von dannen.

Tom starrte noch eine Weile in die Richtung, in die Alexandra verschwunden war, und grummelte vor sich hin: „Wie sehr muss sie mich immer noch lieben ... jaja, ich habe sie wohl sehr verletzt ..."

Erfreut stellte Alexandra fest, dass Tom verschwunden war. Leider aber auch Leo! *Wo ist er bloß hin? Kein Mann verbringt so viel Zeit auf dem Klo! Außer, er hat eine Zeitung dabei!* Gerade als sie sich auf die Suche begeben wollte, sah sie ihn die Eingangstür hereinkommen, in der Hand sein Handy. Ihm folgend – Carlo und Silvia!

Silvia stürmte ihr entgegen und sie umarmten sich. „Na, du bist mir eine! Gibst hier eine Vorstellung und sagst deiner besten Freundin nix! Was soll das denn?"

Alexandra sah Leo vorwurfsvoll an. War schon genug, dass sie sich vor ihm zum Deppen machte! Aber ihrem speziellen „Freund", Sonnenkönig Carlo dem I., eine Sondervorstellung zu bescheren, war nicht gerade verlockend!

Leo legte besänftigend den Arm um ihre Schultern und sagte entschuldigend: „Carlo, die Nervensäge, hat mich gestern Abend angerufen und so lange mit Fragen gequält, bis ich ihm gestanden habe, was wir heute vorhaben. Dass die beiden allerdings gleich auf der Matte stehen, habe ich nicht wirklich erwartet! Tut mir wirklich leid!" Spontan drückte er ihr einen sanften Kuss auf die Lippen.

Mmmmmh... Entschuldigung angenommen! „Naja, kann ja ganz lustig werden – zumindest für Euch", meinte sie versöhnlich, nachdem sie mit Carlo einen höflichen Händedruck ausgetauscht hatte.

Der Abend schritt voran und die ersten Mutigen hatten ihre Auftritte bereits hinter sich. Der Moderator kündigte soeben den nächsten angehenden Star an.

Ein schlaksiger, bleicher Mittzwanziger mit wirr abstehenden Haarfedern schlich auf die Bühne und griff nach dem Mikro. Die Runde seiner Freunde johlte. Die Musik setzte ein und kündigte den Song „Beautiful day" von U2 an. Er begann, sich unrhythmisch zu bewegen. Das Publikum feuerte ihn mit Klatschen an. Als jedoch seine Stimme – wohl eher Gekreische – einsetzte, wurde das Klatschen leiser und leiser, verstummte irgendwann ganz. Beinahe erschrocken beobachtete das Publikum den nun völlig entfesselt Herumspringenden, dessen „Gesang" mehr an die Geburtsschreie einer werdenden Mutter erinnerte denn an Bono. Erste Buhrufe wurden laut. Doch der

Junge kreischte immer noch aus Leibeskräften ins Mikro. Schließlich griff der Moderator ein. Er drehte den Song ab und „bedankte" sich für die Teilnahme. Dieser blickte sich überrascht um. Er hatte anscheinend überhaupt nicht mitbekommen, dass die Gunst des Publikums definitiv nicht auf seiner Seite war. Ja, dass er mittlerweile sogar Gefahr lief, von Zitronenschalen und Cocktailkirschen beschmissen zu werden. Schließlich verdrückte er sich seitlich der Bühne in eine dunkle Ecke.

Der Moderator aus seiner kleinen Kanzel ergriff wieder das Wort an seine Gäste. „So, nun werden wir uns wieder an sanfteren Klängen erfreuen. Eine hübsche, junge Dame namens Alexandra möchte mit ihrem Song einem ganz besonderen Menschen etwas mitteilen. Dieser „besondere Mensch" ist – Ihr werdet es ahnen, natürlich ein Mann! Also, mein Guter irgendwo im Publikum, lausche nun einer mutigen Frau, die dir mit „Feel" von Robbie Williams ihr Herz zu Füßen legt! Alexandra, auf die Bühne!"

Silvia, Carlo und Leo sprangen auf und klatschten frenetisch. Das Publikum, noch unter Schock stehend vom vorigen Auftritt, hielt sich noch zurück.

Als Alexandra die Bühne erklomm, herrschte erdrückende Stille. Nur ihr kleiner Fanklub am Ecktisch feuerte sie lautstark an. Sie ergriff das Mikro und blickte in den abgedunkelten, schummrigen Raum, in dem sie nur schemenhaft Personen wahrnahm. Die immer noch anhaltende Stille war nervenzerreißend und ließ ihr Selbstvertrauen um einige Prozentpunkte purzeln. Die ersten Instrumentalklänge zu „Feel" ertönten. Das Mikro rutschte ihr fast aus der Hand, als sie es in Mundhöhe anhob. „Come on hold my hand ...", begann sie mit krächzender Stimme. Sie spürte, wie der (Angst-)Schweiß zu fließen begann. *Neiiiiin! Stimme, mach dich jetzt bloß nicht wieder vom Acker!* Nach der ersten Strophe hustete und spuckte sie lautstark ins Mikro, sodass sich die Gäste in der ersten Reihe an die Ohren griffen. Doch offensichtlich hatte es geholfen, denn mit deutlich gestärkter Stimme ging es dann weiter. „... My heart speaks a language I don't understand ..." Alexandras anfängliche Nervosität wich mehr und mehr einer inneren Gelassenheit. Der Raum vor ihr versank in einem schwarzen Loch. Nichts war mehr präsent. Nur der Song – und Leo. „I just wanna feel, real love ..." Immer stärker und gefestigter drang ihre Stimme in den immer noch stillen Raum. Alexandra hatte keine Ahnung, ob ihre Stimme gut oder haarsträubend klang – es war ihr mittlerweile egal. Plötzlich jedoch nahm sie vermehrtes Klatschen aus dem Publikum wahr – und nicht nur aus ihrer Fanecke! Vereinzelte Feuerzeuge gingen an. Immer mehr übernahm ihre Stimme die Transportierung ihrer Gefühle. „... before I fall in love ..." Mit vibrierender, rauer Stimme beherrschte sie sogar das Minenfeld der tiefen Töne dieser Textpassagen. *Der Magenschlauch hatte wohl auch gute Seiten! Diesen spröden Klang der Stimme hätte ich, ohne zum Kettenraucher zu mutieren, wohl nicht hinbekommen!* „... that's why I keep on running ..."

Das Klatschen nahm mittlerweile das gesamte schwarze Nichts vor ihr ein. Immer mehr kleine Flammen erzeugten ein schönes Bild von der Bühne aus. Der Funke war übergesprungen. Das Gefühl erreichte endlich die Menschen in diesem Raum! *Hoffentlich auch den einen, den es hauptsächlich erreichen soll!* Freude stieg in ihr hoch. Sie holte tief Luft, um ihre ganze Kraft und Stimmgewalt in die nächsten Zeilen zu katapultieren. „I just wanna feel real love ..."

Beim letzten Refrain brüllte das gesamte Publikum bereits begeistert den Text mit und war nicht mehr auf den Sesseln zu halten. Ein begeistertes Johlen und Beifallbezeugungen drangen an ihr Ohr. Dann war der Song zu Ende. Frenetisches

Klatschen und Gejohle setzten ein. Sie kniff die Augen zusammen und versuchte, Leo zu lokalisieren.

Der Moderator ergriff das Wort: „Meine Güte! Welch eine Stimmgewalt! Meine liebe Alexandra, wenn das nur kein Anpfiff war für eine internationale Gesangskarriere! Wow! Das Publikum liebt dich!"

Das Publikum ist mir schnurz! Wo ist Leo?

Mittlerweile rief das gesamte Publikum im Chor: „Zuuugaaaa-beeee!"

Alexandra stand irritiert auf der Bühne. Was nun? Da erkannte sie eine Person, die sich durch die stehenden Menschenreihen vorbeidrängte in Richtung Bühne. *Das muss Leo sein!* Sie begann sich zu freuen und fixierte die näher kommende, schemenhafte Gestalt. Die Freude blieb ihr im Hals stecken. *Tom! TOM??* Er stürme auf sie zu, umarmte sie und riss sie beide fast über den Abgrund der Bühne.

„Was zum Kuckuck ... Verschwinde!", brüllte sie aufgebracht.

Doch er hatte ihr bereits das Mikrofon entrissen. Lauthals jubelte er hinein, sodass es auch die letzte Ratte im Keller vernehmen konnte: „Liebe Alex, mir ist schon klar, dass du mit diesem besonderen Menschen mich meinst! Und ich danke dir für dieses tolle Lied! Ja, ich liebe dich auch noch immer!"

Das Mikro pfiff und fiepte. Alexandra stand wie vom Blitz getroffen neben ihm. Er schien wesentlich besoffener als noch zwei Stunden zuvor.

Ich muss das klarstellen – auch wenn es jetzt peinlich wird! Sie versuchte, ihm das Mikro wieder zu entreißen, bevor er noch mehr Schwachsinn verzapfte. Dabei geriet sie derart unglücklich in Toms Fänge, dass er sofort die Lage ausnützte, um sie erneut in seinen Armen fast zu erdrücken. Und wieder trällerte er über die Lautsprecher: „Liebe ist das Schönste auf der Weeeeeelt!"

Alexandra ächzte und stöhnte in seiner eisernen Umklammerung. Nun gab zu allem Überfluss auch noch der Moderator seinen Senf dazu. „Muss Liebe schön sein! Nicht wahr, Leute? Einen kräftigen Applaus für unser verliebtes Paar!" Die Menge tobte, klatschte und johlte erneut.

Alexandra schaffte es durch einen wutgeladenen Stoß in Toms Rippe endlich, sich zu befreien. Er wankte und ließ das Mikro fallen. Es kullerte über den Bühnenrand hinab ins dunkle Nichts. *Verdammt, auch das noch!* Alexandra versuchte noch durch beherztes Nachrobben, das blöde Ding zu ergreifen, schaffte es jedoch nicht mehr. *Wie soll ich diese verzwickte Situation klarstellen ohne Mikro?* Sie suchte verzweifelt nach Leos Gesicht in den Schatten. Sie konnte es nicht lokalisieren. *Wie muss diese ganze dämliche Situation bloß für ihn ausgesehen haben!?* Schließlich rannte sie von der Bühne und bahnte sich eilig den Weg zu ihrem Tisch.

Silvia und Carlo standen nebeneinander und sahen ihr entgegen. „Was war das denn eben? Das war doch Tom, oder?", fragte Silvia entgeistert.

Alexandra blickte sich hektisch um. „Wo ist Leo?"

Carlo verschränkte die Arme vor der Brust und näselte von oben herab: „Na, wo wird er wohl sein nach dieser tollen Julia-und-Romeo-Vorstellung auf der Bühne? Zuletzt habe ich ihn gesehen, als er zu dir nach vorne gestürmt ist. Wahrscheinlich hat er sich dann doch fürs Klo entschieden! Ich versteh's!"

Alexandras Verzweiflung wuchs. „Verdammt, dieser besoffene Spinner Tom hat alles versaut! Wo ist Leo bloß?"

Silvia nahm sie beschwichtigend am Arm. „Keine Panik. Er kann noch nicht weit sein. Suche ihn!"

Alexandra sah ihre Freundin verwirrt an. *Wo soll ich bloß suchen? Leo, wo steckst du?*

Währenddessen versuchte sich auf der Bühne eine ältliche Dame mit Dauerwelle als Aretha Franklin. Silvia stieß ihrer Freundin undamenhaft den Ellenbogen in die Seite und rief: „Jetzt setz dich schon in Bewegung!"

Im Laufschritt balancierte Alexandra sich mit ihren Acht-Zentimeter-Absätzen Richtung Ausgang. Sie riss die Tür auf und stand wenig später auf der wie ausgestorben wirkenden beleuchteten Straße. Eiskalter Wind ließ sie erschaudern. Vereinzelte Schneeflocken wurden herumgewirbelt. Sie sah erst nach links, dann nach rechts. Abgesehen von einem laut singenden, angeheiterten Mädchentrio war niemand zu sehen. Sie rannte intuitiv nach links, wobei sie ständig umknickte in ihren Stöckelschuhen. *Scheiß Kopfsteinpflaster! Die hat bestimmt irgend so ein Frauenhasser entworfen!*

Gerade, als sie meinte, drei Blocks weiter eine große Person um die Ecke biegen zu sehen, passierte es. Sie blieb mit dem rechten Absatz in einer dieser gemeinen Pflasterritzen stecken, strauchelte und konnte mit Müh und Not gerade noch verhindern, mit dem Gesicht den Boden zu küssen. Der Absatz war ab. Verzweifelt, frierend und enttäuscht zog sie den Stiefel vom Fuß und betrachtete die Stelle der Verwüstung. „Nein, nein, nein … nicht das auch noch", jammerte sie leise vor sich hin. Mittlerweile fielen unzählige, dicke, wunderschöne Schneeflocken vom schwarzen Himmel. Der erste richtige Schneefall in diesem Dezember! Plötzlich musste sie trotz allem lächeln. Tatsächlich dachte sie ausgerechnet jetzt an Oma Gertrud! Und an deren leidenschaftliche Anteilnahme an Scarlett O'-Hara's von Missverständnissen geprägten, unglücklichen zwei Lieben. Dabei war ihr großer Liebling der schneidige Rhett Butler gewesen. Oma Gertrud hatte der doofen Scarlett nie verziehen, dass sie diesen tollen Hecht am Ende hatte ziehen lassen. *Von Missverständnissen und Hürden war deren Liebesbeziehung gepflastert. Genau wie meine ...* Die legendäre Schlussszene in „Vom Winde verweht" stieg in ihrem Gedächtnis auf. Was hatte Scarlett doch so unvergesslich geschworen? *„... ich werde ihn zurückholen. Um ihn kämpfen ... aber nicht heute ... verschieben wir es doch auf morgen!"* Alexandra straffte die Schultern. *ICH werde das NICHT auf morgen verschieben!,* dachte sie mit neu erwachter Zuversicht. *Ich werde ihn suchen, ihn finden und ihm alles erklären. Die Nacht ist noch jung. Zeit, das Richtige zu tun!* Sie packte ihren kaputten Stiefel, warf einen letzten Blick zum Himmel und humpelte mit nur einem Schuh an den Füßen langsam die menschenleere Straße hinab.